의료사회복지론

| 이효순 · 권지현 · 양정빈 · 천덕희 · 추정인 · 한수연 공저 |

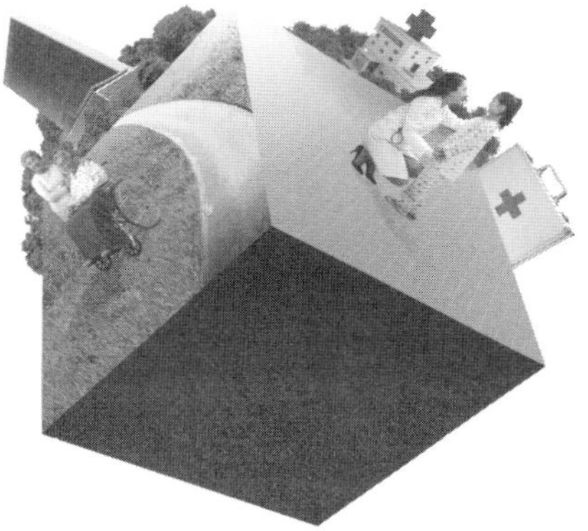

SOCIAL WORK IN HEALTH CARE

학지사

머리말

이 책은 심한 산고 끝에 세상 밖으로 나오게 되었다. 오랜 세월 동안 의료사회복지실천현장에서 일을 해 오면서 쌓인 저자들의 실무경험과 지식이 너무 방대하여, 이 모든 것을 축약해서 집필하는 작업이 아주 힘들었기 때문이다. 그래서 많은 논의를 통하여 이 책 『의료사회복지론』을 출간하게 되었다. 이 책은 저자들이 이론과 직접 경험한 실무를 접목시켜 학생들이 알아야 할 내용들을 현 흐름에 맞추어 체계적으로 정리하려고 많은 노력을 한 결과물이다.

이 책의 장점과 함께 집필 동기는 다음과 같다.

첫째, 의료사회복지에 입문하는 학생들에게 단지 지식만을 전달하는 것이 아니라 실용학문으로서의 가치와 흥미를 느끼게 할 수 있도록 의료현장에서의 실무적인 내용과 이론을 통합하고자 하였다. 그래서 이 책을 접한 학생들이 학습된 지식을 실무에 바로 적용할 수 있도록 구체적인 지침 내용을 포함시키려고 노력하였으며, 관련 실례를 들어 설명하였다. 저자들은 이 책이 의료사회복지사로서의 자질을 탐색하여 정체성과 전문성을 확립하는 데 도움이 되기를 희망하면서 집필하였다.

둘째, 이 책은 대학에서 한 학기 동안 강의할 수 있도록 2번의 시험을 빼고 11주에 맞추었기 때문에 한 학기 동안 이 책을 무리 없이 모두 소화해 낼 수 있다는 이점이 있다.

셋째, 국가와 지방자치단체의 책임을 강화한 공공의료와 의료사회복지, 의료사회복지사들이 개입하는 현대 사회의 각종 질병군 소개와 개입방법, 의료사회복지실천현장에서 처음으로 시도되는 용서모델, 의료사회복지 실천 윤리와 환자의 자기결정권 등 기존의 의료사회복지 도서에서 볼 수 없는 색다른 내용들이 들어 있어 독자들의 지적인 호기심을 자극할 수 있다.

책의 내용을 구체적으로 살펴보면 총 3부로 구성되어 있으며, 제1부는 의료사회복지 실천의 전반적인 이해를 돕기 위한 개관이다. 최근 의학기술의 눈부신 발달과 고령화로 인한 평균수명의 연장 등으로 만성질환이 급증하면서 건강과 질병의 개념도 변화하기 시작하였고, 그에 맞게 의료사회복지실천도 확대되기 시작하였다. 그래서 건강과 질병의 개념 변화, 질병과 사회문제와의 상호관계를 살펴보고 그에 맞는 의료사회복지실천의 역할 및 직무를 고찰해 보았다. 더불어 미국과 영국의 의료사회복지실천의 역사와 의료보장제도, 한국의 의료사회복지실천의 역사와 의료사회복지현장의 정책 및 제도를 소개하였다.

제2부는 의료사회복지의 실천과정으로 최근에 떠오르는 이슈인 의료사회복지 실천윤리와 환자의 자기결정권을 미국과 우리나라의 사례를 비교하여 살펴봄으로써 이해를 쉽게 할 수 있도록 설명하였다. 또한 의료사회복지실천현장에서 사용되는 모델이론에 대한 개요와 어떻게 개입을 하는지에 대한 적용 방법을 보여 주고 사례를 들어 소개하였으며, 그중 의료사회복지현장에서 새롭게 등장한 모델이론인 용서모델을 선보이고 있다.

제3부는 의료사회복지 분야별 실천 및 과제와 전망으로 의료사회복지 분야를 가정폭력, 자살, 희귀난치성 질환을 포함하여 각종 질병 및 대상별로 일반의료 1, 2로 나누고, 재활 및 정신의료, 이슈에 따른 실천으로 분류하여 고찰하였다. 또한 현시대에 가장 중시되는 공공보건의료는 국가, 지방자치단체 및 보건의료기관이 지역 · 계층 · 분야에 관계없이 국민의 보편적인 의료 이용을 보장하고 건강을 보호 · 증진하는 모든 활동에 관한 것으로 사회복지와의 연계와 필요성을 설명하였으며, 마지막으로 저출산 초고령화 사회로 진입하는 현시점의 의료사회복지가 갖고 있는 쟁점과 앞으로 해결해야 할 과제를 전망함으로써 마무리하였다.

이 책이 의료사회복지 발전에 조금이라도 기여하기를 바라지만 아직 부족함이 많다. 미흡한 내용과 구성이 체계적이지 않은 부분도 있으며 이해하기 쉽게 써야 할 문장도 있다. 이러한 것들은 저자들이 강의를 하면서 차츰 고쳐 나가 다음 개정판에서 더 보완할 것을 약속하며, 독자들도 많은 조언을 해 주시기 바란다.

마지막으로 이 책을 출판함에 있어 원고를 집필하고, 귀중한 병원의 자료를 제공하면서 마무리 정리 작업까지 말끔히 해 주신 충남대학교병원의 권지현 선생님께 진심으로 고마움을 전하며, 공저자이신 양정빈, 천덕희, 추정인, 한수연 교수님의 집필 노고에 마음 깊은 감사를 드린다. 출판의 기회를 주신 학지사와 책을 집필해서 출판하기까지 긴 시간 동안 한결같은 마음으로 격려해 주시면서 배려해 주신 한승희 부장님께 거듭 감사함을 표현하고 싶다. 또한 원고를 검토해 주고 책을 멋지게 만들어 준 황미나 선생님과 직원 여러분께도 고마움을 전한다.

2016년 11월

영국 런던에서

저자 대표 이효순

차 례

● 머리말 _ 3

제1부 의료사회복지실천 개관

제1장 건강과 질병의 관계 • 12

1. 건강과 질병의 개념 변화 _ 14
2. 질병과 의료의 변화 _ 16
3. 질병과 사회문제의 상호관계 _ 17
4. 질병경험의 단계 _ 20
5. 질병에 대한 심리사회적인 문제와 적응 _ 22
6. 질병에 대한 정서적 반응과 대처전략 _ 24

제2장 의료사회복지실천의 역할 및 직무 • 32

1. 의료사회복지실천의 개념 _ 34
2. 영국과 미국의 의료사회복지실천 역사 및 의료보장제도 _ 36
3. 한국의 의료사회복지실천 역사 _ 47
4. 의료사회복지사의 직무 _ 50
5. 의료사회복지실천의 기능과 역할 _ 55
6. 팀 접근에 대한 이해 _ 62
7. 의료의 질과 의료사회복지서비스의 질 _ 66

제3장 의료사회복지현장의 정책 및 제도 • 94

1. 공공부조와 사회보험의 이해 _ 96
2. 국민건강보험제도 _ 97
3. 의료급여제도 _ 103
4. 노인장기요양보험제도 _ 108

제2부 의료사회복지실천과정

제4장 의료사회복지 실천 윤리와 환자의 자기결정권 • 118

1. 의료사회복지 실천 윤리 강령 _ 120
2. 환자 권리 및 자기결정권 _ 122
3. 환자의 자기결정권 보호와 의료사회복지서비스 실천 사례 _ 130

제5장 의료사회복지실천모델 • 138

1. 위기개입모델 _ 140
2. 인지행동모델 _ 148
3. 해결중심모델 _ 159
4. 용서모델 _ 163

제3부 의료사회복지 분야별 실천 및 과제와 전망

제6장 일반의료 1 • 180

1. 암 _ 182
2. 심장병 _ 194
3. 희귀난치성질환 _ 202

제7장 일반의료 2 • 210

1. 당뇨병 _ 212
2. 만성콩팥병 _ 219
3. 장기이식 _ 230

제8장 재활 및 정신의료 • 246

1. 척수 손상 _ 248
2. 뇌졸중 _ 254
3. 치 매 _ 260
4. 조현병 _ 267
5. 알코올사용장애 _ 271

제9장 이슈에 따른 실천 • 286

1. 호스피스 완화의료 _ 288
2. 가정폭력 _ 302
3. 자 살 _ 310

제10장 공공보건의료와 사회복지 • 322

1. 한국 공공보건의료의 시작 _ 324
2. 공공보건의료와 관련된 주요 정의 _ 325
3. 공공보건의료계획의 수립시기별 특징 _ 328
4. 공공보건의료와 의료사회복지 _ 330
5. 의료비 지원 _ 338

제11장 의료사회복지실천의 쟁점과 과제 • 350

1. 새로운 의료환경의 변화 _ 352
2. 의료사회복지서비스의 전문성 _ 359
3. 의료사회복지실천의 새로운 도전 _ 362

● 부 록 _ 373

부록 1 의학용어 _ 375
부록 2 문제사정 코드(KCD-10 Z55-Z65) _ 382
부록 3 호스피스 전문기관(56개소) _ 393
부록 4 사회사업 초기 면접 기록지 _ 395
부록 5 Minnesota Hospital의 심리사회적 문제 목록 _ 405
부록 6 의료비 지원사업 _ 408

● 찾아보기 _ 425

제 1 부

의료사회복지실천 개관

제 1 장

건강과 질병의 관계

학습개요

예전부터 인간의 건강이나 질병은 단순히 생물학적이거나 자연적인 조건에 의해 결정된다고 알려져 왔다. 따라서 사람들은 건강이나 질병이 개인적인 책임의 문제라고 생각해 왔으나 근래에 와서 건강이나 질병이 개인의 사회적 · 환경적 · 경제적 수준, 그리고 인종별 생활 전통이나 문화적 배경 차이에 의해 더 많은 영향을 받는 것으로 인식되고 있다. 그러므로 그 대응책도 개인적 차원의 위생 및 건강대책보다는 사회적 · 환경적 차원의 치료대책과 더불어 심리사회적 문제와도 밀접한 관련이 있다고 생각하고 있다. 따라서 빠르게 변화해 가는 현시대의 사회 환경에서 건강과 질병의 개념 변화, 질병과 의료, 질병에 대한 심리사회적 문제와 적응과제에 대하여 고찰하고자 한다.

학습목표

1. 건강과 질병의 개념 변화를 이해한다.
2. 질병과 의료에 대하여 이해한다.
3. 질병에 대한 심리사회적 문제와 적응과제에 대하여 이해한다.
4. 질병과 관련된 의료사회복지실천의 확대에 대하여 이해한다.

1. 건강과 질병의 개념 변화

건강의 어원은 'whole(전체, 완전한)'에서 시작되어 'hale'로 그리고 'health'로 변형되었는데, 이것은 건강의 개념이 신체적 · 정신적 · 사회적으로 완전한 안녕의 상태로서, 단지 질병이 없다거나 허약하지 않은 상태를 말하는 것만은 아님을 의미한다. 건강은 인간생활의 모든 측면인 의식주, 노동, 인간관계 및 사회생활 등과 밀접한 관계가 있으며, 개인의 정서적 균형, 정신적 구조의 외부환경에의 적응은 물론 사회생활을 영위해 나갈 수 있는 능력을 포함한다. 실제로 건강의 개념이 사회적 안녕 상태까지를 제시하기 때문에 각기 다른 사회특성, 즉 문화 · 제도 · 관습 등 여러 가지 사회적 환경요인에 따라 달라지는 '상대적 개념(relative concept)'임을 알 수 있다(최천송, 1980).

인간의 건강은 항상 가변적이다. 인간은 육체적으로나 정신적으로 노동을 하면 피로하고 적당한 휴식을 취하면 다시 회복되는 자체기능을 갖고 있는 동시에, 신체나 정신을 계속하여 사용하지 않으면 그 기능이 쇠퇴하여 오히려 불건강하게 된다(최천송, 1980; 유수현 외, 2013). 건강하던 사람도 어떤 때에는 건강하지 않은 상태가 되며, 이러한 변화는 자주 있을 수 있다. 따라서 건강은 완전무결할 수 없으며 정도가 있는 것이다. 밀튼 테리스(Milton Terris)는 건강을 '사회생활을 할 수 있는 능력(ability to function)'으로 보고 기능적이고 주관적인 용어로 정의하였다(Bracht, 1978). 그러므로 건강이란 완전무결한 신체적 · 정신적 · 사회적 조건보다는 한 인간이 사회생활을 독립적으로 영위해 나갈 수 있는 능력과 관계가 있다고 할 수 있을 것이다(유수현 외, 2013).

또한 1998년 세계보건기구(World Health Organization: WHO)에서는 기존에 정의한 건강 개념(육체적 · 사회적 · 정신적 완전함)에 영적(spiritual) 웰빙 개념을 추가하여 건강 개념을 재정립하려는 시도들을 했다. 덧붙여 건강 증진에 관하여 오타와 헌장(1986)에서는 "건강은 생활의 목표로서가 아니라 일상생활을 영위하는 활력소로 이해되어야 한다."라고 명시하고 있는데, 이는 건강은 일상생활을 위한 신체적인 능력은 물론 개인적 및 사회적 활력소의 긍정적인 면을 가리키는 개념임을 의미한다고 할 수 있다. 예를 들면, 손발이 절단된 사람이라도 '살아 있다는 것이 행복하다. 앞으로 열심히 살아가고 싶다.'는 의지가 강하게 있다면 건강한 사람으로 판정받을 수 있으며, 반면에 건강한 신체에 엄청난 재산을 모은 사람이라도 항상 '죽고 싶다. 사는 게 재미없다.'고 생각하면 건강하지 않은 상태, 즉 질병을 가진 사람의 범주에 넣어야 한다는 것이다. 그러므로 건강이란 개념도 정적인 의미에서 동적인 추세를 강조하는 방향으로 진행되어 가고 있다는 것이다. 이렇게 보면 현재의 건강 개념은 한 인간이 자립적으로 사회생활을 할 수 있는 능력(ability to function)과 더불어 영적인 웰빙 상태의 중요성이 강조된다고 할 수 있다.

그렇다면 질병이란 무엇인가? 듀보스(R. Dubos)는 "인간이 외부적 · 내부적 환경에 미처 적응하지 못하는 상태"라고 정의했으며(최천송, 1980), 더불어 미국에서 국민건강조사를 실시했을 때 사용한 질병의 개념을 살펴보면 육체적 · 정신적 건강의 이탈 상태, 몸의 안 좋은 상태, 즉 병으로 인식하면서 일상생활에 제한을 가져오는 경우, 의료인이 인정하는 경우를 들 수 있다(유수현 외, 2013).

따라서 인간에게 있어서 질병(疾病)이란 유기체의 신체적 기능이 단지 비정상적으로 된 상태, 즉 부상이나 장애에 그치는 것이 아니라 넓은 의미에서는 극도의 고통을 비롯해 정신적 스트레스, 사회적 상황에서의 사회적 문제 및 제도상의 모순이나 결함과도 관련되어 있고 죽음까지도 포함한다는 것을 알 수 있다. 물론 질병이란 꼭 개인에만 한정되는 것이 아니어서 사회적으로 큰 맥락에서 이해되며, 더 넓게는 사고나 장애, 증후군, 감염, 행동장애 등을 모두 나타낼 수 있다. 질병의 종류에는 약 30,000가지 정도가 있다고 한다. 질병과 함께 산다는 것은 참 받아들이기 힘든 일이며, 질병은 일상생활에 제한을 가져오는 역할 기능의 상실까지도 가져온다. 다시 말해서, 질병이라는 상태를 정의하는 데 있어 각국의 사회적 · 경제적 함의를 빼놓을 수 없으며, 정책과 보건에 대한 관념의 고저에 따라서 질병의 발병률은 다양하게 나타날 수 있다.

오래전부터 인간의 건강이나 질병은 단순히 생물학적이거나 자연적인 조건에 의해 결정된다고 알려져 왔고, 따라서 사람들은 건강이나 질병이 다분히 개인적인 책임의 문제라고 생각해 왔다. 그러나 최근에 와서 건강이나 질병이 개인의 사회경제적 수준, 그리고 인종별 생활 전통이나 문화적 배경 차이에 의해 더 많은 영향을 받는 것으로 인식되고 있다. 따라서 건강이 안 좋은 상태를 무조건 개인의 책임으로 돌리고 비난하는 것이 옳은 태도는 아니라는 견해가 지배적이다. 왜냐하면 많은 경우 개인은 소위 건강의 사회적 결정요인들, 예컨대 가난이나 실직, 영양실조 그리고 나쁜 근무환경을 관리할 능력이 없기 때문이다. 즉, 사회적 건강불평등 현상이 사회경제적 조건의 차이에 의해 초래된다는 것이다. 세계보건기구(WHO)를 포함한 건강 관련 국제기구들이 건강에 대한 사회적 책임을 강조하면서 국가가 건강의 사회적 결정요인들을 잘 관리해야 한다고 주장하는 이유가 바로 여기에 있다.

오늘날 건강에 대한 사회적 책임과 건강불평등을 도덕적 내지 윤리적 문제로 인식하고, 국가와 사회는 특히 두 가지 윤리원칙, 즉 건강권 보호와 정의의 원칙 실천을 강조하고 있다(맹광호, 2015). 그러므로 건강을 사회적 책임과 윤리문제로 인식하여 해결하려고 하는 것은 '환경 속의 인간'을 다루는 사회 및 생태체계론적 이론을 실천하는 의료사회복지의 목적이기도 하다.

2. 질병과 의료의 변화

'의료(medical care)'라는 것은 건강의 보호 및 유지와 질병의 예방 및 제거를 위한 실천을 말하며, 학문적 체계는 '의학'이라고 부른다. 따라서 의료는 인간의 부상과 질병의 예방이나 조기발견, 치료나 사회복귀 등을 목적으로 의학에 관한 전문적 지식과 기술을 가진 전문가가 의료서비스를 받고자 하는 사회 구성원들에게 제공하는 것이다. 이 의료의 개념은 광의의 개념으로 '질병으로부터의 회복'이라는 뜻을 가지고 있으나, 협의적으로 의료(medical care)와 건강보호(health care)로 나누어서 생각해 볼 수 있다. 그중 의료는 질병과 손상의 회복에 초점을 두어 이를 달성하기 위한 진단과 치료에 초점을 두고 있으며, 건강보호는 현재의 건강상태를 유지하거나 건강문제의 출현을 예방하기 위한 개인과 사회의 노력(강흥구, 2007)으로서 의료기관에서 제공되는 진단, 치료, 조기진단과 조기치료, 예방 및 재활은 물론 정기적인 건강진단과 집단 진단검사 등 건강 증진을 위한 모든 영역을 일컫는다(연세대학교 의과대학 예방의학교실, 1975: 유수현 외, 2013에서 재인용). 따라서 의료의 이 두 개념을 동시에 포함하는 포괄적 의료라는 개념이 대두되었다(유수현 외, 2013). 포괄적 의료란, 첫째, 예방에서 재활에 이르기까지 충분한 서비스를 제공하고, 둘째, 지속적인 치료를 하며, 셋째, 질병의 사회적 및 개인적 측면의 관리를 강조하고, 마지막으로 개인 의지의 책임이 포함되어 있는 건강 개념의 사용과 현대과학의 의료실천에서의 다양한 요소를 조정 · 통합하여 건강서비스를 가족들에게 조직적으로 제공하는 것을 뜻한다(유수현 외, 2013; Snoke & Weinerman, 1965). 이 개념에서 볼 때 포괄적인 의료란 환자를 전인(whole person)으로 보고 총체적인 치료(total care)를 하는 것을 의미한다(유수현 외, 2013).

이렇게 인류의 기본권이 되는 의료에 대한 세계 각국의 동향을 보면 국가가 책임지는 형태로 바뀌고 있다. 그중 일본이 1922년에 도입한 의료보장제도는 세계에서 가장 오래된 사회보장제도로, 1942년에 시행된 연금제도와 함께 일본 복지의 근간을 이루는 제도다. 영국은 1948년에 국민이 필요할 때는 언제든지 의료를 무료로 제공하는 국가보건서비스(National Health Service: NHS)를 시작했고, 미국도 1965년에 노인의료보호제도에 해당하는 메디케어(medicare)와 저소득층 의료보장제도에 해당하는 메디케이드(medicaid)를 두어 65세 이상 된 노인과 빈곤자 및 의존적인 아동의 의료를 국가가 책임지게 되었다(한국복지연구회, 1985).

우리나라도 1963년에 의료보험이 처음으로 제정되어 의료보험조합의 설립근거를 마련하였다. 그 후 1977년에 들어와서 경제적 취약계층을 대상으로 체계적인 의료 혜택을 주기 위하여 「의료보호법」을 제정하여 실시하였다.

3. 질병과 사회문제의 상호관계

질병의 문제는 곧 건강의 문제이고, 건강의 문제는 생활 전반에 관한 문제가 된다. 그러므로 질병의 발생은 어떤 개인의 사회생활을 영위하기 위한 기능의 변화를 가져와 사회적응상의 문제를 초래하며, 한 개인의 문제는 가정 및 지역사회 전체에까지 변화를 가져오게 된다(유수현 외, 2013). 그러므로 질병과 사회문제는 상호 역동적 관계에 있다고 볼 수 있다. 산업화 · 도시화의 영향으로 생겨난 여러 가지 사회문제는 질병 구조를 변화시키고 새로운 질병을 만들어 내었다. 대기 및 수질 오염의 확대, 교통사고의 발생 빈도 증가, 호흡기 질환 유발, 정신 및 신경계 질환 유발, 산재질병, 즉 진폐증, 약물중독 등의 직업병 등이 초래되었다(박종기, 1979).

1974년에 캐나다 정부에서 발표한 「캐나다 국민의 건강에 대한 새로운 시각(A New Perspective on the Health of Canadians)」, 일명 「라론드 보고서(Lalonde Report)」에서는 건강결정요인을 '생물학적 요인(biology)' '환경(environment)' '생활양식(lifestyle)' 및 '공중보건의료(public health care)'로 규정하면서, 국민 건강을 위해서는 이 네 가지 분야에 대한 대책이 고르게 이루어져야 한다고 밝힌 바 있다(Lalonde, 1974: 한달선, 2009에서 재인용).

또한 건강의 사회적 결정요인들에 관해 다양한 견해가 있으나, 지금까지의 연구 내용을 바탕으로 세계보건기구(WHO)가 2008년에 발표한 건강의 사회적 결정요인들은 다음과 같다. '건강의 사회적 결정요인(social determinants of health)'이란 개인과 집단의 건강상태에 영향을 미치는 사회적 · 경제적 환경요인들을 말한다.

- 수입 및 사회적 수준(income and social status): 일반적으로 수입과 사회적 수준이 높을수록 건강상태가 양호하며, 어느 나라에서나 부유한 사람과 빈곤한 사람의 비율 차이가 클수록 이들 집단의 건강상태 차이 또한 크게 나타난다.
- 교육수준(educational status): 교육수준이 낮고 경제수준이 낮은 사람들은 높은 사람들보다 건강상태가 좋지 않다.
- 물리적 환경(physical environment): 안전한 물, 깨끗한 공기, 안전한 직장환경, 깨끗한 주거환경과 도로 상태 등 양호한 물리적 환경은 건강에 긍정적인 영향을 미친다.
- 취업 및 작업 조건(employment and working conditions): 직장을 가지고 있는 경우, 특히 그 직장 여건이 좋은 경우 그렇지 못한 경우보다 더 건강하다.

- 사회적 지지체계(social support networks): 가족과 친구 그리고 지역사회로부터 여러 지지를 받고 있는 경우 그렇지 못한 경우보다 건강하다.
- 문화(culture): 관습과 전통 그리고 가족과 지역사회의 신앙행태 등 문화적 요인 모두 건강에 영향을 미친다.
- 유전적 요인(genetics): 유전적 요인 또한 부분적으로 수명이나 건강에 영향을 미치며 일부 질환 발생과도 연관성이 있는 것으로 보고되고 있다.
- 개인 생활행태 및 극복기술(personal behavior and coping skills): 식습관, 운동 여부, 흡연, 음주, 스트레스 등 생활행태와 이를 극복하기 위한 노력 여부 등이 모두 건강상태에 영향을 미친다.
- 의료서비스(health services): 질병 예방과 치료에 필요한 의료서비스의 접근성과 실제 이용 실태도 건강상태와 관련이 깊다.
- 남녀 성별 차이(gender): 남자와 여자는 그 성별 차이 때문에 거의 모든 연령에서 각기 이들이 경험하는 질병의 형태나 수준이 다르다.

한 가지 특기할 일은 이 보고서에서 개인의 질병 발생과 관련이 깊은 개인 생활습관들, 예컨대 흡연이나 음주, 나쁜 식습관, 유전적 요인을 사회적 건강결정요인에 포함하고 있는 점이다. 이는 앞서 언급한 바와 같이 이들 요인 또한 넓게 보면 사회문화적 환경이나 사회제도들과 관련이 있기 때문인 것으로 이해된다. 건강의 사회적 결정요인들의 수준에 따라 질병이환율이나 사망률에 차이가 생기게 마련이고, 이런 사회계층별 건강 차이를 '건강불평등(health inequality)' 상태라고 한다(맹광호, 2015).

그러므로 개인 차원의 위생관념이나 건강대책보다는 사회적 차원의 치료대책이 시행되어야 한다.

4. 질병경험의 단계

1) 질병경험 단계

질병은 사람들로 하여금 심리사회적으로 주어진 기능을 수행하지 못하고 일상생활에 있어서 사회적 기능을 하지 못하거나 적응하지 못하는 상태에 빠지게 한다. 질병이 발생하면 건강한 사회인이 점차 환자로 바뀌게 되고, 그 질병 안에서 다시 사회로 복귀하기 위한 노력을 하는 과정에서 질병경험의 단계를 거치게 된다.

서치맨(Suchman)은 이러한 과정을, 첫째, 증상을 경험하는 단계, 둘째, 환자 역할을 가정하는 단계, 셋째, 의료서비스에 접촉하는 단계, 넷째, 의존적인 역할을 하는 단계, 마지막으로 회복 및 재활의 단계의 다섯 단계로 설명하였다(Germain, 1984).

첫째 단계인 증상을 경험하는 단계에서는 클라이언트가 자신의 건강상태가 좋지 않고 체력이 약해지고 무엇인가 잘못된 것을 감지한다. 다양한 민간요법을 써서 회복해보려고 노력하지만, 이 단계에서는 자신이 병자임을 받아들이려 하지 않고 차츰 호전되려니 하고 생각하다가 점점 심해지면 그때 가서야 병이 생겼음을 받아들이게 된다.

둘째 단계는 환자의 역할을 가정하는 단계다. 다양한 방법 및 민간요법으로 병이 회복되지 않으므로 병이 생긴 것이 아닌가 하고 생각을 하기 시작한다. 그러나 이때까지도 가정만 할 뿐 자신이 환자라는 것을 받아들이지 않는다. 자신의 불편한 신체적 조건으로 인해 일상생활을 포기하고 주위 사람들에게 자신의 병세에 대해 묻고 계속적으로 자기 나름대로의 방법을 동원하여 회복하려고 노력한다.

셋째 단계는 의료진과 접촉하는 단계로서 자신이 환자가 아닌가 생각하여 의료진을 찾아가 진찰도 받고 상의를 하기 시작한다. 그러다가 자신이 확실히 병에 걸렸다는 것을 확인하고 의료진과 치료절차에 대해 의논하며 타협한다.

넷째 단계는 의존적인 환자의 역할을 수행하는 단계로서 의료진의 권고에 따라 전문적 치료를 받으며 비로소 환자의 역할을 수행한다. 경우에 따라 의존적인 환자 역할에 저항하기도 하고, 치료를 거부하는 대신에 다른 이득을 즐기면서 회복에 대한 환자의 의무를 다하지 않을 수도 있다. 이와 같은 행동은 문제 환자로 낙인찍히게 만들기도 한다.

다섯째 단계는 회복 및 재활의 단계로서 치료가 성공적으로 진행될 때 건강을 회복하여 일상적인 사회생활로 복귀하는 것이다. 그러나 치료가 끝났다 하더라도 질병의 특성으로 장애를 감수하는 경우도 있으며, 만성적인 장애로 남아 사회복귀를 위한 재활서비스를 따르는 경우도 있다.

의료사회복지는 건강하던 사람이 발병을 하여 환자의 역할을 수행하다가 다시 건강한 사회로 돌아가는 전 과정에 개입할 필요가 있으며, 환자의 건강을 지키기 위한 서비스는 의료진과 접촉하는 단계에서만이 아니라 그의 삶 전체에서도 필요하다(유수현 외, 2013).

2) 의료기관의 부주의한 태도에 대한 인식

질병을 인식하여 의료기관을 찾아갔을 때 치료과정에서 의료인들이 환자를 대하면서 쉽게 보이는 부주의한 태도를 살펴봄으로써 주의를 기울여야 하겠다(한인영 외, 2007).

(1) 비인간화

치료과정에서 환자는 하나의 치료대상으로 취급되어 비인간화 과정을 겪기 쉽다. 이와 같은 비인간화 과정은 서비스를 제공할 때 나타나는 병원 구조의 관료주의적 특성 또는 의료진의 편의주의 때문에 발생할 수 있는데, 이는 환자와 가족의 능력, 인간관계, 자기규제, 정체성과 존엄성 등을 위태롭게 할 수 있다. 진단절차나 치료 등과 같이 중요한 결정에 있어 환자에게 참여할 기회를 주지 않는 것은 환자를 비인간화시키고 자기규제능력을 악화시키는 결과를 초래한다.

(2) 치료과정에 대한 정보의 결여

병원에서 일어나는 또 다른 현상은 의료진이 환자와 가족에게 정보를 충분히 제공하지 않음으로써 문제가 생기는 것이다. 환자는 자신에게 중요한 치료정보를 제공받지 못함으로 무기력해짐을 경험하며, 이러한 상태에서 환자는 의료진이 요구하는 대로 순응하게 되고, 만약 의료진에게 순응하지 않을 경우 문제 환자로 낙인찍히는 것을 두려워하게 된다. 우리나라는 의사가 환자에게 정보를 제공할 경우 환자의 불안을 증가시키고 우울감을 야기할 수도 있다고 생각하여 정보 제공에 신중한 태도를 보여 왔다. 그러나 진단에 대한 정보를 제공받은 환자가 치료에 더 많이 협조한다는 많은 연구 보고가 있으므로, 궁극적으로 질병이나 증세에 관한 환자와 의료진 간의 정보교환은 협조적인 관계를 유지시킴을 염두에 두고 환자와 가족들이 최선의 서비스를 제공받을 수 있도록 그들에게 도움을 주어야 한다.

5. 질병에 대한 심리사회적인 문제와 적응

질병은 만성적인 질환, 죽음에 이르는 병, 그리고 사회환경과 가족에게 영향을 미치는 위협들이다. 이러한 질병들은 사회적 또는 심리적 요인들이 많이 작용하고 있기 때문에 의료적 치료 외에도 심리사회적 반응을 파악하여 심리사회적 치료도 병행하는 것이 필요하다. 또한 대부분의 질병은 정서적인 반응을 유발한다. 특히 만성질환은 질병에 따른 여러 가지 스트레스를 유발하고, 환자는 질병에 적응하면서 다양한 종류의 부정적 감정반응(negative emotional reactions)을 보이게 된다(Cole & Bird, 2002). 질병으로 인한 스트레스와 적응과제를 이해할 수 있다면 의료사회복지사들은 흔히 생기는 이러한 환자의 감정에 잘 대처하도록 도와줄 수 있다.

• 질병의 일반적인 스트레스: 질병은 직장과 집안일, 여가활동을 효과적으로 하기 힘들게 하며, 직업을 가진 환자라면 종종 실직이나 실직의 위협에 대처해야 한다. 집

안일을 하는 환자라면 질병으로 가사를 돌보는 능력이 떨어질 수 있다. 질병을 가진 부모들은 자녀들과 어울리기 힘들고 함께 지낼 수 없게 될 수도 있다.

- 분리의 위협 및 애정 상실의 위협: 특별히 입원 가능성이 있는 질환을 앓고 있을 때, 환자들은 사랑해 주고 편안하게 지지해 주던 사람들로부터 분리의 위협을 느낀다. 질병이 심해지거나 입원하게 되면 유아기의 분리불안이 다시 생길 수 있으며, 많은 환자는 질병으로 인해 주변 사람들에게 매력을 잃거나 애정을 상실하지 않을까 두려워한다.
- 신체 기능 및 부위 상실의 위협: 질병은 요실금이나 대변실금을 일으키기도 한다. 이것은 환자를 당황하게 하고, 위협하며, 환자가 자신을 아기처럼 느끼게 한다. 때때로 환자는 자신의 중요 신체부위를 잃을 수 있음을 두려워한다.
- 정신기능과 인지기능의 감소: 질병은 종종 정신기능과 인지기능을 감소시킬 수 있다. 질병이 있거나 약물을 사용하는 환자는 기억력이 감소하고, 집중력에 문제가 생기거나 건강할 때의 정신 통제 수준을 상실할 수 있다. 이러한 인지기능의 상실이 흔히 신체질병이나 치료와 관계가 있음을 모르는 환자들은 '정신의 혼탁함'으로 인해 두려워하게 된다.
- 통증의 위협: 일반적으로 환자들은 통증을 두려워하며, 가능하면 느끼지 않으려고 한다.
- 가족관계의 유지: 가족관계의 유지는 일반적인 사회관계의 유지보다 더 중요하고 어려울 수 있다. 질병은 가족관계를 변화시킨다. 생계유지 역할이 남자에서 여자에게 옮겨 갈 수 있고, 주부 역할이 여자에서 남자에게 옮겨 갈 수 있으며, 만성질환에 의해서 친밀감의 형태, 역할 책임, 성적 능력, 부모 역할이 모두 바뀔 수 있다. 사회적 역할 기능의 불가피한 변화에도 불구하고 핵심적인 관계를 유지할 수 있는 능력이 있는 환자는 좋은 예후를 보인다(Cole & Bird, 2002).
- 기능장애에 대처하기: 가끔 질병으로 인해 어떤 신체적 장애가 생길 수 있다. 즉, 보행장애, 통증, 손을 사용하는 데서의 어려움, 시각이나 청각장애, 수면장애, 일상적 업무수행능력의 장애, 운전장애 같은 것들이 생길 수 있다. 기능장애의 원인이

되는 신체적 장애에 대한 적응은 지속적인 것이며, 때때로 환자에게 힘든 과제가 된다.

- 다양한 의료인에 대한 적응: 만성질환자들은 다양한 분야의 건강 전문가와 접촉하게 된다. 환자는 각각 전문분야의 의사들과 함께 그들의 다양한 기질에 대처해야 하며, 간호사, 병원 직원, 영양사, 물리치료사 같은 사람들의 성격과 그들의 전문분야에 적응하도록 노력해야 한다. 이것은 어떤 사람들에게는 쉬울 수 있고 또 다른 사람들에게는 불가능할 수도 있다.

6. 질병에 대한 정서적 반응과 대처전략

1) 질병에 대한 정서적 반응

대부분의 환자는 질병에 대해 다양한 정서적 반응을 경험하게 된다(Strain & Grossman, 1975). 이는 개인과 질병에 따라서 다양하지만, 의료사회복지사들이 이해하고 인지해야 하는 흔한 몇 가지 예측 가능한 정서적 단계가 있다. 정서적 단계를 이해한다면, 의료사회복지사들은 보다 효율적이고 환자에게 도움이 되도록 반응할 수 있다.

스트레인과 그로스맨(Strain & Grossman, 1975)이 제시한 정서적 반응과 대처전략을 살펴보도록 하겠다.

(1) 퇴 행

퇴행(regression)은 질병에 대한 반응에 있어 정서적 기능이 보다 유아적인 단계로 바뀌는 것을 말한다. 이러한 질병에 대한 광범위한 반응은 질병기간 동안 신체적 · 정신적 의존성을 높인다. 대부분의 제한적인 퇴행은 급성질병의 회복과 휴식이나 만성질환의 악화 기간의 적응반응으로서 생길 수 있다. 환자의 치유에 있어 이러한 의존성이 필요한 경우도 있는데, '반응이 긍정적인(good)' 환자는 의료진의 권고를 잘 받아들이기 때문이다. 만성질환에서는 이런 퇴행과 의존성을 강하게 제한해야 한다. 만성질환에서 퇴행 현상을 극복하기 위해서는 의료진과 환자 모두의 상당한 노력이 필요하다. 환자는 이런 의존성에 대해 다르게 반응하는데 어떤 환자는 의존성을 포기하기가 어렵고, 또 어떤 환자는 모든 의존성을 아주 부정적으로 생각한다. 환자는 질병 스트레스 때문에 적응해야 할 많은 문제를 겪게 된다.

(2) 부정, 의식적 억압, 무의식적 억압

질병에 관한 이야기를 들을 때 최초의 감정반응 중 하나는 관찰되는 감정이 없다는 것이다. 질병의 감정적 충격이 너무 커서 많은 환자가 그 정보를 부정(denial)한다. 부정은 다양하게 나타난다. 환자가 단순히 질병에 관한 생각을 마음속에서 지우려 하거나 피하려고 할 때 이러한 방어기전이 기능(환자의 생활, 건강 및 정서 기능)에 도움을 줄 수 있다. 이것을 의식적 억압(suppression)이라 하는데, 비교적 건강한 방어기전이라고 할 수 있다. 생각은 비록 의식 내에 있지만, 환자는 단기간 동안 문제를 그들의 주의에서 멀어지게 할 수 있다. 무의식적 억압(repression)은 생각이 의식에서 무의식으로 이동하는 것을 말한다. 이것은 어떤 환경에서는 적응과정이 될 수 있지만, 주의사항이나 치료법을 잊어버리는 부정적인 영향을 줄 수도 있다. 부정은 치료진으로부터의 정보를 무시한다는 점에서 이러한 방어기전 중 가장 좋지 않다. 만약 환자가 암이란 말을 들었다면, 환자는 이것을 부정하고 오진이라고 생각할 것이다. 불행하게도 이런 부정으로 인해 환자가 치료시기를 놓치고 생명이 위독해질 수도 있다.

(3) 불 안

불안(anxiety)은 흔하고 거의 모든 질환에서 생길 수 있는 정서적 반응으로 대부분의 환자가 경험한다. 불안은 주관적인 두려움의 경험이다. 이것은 다양한 형태가 있고 질병과정 전반에 걸쳐 다양하게 나타난다. 스트레스와 위험은 두려움(fear)을 유발하는데, 환자는 이러한 내적인 두려움을 불안으로 경험한다. 불안은 신체적 증상으로도 나타나 일차적인 신체질병에 영향을 줄 수 있다. 예를 들어, 불안은 빈맥, 위장관 운동 항진, 발한, 불면 등 자율신경계 흥분의 원인이 될 수 있다. 불안이 해소되지 않으면 질병과정에 부정적인 영향을 미칠 수 있다. 불안은 아주 강렬하고 전반적으로 나타나 정신질환이 될 수도 있다.

(4) 분 노

분노(anger)도 만성질환에서 흔하다. 환자는 '하필이면 왜 내가 이런 병에 걸렸을까?' 라고 생각한다. 그들은 종종 절대자에게 화를 내며, 질병의 궁극적 의미를 이해하려고 노력하면서 믿음에 혼란을 느낀다. 이것은 분노뿐만 아니라 일반적으로 불안을 만들어 내며, 환자는 어떤 특정한 생각이나 사람에게 초점을 맞출 수 없는 전반적인 분노를 느낀다. 이러한 분노가 일어나면 예상치 못한 행동을 하게 되며, 치료진 및 의료제공자, 친한 친구, 가족들이 흔한 공격의 대상이 될 수 있다.

(5) 슬 픔

슬픔(sadness)은 모든 질병에서 흔한 반응이다. 환자가 만성질환을 진단받고도 슬퍼하지 않는다면 이상한 일이다. 만성질환은 일반적으로 많은 상실(일할 능력, 여가의 기쁨, 신체적 즐거움, 대인관계의 상실)을 가져온다. 분노와 불안과 같은 다른 반응도 상실에 있어 역할을 하지만 슬픔은 상실에 대한 가장 흔한 정서적 반응이다. 질병에 대한 정상적인 슬픔은 환자 주변의 인간관계의 모든 측면에 영향을 미칠 수는 없다. '정상적' 슬픔에서는 과거에 비해 제한적이기는 해도 환자는 즐거운 경험을 느낄 수 있다. 반면에 우울증에서는 삶의 모든 부분에 있어 환자가 더 이상 흥미나 기쁨을 경험할 수 없다.

2) 질병에 대한 대처전략

질병에 대한 대처전략(coping strategy)은 크게 정서적 전략(affective strategies), 행동적 전략(behavioral strategies), 인지적 전략(cognitive strategies)으로 나눌 수 있다. 정서적 전략에는 수동적으로 감정을 격리시키고 걱정하지 않으려 하거나, 부정하고 웃어 버리는 것, 느낌과 반응을 타인과 공유하는 방식 등이 있다. 행동적 전략으로는 다른 활동에 전념하기, 자기 자신에게 문제를 직면시키고 적절한 행동을 취하기, 행동화(acting-out), 이전의 스트레스에 효과가 있었던 활동을 다시 생각해 보기, 사람과 스트레스를 피하고 혼자만의 시간을 갖는 퇴행(withdrawal)하기 등이 있다. 인지적 전략으로는 질병 및 치료에 대한 정보를 얻어서 지식을 통해 조절해 보려고 시도하기, 문제를 다시 정의해서 합리화하기, 최악의 경우를 생각하고 준비하는 운명론(fatalist), 본인의 질병을 남의 탓으로 돌리고 문제를 외부에서 찾는 투사(projection)와 외향화(externalization), 권위자의 말대로 순응하기, 자기 자신을 탓하고 희생적으로 생각하는 자기학대 등의 방식이 있다.

(1) 질병을 잘 극복하는 환자의 특성

- 문제해결에 낙천적이며, 좌절에도 불구하고 사기가 높다.
- 근본적이거나 이상적인 해결책을 찾기 전에, 당장 해결해야 하는 즉각적인 문제나 장해물에 초점을 맞추어 행동한다. 큰 문제를 해결 가능한 작은 문제로 나누어서 보려고 노력한다.
- 해결책을 선택할 때 가능한 한 다양한 방법과 긍정적인 해결책을 찾으려고 모색한다.
- 가능성이 있는 다양한 결과를 생각해 보고 나서 대응책을 세운다.
- 남의 제안에 대해 개방적이고 융통성이 있지만 최종 결정은 자신이 내린다.
- 판단력이 흐려지는 것을 피하기 위해 극단적인 감정을 피하려고 노력하며 매우 침착하다.

(2) 질병을 극복하지 못하는 환자의 특성

- 스스로에 대한 기대가 지나치게 높고 경직된 시야를 가지고 있다. 판단의 기준에 융통성이 없고 타협하거나 남에게 도움을 구하는 것을 꺼린다.
- 어떤 상황에서는 편협한 행동을 보이며 견해가 절대적이고 좁아서 관용의 여지가

적다.

- 편견에 사로잡혀 있거나 그럴듯한 견해에 충동적으로 따르며 피암시성이 강하다.
- 지나치게 부정을 하거나 합리화를 사용하며, 당면한 문제에 해결의 초점을 맞추지 못하고 문제를 덮어 두려고 한다.
- 차선책을 찾는 데 어려움이 있어서 수동적이며 스스로 행동을 시작하지 못한다.
- 충동적으로 결정하는 경향이 있다.

정리해 봅시다

❶ 건강과 질병의 개념 변화

인간에게 있어서 질병(疾病)이란 유기체의 신체적 기능이 단지 비정상적으로 된 상태, 즉 부상이나 장애에 그치는 것이 아니라 넓은 의미에서는 극도의 고통을 비롯해 정신적 스트레스, 사회적 상황에서의 사회적인 문제 및 제도상의 모순이나 결함과도 관련되어 있고 죽음까지도 포함한다.

❷ 질병과 의료의 변화

의료(medical care)란 질병과 손상의 회복에 초점을 두어 이를 달성하기 위한 진단과 치료에 초점을 둔다.

❸ 질병과 사회문제의 상호관계

「라론드 보고서」에서는 건강결정요인을 '생물학적 요인(biology)' '환경(environment)' '생활양식(lifestyle)' 및 '공중보건의료(public health care)'로 규정하면서, 국민 건강을 위해서는 이 네 가지 분야에 대한 대책이 고르게 이루어져야 한다고 한다.

❹ 질병경험의 단계

서치맨은 질병경험의 단계를, 첫째, 증상을 경험하는 단계, 둘째, 환자 역할을 가정하는 단계, 셋째, 의료서비스에 접촉하는 단계, 넷째, 의존적인 역할을 하는 단계, 마지막으로 회복 및 재활의 단계의 다섯 단계로 구분하여 설명하였다.

❺ 질병에 대한 정서적 반응

스트레인과 그로스맨이 제시한 질병에 대한 정서적 반응을 살펴보면, 정서적 기능이 유아적인 단계로 바뀌는 퇴행, 질병에 관한 생각을 지우려 하거나 피하려고 하는 부정, 주관적인 두려움의 경험인 불안, 분노, 슬픔이다.

❻ 질병에 대한 대처전략

질병에 대한 대처전략은 크게 정서적 전략(affective strategies), 행동적 전략

(behavioral strategies), 인지적 전략(cognitive strategies)으로 나눌 수 있다.

참고문헌

강흥구(2007). **의료사회복지 실천론(2판)**. 경기: 학현사.

맹광호(2015). 건강과 질병의 사회학: '건강에 대한 사회적 책임'과 '건강불평등'의 윤리문제를 중심으로. **인격주의 생명윤리, 5**(1), 3-25.

박종기(1979). 한국의 보건재정과 의료보험. **한국사회과학연구, 14**(1), 31.

유수현, 김창곤, 김원철(2013). **의료사회사업론**. 경기: 양서원.

윤현숙, 김연옥, 황숙연(2001). **의료사회사업론**. 서울: 나남.

이광재(2005). **의료사회사업원론(제2판)**. 서울: 인간과복지.

최천송(1980). 의료보장의 단계적 발전모형 구축을 위한 조사연구. 한국보건사회연구원 전신기관보고서(사회보장심의위원회).

한국복지연구회(1985). 교회사회복지사업의 실태 및 욕구에 관한 연구.

한달선(2009). **건강, 의료, 사회: 사회 의학 에세이**. 서울: 한국문화사.

한인영, 최현미, 장수미(2007). **의료사회복지 실천론**. 서울: 학지사.

한인영, 최현미, 장수미, 임정원, 이인정, 이영선(2013). **의료현장과 사회복지실천**. 서울: 학지사.

Bracht, N. (1978). *Social Work in Illness Prevention and Health Promotion*: Social Work in Health Care: Its Past and Future, 181-182.

Cole, S. A., & Bird, J. (2002). **의학면담**(김대현 역). 서울: 학지사.

Gehlert, S., & Browne, T. (Ed.). (2015). **보건사회복지**(송인한 외 공역). 서울: 박영사.

Germain, C. B. (1984). *Social Work Practice in Health Care*. New York: The Free Press.

Snoke, P. S., & Weinerman, E. R. (1965). Comprehensive Care Programs in University Medical Centers. *Journal of Medical Education, 40*(7), 625-657.

Strain, J. J., & Grossman, S. (1975). Psychological reactions to medical illness and hospitalization. In J. J. Strain & S. Grossman (Eds.), *Psychological Care of the Medically Ill: A Primer in Liaison Psychiatry*. New York: Appleton-Century-Crofts.

WHO Commission on Social Determinants of Health. (2008). "Closing the Gap in a Generation": Health Equity Through Action on the Social Determinants of Health.

Wikman, A., Marklund, S., & Alexanderson, K. (2005). Illness, disease, and sickness absence: An empirical test of differences between concepts of ill health. *J Epidemiol Community Health, 59*, 450–454.

제2장

의료사회복지실천의 역할 및 직무

학습개요

근래에 건강보호영역에서 의료서비스가 치료에서 보건의 개념으로 확장되면서 바람직한 치료에 대한 개념도 변화되기 시작하였다. 바람직한 치료 관점에 맞추어 의료사회복지실천 서비스에도 많은 변화가 나타났다. 의료는 단순히 예방책이나 질병의 조기발견, 조기치료에 대한 치료영역의 확대만을 의미하는 것이 아니라 심신의 기능회복과 함께 사회복귀를 위한 원조활동까지도 포함한다. 그러므로 포괄적 · 전인적 접근이 중심이 되는 의료사회복지는 어느 실천영역보다 중심이 되는 분야로서 자리를 구축하고 있는 것이 현실이다. 그러므로 변화에 따른 의료사회복지의 개념 및 역할, 영국과 미국의 의료사회복지실천 서비스의 역사적 배경 및 의료보장제도에 대하여 살펴보고, 더불어 한국의 의료사회복지실천 역사를 고찰해 보고자 한다. 또한 의료서비스는 다양한 전문직의 조합체로서 팀 접근이 강조되므로 팀 협력과 의료서비스의 질을 평가하고 그 문제점을 개선하기 위하여 의료의 질과 의료사회복지서비스의 질에 대하여 알아보고자 한다.

학습목표

1. 의료사회복지실천의 개념에 대하여 알아본다.
2. 영국과 미국의 의료사회복지실천의 역사 및 의료보장제도에 대하여 알아본다.
3. 한국의 의료사회복지실천의 역사에 대하여 알아본다.
4. 의료사회복지실천의 직무 및 역할에 대하여 알아본다.

1. 의료사회복지실천의 개념

최근 건강보호영역에서 의료서비스가 치료에서 보건의 개념으로 확대되면서 바람직한 치료에 대한 개념도 변화되었다. 바람직한 치료란 인간의 문제를 전인적인 관점에서 통찰하여, 단순히 예방책이나 질병의 조기발견, 조기치료에 대한 치료영역의 확대만을 의미하는 것이 아니라 심신의 기능회복과 함께 사회복귀를 위한 원조활동까지도 포함한다. 또한 의료서비스는 다양한 전문직의 조합체로서 팀 접근이 강조되고 클라이언트에 대한 포괄적 · 전인적 접근으로 이루어진다. 우리나라에서는 1950년대 후반 자선과 선교를 목적으로 일부 병원에서 의료사회복지를 도입하면서 건강보호영역에서 사회복지실천이 시작되었다(이윤로, 홍영수, 2005).

의료사회복지의 개념을 살펴보면 『사회복지사전(The Social Work Dictionary)』에서는 의료사회복지를 "건강을 증진하고 질병을 예방하며, 신체적으로 아픈 환자와 가족들이 질병에 관련된 사회적 및 심리적 문제를 해결하도록 돕기 위하여 병원과 다른 건강보호 세팅에서 수행되는 사회복지실천"으로 정의하고 있다(Barker, 1995: 홍영수, 2013에서 재인용). 또한 대한의료사회복지사협회에서 규정한 정의에 따르면 의료사회복지는 질병을 가진 환자와 그 가족, 지역사회를 대상으로 의료진과 함께 협의하여 클라이언트의 심리사회적 · 정서적 · 환경적 문제를 해결하도록 돕는 것이다. 또한 퇴원 후에도 사회적 기능을 원활히 수행할 수 있도록 지원하면서 질병의 예방과 회복 사후관리에 이르기까지 개인에 대한 접근뿐 아니라 의료제도와 정책 차원의 접근을 통하여 의료사회복지실천의 목적을 달성하도록 돕는 데 있다고 규정하였다. 따라서 의료사회복지실천의 목적은 클라이언트, 가족 그리고 소집단의 사회적 기능이 실제적 또는 잠재적 질병이나 장애로 인해 손상받을 때 그들의 최적의 사회적 기능을 회복 · 유지시키고 증진시키는 것이다(이윤로, 홍영수, 2005).

질병에 대한 사회적 적응문제는 사회복지 영역에서 오랜 기간 주요 관심사 중 하나였다. 미국 의료사회복지사협회(American Association of Medical Social Workers)는 1934년에

헤리어트 바트렛(Harriet Bartlett)이 준비한 보고서를 출판했는데, 현시점까지 유용한 이 보고서에서는 의료사회복지를 "질병과 사회적 부적응 간의 관계에 초점을 맞추는 특별한 형태의 개별사회복지(Social Care Work)"라고 정의했다. 바트렛은 "의학적 치료기관에서부터 직접적으로 발생하는 사회적 문제에 관심을 가지는 것은 사회복지사의 기능 중 중요한 부분을 차지하며, 의료사회복지사는 환자의 사회적 기능 및 역할에 도움을 주는 방식으로 의학적 치료를 촉진하고 확대한다."라고 기록하고 있다. 더불어 바트렛은 장애 및 만성질환 때문에 일반적인 삶의 계획으로부터 벗어나 충격을 받은 환자들이 모든 것을 잃어버렸다는 상실감과 세상에서 가치가 없다는 무가치함에서 벗어날 수 있도록 그들에게 직업이나 경험을 제공함으로써 건강에 대한 사회적 장애를 극복하도록 돕는 것을 강조하고 있다(Gehlert & Browne, 2006).

따라서 의료사회복지는 보건·의료 영역에서 이루어지는 사회복지의 총체적인 활동으로서 사회사업실천 방법기술을 활용하여 질병의 원인이 될 수도 있고 치료의 효과를 지연시킬 수도 있는 환자의 사회적·심리적 문제들을 해결하도록 원조한다. 그리고 환자가 퇴원한 후에도 정상적으로 사회적 기능을 다할 수 있도록 전문적인 사회복지서비

〈표 2-1〉 사회복지 접근방법에 따른 의료사회사업의 정의

관점	정책적 관점	기술적 관점	통합적 관점
대상	보건의료체제 전반	환자 및 가족의 심리, 사회, 경제적 문제	질병을 가진 개인과 환경(가족은 물론 의료·보건계 종사자 등)
방법	사회복지조사, 사회복지정책 등 광범위한 방법	사회사업의 전문적 방법	사회사업의 전문적 방법과 사회복지조사, 사회복지정책 등 다각적인 접근방법
목적(효과)	질병 예방, 건강 증진 및 향상을 지향하는 의료복지	환자의 질병치료와 회복, 사회복귀기능을 지원	환자 및 가족의 사회기능 향상, 질병 예방, 치료 및 재활 등 다양한 목적

출처: 대한의료사회복지사협회 홈페이지(http://kamsw.or.kr/index.htm) '의료사회사업의 개요'(2013)에서 발췌.

스를 제공하는 것으로 환자, 가족, 의료기관, 의료제공자, 환경 등과 상호 원활한 유기적인 관계를 가질 수 있도록 지원하는 것이라 할 수 있다.

2. 영국과 미국의 의료사회복지실천 역사 및 의료보장제도

1) 영 국

(1) 의료사회복지실천 역사

영국에서 의료사회복지의 역사적 활동은 교회 역사에서 볼 수 있듯이 종교지도자들이 부분적으로 정신적 · 물질적 도움을 베풀어 오다 14세기 초에 영국의 일부 교회에서 병원 형태의 수도원이나 구제원들을 설립하여 그곳에서 빈곤자, 노동 불가능자는 물론 맹인, 장애자, 노인, 질병을 가진 자 등을 보호 수용하면서 시작되었다. 또한 산업혁명(1760~1840년) 이후 영국 사회에서 질병, 빈곤, 범죄, 비행 등과 같은 사회문제가 대량으로 발생하게 됨에 따라 이에 대응하기 위해 개인이나 민간 차원의 자선사업과 박애사업이 시작되었고, 인도주의적 사회개량사상과 연계된 민간사회복지가 발달하기 시작했다. 이 시기에 영국은 실업자와 빈곤자를 위한 사회복지 시설 및 기관의 자원 분배에 대해 어떠한 조정체계도 확립되지 않은 상태였고, 원조에 필요한 특별한 전문적 지식이나 훈련이 있었던 것도 아니어서 무질서한 원조로 인한 낭비가 많았다. 또한 실업자와 빈곤자를 위한 의료 시설을 많이 건립하였으나 의료서비스 면에서는 만족스럽지 못하였고, 빈민들의 입원 여부를 둘러싸고 여러 가지 문제가 발생하였다. 이러한 문제들을 해결하기 위해 1869년에 런던에서 처음으로 자선조직협회(Charity Organization Society)가 조직되었다(한인영 외, 2013).

1895년에는 무산빈민이 집중해 있던 런던에 빈민들을 수용하는 런던 왕립시료병원인 왕립무료병원(Royal Free Hospital)이 설립되었다. 차츰 빈곤한 환자와 가족에 대한 경제적 원조를 비롯하여 예방의학이 대두되었다. 이에 따라 환자의 생활환경을 개선해야 하는 필요성이 강조되기 시작하면서 진료과정에서 질병의 생물학적 · 심리적 · 사회적 측면의 상호관련성이 있다는 것에 대한 인식이 이루어지기 시작하였다. 그래서 질병의 진단과 치료를 위해 통합적인 평가와 이해가 필요하게 됨으로써 초기 1890년에 부녀봉사원이 의료사회복지사의 역할을 수행하였다.

1890년에 런던자선조직협회에서 시료병원 환자의 적격 여부를 조사하기 위해 중산층의 부녀봉사원(Lady Almoner)을 활용하는 제안을 채택하여 시행했다. 이 시기에 부녀봉사원들은 영국 병원조직에서 환자들의 사회적 문제를 해결해 줌으로써 그들의 사회적 평안을 증진시키고, 자선환자의 적격 여부를 결정하기 위해 조사하는 일을 주로 하고, 필요에 따라 지역사회 사회복지기관이나 의료기관에 환자를 의뢰하는 일을 하였다. 그러므로 그들이 초기 병원사회복지사의 역할을 담당했다고 할 수 있다(유수현 외, 2013). 따라서 산업혁명 이후 의료사회복지교육은 영국의 병원에서 가장 밀착되게 일하는 사회복지사들에게 가장 중요하고 전문적인 분야로 바뀌었다.

(2) 19세기 중엽 영국의 의료 이용

19세기 중엽 영국에서는 환자의 진료비 지불능력 유무에 따라 진료장소가 결정되었는데, 중산층이나 고소득층은 자신의 집에서 진료비를 지불하고 전문의(royal college of physician)나 외과의(royal college of surgeon)에게 진료를 받을 수 있었다. 그리고 덜 부유한 사람은 집이나 동네 진료소에서 일반의(general practitioner: GP)에게 무료로 진료를 받을 수 있었다. 그러나 노동계급이나 가난한 사람들은 자선진료나 「구빈법(poor law)」에 의해서 자선병원(voluntary hospital)이나 구빈원(workhouse)에서 무료로 진료를 받았으며, 특히 구빈원은 복잡하고, 침상이나 수건 등을 공유하고, 음식이 형편없었다. 자선병원은 구빈원보다는 상황이 나았으나, 입원은 곧 죽음을 의미했으므로 많은 사람이 입원을 꺼렸다.

19세기 후반 이후 건강의 중요성에 대한 인식이 확대되고, 의학기술의 발달로 정부의 의료비 지출이 증가하였으며, 특히 정교한 의학기술을 사용하는 병원의 진료비가 크게 증가하였다. 이로 인해 병원에서는 환자에게 진료비의 일부를 부담하게 하였다.

이런 이유로 영국에서는 먼저 국민건강보험(national health insurance)이 생겼으며, 환자가 진료비 일부를 부담하는 상황이 되었다. 그러나 서비스의 질이 낮았고, 환자가 우애조합(friendly society)이나 메디컬 클럽(medical club)에 가입하지 못한 경우 복잡한 병원 외래를 이용할 수밖에 없었으며, 적용대상의 측면에서 일부 직종의 노동자만 포함하고, 부양가족을 적용대상에서 제외함으로써 국민의 일부만 혜택을 볼 수 있었다. 또한 만성질환을 앓고 있는 사람의 가입을 강제하지 못하여 보호가 필요한 사람이 적용에서 제외되는 경우 등 여러 가지 문제점들이 많아지면서 국가보건의료서비스(national health service: NHS)가 생기게 되었다.

(3) 영국 NHS(국가보건의료서비스)의 특징

영국의 의료보장은 예방에서 재활을 포함한 포괄적인 보건의료서비스를 조세에 의한 일반 재원을 기초로 전 국민을 대상으로 하여 원칙적으로 무료로 제공되는 국가보건서비스 방식을 취하고 있어, 이를 NHS 제도라고 한다.

국가보건의료서비스(NHS) 방식은 독일이나 프랑스 등의 유럽 대륙과 일본이 채용하고 있는 사회보험 방식과는 명확히 구분되는 구조로 스웨덴 등의 북유럽 각국에도 채용되고 있다.

병원 대부분은 국가에서 운영하고, 의사를 포함한 병원 종사자 모두 공무원이다. 일반의는 공무원은 아니지만, 국가와의 계약에 따라 인두(사람의 머릿수)의 진료보수 형태를 취하고 있어서 자유 진료는 인정되지 않는다. 최근 효율화의 관점에서 시장원리 적용을 위한 노력이 있었으나 기본적 체제는 바뀌지 않아 의료공급체계도 사회화되고 있다.

주민은 사전에 등록한 우리나라의 가정의와 비슷한 일반의(GP)에게 최초로 진료를 받고, 소개를 통하여 병원 전문의에게 진료를 받는다. 긴급한 경우 등을 제외하고 직접 병원에서 진료를 받는 것은 인정되지 않는다. 이런 구조는 기능 분담 면에서 효율적이라는 평가가 있는 반면, 환자의 자율적 판단에 의한 수진이 불가능한 구조라는 비판도 있다(국민건강보험공단, 2000). 영국 국가보건의료서비스(NHS) 제도의 두드러진 특징은 영국에 거주하는 주민들은 대부분의 의료서비스 비용을 무료로 이용할 수 있는 것이며, 상호협정을 맺은 외국인과 EU에 소속된 국가 출신의 영국 거주자들도 거의 의료비를 지불하지 않고 진료를 받을 자격이 주어진다.

영국 국가보건의료서비스의 특징을 요약하면 다음과 같다(강홍구, 2007).

- 보건의료서비스 공급이 국영이며, 경비의 대부분은 국고에서 조달
- 전 국민을 대상으로 하며 원칙적으로 무료서비스 제공
- 예방, 치료, 재활훈련 등을 포함한 포괄적 의료보장제도로 구성
- 국가가 의료를 계획적이고 평등하게 제공하기 위해 공급 측면에 제약을 둠

(4) 영국 NHS의 기능과 재원

NHS에서 제공되는 의료서비스는 크게 일반의 서비스, 병원 및 전문의 서비스, 공중보건서비스로 구분할 수 있다.

- 일반의 서비스: 이것은 독립적 계약자인 일반의, 일반치과의, 약제서비스 등으로 구분된다. 일반의는 월급제가 아닌 인두(사람의 머릿수)로 진료비를 보상받으며, 어떤 지역에서나 개원을 할 수 있었다. 모든 국민은 일반의의 진료를 무료로 받을 수 있었다. 그러나 2009년에 치과비용은 일부 제외되어 의료비를 일부 부담하게 되었으나, 65세 이상의 노인과 16세 미만 아동은 면제된다.
- 병원 및 전문의 서비스: 환자는 지역마다 있는 우리나라 보건소의 개념인 진료소(surgery)의 일반의의 의뢰에 의해서만 내과, 외과 등 분야별 의사(specialist)에 의해 병원서비스를 받을 수 있으며, 모든 병원서비스는 무상이다.
- 공중보건서비스: 지방보건당국은 모자보건, 조산서비스, 가정방문, 가정간호, 가정지원사업, 예방접종 등의 서비스를 무상으로 환자에게 제공하고 있다.

(5) NHS 관리운영체계

NHS 관리운영체계는 중앙정부조직과 지방조직으로 나누어 생각해 볼 수 있다.

- 중앙정부조직: 영국의 보건의료체계는 잉글랜드, 스코틀랜드, 웨일즈, 북아일랜드로 나누어지는데, 각각 다소 상이한 체계로 구성되어 있다. 공공재원에 의한 의료서비스에 대한 책무는 보건부 장관에게 있다. 중앙정부의 보건의료에 대한 책무는 보건부가 1차적으로 가지며, 보건부는 중앙정부의 기구로 NHS, 공중보건, 성인에 대한 사회서비스와 기타 관련 서비스에 대한 정책수립에 대한 책임이 있다. 재무부는 공공의료에 대한 예산 규모 설정 과정의 영향을 통하여 중요한 역할을 한다(National Audit Office, 2011). 중앙정부 수준에서는 보건부가 의료의 표준을 모니터링하고, 일련의 정부나 독립적인 기구에 의하여 의료체계를 규제하고 있다. 이들 중 가장 중요한 기구들은 진료의 질을 평가하는 진료질 위원회, 조정(monitor), 건강보호기구(health protection agency: HPA)와 건강과 특별진료 기구(national institute for health and clinical excellence: NICE) 등이 있다. NICE는 건강 증진과 질병 예방에 필요한 전국 지침을 제공하기 위하여 만들어진 독립적 조직이다.
- 지방조직: 지방조직은 보건부와 해당 권역의 행정당국과의 협력을 강화하고 해당 권역 내 하부 지역의 서비스와 질을 보장하기 위해 10개의 전략적 보건 당국(strategic health authorities: SHA)이 있다. SHA의 구체적인 역할은 관할 지역 내의 1차 보건의료서비스와 2차 서비스를 모니터하며, NHS 서비스의 전략적 방향과 운영에 책임을 진다. 전략적 보건 당국인 SHA의 직속 산하기관은 1차의료조직(primary care trust: PCT)이다. 1차의료조직은 1개 조직당 약 34만 명의 인구를 관할하고 있으며, 지역주민의 건강 수준을 향상시키고 모든 주민에게 필요한 건강서비스 제공, 의료서비스 공급 배치, 지역 내 1차 서비스 실시 등의 역할을 한다. 제반 활동과 성과는 SHA에 의하여 모니터링되며, 보건부장관에 그 책임이 있다(National Health Service England, 2013).
- 의료서비스: 영국의 의료서비스는 1차 서비스와 2차 서비스로 구분되는데, 1차 서

비스는 일상적이고 가벼운 상처나 질병의 진단과 치료뿐 아니라 예방접종이나 금연보조와 같은 보건정책도 포괄한다. 모든 NHS 접근의 약 90%는 1차 서비스에서 이루어진다. 보다 전문적인 진단 및 치료를 요하는 환자는 2차 서비스로 의뢰된다.

–1차 의료서비스: 영국의 1차 의료서비스는 대부분 NHS 제도하에 공공재원에 의한 자영의료기관에서의 일반의(GP)에 의하여 제공된다. 서비스 기구(지역 간호, 물리치료), 전화와 인터넷 서비스 제공기구인 NHS Direct, NHS 상설 진료소(NHS walk-in centers), 치과의사, 안경사, 약사들도 NHS의 1차 의료서비스 제공의 일부다. NHS 상설 진료소에서는 간단한 상처나 가벼운 질병에 대한 의료서비스가 예약 없이 빠르고 간편하게, 숙련된 간호사에 의해 제공된다. 대부분 응급센터, 번화가, 기차역 등 접근하기 쉬운 지역에 설치되어 있다. NHS Direct는 연중 내내 간호사에 의해서 운영되고 비밀이 보장되는 의료상담서비스로 전화, 인터넷 등이 제공된다.

–2차 의료서비스: 공공재원의 2차 의료서비스는 트러스트(trust)라고 알려진 정부 소유 병원에서 근무하고 있는 봉급제 전문의(consultant)와 간호사, 심리학자, 작업치료사, 언어치료, 물리치료사나 방사선과 같은 의료 전문가들 및 매니저, IT 전문가 등 관련 인력이 고용되어 있다. 2차 의료서비스 기관은 종합병원이지만 일부는 특정 질병에 대한 전문 병원도 포함한다. 응급서비스, 앰뷸런스 트러스트, 수발 보호 트러스트, 정신보건 트러스트 등이 있다. 2차 의료서비스는 응급의료서비스와 일반의로부터 의뢰된 환자를 대상으로 한다. 입원과 외래 등 모든 서비스는 무료다. 응급서비스는 말 그대로 응급환자에 대한 서비스를 제공한다. 앰뷸런스 트러스트는 응급환자(전화번호 999) 및 환자이송, 병원 근무시간 외에 응급상황 등에 대응하기 위한 조직이다.

2) 미 국

(1) 의료사회복지 역사

미국의 초기 사회복지의 역사를 살펴보면 의료사회복지가 전문직으로 처음 인정받기 시작한 것은 카보(Richard C. Cabot) 박사가 1905년 미국 매사추세츠 종합병원 외래에 의료사회복지사 펠턴(Garnet I. Pelton)을 채용하여 소개하면서부터다. 그 당시 질병의 발생이 전적으로 생물학적인 원인에 의한 것이 아님을 인식하는 시각의 변화가 있으면서 발병의 원인과 환자의 기능 회복은 사회적 요인에 의해 영향을 받는다고 보게 되었다. 이에 따라 환자의 가족관계 및 생활환경과 관련된 임상과 의사들은 의료사회복지사의 도움을 받게 되었으며, 다음 해인 1906년 병원에 사회복지과가 처음으로 설치되었다. 1907년에는 존스 홉킨스(Johns Hopkins) 등 여러 병원에서 의료사회복지를 점차 확대하여 나갔으며, 1919년에는 미국에 있는 200여 개 병원에서 의료사회복지사를 채용하게 되었고, 1930년에는 1,000곳 이상의 병원에서 의료사회복지서비스를 실시하게 되었다.

또한 1920년대와 1930년대에는 정신의료사회복지 분야가 활성화되었고, 1946년도에는 「정신보건법」이 통과되어 그 영역이 더욱 확대되었다. 1950년대에는 장애인 범주 확대에 따라 재활의료에 대한 새로운 과제가 제시되었고, 1960년대에는 병원 내에서 의료사회복지사에 대한 인식이 많이 향상되면서 의료사회복지가 전문직으로 인정받았으며, 의료보험과 의료보호 환자들을 위한 많은 사회적 서비스가 제공되었다. 1980년대 초까지는 전문성의 시기라 할 수 있겠는데 병원에서의 의료사회복지실천을 위해 행동수정, 분석치료, 자아심리치료, 위기개입, 가족치료 등 치료적 기법들이 접근 및 시도되었다. 또한 응급센터에도 의료사회복지사가 배치되었고, 호스피스와 정서적 장애환자 및 그 가족들에 대한 의료사회복지사들의 역할도 강조되었다. 1984년 포괄수가제 시행에 따른 퇴원계획, 의료비 절감을 위한 구조조정 계획인 관리의료(managed care) 도입에 의료사회복지사가 병원 관리자 협회를 조직하여 참여하였다. 이와 같은 발전과정을 거친 미국의 의료사회복지사는 현재 확고히 전문직으로 인정받고 있으며,

7,000여 곳의 병원에서 약 25,000여 명의 의료사회복지사가 고용되어 사회복지서비스를 수행하고 있다.

(2) 미국의 의료보장체계

미국의 의료보장체계는 크게 공적의료보장제도와 민간의료보험제도로 구분할 수 있다. 대부분의 국민들은 민간의료보험으로 민간보험사를 통해 고용주가 지원하는 건강보험을 제공받고 있고, 정부가 운영하는 공적의료보장제도는 메디케어(medicare)와 메디케이드(medicaid)로 되어 있다.

① 공적의료보장제도

1965년에 린든 B. 존슨(Lyndon Baines Johnson) 대통령이 입법화한 메디케어(medicare)는 국가에서 의료비를 지원해 주는 프로그램으로 연방정부에서 운영하며 수입에 관계없이 65세 이상의 노인과 24개월 이상의 아픈 장애인들을 대상으로 한다. 메디케이드(medicaid)는 자산이 적어 민간보험에 가입하기가 어려운 저소득층 65세 이상 노인과 장애인에게 혜택을 주는 의료보장제도라고 할 수 있다. 연방정부가 지원하는 재원은 취약계층의 임산부, 어린아이, 노인 등 특정한 저소득층만을 보호 대상으로 하고 있어 많은 저소득층이 혜택을 받지 못하고 있다. 메디케이드는 연방정부의 보조와 주정부 자체의 비용으로 주정부에 의해 운영된다. 만약 두 가지 프로그램에 해당하지 않는 사람들은 민간보험에 가입해야 한다.

공공보험 종류를 보면 메디케어는 Part A부터 Part D까지로 분류된다. Part A는 입원서비스에 대한 것으로 병원입원, 전문요양기관 입소, 호스피스 가정치료 등에 대한 급여를 제공한다. Part B는 의사의 각종 진료서비스 보험으로 원하는 사람들은 별도의 보험료를 내고 가입하며, 주로 의사에 대한 진료비, 병원 외래서비스 임상 검사 등에 대한 급여를 제공한다. 이것은 의료공제를 통해서 정부에서 80% 지원하고 환자는 20%를 부담해야 한다. Part C는 지정 주치의를 가지게 되는 우대플랜으로 메디케어가 보상하지 않는 환자가 부담할 비용의 20%를 지불하기 위해 만들어졌으며, Part A와 Part B를 가입해야만 가입할 수 있다. Part C는 메디케어 어드벤티지 플랜(medicare advantage plan)이라고도 하며, $135를 더 지불하면 치과와 안과에 대한 보장혜택이 더 주어지는 것이다. Part D는 메디케어 처방약에 대한 급여를 제공하는 것으로 약의 가격에 따라서 정부지원금과 본인부담금 비율이 달라진다.

② 민간보험구조

민간의료보험제도는 사용자 지원보험과 개인 보험 등 크게 두 가지로 운영되고 있으며, 사용자 지원보험이 민간보험의 주를 이룬다. 사용자 지원보험은 보통 직장의 고용주를 통해 민간의료보험에 가입된다. 제2차 세계대전 당시 많은 회사가 노동력이 부족하여 인원을 보충하기 위해 고용활동을 벌였다. 그러나 회사 입장에서 임금을 올려 주기보다는 그것에 대한 방편으로 의료보험 혜택을 제공하였는데, 그 이유는 직장의료보험이 세금 측면에서 유리하며 회사가 세금공제를 받기 위함이었다. 노동자의 병력에 관계없이 동일하게 의료보험을 제공하는 집단적 의료방식은 1930년대 말까지 계속 확대되었다. 당시 최초로 시작된 민간보험인 카이저 보험은 의료서비스를 제공할 뿐만 아니라 병원과 진료소 등의 자체 공급구조를 가질 정도로 확장되었다. 이것이 종합건강관리기구(health maintenance organization: HMO)의 시초이고, 1970년대 이후 시작된 관리의료(managed care)의 구조적 토대가 마련된 것이다.

관리의료란 어떤 집단의 의료를 의사집단에게 도급으로 주는 건강관리방식을 말한다(Moniz & Gorin, 2003). 이것은 예방적인 방법을 통해 시민의 건강을 증진시키며, 의료서비스 수요를 줄임으로써 의료비 지출을 최소화하는 목적에서 시작하였다. 개인보험은 사용자 지원보험에 가입할 수 없는 대상자를 위한 것으로 자영업자 외 퇴직자를 주요 고객으로 하고 있다. 개인의 의료이용 경력이나 건강 수준을 고려하여 개인별로 보험료를 달리 적용할 수 있다(홍영수, 2013).

(3) 미국 의료구조의 문제점

미국 의료구조의 문제점을 제시하자면 대체적으로 다른 나라에 비해 훨씬 비싼 의료비를 지불해야 한다는 것이다. 이와 같은 비합리적인 의료구조를 개혁하기 위해 오바마(Obama) 정부는 끊임없이 노력하여 왔으며, 그 이유에 대하여 설명하자면 다음과 같다.

첫째, 오바마 대통령의 개혁안이 통과되기 전까지 미국 의료시스템은 합리적인 경쟁을 통해 가격을 낮출 만한 조합이 거의 없어 협력의 주도권을 갖지 못했기 때문에 민간보험회사는 마치 스스로가 독과점 회사인 것처럼 행동했다. 보험회사들은 손해를 최소화하고 이익은 최대화하였으며, 의료서비스 제공자(병원)들은 보험회사에 청구를 하기만 하면 되기 때문에 높은 가격으로 책정하였다.

둘째, 민간 의료보험비가 비싸기 때문에 가난하고 아픈 사람들은 보험에 가입하지 못해 병을 심각하게 키우고, 결국 엄청난 의료비용을 지출하게 되면서 병원이나 의료시스템의 비용을 상승시키고 효율을 낮게 만드는 문제를 가지게 되었다.

셋째, 2008년 미국의 글로벌 경제위기가 발생하면서 특히 중소기업에서 고용주가 직장의료보험 혜택을 거부하는 일들이 많이 발생함에 따라 효율적이고 원활한 시장적 원리가 작동하지 못하여 비판을 받는 어려움도 있었다.

넷째, 젊고 건강한 비보험자의 문제의 심각성이 대두되었는데 비보험자가 만약 아프게 되면 보험에 가입하기 힘들거나 가입하더라도 보험 전의 병에 대해서는 보험이 적용되지 않아 비싼 의료비를 지불해야 하는 난관에 부딪히게 된다.

이러한 여러 가지 이유로 오바마 정부는 의료보험 개혁을 시작하였고, 건강보험 가입 의무화를 진행하였다.

(4) 건강보험 가입 의무화

오바마 행정부의 건강보험 개혁은 건강보험의 적용원칙 및 보험자 규제방식을 근본적으로 변화시키고 보건의료체계에 대한 국가의 역할을 강조함으로써 미국 의료보장체계 패러다임의 전환을 가져왔다고 평가받고 있다(의료정책연구소, 2014).

오바마 정부 시기에 개혁법안이 통과됨으로써 이제 모든 미국 시민은 건강보험에 가입해야 하는 의무가 생기게 되었다. 이로 인해 일반 개인 대상자들이 건강보험 가입을 거부할 경우 2014년부터 소득의 1%를 내야 했고, 2016년부터는 소득의 2.5%라는 큰 액수를 벌금으로 내야 한다. 단, 생계가 곤란한 저소득층과 종교적 목적에 따른 가입 거부, 인디언, 급여적용기간이 3개월 미만인 자, 불법이민자, 수감자, 세금보고 기준 이하의 소득을 가진 자 등은 제외하도록 규정하고 있다.

사업장에서 근로자들의 건강보험 가입을 최대한 유도해 내기 위한 방안으로 50인 이상 고용하는 기업주가 근로자와 그 가족에게 건강보험 가입 지원을 하지 않을 경우에는 직원 1인당 2,000달러의 벌금을 기업에 부과하기로 했다. 이와 함께 200인 이상 사업장에 신규로 고용된 정규직은 자동적으로 고용주 지원 건강보험에 가입되도록 규정하였다. 또한 중소기업 사업자가 근로자와 가족에게 건강보험을 제공하는 데 사용한 비용의 최대 50%까지 세금공제를 받을 수 있게 됐다.

(5) 건강보험 개혁의 평가

미국 건강보험 개혁법의 가장 큰 의미는 건강보험의 적용원칙이 바뀌었다는 것이다. 건강보험 개혁으로 모든 국민은 건강보험에 가입해야 하고, 그렇지 않을 경우 벌금이 부과된다. 물론 법적으로 강제하는 것이 아니라 미가입 시 벌금을 부과하여 건강보험 가입을 유도하는 것이지만, 이는 기존 건강보험의 적용원칙을 바꾸는 가장 큰 변화라고 할 수 있다. 또한 개혁 전 미국의 메디케어와 메디케이드 등 공적 제도 운영에서 정부의 역할이나 개입은 제한적이었으나 이 개혁을 통해 공적 제도의 적용대상 확대, 보장성 강화, 재정지원을 확대하여 정부의 역할을 강화하였다.

다음으로 민간보험 관련 규제를 강화하는 것 역시 개혁의 큰 부분으로 개혁 후 미국 정부는 민간보험사가 자유시장 원칙에 의거해 자율적으로 운영되지 않고, 민간보험사의 상품 판매 및 운영 등을 적극적으로 규제하고 소비자 보호 기능을 강화하며 주(州)별로 건강보험거래소를 설립하여 이곳을 통해 보험상품을 비교 · 구매하도록 하되 이에 대한 관리 · 감독을 강화하였다. 이는 민간보험 역시 일정 부분 공공성을 강화하고 경쟁과 효율의 원칙을 추구하고자 한 것이라 할 수 있다(의료정책연구소, 2014).

3. 한국의 의료사회복지실천 역사

1) 의료사회복지 역사

(1) 태동기

한국의 의료사회복지실천 역사를 거슬러 올라가면 고려시대 제11대 문종(1046~1083년)은 빈민의 병자를 구호 요양하기 위해 개경과 서경에 의료구제기관으로 동 · 서 대비원을 창설하였다. 또한 제16대 예종(1112년)에 이르러서는 혜민국을 창설하여 일반시민에게 의료기관의 기능을 수행하면서 빈민 환자에게는 의약과 의복을 내주고 무료로 치료를 해 주기도 하였다(김덕준, 1976: 한인영 외, 2013에서 재인용). 그 이후 조선시대에 들어서 혜민국이 혜민서와 활약서로 나뉘어 설치되었다. 혜민국에서는 약재를 연구하고 임상실험을 진행하였으며, 병에 걸린 환자를 치료하고 빈민에게 옷과 음식을 제공하며 장례를 제공하는 일까지 하였다(박정연, 2012). 근대적 의미의 의료사회복지로는 1883년에 세브란스병원에서 자원봉사자들로 구성된 여전도회 회원이 서구의 부녀봉사원과 같은 역할의 일부를 했다는 기록이 있지만, 현대적 의미의 의료사회복지실천이 시작된 것은 1950년대 후반에 들어서다(김규수, 2007: 한인영 외, 2013에서 재인용).

1958년에 한노병원과 세브란스병원에서 의료사회복지실천이 시작되었는데, 이때 선교사들에 의한 결핵약의 배급과 구호물자 공급 등 물질적 원조가 주를 이루었다. 이때 한노병원에서는 유니테리언봉사회(unitarian service committee: USC)가 일하기 시작하였고, 세브란스 병원에서는 흉곽내과에서 결핵 환자를 위해 일하기 시작하였다. 당시 이들의 의료사회복지 활동은 주로 물적 · 인적 후원을 통하여 빈곤한 환자들에게 원조를 제공하는 것으로 시작한 것이 특징이라 하겠다(이광재, 2002). 1959년에는 국립의료원과 원주기독병원 등에서 의료사회복지가 시작되었는데, 주로 극빈환자의 지원, 나환자촌 순회진료 등의 업무가 이루어졌다. 또한 1962년에는 국립정신병원과 가톨릭 부속 성모병원에서 정신질환자의 진단과 치료과정에 사회복지사가 참여하였다(김규수, 2007: 윤현숙 외, 2001에서 재인용).

(2) 도입기

이러한 시기를 거쳐 1964년 세브란스 병원, 1966년 성모병원, 계명의대 부속, 동산의료원, 1968년 예수병원, 고려병원, 중앙대 부속병원 등에서 의료사회복지 업무가 시작되었고, 1971년에는 한강성심병원, 안양정신병원, 혜동의원 정신과 등에서 사회복지 업무가 이루어졌다(김규수, 2007). 이 시기에는 법률적 근거가 없는 상황에서 사회복지사가 선교사들에 의해 비조직적으로 채용되어 의료사회복지사가 아닌 행정직원 혹은 병원 내 부서원으로서 자리를 잡는 특성을 보여 주고 있다. 이 시기에도 업무는 주로 결핵약품 및 물품 지원, 자선 차원의 업무 및 지역사회의 공중위생 문제나 빈자의 경제적 지원에 초점을 두었다.

(3) 제도화기

도입기를 거쳐 1973년 이후 우리나라의 의료사회복지실천은 제도화 시기에 진입하게 되었다. 1973년에 대통령령 제6863호(「의료법」 시행령 제24조 2항 5호)에 의해 종합병원에 사회복지사 채용규정이 마련되었고, 같은 해 '대한의료사회복지사협회'가 설립되어 사회복지사의 재교육과 권익 신장을 도모하게 되었다. 1977년에는 의료보험 실시와 더불어 정신의료사회복지 수가가 인정되었고, 1993년에는 병원 표준화 심사제도가 도입됨으로써 병원 내 사회복지 부서의 도입 필요성이 강조되었다. 1977년의 의료사회복지 확대와 제도화에 기여한 것은 1977년 의료보험제도의 도입에 따라 정신의료사회복지사의 상담활동에 대한 보험수가 청구가 가능해진 것이다. 이에 따라 정신과를 중심으로 한 단과 병원에서 사회복지사의 채용이 증가하게 되었다. 이때 의료 수요와 공급이 급격히 증가하는 과정에서 의료의 질이 저하될 것에 대한 우려가 높아졌고, 이에 대해 의료계의 자율적 관리가 필요하다는 의견이 강력하게 대두됨에 따라 병원 표준화 심사제도가 도입되어 1981년도에 118개의 수련병원을 대상으로 최초의 병원 표준화 심사가 수련병원 실태조사와 병행하여 실시되었다(대한병원협회, 1998). 의료사회복지부문은

1983년부터 병원 표준화 심사제도에 포함됨으로써 의료사회복지에 대한 인식을 확대할 수 있는 계기를 마련하였다.

(4) 전문화 및 확장기

1990년대 이후 대기업의 병원사업 참여로 현대 아산중앙병원이 설립되고, 1994년에 대우의 지원을 받는 아주대학교 병원이 설립되고, 1995년에는 삼성의 지원을 받는 삼성강남병원이 등장하게 됨으로써 의료사회복지서비스에도 많은 변화가 야기되었다. 개원 당시부터 사회복지 부서를 정규 부서로 설치하여 3~4명의 인원으로 출발함으로써 의료사회복지서비스의 질적인 부분에 자극을 주었다. 또한 이 시기에 기업체 및 중대형 병원의 등장과 더불어 1995년에 만들어진 세계무역기구(World Trade Organization: WTO) 체제하의 각국의 시장개방 압력은 의료기관 간의 경쟁구도를 이끌어 내어 기존 병원의 권위적인 치료자 중심의 방식과는 다르게 환자를 인격적으로 처우하며, 심리사회적 서비스를 전문적으로 제공하는 사회복지 부서에 대한 인식을 새롭게 하는 계기를 마련하였다. 또한 1992년에 골수기관인정 기준이 마련되었고, 1994년에 재활 의료사회복지 수가가 인정되었으며, 1995년에 「정신보건법」 제정에 따른 정신보건 전문요원의 양성으로 정신보건 사회복지사 수련제도가 시행되었고, 1999년에 「장기 등 이식에 관한 법률」 시행령 등에 사회복지 부분이 인정됨으로써 보다 전문적인 서비스 제공의 기반이 마련되었다. 또한 의료사회복지 분야의 부족한 인력을 보충하고, 필요한 전문 의료사회복지사를 양성하기 위하여 여러 병원에서 법적으로 제도화는 되어 있지 않지만 수련제도가 시행되었다. 그리고 의료사회복지사들은 각 임상과에서 장기이식, 암 환자에 대한 개입, 호스피스 프로그램, 화상, 절단, 당뇨, 심장질환 등 환자들의 질환 범위의 영역을 확대하고 있다(강흥구, 2011).

4. 의료사회복지사의 직무

의료사회복지는 사회복지실천 역사에서 가장 먼저 전문성을 인정받은 분야 중 하나다. 의료조직에서 의료서비스가 강조되고 타 전문직의 역할 비중이 상대적으로 높은데, 의료사회복지는 확고한 정체성의 바탕 위에서 시대 변화에 따라 조직에서 기대하는 역할을 수행하고 과업 수행의 사명을 확고히 하기 위해 직무를 표준화하는 작업이 필요하였다(최명민, 2002).

의료사회복지사의 직무란 의료사회복지사가 책임을 지고 담당하는 업무를 말한다. 의료사회복지사가 수행해야 하는 직무를 명시하는 것은 책임성을 분명하게 하고 전문직 간의 업무 협조를 촉진한다는 점에서 유익하다. 그동안 의료사회복지사의 직무는 병원규모, 서비스 수혜대상, 직급, 문제유형 등에 따라 다양하게 제시되어 왔다. 그러나 일반적으로 업무는 성격에 따라 크게 임상업무, 행정업무, 교육연구업무 등으로 나눌 수 있다(강흥구, 2011; 김규수, 2007; 홍영수, 2013).

첫째, 임상업무는 서비스 유형에 따라 직접서비스와 간접서비스로 구분할 수 있다. 직접서비스는 개별 클라이언트, 집단, 가족을 대상으로 하며, 상담과 교육의 형태로 제공된다. 또한 질병의 치료와 생활관리 등의 심리사회적 문제, 진료비를 포함한 경제적 문제, 지역사회복귀나 타 기관으로의 이송 등 퇴원계획문제, 지역사회자원 연결문제, 재활문제의 해결을 돕기 위한 것이다. 간접서비스는 클라이언트를 직접 대면하지 않으면서 수행되는 업무로 팀 협력활동, 자원의 개발과 관리, 집단 프로그램의 개발, 관리, 평가, 슈퍼비전, 클라이언트를 위한 옹호활동 등을 포함한다.

직접서비스의 직무의 예를 소개하고자 한다(〈표 2-2〉 참조).

〈표 2-2〉 직접서비스의 직무

- 내분비 내과: 당뇨 환자의 심리사회적 지지와 당뇨교실 참여
- 소화기 내과: 알코올성 간질환 환자의 심리사회적 평가와 단주교육 참여
- 신장내과: 혈액투석 환자의 심리사회적 지지
- 종양내과, 치료방사선과: 말기암 환자의 심리사회적 지지
- 혈액내과: 골수이식수술 준비과정 참여 및 심리사회적 지지
- 신경외과, 정형외과: 장기재원 환자의 지원 연결 및 퇴원 계획
- 소아과: 심장질환자 및 종양 환자의 지원 연결 및 강간사례 등의 심리사회적 상담
- 산부인과: 미혼모 상담 및 강간사례 등의 심리사회적 상담
- 응급 의학과: 행려환자, 자살환자의 처리와 위기관리
- 이식외과: 장기기증 상담과 공여자 관리, 장기이식환자의 심리사회적 지지
- 흉부외과: 심장질환자의 지원 연결 및 가족지지
- 정신과: 입원환자에 대한 개인력, 사회력의 평가와 가족치료 및 사회복귀 원조와 외래환자에 대한 원활한 사회복귀를 위한 프로그램 실시
- 재활의학과: 장애인의 사회 적응과 복귀를 위한 프로그램의 실시와 개인력, 사회력 평가와 심리사회적 치료 실시

출처: 대한의료사회복지사협회 홈페이지(http://kamsw.or.kr/index.htm).

〈표 2-3〉 의료사회복지사가 개입하는 주요 문제

의료사회복지사는 환자 및 가족에 대한 정보를 수집하여 문제를 평가하며 문제 해결에 적합한 사회복지서비스를 제공한다. 필요에 따라 가족이나 직장 및 환자와 사회적 관계를 이루고 있는 관련자들이 동원되기도 하며, 환자의 병원생활 적응은 물론 질병으로 인하여 야기되는 심리적 · 사회적 · 경제적 문제에 관하여 도움을 제공한다.

- 의료사회복지사가 개입하는 주요 문제
  - 정서적인 문제: 충격과 분노, 혼돈, 부정과 더불어 불신과 저항감, 양가감정, 죽음에 대한 두려움, 수술 후 회복과 생존율에 대한 과도한 관심, 수술 후 재발 우려, 합병증에 대한 염려 등
  - 가족문제: 역할변화로 인한 역할 갈등, 부부갈등 및 입원 기간 동안의 자녀 양육 문제, 가족구조 변화 및 관계의 변화
  - 경제적인 문제: 노동 능력 상실에 따른 수입원의 단절, 진료비 해결능력의 부족, 의료비용의 증가 및 입원 장기화로 인한 비용의 증가
  - 퇴원문제: 퇴원에 대한 마음의 준비 결여, 퇴원 후 간병의 문제, 퇴원 후 건강관리의 문제, 퇴원 후 직업복귀의 문제
  - 재활문제: 사회복귀의 문제(복직, 복학, 지역사회 내의 적응), 신체장애에 따른 사회 재적응의 문제

출처: 대한의료사회복지사협회 홈페이지(http://kamsw.or.kr/index.htm).

둘째, 행정업무에는 보고서 및 업무일지 작성, 사회복지 운영에 관한 회의 참석, 부서 직원의 지휘감독, 기관의 행정 및 경영에 관계된 회의 참석 등이 포함된다.

셋째, 교육업무에는 실습생 및 수련생 지도, 신규직원 교육, 전문성 제고를 위한 교육 참가, 의료사회복지 조사 및 연구 활동 등이 포함된다(홍영수, 2013).

미국의 경우 1977년에 사회복지사협회가 각 병원에서 통상적으로 수행하고 있는 의료사회복지사들의 표준화된 12개의 유형을 설정했으며, 1987년에는 이를 클라이언트에 대한 11개의 서비스와 지역사회에 대한 6개의 서비스로 구분하여 표준의료사회복지서비스로 설정하였다(National Association of Social Workers, 1987: 유수현 외, 2013에서 재인용). 이 기준에서 클라이언트에 대한 특정 서비스는 다음과 같았다.

- 사회복지서비스에 대한 욕구와 사정
- 입원 전 계획 및 퇴원계획 수립
- 개인, 가족, 집단에 대한 직접서비스 및 치료
- 사례 발견 및 접근
- 정보 제공과 정보 의뢰
- 조직 내 · 외부에서 클라이언트 옹호
- 클라이언트의 권리와 수급권 및 보상의 권리 보호
- 장 · 단기 계획 수립
- 건강 및 정신건강의 유지와 증진
- 예방, 치료 그리고 재활의 계획 수립
- 접근성의 확보와 효과적 활용을 포함한 치료의 지속성 제공

그리고 지역사회서비스는 다음과 같았다.

- 미충족된 욕구와 서비스 받지 못한 집단의 확인
- 위험인구집단 확인 및 위험집단에 대한 서비스 확인

- 건강 보호와 증진에 관련된 외부 조직들 및 전문직들과의 협의 · 협력
- 지역사회 연결서비스
- 지역사회 계획 수립 및 조정 활동
- 심리사회적 건강교육과 건강 증진

이에 따라 미국사회복지사협회에서 의료사회복지사들에게 기대하는 4개의 기능은 ① 직 · 간접 서비스를 모두 제공해야 하고, ② 사회복지사의 서비스를 필요로 하는 클라이언트를 찾아 나서야 하고, ③ 클라이언트의 권리와 욕구의 보호를 1차적인 의무로 삼고, ④ 개별 클라이언트만이 아니라 가족 및 집단과 지역사회에 대해서도 서비스를 제공해야 한다는 것이다(Cowles, 2000: 유수현 외, 2013에서 재인용).

우리나라의 경우 1978년에 처음으로 종합병원에서 근무하고 있는 사회복지사들을 대상으로 그들이 수행하고 있는 직무를 조사하였고, 1985년과 1997년에는 의료사회복지사협회에서 대학병원과 일반 종합병원으로 구분 · 조사하여 7개 직무군으로 범주화하여 발표하였다. 의료사회복지사의 주요 직무는 의료환경의 변화와 사회적 욕구에 따라 달라진다.

첫째, 과거부터 현재까지 가장 우선적인 의료사회복지사의 직무는 심리사회적 · 정신적 문제해결에 있으며, 이와 밀접하게 관련되어 있는 사회복귀와 재활문제의 해결직무가 최근까지 의료환경의 변화에도 불구하고 우선적이다.

둘째, 의료사회복지사들의 직무는 사회경제적 욕구에 따라 그 우선순위가 달라지고 있다. 1970년대에는 환자와 가족의 경제적 문제해결에 많은 비중을 두어 직무를 수행하였으나 1980년대 말부터 전 국민 의료보험제도를 시행함으로써 의료비와 관련된 경제적 문제는 줄어들고 있다.

셋째, 의료사회복지사들은 다른 전문직이나 자원체계와 협력하는 일을 많이 수행하고 있다. 과거에는 치료팀으로서의 비중이 높지 않았으나 1990년대에는 그 비중이 높아져 의료사회복지사들의 직무 수행에 있어 상당 부분을 차지하고 있다.

의료사회복지사의 직무를 규정한 국내외 학술지와 학위논문, 각 의료기관에서 제작

〈표 2-4〉 직무 표준화 내용

직무차원	직무 하위차원	직무내용	
사회복지 임상	심리사회적 · 정신적 문제해결 직무차원	1	심리사회적 문제의 원인 조사 및 사정
		2	치료계획에 의한 환자의 개별 치료
		3	내원객의 욕구에 의한 환자의 개별상담
		4	치료계획에 의한 환자의 가족치료
		5	내원객의 요구에 의한 환자의 가족상담
		6	집단치료
		7	집단 활동 지도
		8	환자와 환자 가족의 교육
		9	환자와 환자 가족에게 질병에 대한 정보 제공
	경제적 문제해결 직무차원	10	사회보장 및 법적 제도에 대한 정보 제공과 지원
		11	병원의 자원을 이용한 진료비 지원
		12	후원자, 후원 단체 연결을 통한 병원 외적 자원과의 연결
	지역사회자원 연결 직무차원	13	지역사회의 새로운 자원 개발 및 정보망 조성
		14	수집된 기존 지역사회의 자원체계에 대한 정보 제공
		15	지역사회자원과 연결
	사회복귀 및 재활 문제해결 직무차원	16	퇴원 계획 상담
		17	추가치료 및 자가치료 지원(가정방문, 외래상담 등)
		18	직업 재활 상담 지도
		19	회복상태 및 사회적응도 평가
		20	사회생활 훈련 지도
	팀 접근 직무차원	21	회진 참여
		22	타 부서와의 사례회의
		23	병원 경영에 어려움을 줄 수 있는 고위험 환자의 조기 발견
		24	질병에 의한 고위험 환자의 조기 발견
		25	사례 분석 평가
행정	사회복지 부서의 순수행정 직무차원	26	보고서 및 업무 일지의 기록
		27	사회복지 부서의 운영에 관한 회의
		28	부서 직원의 지휘 및 감독
		29	병원(기관)의 행정 및 경영에 관계된 회의
교육 및 연구조사	교육 및 연구조사 직무차원	30	실습생 지도
		31	신규직원 교육
		32	전문성 제고를 위한 교육참여(임상연구회의, 저널클럽)
		33	의료사회복지 연구 및 조사활동

출처: 대한의료사회복지사협회, 연세대학교 사회복지연구소(1997).

한 직무 지침서들은 병원규모, 서비스 수혜대상, 직급 및 문제유형에 따라 다소 상이한 종류의 직무를 제시하고 있다(유수현, 1978; Coulton 1979).

〈표 2-4〉에 제시된 직무 표준화 내용을 살펴보면, 사회복지 임상, 행정, 교육 및 연구 조사의 세 차원으로 나뉘어 있다. 이는 다시 심리사회적 · 정신적 문제해결, 경제적 문제해결, 지역사회자원 연결, 사회복귀 및 재활, 팀 접근, 사회복지 행정, 교육 및 연구조사 등의 다양한 직무 차원으로 구성되어 있다.

사회복지사의 직무 중 심리사회적 · 정신적 문제해결 직무에는 개별, 집단, 가족 치료 및 환자와 환자가족 교육이 포함되고, 경제적 차원에는 사회보장제도에 대한 정보 제공과 지원, 후원자 개발 등이 포함된다. 그리고 지역사회 차원으로는 지역사회자원에 대한 정보망 조성 및 연결에 관한 직무, 퇴원계획을 포함한 사회복귀와 재활을 돕는 직무, 팀 접근 관련 직무 등이 임상업무에 속한다. 이 외에도 의료사회복지사는 기록과 운영회의 등의 행정직무와 조사직무를 수행한다(한인영 외, 2013).

5. 의료사회복지실천의 기능과 역할

근래에 다양하고 복잡한 사회적 관계에서의 스트레스로 인한 사회적 질병, 치료보다는 관리를 필요로 하는 질환, 사고, 자연재해 및 인간관계에서의 상대적 빈곤감으로 오는 정신적 · 심리적 갈등문제 등의 위험이 증가하였다. 이에 따라 건강권리 의식이 대두되고 의료서비스의 질적 개선에 대한 욕구 및 의료환경이 변화하는 추세로 인해 의료사회복지는 그 중요성이 점차 커지면서 역할 범위와 기능이 확대되고 있다. 또한 의료환경은 정신질환, 신장질환, 폐질환, 뇌졸중, 화상 등 장기질환을 앓고 있는 환자의 증가로 환자와 가족에 대한 포괄적이고 지속적인 서비스인 사례관리의 역할이 중요해졌고, 각종 갑작스러운 사고, 암과 에이즈와 같이 죽음을 예측할 수 있는 질병을 가진 환자들의 심리적 불안과 상실감, 애도 등에 대하여 환자와 가족들을 위한 위기개입과 호스피스 그리고 가정폭력 피해자에 대한 응급서비스 등이 필요하게 되었다(한인영 외,

2013).

한편, 우리 사회는 해외시장의 개방으로 양질의 의료서비스에 대한 국민들의 요구가 다양해지고 병원 평가제도가 도입되면서 의료기관들의 진료 외에도 의료서비스에 대한 효율적인 활용과 균형적인 서비스 분배가 절실히 요구됨으로써 의료사회복지사의 역할이 더욱더 중요한 영역을 차지하게 되었다. 그러므로 급변하는 의료 및 사회 환경 변화에 대처하기 위하여 의료사회복지사의 기능 및 역할에 대하여 알아보고자 한다.

의료사회복지의 기능 및 역할을 여섯 가지 분야별 영역으로 나누어 볼 수 있는데, 바로 자선진료서비스, 일반의료서비스, 재활의료서비스, 정신의료서비스, 지역사회 공공의료서비스, 기타 의료서비스다.

1) 의료서비스 영역에 따른 역할

(1) 자선진료서비스

자선진료서비스란 사회경제적인 측면에서 문제를 지니고 있는 외래 및 입원 환자들을 대상으로 진료비와 관련된 재원을 연결하는 의료사회복지서비스 활동이다. 또한 자선진료는 전통적으로 국내외에서 의료사회복지를 시작하면서부터 개입하기 시작하였던 분야로 현재 국내 병원에서도 활성화되어 있다. 요즘 자체 자선진료 예산이 없는 병원에서는 외부 후원기금, 방송매체 또는 사회 재원단체 연결을 통해 환자의 진료비 문제를 해소하는데, 의료사회복지사가 많은 역할을 하고 있다. 따라서 병원의 이념과 설립 목적, 정책적인 측면에서 자선진료라는 명목으로 기초생활수급대상자를 비롯해 진료비 해결이 어렵다고 판단되는 환자들을 대상으로 진료비 지원서비스 활동을 펼치고 있다. 물론 각 병원에서 진료비 지원 액수의 규모나 대상자 선정원칙들을 마련하여 적용하고 있기는 하나, 실제적인 측면에서는 의료사회복지사의 상담내용 및 그 소견이 높게 작용하고 있기 때문에 이 분야에서 일하는 의료사회복지사의 가치철학이 매우 큰 비중을 차지한다고도 할 것이다.

(2) 일반의료서비스

일반의료서비스란 재활의학과와 정신건강의학과를 제외한 신체적인 질병과 관련된 질환에 대한 개입활동이다. 구체적으로는 당뇨 집단 프로그램, 아동 · 부부 학대 문제, 「장기 등 이식에 관한 법률」에 의한 장기 기증 및 이식 관련 문제, 임종환자를 위한 호스피스 활동, 미혼모 등 입양과 관련된 문제, 포괄적이면서도 다양한 문제 등에 대한 상담, 개입활동으로서 지속적으로 확대되어 가고 있는 의료사회복지실천 활동이다. 특히 장기이식, 학대문제, 호스피스 활동은 이미 법적인 뒷받침 속에서 이루어지고 있거나 제도적인 프로그램으로 발전하여 의료사회복지의 한 분야로서 정착되고 있다.

(3) 재활의료서비스

재활의료서비스란 재활의학과에서 치료받고 있는 환자들을 포함하여 재활(rehabilitation)이라는 목표를 갖고 있는 환자와 가족들에 대한 개입활동이다. 재활의 특성상 단기치료보다는 장기적인 측면에서 치료를 요하는 경우가 많기 때문에 환자의 특성을 이해하고 개입하는 것이 바람직하다. 구체적으로는 심리사회적 상담, 퇴원계획, 의료재활, 직업재활, 사회복귀 등에 관심을 갖고 개입하며, 병원마다 다르기는 하나 주로 대학병원과 재활병원을 중심으로 재활의료 치료팀이 구성되어 활동한다.

질환별로 살펴보면, 척수 손상, 절단, 뇌졸중, 뇌손상, 뇌성마비, 사지(부전)마비, 화상환자, 신장, 심장(내부장애) 등이 있다.

현재 의료사회복지사가 활동하고 있는 병원으로는 대학병원, 재활전문치료병원, 재활요양기관 등을 들 수 있다. 의료사회복지사의 역할은 개별적인 상담활동을 비롯하여 집단 프로그램 운영(자조집단 등), 교육활동, 가족상담, 재활과 관련된 사회자원 연계, 정보제공 활동 참여 등 다양하다.

(4) 정신의료서비스

의료사회복지사는 정신의학적인 문제를 안고 있는 환자에 대하여 개별적인 상담, 집단 프로그램 운영 및 관리, 가족상담, 정신의료팀 활동을 펼치며 대학병원 정신과, 정신과 전문병원, 치매 및 알코올 중독 치료 전문병원, 정신요양시설, 정신보건센터 등에서 일하고 있다.

정신의학적 문제를 안고 있는 환자들은 특성상 재발률이 높기 때문에 반복하여 장기 입원하는 경우도 많으며, 주요 질환별로 살펴보면 정신분열증, 우울증, 인격장애, 알코올 및 약물 장애, 정신지체, 치매 등이다. 과거에는 의료사회복지사가 주로 정신의료 분야만을 전담하여 활동하는 것이 대부분이었으나, 요즘은 다른 업무를 겸해서 활동하는 경우가 많이 늘어나고 있다.

(5) 지역사회 공공의료서비스

지역사회 공공의료서비스 활동은 지역사회 내에서 지역주민들의 보건 향상을 위한 의료활동으로서 질병의 조기발견, 예방, 치료, 교육을 통한 상호작용을 의미한다. 예를 들면, 지역사회 주민들의 보건 향상을 위한 주민 건강교육, 특정 질환 진료비 지원사업, 가정간호 사업 및 지역주민을 위한 무료이동 진료활동, 지역사회 내 의료복지 자원체계 활용 등을 포함한다고 볼 수가 있다.

요즘은 지역사회에 대한 마케팅의 일환으로 또는 이념실천, 정책적인 측면에서 각 병원마다 지역사회를 고려한 프로그램을 운영하는 데 의료사회복지사의 상당수가 개입하고 있다. 따라서 지역사회 관공서, 보건소, 의료기관, 각종 사회복지 상담기관, 종합사회복지관 등과 함께 의료사회복지서비스를 제공하는 기관들이 증가하고 있다.

(6) 기타 의료사회복지서비스 역할

의료사회복지서비스 역할은 앞에서 제시한 다섯 가지 분야 외에도 다양하다.

의료사회복지사는 지역사회 주민들의 보건의료에 대한 관심과 사회봉사활동의 참여 기회를 확대시키려는 측면에서 이루어지는 자원봉사활동 프로그램과 각종 의료건강교육에 참여하기도 하며, 요즘은 의료의 질 향상 도모에 직접 개입하기도 한다.

이미 선진국에서는 활발하게 개입하여 왔던 퇴원계획(discharge planning) 분야를 이끌어 가는 병원도 있고, 의료사회복지사가 팀 멤버로 활동하는 병원도 있다. 또한 의료 협력을 통한 병원 경쟁력 강화를 기하기 위해 의료협력센터 또는 협력병원 네트워크에 참여하기도 하며, 고객만족 및 고충처리와 관련된 활동 등에 협력적으로 관계하기도 한다. 한편 고위험(high risk patients group) 환자들에 대한 개입에 관심을 갖고 참여하는 병원이 늘어나고 있으며, 앞으로는 입원계획을 위한 상담(intake screening)에 참여하는 병원도 있을 수 있다.

더불어 지역사회 협력 증진을 위한 보건 · 의료조직 간의 네트워크를 강화하고, 환자 진료비 지원을 위한 모금 및 기금의 기획, 관리와 의료사회복지 프로그램을 인터넷을 활용하여 지원한다.

2) 의료사회복지사의 주요 역할

직무 부분에서 언급했듯이 의료사회복지사의 역할에 대한 접근방법은 다르지만 의료사회복지사는 치료자, 원조자, 조종자로서의 역할을 수행한다.

(1) 심리사회적 치료자의 역할

사회복지사는 개별상담서비스를 통하여 갑작스러운 질환 및 장애 발생으로 인한 환자와 가족의 심리사회적 변화에 대해 사정하고 치료 및 장애에 대한 적응을 돕는 활동을 계획한다. 이 상담 자료는 또한 의료진이 환자의 상황을 이해하고 환자 고유의 생활에 알맞은 재활치료 계획을 수립하는 데에도 도움이 된다. 사회복지사가 장애를 가진 환자들에게 심리적 지지를 제공함으로써 재활치료의 동기를 강화하고, 가족의 적극적인 협조를 유도하며, 자원 연결을 통해서 지역사회 내에서 장애를 가지고 보다 잘 적응할 수 있도록 돕는 것이 개별상담서비스의 목적이다.

또한 질병 및 신체적 장애로 인해 나타날 수 있는 우울, 불안, 좌절과 같은 심리적 어려움이 있는 환자에게는 자신의 상태와 치료과정에 빨리 적응할 수 있도록 심리사회적 상담을 제공하고, 환자보호에 대한 부담을 갖고 있는 가족들은 소진(burn-out)되거나 가족갈등이 심화될 수 있으므로 정서적 지지와 아울러 질병과 이에 따른 환자들의 반응을 이해하고 적절히 보호할 수 있도록 교육을 실시한다. 그러므로 사회복지사는 집단치료, 가족치료, 위기개입 등의 방법을 동원하여 클라이언트가 갖는 심리사회적 문제를 해결할 수 있다.

임상치료자로서 사회복지사의 역할을 삼성서울병원의 예를 들어 소개한다(〈표 2-5〉 참조).

〈표 2-5〉 심리사회적 치료자의 역할

재활의학과, 소아과, 내과(장기이식, 암, 당뇨), 외과 등을 비롯한 다양한 진료과의 환자와 가족을 대상으로 질병에 수반되는 심리사회적 문제의 해결을 도모하고 퇴원 후의 지역사회적응을 원조하기 위한 개별상담, 집단상담, 가족상담, 질병관리교육 등을 실시하며, 장기이식인 모임, 성인 및 소아 당뇨환자 모임, 소아암환자 부모모임 등의 다양한 자조모임을 지원하고 있다. 한편 환자의 적응력 향상을 위해 장기이식 멘토링 프로그램, 유방암 멘토링 프로그램, 위암 멘토링 프로그램 등도 실시하고 있다. 한편 환자의 적응력 향상을 위해 장기이식 멘토링 프로그램, 유방암 멘토링 프로그램, 위암 멘토링 프로그램 등도 실시하고 있다. 또한, 원내예산에 의한 진료비 지원과 활발한 원외 후원금의 연결을 통하여 보다 원활한 진료가 이루어질 수 있도록 지원하여 환자의 건강 회복과 지역사회 복귀를 돕고 있다.

출처: 삼성서울병원 사회복지팀 홈페이지(http://sw.samsunghospital.com).

(2) 원조자의 역할

의료사회복지사는 치료활동에 있어서 의료의 수요자, 공급자의 양측에 협력하는 데 필요한 자원을 연계하거나 각종 지원 활동을 한다. 구체적 활동 유형으로는 퇴원계획 참여, 정보제공자의 의뢰, 경제적 원조 또는 처리, 사회복귀 원조, 치료의 연속성 제공, 환자의 권리 보호, 의사에 대해 환자의 필요한 정보 제공, 병실생활에 대한 적응 지원, 치료에 필요한 자원 동원 등으로 환자가 치료에 적극적으로 임할 수 있도록 하고 치료계획상 비의료적 요소에 의한 장애를 제거함으로써 의료가 안정적으로 이루어지도록 원조하는 역할을 한다(강흥구, 2011).

원조자로서 사회복지사의 역할을 삼성서울병원의 예를 들어 소개한다(〈표 2-6〉 참조).

〈표 2-6〉 원조자의 역할

- 산부인과에서 의뢰된 미혼부모일 경우 신생아 출생 배경, 양육 여건 및 의지, 문제 상황을 종합적으로 파악하여, 신생아가 정상적이고 안정적인 환경 내에서 성장하기 어렵다고 평가될 경우 관련 입양전문기관과 신속히 연계하여 입양절차에 따라 입양 조치한다.
- 위원회 활동: 아동, 노인, 장애인, 성폭력 피해자 등 취약계층에 대한 의뢰일 경우 의사, 사회복지사 등으로 구성된 학대환자보호위원회(舊 아동보호위원회)를 운영하고 보호자, 이웃, 병원, 학교, 청소년 쉼터, 경찰, 검찰, 법원 등이 서로 협력하는 가운데 각종 지원적 활동이 효과적으로 이루어질 수 있도록 지원하는 원조자의 역할을 한다.

출처: 삼성서울병원 사회복지팀 홈페이지(http://sw.samsunghospital.com).

(3) 서비스 조정자의 역할

의료사회복지사는 의료자원과 사회자원이 효율적으로 활용되도록 서비스를 조정하는 역할을 한다. 구체적으로는 병원 직원에 대한 사회복지 사례자문, 병원에 대한 지역사회의 자원체계관리, 지역사회 보건계획 수립에 참여, 병원시설의 편의와 융통성 검토, 타 전문직 간의 조정자 기능으로 병원 운영 및 환자 치료가 보다 원활해질 수 있도록 돕는 것을 말한다.

서비스 조정자의 역할을 삼성서울병원과 일산병원의 예로 소개한다(〈표 2-7〉 참조).

〈표 2-7〉 서비스 조정자의 역할

- 사회공헌활동: 공익성을 기반으로 그룹의 나눔경영과 기업의 사회적 책무 수행을 위해서 의료 낙후 지역에 대한 무료 순회진료, 저소득층 환자의 의료서비스 수혜 증진을 위한 원내외 환자 대상 자선진료, 수술비 지원사업 등 지역사회와 연계한 다양한 사회공헌활동을 적극적으로 수행하고 있다. 그 외에도 국내외 재난지역 의료지원단 파견, 중증장애인 보호시설 자선진료, 가정폭력 피해자 무료진료 등 생명을 다루는 병원의 특성을 반영한 차별화된 사회공헌활동을 시행하고 있다.
- 재활지원사업: 재활지원사업은 장애인에 대한 재활의료서비스의 제공은 물론, 장애인과 그 가족 및 지역사회 주민 등을 대상으로 장애 관련 교육 실시, 지역사회와 연계한 사업추진으로 효과 극대화, 지역사회의 인적 · 물적 자원을 최대한 활용하여 재활서비스 추진 및 사회참여 증진을 도모한다.

- 대민지원사업: 대민지원사업은 진료권 내 의료취약계층의 건강과 복지 향상을 도모하고, 지역사회 공공병원 역할수행, 대규모 재난·재해 구호를 위한 국제적 노력에 적극 동참함과 동시에 국민건강보험 및 유관기관과 연계하는 의료봉사를 수행하여 지역사회 건강 증진 연계발전에 기여한다.
- 고객 만족도 조사: 진료 시 불편사항 점검, 진료 시 행정절차, 시설 및 치료자들의 불만사항을 조사하여 개선하도록 노력한다.

출처: 삼성서울병원 사회복지팀 홈페이지(http://sw.samsunghospital.com); 국민건강보험 일산병원 홈페이지(http://www.nhimc.or.kr).

(4) 교육 및 연구조사자의 역할

병원에서의 사례회의(conference)와 수련(training)을 통해 교육받고 연구를 하며 의료사회복지사 수련지도, 정신보건사회복지사 수련지도와 방학 중 실습지도를 통해 의료사회복지에 관심이 있는 대상자들에게 실무를 경험할 수 있는 기회를 제공한다.

6. 팀 접근에 대한 이해[1)]

팀 접근은 다학제간과 다학문적 팀으로 나뉜다.

1) 협력관계를 실천하기 위해 거치는 과정

(1) 역할분리

'역할분리(role separation)'는 협력단계의 초기 과정으로 각 분야가 자기의 익숙한 기능과 역할에 따라 움직이는 경향이 있어 협력관계를 위한 노력은 추상적이고 이론적인 수준에 머무는 과정이다. 이 과정에서 상호협조가 이루어지기보다는 각 전문가들이 경

1) Germain, C. B. (1984). *Social Work Practice in Health Care*. New York: The Free Press. Chapter 8 'Collaborative Practice in Health Care: The Social Work Function' 요약 및 부분 발췌.

직된 상태로 각자의 역할과 기능에 경쟁심을 갖고 접근하게 된다.

(2) 지나친 기대와 실망

'지나친 기대와 실망(overestimation and disappointment)'은 각 전문가들이 협력해 나가면서 팀의 목적을 달성하기가 얼마나 어려운지를 알게 되는 과정이다. 이 과정에서는 서로에게 답을 구하려고 하면서 서로에게 역할을 미루는 경향이 나타난다. 따라서 다른 사람의 지식과 기술을 과대평가하기도 하고 그 목적을 성취하는 데 요구되는 임무들의 복잡함을 과도하게 단순화시키기도 한다. 이러한 과정에서 각자의 영역에 대해서 분노와 실망감을 갖게 된다.

(3) 현실적인 평가

'현실적인 평가(realistic appraisal)'는 각각의 전문가들이 공통된 팀의 목적을 달성하기 위해서 서로에 대한 기대를 실제적으로 하게 되는 과정이다. 이 과정에서는 각 영역이 다른 쪽의 공유된 목표를 달성하기 위하여 어떻게 기여할 수 있는지 알아 가게 되면서 현실적인 평가를 한다. 이러한 과정에서 자신의 영역의 우월성에 대한 증명이 이루어지기보다는 전문직 간의 유연한 경계와 기본적인 신뢰감(basic trust)이 형성된다.

(4) 적응, 순응, 화해

'적응, 순응, 화해(accommodation)'는 협력의 과정에서 서로의 차이점을 인식하고 말로 나타내고 만족할 만한 적응이 이루어지는 과정이다. 전문가들이 서로 편하게 일을 할 수 있는 과정으로서 통합적인 협동관계로의 발전이 더욱 명확해지며, 각 전문가들의 설명은 상호보완적이 되어 만족스러운 적응이 시작된다.

(5) 역할의 통합

'역할의 통합(integration of role)'은 협력적 과정에서 각자의 분야별 특수화에 기초하여 환자의 환경을 바라보기보다는 환자-환경 간 관계의 전체적이며 체계적인 관점을 고려하여 팀 접근을 이행하는 과정이다. 이 과정에서 다른 전문가들의 관점을 수용하게 되며, 개방된 풍토로 환자에게 적절한 높은 질의 치료적 서비스가 이루어진다. 팀 내의 전문가들은 다른 전문직의 가치, 철학, 교육, 지식과 기술을 수용하고 존중하고 이해하는 능력이 생긴다.

2) 협력관계의 유형에 따른 실천

(1) 협 의

협의(conferring)는 가장 일반적인 협력관계의 형태다. 둘 이상의 전문가가 환자 또는 가족과 함께 공동의 노력을 하는 것을 말한다. 각 전문가들이 각자의 치료계획을 수립하기 위해 사례를 함께 논의하는 수준이며 자신의 역할에만 한정되어 있다. 협의는 전문직에 대한 기본적인 신뢰와 존경, 상호교환성을 전제로 한다. 전문가 간의 상호작용, 필요사항과 문제점에 대한 명확한 파악이 이루어지고, 실행 가능한 해결책이 개발되며, 적절한 서비스가 상호 간 혹은 개별적으로 시행된다.

(2) 협력 · 협동

협력 · 협동(cooperating)은 다양한 협의를 통해 협력과정이 나타날 수 있으며, 많은 전문가가 사례회의를 통해 의견을 교환하고 환자와 가족의 특별한 문제에 대하여 서로 함께 협력하기로 동의한 형태다. 협력은 팀의 지도자[다학문적(multidisciplinary) 접근의 경우]에 따라, 전체적 동의[다학제간(interdisciplinary) 접근의 경우]에 따라, 동의된 과정과 목적에 따라 팀으로 이루어진다.

(3) 자 문

자문(consulting)은 협의보다 상호교환이 적지만 보다 더 구조적이고 더 공식적인 형태다. 자문하는 사람은 자문을 구하는 사람에게 적절한 조언과 지도를 제공하는 사람으로서 건강, 질병, 장애와 관련된 문제에 대해 지식과 기술을 제공한다. 자문은 조언을 주고받는 과정이며, 자문을 구하는 사람(consultee)이 자문(consult)을 구하고 자문을 구한 사람의 문제가 해결되면 자문은 종결된다. 자문관계에 있어서 자문가는 자문을 구한 사람의 환자와 함께 일하는 것이 아니다. 자문을 구한 사람은 전문가이면서 동시에 클라이언트가 되어 자문을 구하게 되는 것이다. 자문은 환자나 프로그램에 초점이 맞추어지는 것이 사실이지만 자문을 구한 전문가와 클라이언트의 관계는 아니다.

3) 팀 협력

(1) 다학문적 팀

다학문적 팀(multidisciplinary teams)은 환자에 대한 의학적인 전문의견과 합법적인 책임 때문에 의사가 팀의 지도자(leader)를 맡으며 위계질서가 있다. 다학문적 팀은 의사의 책임과 지도하에 다른 전문가의 역할과 기능들이 조정되며, 그에 따라 필요한 전문가들이 선택되어 팀이 구성된다. 다학문적 팀의 특징은 질병(illness) 중심이며, 의료인에서 점차 종교지도자까지 확대시켜 팀원으로 포함시킬 수 있다.

(2) 다학제간 팀

다학제간 팀(interdisciplinary teams)은 각기 다른 기술(skill)을 가진 다양한 전문가가 모두 같은 문제를 해결하기 위해 상호의존적인 지식과 기술을 전제로 하는 문제해결이나 과정달성 과정을 말한다. 위계가 뚜렷하지 않으며 질병(illness) 중심이 아닐 수도 있다. 다학제간 팀의 특징으로는 문제에 따라 심리사회문화적인(biopsychosocial-cultural) 접근방법을 사용하며, 팀원으로 의료인, 지역주민, 경찰서장, 변호사, 교사까지도 포함될 수 있다.

(3) 기 타

단일학문 팀(monodisciplinary teams)은 각자가 모두 같은 기술을 사용하는 전문가 팀을 말한다. 일시적으로 구체적인 이유나 과제(task)를 위해서 모이는 팀(ad hoc team)도 있는

데 일시적인 팀은 과제가 해결된 순간 해체된다.

4) 팀워크를 방해하는 요인

(1) 목표 관련 사항

목표가 불명확하거나 모든 팀원이 동의하지 않거나 그들 사이의 우선순위가 틀릴 때 팀워크를 방해하는 요인이 나타나게 된다.

(2) 역할 관련 사항

역할 기대가 불명확하거나 모호하여 누가 무엇을 해야 할지 명확치 않을 때 팀워크를 방해하는 요인이 나타난다.

(3) 역기능적 의사결정

팀 내에서 합의가 이루어지지 않은 의사결정은 실행하는 데 있어 팀워크를 저해하는 요인으로 권위적이냐 혹은 민주적이냐에 따라 달라진다.

(4) 상호인간관계 문제점

팀 내 전문가들의 가치관 차이나 인격적 갈등, 전문적 지위, 성, 나이, 교육 정도, 인종 및 사회계급의 차이에서 팀워크를 저해하는 요인이 발생한다.

7. 의료의 질과 의료사회복지서비스의 질

의료의 질에 대한 정의는 역동적이어서 관련 지식, 가치, 자원들이 변함에 따라 함께 변화한다. 또한 의료는 생물학적 요소뿐만 아니라 경제적 · 사회적 · 문화적인 여러 가지 요인들이 상호 관련되고 의사와 환자의 행태 및 관계 등으로 얽혀 있기 때문에 정의하기 어렵다(Graham, 1982; 유승흠, 1993: 강홍구, 2007에서 재인용).

Meyers(1969)는 양질의 구성요소로, 첫째, 개인적 접근성, 서비스의 포괄성, 서비스 양의 충분 정도 등을 의미하는 접근용이성(accessibility), 둘째, 전문가적 능력, 개인적 수용성, 질적 적절성을 의미하는 의료 질(quality), 셋째, 의료의 인간 중심성, 서비스의 조화 등을 의미하는 지속성(continuity), 넷째, 재정의 공평성, 보상의 적절성, 관리의 효율성 등을 의미하는 효율성(efficiency)의 네 가지 개념을 제시하였다(강홍구, 2007: 윤현숙 외, 2001에서 재인용). 이러한 의료의 질은 공급자 측면에서는 진단의 정확성, 의료기술의 숙련 정도를 말하나, 수요자인 환자 측면에서는 양질의 의료서비스가 이루어졌음에도 환자가 이를 느끼지 못하거나 다른 요인으로 인하여 불쾌감을 느낄 수 있게 되므로 의료의 질에 있어서는 환자의 평가 또한 중요한 요소라고 할 수 있다.

의료사회복지서비스의 질에 대한 정의 역시 주어진 시간과 공간, 서비스 제공자와 클라이언트의 기대에 따라 다르기 때문에 의료사회복지서비스의 질에 대한 정의를 내리는 것 역시 복잡한 과정이며, 모든 관점을 망라하여 정의를 내리는 것은 쉽지 않다(Coulton, 1991). 강홍구(2014)는 여러 학자의 의견을 종합하여 의료사회복지서비스의 질을 정의하였다.

즉, 의료사회복지서비스의 질이란 의료사회복지 조직을 통하여 제공하는 서비스의 질을 의미하며, 이것은 산출(output)뿐 아니라 서비스를 산출하는 과정(process)과 서비스의 결과(output)까지 포괄적으로 포함하는 것으로 다음의 여덟 가지 속성을 보인다.

- 사회복지서비스를 제공하기 위한 시설, 인력, 장비 등의 여건을 갖추는 것을 의미하는 유형성
- 사회복지서비스를 받기 위해 구조적 · 물리적으로 접근하기 좋은 정도를 의미하는 접근성
- 사회복지사가 서비스 제공에 필요한 지식이나 기술을 어느 정도 갖추고 있는지와 다양한 클라이언트의 요구에 부응하기 위해 충분한 지식과 기술을 활용하는 것을 의미하는 적합성

- 제공하는 서비스가 과학적 · 객관적이며 전문가 단체에 의해 인준된 의료사회복지 표준 업무에 어느 정도 부합되는지 정도를 보는 부합성
- 사회복지사의 능력에 대한 신뢰와 확신을 의미하는 보증성
- 약속한 서비스에 대하여 정확하게 서비스를 제공하는 능력을 말하는 신뢰성
- 서비스 제공 시 클라이언트에게 개별화된 이해와 관심을 나타내는 것을 의미하는 감정이입
- 서비스가 필요할 때, 도움을 필요로 할 때 적시에 사회복지서비스가 제공되는 정도를 의미하는 반응성

또한 의료사회복지서비스의 질은 다음의 의문을 밝혀내는 과정에서 기본적으로 평가된다.

- 서비스가 자격 있는 사회복지사에 의해 제공되는가?
- 수용 가능한 과정에 의하여 서비스가 제공되는가?
- 제공한 서비스는 환자가 원하는 결과를 가져왔는가?
- 실제적으로 서비스를 받아야 할 대상자는 누구인가?

이러한 의문에 답하기 위해 다양한 평가방법이 강구되며, 구조, 과정, 결과에 대한 평가로 요약할 수 있다(강흥구, 2014에서 재인용).

따라서 의료서비스의 질과 의료사회복지서비스의 질 관리를 위해 체계적으로 끊임없이 서비스의 질을 검토하고 부족한 것을 발견하며 문제의 원인 또는 근원을 발견하고 문제를 교정하는 데 참여하여야 한다. 또한 질 관리는 문제를 발견하고 문제에 대해 적절히 개입하는 것 이상의 차원이라는 것을 이해하여야 한다.

1) 의료사회복지서비스의 질 관리

우리나라에서 질 보장(quality assurance: QA) 개념의 도입 초기에는 '질 보장' '적정 진료보장'이라는 용어가 사용되었으나 요즘은 '질 관리'라는 용어가 쓰이고 있다. 질 관리의 발전과정은 [그림 2-1]과 같고, 각각의 개념을 정리하면 다음과 같다.

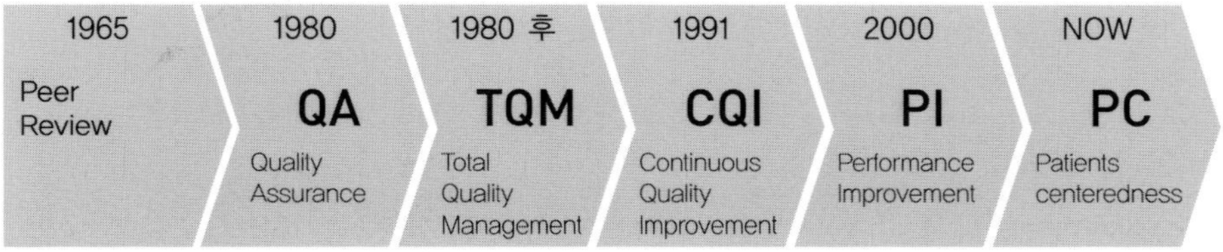

그림 2-1 질 관리의 발전과정

출처: 한휘종(2008).

(1) 질 통제

질 통제(quality control: QC)는 산업체에서 품질관리 초기에 많이 사용하던 용어로 질의 일정 수준을 표준으로 선정한 후 특정 의료서비스가 표준에 도달했는지를 평가하고 감시하는 것을 말한다. QC활동은 병원에서 의료의 질과 관계가 있다고 생각되는 시설, 장비, 인력 등의 구조적인 요인을 중심으로 접근하는 것으로 미국 병원들이 구조적인 면에서 표준화되지 못하였던 시기에 주로 사용한 방법이었으며, 초창기 병원신임제도의 주된 내용이었다. QC는 의료의 질 보장활동의 가장 기초적인 접근방법으로 사용하기 용이하다는 장점이 있으나 구조적 요인과 의료의 질과 직접적 관계가 약하다는 점이 단점으로 지적되어 왔다(강흥구, 2014에서 재인용).

(2) 질 보장

질 보장(quality assurance: QA)은 의료서비스의 질을 평가하고 그 문제점을 개선하여 질을 향상시키는 관리기법을 말한다. 최근에는 질 관리에 대한 기본적인 인식과 수행이

뒤따르면서 QA보다 QI라는 용어를 사용하는 경향이 있다. QA는 임상평가 지침을 이용하여 병원에서 수행하고 있는 진료의 적절성을 평가하는 데 초점을 두는 활동으로 주로 임상적 활동을 평가의 대상으로 한다. 의료의 최종 결과보다는 과정을 중심으로 평가하여 기준에 미달되는 것을 찾아내어 이를 시정하는 데 초점을 두는 방법이다. 의료가 일정 수준의 기준 또는 표준에 맞는지 검토하고 표준에 맞는 의료가 제공되도록 하는 것이다. 주로 환자의 직접적 진료에 관련된 의료행위 중 질적으로 불량한 의료행위를 찾아내는 데 관심을 갖는다(임난영 외, 1999: 강홍구, 2014에서 재인용).

(3) 질 향상

질 향상(quality improvement: QI)은 양질의 의료를 제공하기 위하여 모든 직원이 의료를 제공하는 전 과정에 참여할 것을 전제로 하는 예방적 · 조직적 · 체계적 · 지속적 활동을 말한다. 진료를 포함한 모든 의료서비스를 개선대상으로 하며, 결과를 포함한 서비스의 제공과정 전체를 개선하는 것이 목적이다(임난영 외, 1999: 강홍구, 2014에서 재인용).

(4) 전체 질 관리

전체 질 관리(total quality management: TQM)는 과정, 결과, 서비스 전반에 걸쳐 지속적인 향상을 추구하는 질 관리 기법으로 질 향상 추구 시 조직 내 분야별 계층의 전 직원 참여, 변화와 관리를 강조하며 의료이용자 중심의 서비스를 제공하는 것이다.

(5) 지속적 질 향상

지속적 질 향상(continuous quality improvement: CQI)은 QA와 달리 임상적 활동만이 아니라 병원 내 모든 서비스를 대상으로 하여 잘못되거나 기준에 미달하는 것을 찾아내기보다는 병원서비스의 전체적인 질을 향상시키는 데 초점을 두며, 사후 감시보다는 사전 예방활동에 치중하는 특성이 있다. CQI, QI와 TQM은 동시에 쓰이는 용어로 질 평가와 질 향상이 일시적인 활동이 아니라 지속적으로 시행되어야 함을 강조한다.

(6) 질 향상

질 향상(performance improvement: PI)은 고객(환자, 보호자, 내부고객 등)이 만족할 수 있는 양질의 의료서비스를 제공하기 위하여 업무절차(process)나 시스템을 개선시키는 구조적인 활동이며, 그 결과를 유지하고 향상시키기 위한 장기적이고 지속적인 활동이다.

이상과 같이 의료사회복지서비스의 질 관리는 지속적인 관리가 중요하다. 또한 적합한 지표를 선정하여 주기적으로 모니터링하고, 결과를 공유하고, 필요시 개선활동을 연계하여 실제로 제시한 지표값이 향상되는 것을 공유하는 것이다. 의료사회복지서비스의 질 향상의 실제는 [그림 2-2]의 '질 향상 계획서 예'를 참조할 수 있겠다. 시스템 구축과 고객만족도 향상이라는 목표가 달성될 수 있도록 지원건수와 만족도 조사 점수를 핵심지표로 선정하여 개선활동을 통해 병원과 환자 및 가족 그리고 사회사업팀의 질 향상이라는 기대효과를 가져오게 하는 활동계획서다. 또한 [그림 2-3]의 'FOCUS-PDCA 방법'을 이용하면 PI활동 계획이 도출되고 개선활동을 통해 지속적인 질 관리가 이루어질 수 있다.

2015년도 PI & TFT 활동계획서

PI 부장	PI 실장

■ 팀명 및 부서명: 사회사업팀

<table>
<tr><td>주 제</td><td colspan="4">저소득층 환자의 치료(수술)비 지원을 위한 조기개입 process 구축 활동</td></tr>
<tr><td rowspan="2">분 류</td><td colspan="2">구 분</td><td colspan="2">주제범주</td></tr>
<tr><td>☐ 병원중점과제
☐ CI TFT
☐ 통합 QI
☐ 간호부 QI</td><td>☒ 진료지원부서 QI
☐ 행정부서 QI
☐ 기타</td><td>☐ 진료/간호업무 개선
☐ 환자안전
☒ 고객 만족도 향상
☐ 임상질지표</td><td>☐ 환자교육 및 정보제공
☐ 병원자원관리
☐ 병원정보화 및 의무기록관리
☒ 진료지원/행정업무개선</td></tr>
<tr><td>주제선정 이유</td><td colspan="4">본원 사회사업팀은 임상 각 과와 치료팀의 일원이 되어 질병의 원인이 되거나 치료를 방해하는 심리사회적, 정서적, 가족적, 직업적 그리고 경제적인 문제를 해결할 수 있도록 환자 및 가족에게 진료지원 사회사업서비스를 담당하고 있다. 2014년 PI활동의 일환인 사회사업 업무인식 향상활동을 통해 협진(cousult)의 의뢰 내용이 다양해졌으며 점차 양적인 확대가 이루어지고 있다. 이러한 협진 내용 중 특히 경제적인 상담, 즉 소외계층의 치료(수술)비 지원서비스는 사회사업팀에서의 직접서비스가 아닌 외부 후원기관에 의존하여 진행되는 자원 발굴 및 연계 등의 간접서비스다. 경제적 진료지원 사회사업서비스는 환자 및 가족의 질병에 대한 심리사회적 개입은 물론 경제적 어려움을 사정하여 공공 및 민간 후원기관을 탐색하는 과정이 필요하다. 치료비지원 결정에 있어서도 지원기관의 진행절차에 따라야 하므로 시간적인 제약이 따른다. 그러나 임상 진료과에서는 이러한 경제적 지원 사회사업서비스에 대한 인식이 없을 뿐 아니라 협진 또한 퇴원시점에 의뢰되어 경제적 상담이 진행되지 못하거나 진행된 경우에는 환자의 퇴원이 미뤄져 가는 경우가 발생하기도 한다. 따라서 현재 진행되고 있는 사회사업팀의 협진의뢰 체계에 있어 초기에 screening하여 문제 상황을 사정하고 조기에 개입할 수 있는 보다 체계적인 process가 요구된다. 즉, 입원시점부터 사회사업팀 개입을 통해 퇴원이 적절히 이루어질 수 있도록 process를 개발(D/C planning)하고자 한다. 이는 궁극적으로 불필요한 장기입원을 막고 환자 및 가족에게 본원의 진료지원 사회사업서비스의 만족을 향상시키고자 함이다.</td></tr>
<tr><td>목 표</td><td colspan="4">1. 저소득층 환자의 조기개입 process 개발
2. 환자 및 가족에 대한 경제적인 진료지원서비스에 대한 이해</td></tr>
<tr><td>핵심지표</td><td colspan="4">1. 임상과(고액의 치료비지원)에 대한 경제적 진료지원 사회사업서비스 의뢰 건수 및 의뢰 시점 조사
2. 주로 의뢰되는 임상과에 대해 경제적 지원서비스 교육 및 홍보</td></tr>
<tr><td>기대효과</td><td colspan="4">1. 병원 측면: 치료비 문제로 퇴원이 지연되는 환자의 재원일수 단축, 병상가동률 증대를 통한 수입 증대
2. 환자 및 가족 측면: 치료적 불이익을 당할 수 있다는 막연한 불안감 해소 및 주치의에 대한 미안함 해소
3. 사회사업팀 측면: 진료지원 사회사업서비스의 효율성 및 효과성 증대</td></tr>
<tr><td rowspan="4">팀 구성</td><td>구 성</td><td>성 명</td><td>내선번호/H.P(필수)</td><td>E-mail(필수)</td></tr>
<tr><td>팀 장</td><td>천**</td><td>2691 / 010-****</td><td>***@ish.ac.kr</td></tr>
<tr><td>간 사</td><td>김**</td><td>2692 / 010-****</td><td>****@ish.ac.kr</td></tr>
<tr><td>팀 원</td><td></td><td></td><td></td></tr>
<tr><td>협력부서</td><td colspan="4">원무팀, 모든 임상과</td></tr>
</table>

■ 활동계획표

구 분	3월	4월	5월	6월	7월	8월	9월	10월	11월	12월	1월
주제공모	→										
현황파악(원인파악, 문제점 도출)		→									
대책수립(지표선정 및 사전결과분석)			→								
중간보고서 전산 입력				→							
개선활동					→						
PI활동 중간발표회						→	→				
개선활동 평가 및 분석								→	→	→	
최종보고서 제출											→

간사: 김** (서명)

팀장: 천** (서명)

그림 2-2 의료사회복지서비스의 질 향상 계획서 예

출처: 가톨릭관동대학교 국제성모병원 사회사업팀(2015).

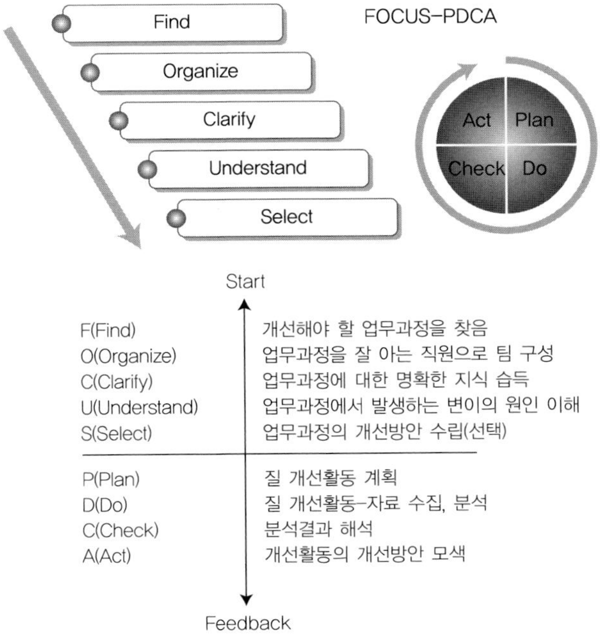

그림 2-3 질 관리를 위한 FOCUS-PDCA 방법

출처: 김영인(2014).

2) 병원신임평가

병원신임평가는 이전의 병원표준화심사를 말하며, 병원표준화사업은 가장 대표적인 질 관리 활동이다. 기존의 심사제도로는 1963년부터 수련병원 지정을 위한 심사제도가 있었으나 1977년에 의료보험제도가 실시되면서 의료계의 자율적 관리가 필요하다는 의견이 대두되었다. 대한병원협회 병원신임위원회는 1981년에 수련병원을 대상으로 병원 업무의 표준화를 기하기 위하여 '병원표준화심사'를 도입하고 수련병원 실태조사와 함께 실시하였다. 병원신임평가의 목적은 적정진료보장, 최신 의료 수준의 수용성 증대, 병원경영관리의 효율성 제고, 회원병원 권익 향상을 위한 정보체계 확립 등이다(대한병원협회 병원신임평가시스템 홈페이지). 평가 결과는 전공의 수련기관 지정에 영향을 준다. 매년 평가 항목과 지침이 조금씩 수정되어 왔으며, 병원신임평가에서 의료사회복지서비스는 1983년부터 '의료사회사업부문'이라는 이름으로 평가되었다. 2015년 의료사회복지부문 항목별 개정사항은 직원 현황에 사회복지사의 고용조건과 성별이 삭제된 것이다. 병원신임평가 항목, 항목에 대한 현지준비, 평가목적 그리고 평가방법은 〈표 2-8〉과 같다.

〈표 2-8〉 의료사회복지부문

〈규정〉
1. 의료사회복지부문의 업무규정은 다음의 내용을 포함한다.
해당사항 없음(업무규정이 없으므로)
① 사회복지의 업무 범위와 직원의 직무분장
② 사회복지사의 개입문제목록과 전문적인 개입기술
③ 사회복지서비스 대상환자 선정 기준
④ 협진의뢰(consultation) 절차 및 체계
⑤ 사회복지 기록(recording)의 보존에 관한 사항
⑥ 사례의 전반적인 진행 과정(process)에 관한 사항
⑦ 사회복지상담에서 요구되는 비밀보장 등 윤리에 관한 사항
⑧ 활용 가능한 외부자원에 대한 정보체계 및 기관의 list
⑨ 질 향상(QI)을 위한 방법에 관한 사항
⑩ 사회복지전문교육에 관련된 사항

현지준비: 의료사회복지 관련 업무 규정 등 관련 자료
평가목적:
의료기관은 환자들의 요구를 충족시키기 위한 사회복지서비스 제공 체계를 갖추고 적합한 활동을 수행할 수 있어야 한다.
평가방법:
① 해당 병원은 평가년도 5월 1일 기준의 의료사회복지부문 업무 규정을 준비한다.
② 업무규정에는 최소한 다음과 같은 내용이 포함되어야 한다.
가. 사회복지의 업무범위와 직원의 직무분장
–사회복지의 업무범위와 사회복지사별 업무분장이 제시되어야 한다.
–개인별 업무분장에는 담당자, 업무분야, 업무내용, 기타 업무 등이 제시되어야 한다.
나. 사회복지사의 개입문제목록과 전문적인 개입기술
–사회복지사의 개입문제목록이 제시되고 전문적인 개입방법과 관련된 전문기술에 대한 내용이 제시되어야 한다.
다. 사회복지서비스 대상환자 및 선정 기준
–사회복지서비스 대상환자를 선정하는 기준 내용이 제시되어야 한다.
라. 협진의뢰(consultation) 절차 및 체계
–사회복지부문으로의 대상자 협진의뢰에 관한 절차가 기술되어야 한다.
–병원 내의 사회복지의 개입 대상이 되는 문제환자에 대하여 조기에 개입할 수 있는 체계가 제시되어야 한다.
마. 사회복지 기록(recording)의 보전에 관한 사항
–사회복지의 기록과 통계 보고서의 작성에 관한 일반 원칙이 제시되어야 한다.
–사회복지부문 기록과 병원의무기록에 포함되어야 할 내용이 제시되어야 한다.
–사회복지기록에는 의뢰경위 및 의뢰절차, 환자 관련 정보, 문제사정, 개입목표 및 계획, 개입활동, F/U, 종결 및 요약 보고에 관한 내용이 기술되어야 한다.
바. 사례의 전반적인 진행 과정(process)에 관한 사항
–사례의 진행과정에 따른 사회복지사의 역할과 개입단계별 과정, 문제유형별 개입전략 등이 기술되어야 한다.
사. 사회복지상담에서 요구되는 비밀보장 등 윤리에 관한 사항
–사회복지사의 기본가치와 윤리에 대한 사항이 포괄적으로 언급되어야 한다.
–환자나 가족의 비밀보장에 관한 사항이 제시되어야 한다.
–비밀보장을 하기 위한 구체적인 방법이 제시되어야 한다.
아. 활용 가능한 외부자원에 대한 정보체계 및 기관의 list
–네트워크(network)되어 있는 외부자원체계에 대한 기술과 그 기관의 list가 제시되

어야 한다.
–외부기관의 list는 기관명, 사업내용, 주소, 전화번호, 특기사항 등이 기술되어야 한다.
자. 질 향상(QI)을 위한 방법에 관한 사항
–사회복지의 질 향상을 위해 case conference, 이용자 만족도 조사 등의 QI 실시방법과 기준이 제시되어야 한다.
–각 방법당 사용하는 도구나 process가 제시되어야 한다.
차. 사회복지전문교육에 관련된 사항
–사회복지사의 전문적 역량을 강화하기 위해서 직무교육, 수련교육, 실습교육 등 사회복지전문교육과 관련된 지침이 제시되어야 한다.
③ 평가위원은 평가년도 5월 1일 기준의 의료사회복지부문 업무규정을 확인한다.

〈인력〉

2. 직원 현황(오른쪽 난에 사회복지사 수를 기입, 단위: 명)

* 아래 난에 해당 숫자만 기입하시오.

구 분	인 원
사회복지사	
기타 직원	

* 100병상당 사회복지사의 수를 오른쪽 난에 기입하시오. (   )

[산출방법 : (사회복지사 수 / 허가병상 수) × 100]

현지준비: 직원현황 및 관련 자료

평가목적:

의료기관은 양질의 의료서비스를 제공하기 위하여 의료사회복지의 적정한 인력을 두어야 한다.

평가방법:

① 해당 병원은 평가년도 5월 1일 기준의 의료사회사업부문 직원현황표를 준비한다.
② 직원의 인력을 산출할 때에는 시간제 근무자, 휴직자, 출산휴가자, 병가(1개월 이상)를 제외한다. 단, 위 제외 인력 중에 대체인력이 있을 경우에는 포함하여 산정한다.
③ 평가위원은 평가년도 5월 1일 기준으로 의료사회사업부문 인력 현황 관련 자료를 통해 확인한다.

〈시설〉

3. 상담실의 독립성과 접근도(현장확인)

3-1. 수혜자의 Privacy 유지를 위한 독립된 상담공간이 있다.

⓪ 아니요

① 예

* 오른쪽 난에 독립된 상담실의 총수를 기입하시오(단위: 개). (   )

3-2. 상담실은 환자와 가족, 의료진 등이 접근하기 쉽게 되어 있다.

(유도 안내판을 확인한 후 직접 찾아가면서 평가한다.)

⓪ 해당사항 없음

① 접근하기 좋고, 유도사인도 잘 되어 있다.

② 접근하기 좋으나, 유도사인이 잘 되어 있지 않다.

③ 접근하기 어려우나, 유도사인이 잘 되어 있다.

현지준비: 의료사회복지부서/상담실 위치도와 평면도 등 관련 자료

평가목적:

의료기관은 환자들의 요구를 충족시키기 위한 사회복지서비스 제공체계를 갖추고 적합한 활동을 수행할 수 있어야 한다.

평가방법:

① 해당 병원은 평가년도 5월 1일 기준의 상담실 위치도와 평면도 등 관련 자료를 준비한다.

② 사회복지부서 및 상담실 위치도는 전체 병원의 lay-out과, 해당 층의 평면도(주 출입로, 계단 및 명기)와 평수가 함께 제시되어야 한다.

③ 평가위원은 평가 당일 상담실 위치도와 평면도 등 관련 자료를 통하여 상담실 공간과 접근용이도 등을 실제로 확인한다.

〈수행〉

4. 의료사회복지 대상환자 협진의뢰체계

4-1. 의료사회복지부문으로의 협진의뢰체계가 있다.

⓪ 아니요

① 예

4-2. 의료사회복지서비스 대상자인 취약계층 및 문제 환자 발견체계가 있다.

⓪ 아니요

① 예

현지준비: 의료사회복지부문 업무규정, 협진의뢰체계와 관련된 자료
평가목적:
의료기관은 환자들의 여러 가지 상태에 따라 단계적으로 의료서비스를 이용할 수 있도록 협력진료가 활성화되도록 노력하여야 한다.
평가방법:
① 해당 병원은 평가년도 5월 1일 기준의 업무규정과, 협진의뢰 체계와 관련된 자료를 준비한다.
② 사회복지개입이 필요한 환자 발생 시, 임상과에서 사회복지로 협진을 요청할 수 있는 체계가 제시되어야 한다.
③ 병원 내에서 사회복지의 개입대상이 되는 사회적인 취약계층 및 문제환자를 발견하여 개입할 수 있는 체계가 제시되어야 한다.
④ 평가위원은 평가년도 5월 1일 기준의 업무규정과 협진의뢰 체계와 관련된 문서를 확인한다.

5. 의료사회복지부문의 기록
5-1. 의료사회복지부문의 의무기록은 다음과 같이 보존된다.
⓪ 아니요
① 예
ⓐ 사회복지의 자체기록으로 보존된다.
ⓑ 병원의 의무기록으로 보존된다.
5-2. 의료사회복지 기록에는 다음의 내용이 충실히 기술되어 있다. [현지평가]
(전년도에 퇴원 종결한 사회복지 사례를 접수대장에서 무작위로 3례를 추출하여 기록의 적절성 여부를 평가한다.)

a. Case 1
-면접기록
⓪ 적절하지 않음
① 적절함
-경과기록
⓪ 적절하지 않음
① 적절함
-종결기록
⓪ 적절하지 않음
① 적절함

b. Case 2
-면접기록
⓪ 적절하지 않음
① 적절함
-경과기록
⓪ 적절하지 않음
① 적절함
-종결기록
⓪ 적절하지 않음
① 적절함

c. Case 3
-면접기록
⓪ 적절하지 않음
① 적절함
-경과기록
⓪ 적절하지 않음
① 적절함
-종결기록
⓪ 적절하지 않음
① 적절함

현지준비: 사회사업기록 사본 3부, 접수대장 등 관련 자료
평가목적:
의료기관은 환자들의 요구를 충족시키기 위한 사회복지서비스 제공체계를 갖추고 적합한 활동을 수행할 수 있어야 한다.
평가방법:
① 해당 병원은 평가 전년도 1년간 사회사업기록에 관련된 자료를 준비한다.
② 서류평가 대상병원은 평가 전년도 1년간의 사회사업기록 중에 병원 내규로 보존되고 있는 형태를 구분하여 기재한다(5-1번 문항은 현지/서류평가 대상병원을 모두 기재하고, 5-2번 문항은 현지평가 대상병원만 기재한다.).
③ 현지평가 대상병원은 현지평가 당일 평가 전년도 1년간의 사회사업 접수대장을 준비한다.
④ 접수대장에는 일련번호, 환자의 이름, 성, 연령, 진단명, 진료과, 주치의, 주요 개입문제, 의뢰처, 담당사회복지사의 이름 등이 제시되어야 한다.
⑤ 평가위원은 현지 평가 당일 해당 병원에서 제시한 사회사업 접수대장에서 퇴원 종결된 사례 중 무작위로 3례 기록을 추출하여 면접기록, 경과기록, 종결기록이 기록되어 있는지 확인한다.

6. 의료사회복지부문 활동실적

6-1. 의료사회복지 상담 실적

구 분		해당건수
개별상담	심리사회적 상담	
	경제적 상담	
	퇴원계획 상담	
	지역사회자원연결 상담	
	재활 상담	
집단상담		
집단상담 참석자 수		
기 타		
총 계		
사회복지사 1인당 상담건수		

6-1-1. 개별상담을 실시한다.
ⓞ 아니요
① 예
6-1-2. 집단상담을 실시한다.
ⓞ 아니요
① 예

6-2. 의료사회복지활동 실적은 다음과 같다.

구 분	실적(명)	금액(천 원)
진료비 지원실적		
의료봉사		
프로그램운영비		
기 타		

현지준비: 의료사회사업 상담실적, 업무실적보고서, 진료비 지원실적 등 관련 자료
평가목적:
의료기관은 환자들의 요구를 충족시키기 위한 사회복지서비스 제공체계를 갖추고 적합한 활동을 수행할 수 있어야 한다.
평가방법:
① 해당 병원은 평가 전년도 1년간 의료사회사업 상담실적, 업무실적보고서 등 관련 자료를 준비한다.
② 개별상담실적(8-1-1, 2), 집단상담실적(8-1-3, 4)의 해당 항목은 평가 전년도 1년간의 자료를 근거로 작성한다.
③ 진료비 지원실적(8-2) 항목의 해당 사항은 평가 전년도 1년간의 자료를 근거로 작성한다.
④ 사회사업 상담실적에는 제시된 분류 항목에 따라 건수가 집계되고 총계가 제시되어야 한다.
⑤ 병원 자체 예산에 의한 진료비 지원실적에는 환자 이름, 성, 연령, 진료과, 진단명, 지원금액 등이 나타나야 한다.
⑥ 외부자원연결에 의한 진료비 지원실적은 매월 지원기관별로 건수와 금액이 제시되어야 한다.
⑦ 평가위원은 평가 전년도 1년간의 의료사회사업 상담실적, 업무실적보고서를 통하여 해당 사항을 확인한다.

7. 병원은 지역사회를 위한 보건의료서비스를 제공하고 있다.
⓪ 아니요
① 예

현지준비: 지역사회 보건의료서비스 활동 자료
평가목적:
의료기관의 보건의료서비스 활동은 지역주민들의 요구를 충족시키기 위해 서비스를 홍보하고 제공하는 체계를 갖추고 적합한 활동을 수행하여야 한다.
평가방법:
① 지역사회 보건의료서비스란 무료건강검진, 의료봉사(국내 · 외), 건강강좌, 학교보건교육, 건강증진 및 질병예방교육 등 기타 지역사회 보건의료서비스 활동을 말한다.
② 지역사회 보건의료서비스 활동 자료는 평가 전년도 1년간의 기준으로 한다.

8. 의료사회복지활동을 평가하고 개선한다.
⓪ 아니요
① 예

현지준비: 질 향상을 위한 평가활동 자료
평가목적:
의료기관은 환자들의 요구를 충족시키기 위한 사회복지서비스 제공체계를 갖추고 적합한 활동을 수행할 수 있어야 한다.
평가방법:
① 해당 병원은 평가 전년도 1년간 질 향상을 위한 평가활동 자료를 준비한다.
② case conference의 실적(일시/발표자/발표내용/참석자/토론내용 등)이 제시되어야 하고, 내용 철이 첨부 · 제시되어야 한다.
③ 사회복지 만족도조사를 한 경우 사용한 설문지와 그 결과를 준비한다.
④ 질 향상(QI활동) 활동의 내용은 기록으로 보관하며, QI 담당부서 등에 제출한 QI활동 실적 등이 제시되어야 한다.
⑤ 평가위원은 평가 전년도 1년간 질 향상을 위한 평가활동 자료를 확인한다.

3) 의료기관인증제

의료기관인증제는 이전의 의료기관평가제를 말한다. 의료기관평가는 의료의 질 향상을 촉진하기 위한 제도로 1995년부터 보건의료서비스의 향상을 도모하고자 의료기관별 제공서비스의 질적 수준을 평가 · 공표하여 국민에게 서비스 선택기회를 제고하고 의료기관 간 서비스의 개선을 유도하기 위한 목적으로 시행되었다. 300병상 이상의 종합병원을 대상으로 강제평가방식으로 운영된 의료기간평가제도는 의료서비스에 대한 의료기관의 관심 제고, 서비스 수준 향상, 임상 질 지표 도입 등 일부 긍정적인 성과를 달성하였다. 그러나 언론, 소비자 단체, 의료기관 등을 통해 평가서열화에 따른 병원 간 과잉경쟁 유발, 전담조직이나 전담인력 부재에 따른 전문성 및 객관성 미흡, 구조적 측면 평가로 인한 불필요한 비용부담 발생, 강제평가로 인한 의료기관의 자발적 질 향상 동기 부재 등의 문제점이 지속적으로 제기되었다(보건복지부, 2011).

이러한 문제점을 해결하기 위해 2010년 「의료법」 개정을 통하여 의료기관인증제 시행의 법적 근거를 마련하고 인증전담기관인 의료기관평가인증원을 설립하였다. 또한 2011년부터 병원급 이상의 의료기관을 대상으로 의료기관의 자율신청에 의한 의료기관인증제도를 시행하였으며 인증서를 교부하고 인증마크를 사용할 수 있도록 하였다. 단, 요양병원과 정신병원은 의료서비스의 특성 및 환자의 권익 보호 등을 고려하여 2013년부터 의무적으로 인증신청을 하도록 「의료법」에 명시되어 있다(의료기관평가인증원 홈페이지).

인증기준과 주요 내용, 기준 틀, 기준의 구성항목 등은 의료기관평가인증원 홈페이지에서 참조할 수 있으며, 조사기준틀은 [그림 2-4], 구성기준은 〈표 2-9〉와 같다. 또한 의료기관인증에서 의료사회복지서비스의 개별 항목은 구성기준의 '7장 환자권리 존중 및 보호'에서 '7.3. 의료사회복지체계' 범주로서 사회복지체계가 기준으로 평가된다([그림 2-5] 참조).

그림 2-4 의료기관 인증 조사기준 틀

〈표 2-9〉 기준의 구성

장(Chapter)	범주(Category)	기준(Standard)		ME	등 급
I. 기본가치체계	8		12	72	
1. 안전보장활동	1.1 환자안전	1.1.1	정확한 환자 확인	5	정규-필수
		1.1.2	의료진 간 정확한 의사소통	5	정규-필수
		1.1.3	수술 · 시술의 정확한 수행	5	정규-필수
		1.1.4	낙상 예방활동	8	정규-필수
		1.1.5	손 위생 수행	6	정규-필수
	1.2 직원안전	1.2	직원안전 관리활동	8	정규-필수
	1.3 화재안전	1.3	화재안전 관리활동	7	정규-필수
2. 지속적 질 향상	2.1 질 향상 안전체계	2.1	질 향상 및 환자안전 운영체계	5	정규-필수
	2.2 질 향상 활동	2.2	질 향상 활동	6	정규
	2.3 환자안전 보고체계 운영	2.3	환자안전 보고체계 운영	7	정규-필수
	2.4 지표관리체계	2.4	지표관리	5	정규
	2.5 진료지침 관리체계	2.5	진료지침 개발 및 관리	5	정규

II. 환자진료체계	17		47	265(1)	
3. 진료전달체계와 평가	3.1 진료전달체계	3.1.1	입원수속 절차	4	정규
		3.1.2	외래 및 응급환자 등록 절차	5	정규
		3.1.3	중환자실/특수치료실 입실 절차	6	정규
		3.1.4	환자 담당 의료진 변경 시 정보 공유	4	정규
		3.1.5	퇴원 및 전원 절차	6	정규
	3.2 환자평가	3.2.1	외래환자 초기평가	4	정규
		3.2.2	입원환자 초기평가/재평가	8	정규
		3.2.3	응급환자 초기평가	5	정규
	3.3 검사체계	3.3.1	검체검사 검사과정 관리	8	정규
		3.3.2	검체검사 결과 보고 절차	6	정규
		3.3.3	검체 검사실 안전관리 절차	6	정규
		3.3.4	혈액제제 관리	5	정규
		3.3.5	영상검사 검사과정 관리	8	정규
		3.3.6	영상검사 결과 보고 절차	5	정규
		3.3.7	방사선 안전관리 절차	6	정규
4. 환자진료	4.1 환자진료체계	4.1.1	입원환자 치료계획	8(1)	정규
		4.1.2	협의진료체계	4	정규
		4.1.3	통증관리	5	정규
		4.1.4	영양관리	5	정규
		4.1.5	영양집중지원서비스	5	정규
		4.1.6	욕창관리	6	정규
		4.1.7	말기환자 관리	7	정규
	4.2 고위험환자진료체계	4.2.1	중증응급환자 진료체계	6	정규
		4.2.2	심폐소생술 관리	5	정규
		4.2.3	수혈환자 관리	4	정규
		4.2.4	항암화학요법	9	정규
		4.2.5	감염성 질환 및 면역저하 환자 관리	6	정규
		4.2.6	신체억제대 및 격리 · 강박	4	정규
5. 수술 및 마취 진정관리	5.1 수술/시술관리	5.1.1	수술 계획	5	정규
		5.1.2	수술 중 환자안전 보장	5	정규
		5.1.3	시술 계획, 시술 중 환자안전 보장	8	정규

	5.2 마취진정관리	5.2.1	진정 치료	4	정규
		5.2.2	마취 치료	5	정규
		5.2.3	환자상태 모니터링	3	정규
6. 의약품관리	6.1 의약품관리체계	6.1	의약품관리체계	5	정규
	6.2 구매선정 및 보관	6.2.1	구매선정 및 보관	4	정규
		6.2.2	의약품 보관	7	정규
	6.3 처방 및 조제	6.3	처방 및 조제	8	정규
	6.4 투약 및 모니터링	6.4.1	투약 및 모니터링	6	정규
		6.4.2	의약품부작용 모니터링	5	정규
7. 환자권리 존중 및 보호	7.1 환자권리 존중	7.1.1	환자권리 존중 및 사생활 보호	7	정규
		7.1.2	취약환자 권리보호	5	정규
	7.2 불만고충처리	7.2	불만고충처리	6	정규
	7.3 의료사회복지체계	7.3	사회복지체계	4	정규
	7.4 동의서	7.4	동의서	6	정규
	7.5 임상연구관리	7.5	임상연구관리	8	정규
	7.6 장기이식관리	7.6	장기이식관리	4	정규
III. 지원체계	19		28	166(2)	
8. 경영 및 조직 운영	8.1 경영관리체계	8.1	합리적인 의사결정	8	정규
	8.2 의료기관 운영	8.2	의료기관 운영방침	4	정규
	8.3 부서 운영	8.3	부서운영	4	정규
	8.4 의료윤리경영	8.4	윤리위원회 운영	2	정규
9. 인적자원관리	9.1 인적자원관리	9.1.1	인사관리체계	7	정규
		9.1.2	의사(전문의)의 진료권한 승인과 평가	5(2)	정규
		9.1.3	전문의를 제외한 직원의 직무확인과 평가	5	정규
		9.1.4	인사정보 관리	4	정규
	9.2 직원교육	9.2	직원교육	6	정규
	9.3 의료인력 적정성	9.3	의료인력 법적 기준	6	정규
10. 감염관리	10.1 감염관리체계	10.1.1	감염관리체계	7	정규
		10.1.2	감염발생 감시프로그램	5	정규
		10.1.3	의료기구 감염관리	7	정규
		10.1.4	소독/멸균 및 세탁물 관리	7	정규

	10.2 부서 감염관리	10.2.1	부서별 감염관리	9	정규
		10.2.2	수술장 감염관리	6	정규
		10.2.3	시술장 감염관리	5	정규
		10.2.4	조리장 감염관리	5	정규
11. 안전한 시설 및 환경 관리	11.1 시설환경 안전관리체계	11.1	시설 및 환경 안전관리	8	정규
	11.2 설비시스템	11.2	설비시스템 관리	5	정규
	11.3 위험물질관리	11.3	위험물질 관리	4	정규
	11.4 보안관리	11.4	보안관리	3	정규
	11.5 의료기기 관리	11.5	의료기기 관리	8	정규
	11.6 재난관리	11.6	재난관리	3	정규
12. 의료정보/의무기록관리	12.1 의료정보/의무기록 관리	12.1	의료정보/의무기록 관리	11	정규
	12.2 의무기록 완결도 관리	12.2	퇴원환자 의무기록 완결도 관리	11	정규
	12.3 의료정보수집 및 정보공유 활용	12.3	의료정보수집 및 활용	5	정규
	12.4 개인정보 보호 및 보안	12.4	개인정보 보호 및 보안	6	정규
IV. 성과관리체계	4		4(1)	34(10)	
13. 성과관리	13.1 환자안전 지표	13.1	환자안전 지표 관리	9(9)	시범
	13.2 질환영역 지표	13.2	질환영역 지표 관리	6(1)	정규
	13.3 진료영역 지표	13.3	진료영역 지표 관리	12	정규
	13.4 관리영역 지표	13.4	관리영역 지표 관리	7	정규
계	48		91(1)	537(13)	

* 4개 영역/13개 장/48개 범주/91개 기준/537개 조사항목(시범적용－기준 1개, 조사항목 13개)
* ME: Measurable Element, 조사항목
* 괄호(　)는 시범 항목 개수
출처: 의료기관평가인증원 홈페이지(http://www.koiha.or.kr).

기준 7.3

의료사회복지체계를 수립하고 운영한다.

조사목적

의료기관은 의료윤리경영을 실현하기 위하여 의료사회복지체계를 수립하고, 대상자에게 서비스를 제공한다.

조사항목

	조사항목	구 분	조사결과
1	의료사회복지체계가 있다.	S	□상 □중 □하
2	직원은 의료사회복지서비스 의뢰 가능대상 및 의뢰절차에 대하여 알고 있다.	P	□상 □중 □하
3	의료사회복지서비스를 제공한다.	P	□상 □중 □하
4	지역사회 요구도를 반영한 의료사회복지서비스를 제공한다.	P	□상 □중 □하

조사항목

1) 의료사회복지체계에는 다음의 내용을 포함한다.
- 의료사회복지 담당 부서 또는 담당 직원
- 의료사회복지서비스 의뢰 가능대상 및 의뢰절차
- 의료사회복지서비스의 종류와 대상자 선정절차
  –환자 상담: 심리사회적 상담, 경제적 문제 상담, 지역사회 자원연결 상담, 재활상담
  –진료비용 지원 등
- 사회공헌

2) 직원은 의료사회복지서비스 의뢰 및 신청 절차를 알고 있다.
3) 절차에 따라 대상자를 선정하고 필요한 의료사회복지서비스를 제공한다.
4) 의료사회복지체계에 따라 지역사회 요구도를 반영한 의료 사회공헌(보육시설, 학교 등 지역사회 의료 지원)을 한다.

그림 2–5 의료사회복지체계

4) 사회복지 전문 수련과정

보건복지부에 의한 사회복지사라는 자격증의 전문화 과정에 대해 살펴보면, 1983년에 「사회복지사업법」이 개정된 이후 사회복지종사자라는 이름으로 불리던 자격에서 공식적으로 '사회복지사'라는 자격증의 이름을 사용하게 되었다. 이후 1997년에 개정된 「사회복지사업법」에서 2003년도부터 국가자격시험에 의해 자격을 부여하게 되었다. 또한 1996년에 한국사회복지사협회에서는 전문화된 자격제도를 구축하고자 임상사회복지사 자격제도를 시행하여 2000년까지 자격을 부여하였지만 법적 자격증이 되지 못한 채 사라져 버렸다. 이러한 과정에서 의료사회복지사는 1991년부터 민간자격증임에도 불구하고 인턴과정을 시작으로 전문인력 양성을 위한 수련과정을 시작하였으며, 정신보건사회복지사 수련은 1995년 「정신보건법」의 제정으로 1997년부터 국가자격을 얻은 수련제도가 실시되었다. 의료 및 정신보건사회복지사(2급) 수련은 사회복지사 1급을 취득한 자가 1년 동안 수련기관에서 임상과 이론을 통해 전문가로 양성되는 과정이다. 의료사회복지사 수련기관은 대한의료사회복지사협회의 인준을 통해 결정되고, 정신보건사회복지사 수련기관은 평가를 통해 보건복지부에서 지정을 받은 기관을 말한다.

〈표 2-10〉 의료사회복지사 수련 이수 내용

수 련	내용 및 시간
임상영역별 수련(960시간)	내과계 및 외과계 각각 480시간 이상
이론교육(40시간)	수련이론교육은 집체 교육 28시간, 기관방문(2시간 인정), 지부교육 및 연구분과 교육
사례(30사례)	사회사업 사정 및 사회사업 개입 사례 각각 15사례
프로그램 개발 및 임상연구	프로그램 개발 또는 임상연구로 진행한 1사례 이상
학술활동	평점 20점

〈표 2-11〉 정신보건사회복지사 2급 수련 이수 내용

수 련	내 용	시 간
이론교육 (150시간)	정신보건기초	35시간
	사정 및 평가	20시간
	정신의학	25시간
	사회사업치료	20시간
	정신건강문제	10시간
	사회복귀서비스	40시간
임상실습 (830시간/총 25사례)	심리사회적 사정(13사례)	250시간
	사회사업치료 I (3사례)	100시간
	사회사업치료 II (4사례)	230시간
	사회사업치료 III (5사례)	250시간
학술활동(20시간)	정신보건 관련 교육 이수	20시간

정리해 봅시다

❶ 의료사회복지의 정의

질병을 가진 환자와 그 가족, 지역사회를 대상으로 의료진과 함께 협의하여 클라이언트의 심리사회적, 정서적, 환경적 문제를 해결하도록 돕고 퇴원 후에도 사회적 기능을 원활히 수행할 수 있도록 지원하는 역할을 해 준다. 또한 질병의 예방과 회복, 사후관리에 이르기까지 개인에 대한 접근뿐 아니라 의료제도와 정책 차원의 접근을 돕는다.

❷ 영국에서의 의료사회복지의 역사적 활동의 시작

영국에서 의료사회복지의 역사적 활동은 교회 역사에서 볼 수 있듯이 종교지도자들이 부분적으로 정신적 · 물질적 도움을 베풀어 오다 14세기 초에 영국의 일부 교회에서 병원 형태의 수도원이나 구제원들을 설립하여 그곳에서 빈곤자, 노동 불가능자는 물론 맹인, 장애자, 노인, 질병을 가진 자 등을 보호 수용하면서 시작하였다.

❸ 미국의 의료사회복지의 역사

질병의 발생이 전적으로 생물학적인 원인에 의한 것이 아님을 인식하는 시각의 변화를 가져오면서 발병의 원인과 환자의 기능 회복은 사회적 요인에 의해 영향을 받는다고 보게 되었다. 이에 따라 환자의 가족관계 및 생활환경과 관련된 임상과 의사들은 의료사회복지사의 도움을 받게 되었으며, 1906년에 병원에 사회복지과가 처음으로 설치되었다.

❹ 한국의 의료사회복지 역사

의료사회복지 전문직의 한 분야로 시작된 것은 고려시대 제11대 문종(1046~1083년) 때로, 문종은 빈민의 병자를 구호 요양하기 위해 개경과 서경에 의료구제기관으로 동 · 서 대비원을 창설하였다. 16대 예종(1112년)에 이르러서는 혜민국을 창설하여 일반 시민에 대한 의료기관의 기능을 수행하면서 빈민 환자에게는 의약과 의복을 내주고 무료로 치료를 해 주기도 하였다.

❺ 일반 의료사회복지사의 역할

일반의료사회복지는 재활의학과와 정신건강의학과를 제외한 신체적인 질병과 관련된 질환에 대한 개입활동이다. 구체적인 개입내용으로는 당뇨 집단 프로그램, 아동 · 부부 학대 문제, 「장기 등 이식에 관한 법률」에 의한 장기 기증 및 이식 관련 문제, 임종환자를 위한 호스피스 활동, 미혼모 등 입양과 관련된 문제, 포괄적이면서도 다양한 문제 등에 대한 상담, 개입활동으로서 지속적으로 확대되어 가고 있는 의료사회복지실천 활동 등이 있다. 의료사회복지사는 치료자, 원조자, 조종자로서의 역할을 수행한다.

❻ 다학제간 팀

다학제간 팀은 각기 다른 기술을 가진 다양한 전문가가 모두 같은 문제를 해결하기 위해 상호의존적인 지식과 기술을 전제로 하는 문제해결이나 과정달성 과정을 말한다.

❼ 의료의 질과 의료사회복지서비스의 질

의료서비스의 질과 의료사회복지서비스의 질 관리를 위해 체계적으로 끊임없이 서비스의 질을 검토하고 부족한 것을 발견하며 문제의 원인 또는 근원을 발견하고 문제를 교정하는 데 참여하여야 한다. 또한 질 관리는 문제를 발견하고 문제에 대해 적절히 개입하는 것 이상의 차원이라는 것을 이해하여야 한다.

참고문헌

가톨릭관동대학교 국제성모병원 사회사업팀(2015). **2015년도 가톨릭관동대학교 국제성모병원 PI활동과제모음집**, 201-212.

강흥구(2007). **의료사회복지실천론**(2판). 경기: 학현사.

강흥구(2011). **의료사회복지실천론**(3판). 경기: 학현사.

강흥구(2014). **의료사회복지실천론**(제3판). 경기: 정민사.

국민건강보험공단(2000). 외국의 건강보험제도 비교조사: 조사자료-1. 국민건강보험공단 사회보장연구센터.

김규수(1999). **의료사회사업론**. 서울: 형설.

김규수(2007). **의료사회복지실천론**. 서울: 형설.

김영인(2014). 가톨릭관동대학교 국제성모병원, QI Kick-off meeting 자료집.

대한병원협회(1998). 병원 표준화 심사결과 보고서.

보건복지부(2011). 2011 보건복지부백서.

유수현(1978). 종합병원 내 의료사회복지사의 전문적 지위에 관한 연구. 숭실대학교 대학원 석사학위논문.

유수현, 김창곤, 김원철(2013). **의료사회사업론**. 경기: 양서원.

유승흠(1993). **양질의 의료관리**. 경기: 수문사.

윤현숙, 김연옥, 황숙연(2001). **의료사회사업론**. 경기: 나남.

의료정책연구소(2014). 지불보상제도에 대한 체계적 분석, 고찰. 연구 보고서 3권.

이윤로, 홍영수(2005). **의료사회사업론**. 서울: 학지사.

임난영, 김분한, 안선경(1999). **의료기관에서의 질 향상을 위한 QI실무 핸드북**. 서울: 정담미디어.

최명민(2002). 사회복지사 셀프-임파워먼트 프로그램의 개발 및 효과성 연구: 정신보건사회복지사를 중심으로. 이화여자대학교 박사학위논문.

최명민(2006). 의료사회복지사의 전문적 역량계발 및 관리에 관한 연구. **정신보건과 사회사업, 22**, 258-284.

한국의료QA학회(1999). QA실무자 연수자료-CQI의 개념과 필요성.

한인영, 최현미, 장수미(2013). **의료사회복지 실천론**. 서울: 학지사.

한휘종(2008). 의료서비스의 질 향상 진화와 현안: 미국의 동향. **한국의료QA학회지, 14**(2), 101-114.

홍영수(2013). **의료사회복지론**. 서울: 신정.

Barker, R. L. (1995). *Social Work Dictionary* (3rd ed.). Washington, DC: NASW Press.

Coulton, C. J. (1979). A study of person-environment fit among the chronically ill. *Social Work in Health Care, 5*(1), 5-17.

Coulton, C. J. (1991). Developing and implementing quality assurance programs. In R. C. Edwards & J. A. Yankey (Eds.), *Skills for Effective Human Service Management* (pp. 251-266). Silver Springs, MD.: NASW Press.

Cowles, L. (2000). *Social Work in the Health Field, A Care Perspective*. The Haworth Social Work Practices Press.

Gehlert, S., & Browne, T. A. (2006). *Handbook of Health Social Work*. Hoboken, NJ: John Wiley & Sons, Inc.

Germain, C. B. (1984). *Social Work Practice in Health Care*. New York: The Free Press.

Meyers, B. A. (1969). *A Guide to Medical Care Administration: Concepts and Principles*. Washington DC: American Public Health Association.

Moniz, C., & Gorin, S. (2003). *Health and Health Care Policy: A Social Work Perspective*. Boston, MA: Allyn & Bacon.

National Association of Social Workers [NASW] (1987). *NASW Standards for Social Work Practice in Health Care Settings*. Washington, DC: Author.

National Audit Office [NAO] (2011). Annual Report 2011. National Audit office: London.

National Health Service England (2013). The Leaflet Understanding the New NHS. http://www.nhs.uk/NHSEngland/thenhs/about/Documents/simple-nhs-guide.pdf

국민건강보험 일산병원 http://www.nhimc.or.kr

대한병원협회 병원신임평가시스템 http://aech.kha.or.kr

대한의료사회복지사협회 http://kamsw.or.kr/index.htm

삼성서울병원 사회복지팀 http://sw.samsunghospital.com

의료기관평가인증원 http://www.koiha.or.kr

제 3 장

의료사회복지현장의 정책 및 제도

학습개요

이 장에서는 의료사회복지사 활동영역의 근간이 되는 대표적 사회보험제도인 국민건강보험제도, 의료급여제도 그리고 노인장기요양보험제도에 대해 학습해 보고자 한다. 사회보험제도는 모든 사회 구성원이 인간다운 기본 생활을 영위하고 소득재분배를 하기 위한 중요한 장치다. 다학문적 팀워크를 중심으로 진행되는 2차 세팅인 의료현장에서 사회복지사들이 보다 전문적인 역량을 발휘하기 위해서는 임상적 실천기술뿐만 아니라 현장을 아우르는 정책 및 제도에 대한 지식을 함양해야 한다. 따라서 각 사회보험제도의 목적 및 주요 특징 그리고 급여유형 및 신청방법 등에 대해 구체적으로 살펴보겠다.

학습목표

1. 국민건강보험제도의 도입 배경, 의의, 연혁, 적용대상과 재원 및 급여에 대해 학습한다.
2. 의료급여제도를 이해하기 위해 「국민기초생활 보장법」을 살펴보고, 의료급여의 의의, 연혁, 이용절차, 수급자격 그리고 구체적인 서비스 유형을 학습한다.
3. 노인장기요양보험제도의 도입 배경, 의의, 연혁, 급여 형태와 신청방법, 수급자격, 재원 등에 대해 학습한다.

1. 공공부조와 사회보험의 이해

「사회보장기본법」 제3조 3호에서는 공공부조를 "국가와 지방자치단체의 책임하에 생활유지능력이 없거나 생활이 어려운 국민의 최저생활을 보장하고 자립을 지원하는 제도"라고 정의하고 있다. 종래에는 '공적부조'라는 용어를 사용하였으나, 「사회보장기본법」(1995. 12. 30. 제정, 법률 제5134호)이 제정된 후부터 '공공부조'라는 용어를 사용하기 시작하였다. 공공부조는 사회보장제도 중 사회보험 다음으로 큰 비중을 차지하고 있는 비기여, 소득 · 자산조사 프로그램으로, 스스로 생활유지능력이 없거나 생활이 어려운 사람들에게 국가가 「헌법」 제34조 1항이 보장하는 인간다운 생활을 영위할 수 있도록 하는 제도다. 공공부조의 가장 큰 특징은 기여금을 지불하지 않는다는 것으로, 가입자들이 지불한 기여금에 의한 소득 및 서비스를 보장하는 제도인 사회보험과는 구별된다.

「사회보장기본법」 제3조 2호에서는 사회보험을 "국민에게 발생하는 사회적 위험을 보험의 방식으로 대처함으로써 국민의 건강과 소득을 보장하는 제도"라고 정의하고 있다. 사회보험은 기본적으로 미래에 직면할 수 있는 사회적 위험에 대비하기 위해 평소 경제활동을 통하여 소득이 있을 때 그 소득의 일부를 강제로 갹출하여 사전에 대비하는 제도를 뜻한다. '사회보험'은 '민영보험'과 마찬가지로 가입자의 기여금(보험료)을 재원으로 가입자에게 발생하는 위험(보험사고)을 분산하는 보험원리를 이용하지만, 영리를 목적으로 하는 '민영보험'과는 다른 성격을 갖는다.

공공부조와 사회보험의 차이점을 보면, 사회보험은 국민에게 발생하는 사회적 위험을 보험방식으로 대처함으로써 국민의 건강과 소득을 보장하고 있지만, 공공부조는 보험료 부담능력이 없는 현재의 생활 무능력 상태를 구제하기 위해 최소한의 생존 보장을 하는 것이다. 즉, 공공부조가 사후적으로 빈곤의 문제를 해결하는 사회안전망(social safety net)의 역할을 한다면, 사회보험은 사람들이 빈곤으로 떨어지지 않도록 예방하는 제도라 할 수 있다(국민건강보험공단 홈페이지).

〈표 3-1〉 공공부조와 사회보험의 비교

구 분	공공부조	사회보험
제도내용	저소득층의 최저생활 보장	사회위험에 대한 연대적 대응
지급대상	선별주의	보편주의
적용원리	무차별 평등주의	비례원리에 따른 형평주의
자격요건	소득 및 자산 조사	기여금의 납부
재원	일반조세	보험료 및 국고
급여수준	최저생활 보장	사회적 적정성
수급권의 성격	희박한 권리성	강한 권리성

출처: 국민건강보험공단 홈페이지(http://www.nhis.or.kr).

2. 국민건강보험제도

국민건강보험제도는 1977년 7월 1일에 500인 이상 사업장의 근로자에게 의료보험을 강제 적용하면서 시작되었다. 1989년에 전 국민을 대상으로 의료보험이 실시될 정도로 단시일 내에 정착되었고, 2000년 7월 1일부터 「국민건강보험법」으로 개정되어 오늘에 이르고 있다. 우리나라의 건강보험 보장률은 2010년 국민의료비 중 공공재원 투입비 기준으로 볼 때 59% 수준으로, 이는 OECD 평균인 71%와 비교하면 보다 낮은 수준이다. 따라서 국민의료비 부담 완화를 위해 건강보험제도의 보장성을 강화하기 위한 지속적인 정책을 추진해야 하는 것으로 나타났다(보건복지부 건강보험심사평가원, 2011).

1) 법적 근거

(1) 「헌법」

대한민국 「헌법」은 제34조 1항 및 2항에서 국민의 인간다운 생활을 할 권리와 이를 실현하기 위한 국가의 사회복지 증진 의무를 규정함으로써 대한민국 사회보장제도의 법적 근간이 된다.

(2) 「사회보장기본법」

사회보장에 관한 기본법인 「사회보장기본법」 제3조를 보면, 사회보장이란 출산, 양육, 실업, 노령, 장애, 질병, 빈곤 및 사망 등의 사회적 위험으로부터 모든 국민을 보호하고 국민 삶의 질을 향상시키는 데 필요한 소득 및 서비스를 보장하는 사회보험, 공공부조, 사회서비스를 말한다고 명시하고 있다.

(3) 「국민건강보험법」

「국민건강보험법」은 국민의 질병 · 부상에 대한 예방 · 진단 · 치료 · 재활과 출산 · 사망 및 건강 증진에 대하여 보험급여를 실시함으로써 국민건강을 향상시키고 사회보장을 증진함을 목적으로 하며, 국민건강보험제도를 구체화하고 있다. 이 법은 의료보험제도의 통합 운영에 따라 종전의 「의료보험법」과 「국민의료보험법」을 대체하여 제정되었다.

2) 의 의

질병이나 부상으로 인해 발생한 고액의 진료비가 가계에 과도한 부담이 되는 것을 방지하기 위해 제정된 제도로, 국민들이 평소에 보험료를 내고 보험자인 국민건강보험공단이 이를 관리 · 운영하다가 필요시 보험급여를 제공함으로써 국민 상호 간 위험을 분담하고 필요한 의료서비스를 받을 수 있도록 하는 사회보장제도다(국민건강보험공단 홈페이지).

3) 연 혁

1963년 11월에 「사회보장에 관한 법률」, 같은 해 12월 6일에 「의료보험법」이 제정되고, 1970년에 근로자, 공무원, 군인 등을 대상으로 하는 「의료보험법」이 제정되었으나 이 제도는 시행되지 못하였다. 이후 1977년 7월 1일부터 500인 이상 사업장 근로자와 공업 단지 근로자에게 강제 적용되는 의료보험제도가 실시되었다. 1979년 7월에는 300인 이상 사업장으로 의료보험이 확대 적용되었으며, 1979년 1월부터 공무원 및 교직원 의료보험이 실시되었다. 1980년대에 이르러 정부는 전 국민 의료보험 실시를 위한 준비에 착수하고, 의료보험의 다른 한 축인 지역의료보험제도를 준비하였다. 직장의료보험은 이후 1981년 1월에 100인 이상 사업장 근로자, 1982년 12월에 16인 이상 사업장 근로자 등으로 적용범위를 확대하다가, 1988년 7월에 5인 이상 사업장 근로자까지 확대 적용하게 되었다. 한편, 지역의료보험은 1988년 1월에 농어촌 지역에 의료보험을 먼저 실시하고 그 이듬해인 1989년 7월에 도시 지역까지 확대 적용되었다.

이로써 우리나라는 의료보험 실시 12년 만에 전 국민 의료보험 가입을 달성하게 되었고, 그동안 병원 이용 시에만 적용되던 의료보험급여가 1989년 10월 1일부터 약국에도 적용되었다. 1997년 12월 31일에 「국민의료보험법」이 제정되어 1998년 10월 1일부터 그동안 다수 보험자 방식의 의료보험제도에서 통합주의 방식으로 변경되면서, 공무원 및 사립학교교원공단과 227개 지역의료보험조합이 통합되었다. 이후 2000년 7월에 의료보험조직이 완전 통합(국민의료보험관리공단 및 139개 직장조합 통합)되어 국민건강보험공단 및 건강보험심사평가원 업무가 개시되었다. 2003년 7월에는 직장 · 지역 가입자의 재정이 통합되어 운영되었고, 2008년 7월 1일자로 노인장기요양보험이 실시되었으며, 2011년 1월 1일부로 사회보험 징수가 통합적으로 이루어졌다.

〈표 3-2〉 국민건강보험제도 연혁

연 도	주요 연혁
1963. 12.	• 「의료보험법」 제정
1977. 7.	• 500인 이상 사업장 근로자 의료보험 실시
1979. 1.	• 공무원 및 사립학교교직원 의료보험 실시
1981. 1.	• 100인 이상 사업장 의료보험 적용 확대

1988. 1.	• 농어촌 지역의료보험 확대 실시
1988. 7.	• 5인 이상 사업장 의료보험 적용 확대
1989. 7.	• 도시지역의료보험 실시 → 전 국민 의료보험 실현
1997. 12.	• 「국민의료보험법」 제정
1998. 10.	• 지역의료보험조합과 공무원 및 사립학교교직원 의료보험관리공단 통합 • 의료보험관리공단 출범
1999. 2.	• 「국민건강보험법」 제정
2000. 7.	• 국민의료보험관리공단과 직장의료보험조합(139개) 통합 • 국민건강보험공단 출범(의료보험 완전통합)
2003. 7.	• 직장재정과 지역재정 통합(실질적인 건강보험 통합)
2011. 1.	• 사회보험 징수통합(건강보험, 국민연금, 고용보험, 산재보험)

출처: 국민건강보험공단 홈페이지(http://www.nhis.or.kr).

4) 주요 내용

(1) 적용대상

국민건강보험제도의 적용대상은 「국민기초생활 보장법」의 의료급여 수급자를 제외한 국내에 거주하는 국민으로, 가입자 또는 피부양자다. 건강보험의 가입자는 직장가입자 및 지역가입자로 구분되는데, 모든 사업장의 근로자 및 사용자와 공무원 및 교직원은 직장가입자가 되며, 직장가입자 및 피부양자를 제외한 농어촌 주민, 도시 자영업자 등은 지역가입자가 된다.

(2) 재 원

건강보험제도의 재원은 피보험자의 보험료와 국고 부담으로 운영되며, 직장가입자와 지역가입자는 각각 기준에 따라 보험료가 부과된다. 먼저 임금 근로자를 살펴보면, 2000년 7월부터 직장가입자는 2.8%, 공무원 · 교직원은 3.4%의 보험료율을 부과하였고, 2001년 1월부터는 직장가입자, 공무원, 사립학교교직원 가입자 모두 보험료율을

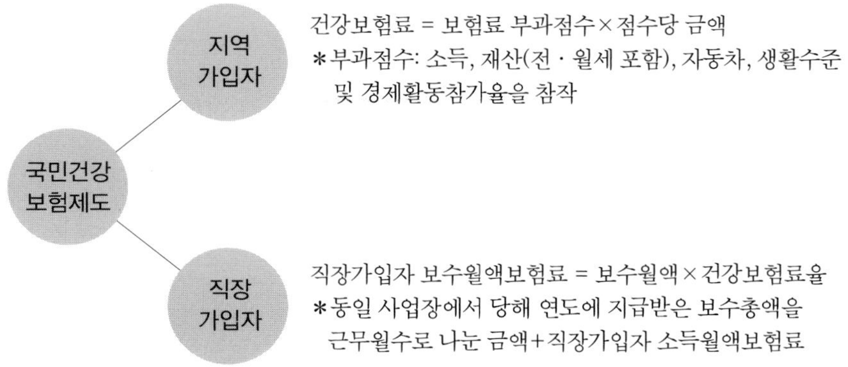

그림 3-1 건강보험 적용대상 및 보험료 산정방식

출처: 국민건강보험공단 홈페이지(http://www.nhis.or.kr).

3.4%로 일원하여 부과하였다. 2009년에는 사상 최초로 보험료율을 동결하였으며, 2010년 5.33%, 2011년 5.64%, 2012년 5.8%, 2013년 5.89%, 2014년 5.99%, 2015년 6.07%로 보험료율이 결정되었다. 반면, 지역가입자의 보험료는 소득, 재산(전 · 월세, 자동차 포함), 세대원의 성 · 연령 등을 부과대상 기준으로 하고 있으며, 과세소득 연 500만 원을 기준으로 부과요소를 달리 적용하고 있다. 보험재정의 악화로 매년 보험료율의 증가가 예상되고 있으며, 본인과 사용자(정부)가 각각 50%씩 부담한다(보건복지부 건강보험심사평가원, 2011).

또한 정부는 지역가입자의 보험료 부담을 경감시켜 주기 위하여 보험료의 일부와 조합 운영에 소요되는 관리운영비의 일부를 국고에서 보조하고 있다. 2002년에는 「국민건강보험재정건전화특별법」[1]을 제정하여 지역가입자에 대한 보험급여 비용과 지역가입자의 건강보험사업에 대한 운영비 중 40%를 국고에서 지원하도록 법제화되었다. 또한 2002년부터 건강증진기금에서 나머지 10%를 지원하도록 함으로써 지역 재정에

1) 건강보험의 재정적자를 해소하고 재정수지의 균형을 이루게 함으로써 건강보험제도를 발전시키고 국민건강을 증진하기 위해 제정한 법(2002. 1. 19, 법률 제6620호)임. 국민건강보험에 대한 재정지원의 근거를 마련하기 위해 2006년 12월 31일까지 한시적으로 시행한 특별법임(두산백과사전 홈페이지).

대한 50% 지원의 취지를 명확히 하였다. 이후 2005년에는 지원율이 국고 35%, 건강증진기금 15%로 조정되었다. 한시법이었던 「국민건강보험재정건전화특별법」이 2006년 말에 만료됨에 따라 관계부처 협의 등을 거쳐 2007년부터는 2011년까지 한시적으로 당해 연도 보험료 예상수입액의 14%에 상당하는 금액을 국고에서, 6%에 상당하는 금액을 국민건강증진기금에서 지원하도록 「국민건강보험법」을 개정 · 공포하였다(보건복지부 건강보험심사평가원, 2011).

(3) 급 여

건강보험제도의 급여는 현물급여와 현금급여의 두 가지로 나뉘며, 현물급여를 원칙으로 하되 필요한 경우 현금으로 급여를 제공할 수 있다. 현물급여에는 가입자 및 피부양자의 질병 · 부상 · 출산 등에 대한 요양급여 및 건강검진이 있고, 현금급여에는 요양비, 장애인보장구 급여비 등이 포함된다. 건강검진은 질병의 조기 발견과 그에 따른 요양급여를 지급하기 위해 가입자 및 피부양자에 대하여 2년에 1회 무료로 실시한다. 요양비는 가입자 및 피부양자가 긴급하거나 기타 부득이한 이유로 요양기관 이외의 장소에서 의료서비스를 받는 경우나 출산할 때 요양급여에 상당하는 금액을 지급하는 현금급여를 말한다. 장애인보장구 급여비는 「장애인복지법」에 의해 지급되는 현금급여로, 장애인 가입자나 피부양자가 보장구를 구입할 경우 구입 금액의 일정액을 지급하는 현금급여를 말한다.

건강보험의 가입자가 입원치료를 받게 되면 진료비의 20%를, 외래진료비의 30~60%를, 약제비의 30%만을 본인이 부담한다. 이 외에도 본인부담금 보상금제도를 도입하여 보험이 적용되는 진료비 중 본인이 내는 부담금이 30일간 120만 원을 초과하는 경우에는 초과금액의 50%를 사후에 환급해 준다. 2004년 7월에는 건강보험의 보장성을 강화하고, 국민의 의료비를 경감시키기 위해 6개월간 본인이 부담하는 진료비용이 300만 원을 초과하는 부분에 대해 건강보험공단이 지급하는 본인부담상한제도를 실시하고, 2007년 7월에는 상한액을 200만 원으로 낮추고 정책효과가 감소된 본인부담액 보상금제도는 폐지하였다. 하지만 그동안 시행되어 온 본인부담상한제가 소득수준에 대한 고려 없이 일률적으로 적용되어 저소득층이 고소득층에 비해 상대적으로 경감효과가 적다는 문제점이 지적되었다. 이에 저소득층의 의료비 경감을 위해 2009년 1월부터 보험료 부과 수준에 따라 하위 50%는 200만 원, 중위 30%는 300만 원, 상위 20%는 400만 원으로 연간 본인부담상한액을 차등화하였다.

본인부담상한제는 사전적용방식과 사후환급방식의 두 가지 형태로 운영되고 있다. 사전적용방식은 환자가 동일 요양기관에 계속 입원하여 진료건당 본인부담액이 연간 400만 원을 초과하는 경우 수납단계에서 상한제를 바로 적용받아 본인은 400만 원까지만 부담하고 400만 원의 초과금액은 요양기관이 심사평가원의 심사를 거쳐 공단으로부터 비용을 지급받는 방식이다. 예외적으로 현역병, 파산자, 희귀난치성질환자, 만성질환자 및 18세 미만 차상위 본인부담경감 대상자는 200만 원을 사전 적용한다. 사후환급방식은 외래 또는 입원 환자로서 동일 요양기관 또는 다른 요양기관의 진료건당 본인부담액이 400만 원 미만인 경우 환자는 해당 요양기관에 각각 본인부담액을 납부하고, 공단이 연간 본인부담금 누적금액을 계산해서 보험료 수준에 따라 정해진 상한금액을 초과할 경우 환자에게 이를 통보하고 환자가 지정한 계좌로 초과금액을 지급하는 방식이다(보건복지부 건강보험심사평가원, 2011).

3. 의료급여제도

의료는 인간이 질병에서 벗어나 안정된 삶을 영위하기 위해 가장 필요로 하는 제도적 장치로 국민들의 삶의 안정을 위해 의료를 향한 수요가 더욱 증가할 것으로 보인다. 통계청 자료에 따르면 우리나라 2013년 가구의 평균소득은 4,676만 원으로 전년 대비 4.4% 증가하였다. 2013년 평균 소비지출은 2,307만 원으로 전년 대비 0.2% 증가하였으며, 가구 소비지출의 대부분은 식료품 633만 원(27.4%), 교육비 334만 원(14.5%), 주거비 303만 원(13.1%) 등이었다. 의료비의 경우 2012년에는 138만 원, 2013년에는 148만 원으로 전년 대비 6.8% 증가했다(통계청, 2014). 앞으로는 인구고령화로 인해 한 가구당 의료비 지출이 이보다 더 많이 늘어날 추세다. 하지만 차상위 계층의 경우 의료사각지대에 놓여 있어 부모님을 부양하면서 필요한 요양비 지원은 고사하고 자신의 치료시기도 놓치는 일이 비일비재하다. 이러한 문제를 예방하기 위해 정부는 의료급여제도를 시행하여 차상위 계층에게 의료급여서비스를 지원하고 있다. 여기서는 의료급여제도를 포함하고 있는 「국민기초생활 보장법」에 대해 간단하게 설명하고, 의료급여에 대한 수급자, 이용절차 및 지원서비스에 대해서 구체적으로 알아보겠다.

1) 법적 근거: 「국민기초생활 보장법」

「국민기초생활 보장법」이란 국가와 지방자치단체의 책임으로 생활유지능력이 없거나 생활이 어려운 국민에게 필요한 급여를 제공하여, 이들의 최저생활을 보장하고 자활을 조성하는 것을 목적으로 제정된 법률이다. 「국민기초생활 보장법」의 급여 종류는 총 일곱 가지로 〈표 3-3〉과 같다. 의료급여는 「국민기초생활 보장법」 내에 포함되어 있는 급여제도 중 의료부조제도이자 공공부조제도의 일환으로 실시하고 있다.

〈표 3-3〉 「국민기초생활 보장법」 급여 종류

급여 종류	주요 내용
생계급여	생계 유지 및 일상생활에 기본적으로 필요한 금품 · 물품 지급
주거급여	주거 안정에 필요한 수급품 지급
의료급여	건강한 생활을 유지하는 데 필요한 각종 검사 및 치료 지급
교육급여	입학금, 수업료, 학용품비, 기타 수급품 지원
해산급여	조산, 분만 전과 분만 후에 필요한 조치와 보호에 대한 급여 지급
장제급여	수급자가 사망한 경우 장제조치에 필요한 비용 지급
자활급여	수급자의 자활을 조성하기 위해 그에 필요한 정보나 교육을 제공

출처: 국가법령정보센터 홈페이지(http://www.law.go.kr).

2) 의 의

의료급여제도란 생활이 어려운 저소득층의 의료문제를 국가가 보장하는 공공부조제도이자 건강보험과 함께 국민의료보장의 중요한 수단이 되는 사회보장제도다. 의료급여는 취약계층의 건강 유지 및 삶의 질 향상에 이바지함을 목적으로 한다.

3) 연 혁

의료급여제도의 발달배경을 보면 다음과 같다. 1962년 12월에 「생활보호법」이 제정되어 의료보호에 관한 규정이 마련되었지만 시행령의 미비로 구체적인 사업이 실시되지 않았다가, 1970년대에 들어 빈부격차의 심화로 계층 간 의료수혜불평등이 표출되어 의료보장제도의 필요성이 부각되었다. 이에 1976년 10월에 생활보호자를 대상으로 국공립의료기관에서 무료의료급여사업을 실시하였으며, 1977년 12월에는 취약계층에게 국가재정에서 기본적인 의료 혜택을 제공하는 「의료보호법」이 최초로 탄생하였다. 2001년 10월에는 종전의 「의료보호법」을 「의료급여법」으로 전면 개정하여 의료급여 수급기간의 폐지, 예방과 재활에 대한 의료급여 시행 등의 미비점을 보완하였다. 2007년 7월에는 1종 수급권자의 외래진료 시 본인부담제 및 선택 의료급여기관제를 실시하였으며, 그 외에도 여러 차례 개정 작업을 거쳤다. 2014년 7월에는 심판청구의 공정성 및 객관성과 전문성을 확보하고 국민의 권익보호 증진을 위해 개정되었다.

4) 주요 내용

(1) 수급자격

의료급여제도의 수급자는 1종 수급권자와 2종 수급권자로 나뉜다. 먼저, 1종 수급권자에는 국민기초생활보장 수급권자(근로무능력가구, 희귀성난치질환 및 중증질환 등록자, 시설수급자), 행려환자, 타법 적용자가 해당된다. 그리고 2종 수급권자는 국민기초생활

보장수급권자 중 1종 수급대상이 아닌 자가 해당된다(〈표 3-4〉 참조).

〈표 3-4〉 의료급여제도 수급자 유형(「의료급여법」 제3조(수급권자))

구 분	수급자
1종	• 국민기초생활보장수급권자: 근로무능력가구, 희귀성난치질환 · 중증질환(암 환자, 중증화상 환자만 해당) 등록자, 시설수급자 • 행려환자 • 타법적용자: 이재민, 의상자 및 의사자, 입양아동(18세 미만), 국가유공자, 중요무형문화재보유자, 북한이탈주민, 5 · 18민주화운동 관련자, 노숙인
2종	• 국민기초생활보장수급권자 중 1종 수급대상이 아닌 자

출처: 국가법령정보센터 홈페이지(http://www.law.go.kr).

의료급여 적용대상 항목 중 수급권자의 본인부담금은 다음과 같다(〈표 3-5〉 참조).

〈표 3-5〉 의료급여 적용대상 항목에 대한 의료비 중 수급권자 본인부담금

구 분		1차 (의원)	2차 (병원, 종합병원)	3차 (지정병원)	약 국
1종	입원	없음	없음	없음	-
	외래	1,000원	1,500원	2,000원	500원
2종	입원	10%	10%	10%	-
	외래	1,000원	15%	15%	500원

출처: 보건복지부 홈페이지 〈기초의료보장〉(http://www.mohw.go.kr).

(2) 이용절차

의료급여의 이용절차는 다음과 같이 크게 3단계로 나뉜다. 의료급여 수급권자는 제1차 의료급여기관(의원급)에 의료급여를 우선 신청하여야 하며, 상위기관의 진료가 필요한 경우 의료급여의뢰서를 발급받아 단계적으로 진료를 받을 수 있다. 이때 주의할 것은 의료급여의뢰서 없이 의료급여기관을 이용한 경우에는 진료비 전액을 본인이 부담하여야 한다는 것이다. 단, 응급, 분만 등의 특수한 상황에는 단계별 절차와 상관없이

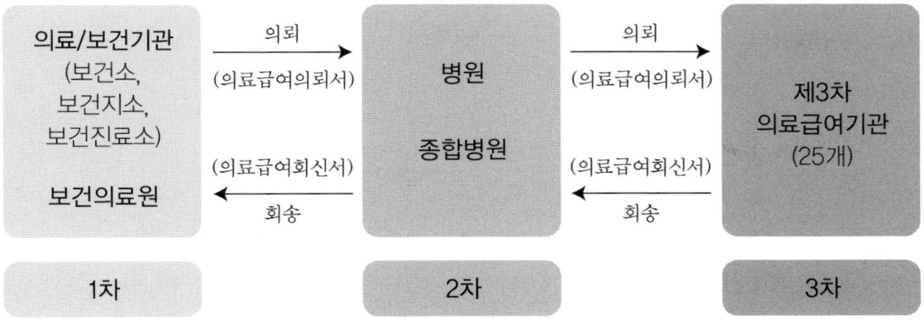

그림 3-2 의료급여 이용절차 3단계

출처: 보건복지부 홈페이지 〈기초의료보장〉(http://www.mohw.go.kr).

의료급여를 받을 수 있다.

(3) 지원서비스

의료급여제도는 본인부담 지원제도, 현금급여 지원제도, 치아 관련 지원제도 등 세 가지로 나뉜다.

- 본인부담 지원제도: 본인부담 지원제도에는 건강생활유지비 지원과 의료급여 대지급금 제도, 본인부담금 보상금 상한제가 존재한다.
  - 건강생활유지비지원: 의료급여 1종 수급권자가 외래진료를 받는 경우 본인부담금으로 사용할 수 있도록 비용 일부를 지원하는 제도
  - 의료급여 대지급금 제도: 의료급여 2종 수급권자의 입원 본인부담금을 보장기관에서 대지급하고 무이자로 상환받는 제도
  - 본인부담금 보상금 상한제: 1종 수급권자는 매 30일간 본인부담액이 2만 원을 초과한 경우, 2종 수급권자는 매 30일간 20만 원을 초과한 경우 초과금액의 50%를 보상하는 제도
- 현금급여 지원제도: 현금급여 지원제도는 요양비와 임신 · 출산 진료비, 장애인보장구 제도로 나눌 수 있다.

- 요양비: 수급자가 긴급하거나 그 밖에 부득이한 사유로 의료급여기관과 같은 기능을 수행하는 기관에서 의료급여를 받는 경우 해당 금액을 지원하는 제도
- 임신 · 출산 진료비: 임산부와 태아의 건강 상태 확인 및 안전한 출산을 위한 진료비를 지원하는 제도
- 장애인보장구: 의료급여수급자 중 등록장애인을 대상으로 전동휠체어 등 79개 품목의 보장구를 지원하는 제도(의지 · 보조기, 맞춤형 교정용 신발, 전동휠체어, 전동스쿠터 등)

• 치아 관련 지원제도: 치아 관련 지원제도는 노인틀니, 치석 제거, 치과 임플란트로 나뉜다.

- 노인틀니: 노인의 저작기능 향상을 위하여 완전틀니와 부분틀니를 의료급여로 적용
- 치석 제거: 국민의 구강 건강을 향상시키기 위해 예방 목적의 치석 제거를 의료급여로 적용
- 치과 임플란트: 취약계층 노인의 보장성 강화를 위해 비급여 대상이었던 치과 임플란트를 2014년 7월부터 의료급여로 지원

4. 노인장기요양보험제도

최근 10년간 저출산 및 고령화 문제가 심각한 사회문제로 대두되었다. 과거 산아제한으로 인구밀도를 줄이는 것이 부강한 사회가 되기 위한 최상의 방법이라 생각해 왔지만, 이제는 출산 장려를 위해 정부가 다양한 방침을 제시하는 시대가 되었다. 아울러 OECD 선진 복지국가들처럼 우리 사회는 가속된 고령화로 장기요양이 필요한 노인들이 크게 증가하고 있지만, 이들을 보호하는 사회적 시스템은 여전히 취약한 상태다.

이에 정부에서는 저소득층 노인 위주로 선별적으로 제공해 온 노인요양서비스를 2008년 7월부터 소득수준에 관계없이 보편적 서비스로 제공하기 위해 노인장기요양보

험제도를 시행하였다. 이는 노인들만의 삶뿐만 아니라 노인을 돌보는 가족들의 중압감을 덜어 주는 중요한 정책으로 평가될 수 있다. 그간 시행 준비과정에서 미숙함으로 제도 시행 초기에는 많은 문제점들이 도출되었지만, 제도 자체는 정착되어 가는 것으로 평가받고 있다. 여기에서는 노인장기요양보험제도의 목적, 특징, 서비스 이용방법과 재원, 그리고 향후의 과제가 무엇인지 알아보고자 한다.

1) 도입 배경

노인장기요양보험제도의 도입배경은 크게 3가지로 설명될 수 있다(보건복지부 건강보험심사평가원, 2011). 첫째, 우리나라의 경우 65세 이상의 비율이 2010년에 11%였고, 2018년에 14% 이상, 2026년에 20% 이상이 되어 초고령사회로 진입할 것으로 예측되고 있어 심각한 인구고령화 현상에 직면할 것으로 예측된다. 둘째, 고령화사회로 변화함과 동시에 가족은 노인 부양보다는 자녀 양육에 치중하는 쪽으로 의식이 변화되면서 노인에 대한 가족의 부양기능이 크게 약화되었다. 셋째, 노인성 치매, 중풍 등으로 인한 유병기간의 장기화로 노인의 의료수요가 급증하고 있다. 신체적 · 정신적 기능의 저하, 노인성 질병의 발생 등으로 인해 유병률, 입원율, 입원일수 등에서 비고령자보다 고령자의 발병률이 높기 때문에 이에 따른 문제에 개입하고자 노인장기요양보험제도가 도입되었다.

2) 의 의

노인장기요양보험은 고령이나 노인성 질병 등의 사유로 일상생활을 혼자서 수행하기 어려운 노인 등에게 신체활동 또는 가사활동 지원 등의 장기요양급여를 제공하는 것으로, 노후의 건강 증진 및 생활 안정을 도모하고 그 가족의 부담을 덜어 줌으로써 국민의 삶의 질을 향상시키는 것을 목적으로 시행한다. 우리나라의 노인장기요양보험제도는 건강보험제도와 별개의 제도로 운영되고 있는 한편, 제도 운영의 효율성을 도모하기 위하여 보험자 및 관리운영기관을 국민건강보험공단으로 일원화하고 있다. 또한 이 제도는 국고지원이 가미된 사회보험방식을 채택하고 있고, 수급대상자에는 65세 미만의 장애인이 제외된 노인을 중심으로 운영되고 있다(국민건강보험공단 노인장기요양보험 홈페이지).

3) 주요 내용

(1) 급여 형태

노인장기요양보험의 급여 형태는 재가급여와 시설급여로 이루어져 있다. 재가급여는 요양보호사가 직접 가정을 방문하여 신체활동, 가사활동, 목욕, 간호 등을 제공하거나 주간보호센터 이용, 복지용구를 구입 및 대여하는 급여를 의미한다. 반면, 시설급여는 요양시설에 장기간 입소한 대상자에게 신체활동 지원 등 각종 서비스를 제공하는 것을 뜻한다.

재가급여의 종류로는 방문요양, 방문목욕, 방문간호, 주 · 야간보호, 단기보호, 기타 재가급여가 있으며, 본인부담금은 15%다. 방문요양서비스는 요양보호사가 가정을 방문하여 신체활동 및 가사활동을 지원하는 서비스를 말하며, 방문목욕서비스는 요양보호사가 목욕설비를 갖춘 차량을 이용하여 수급자에게 목욕을 제공하는 서비스를 말한다. 방문간호서비스란 간호사, 조무사 또는 치위생사가 가정을 방문하여 간호하고 요양에 관한 상담을 제공하는 급여서비스이며, 주 · 야간보호 서비스는 수급자를 하루 중 일정한 시간 동안 기관에서 보호하며 목욕, 식사, 기본간호, 치매관리, 응급서비스, 심신기능의 유지 · 향상을 위한 교육 및 훈련 등을 제공하는 급여서비스를 말한다. 단기보호서비스는 수급자를 월 15일 이내의 기간 동안 기관에서 보호하며 신체활동 지원 및 심신기능의 유지와 향상을 위한 교육 및 훈련 등을 제공하는 장기요양급여서비스다. 이 외에 기타 재가급여로는 수급자의 일상생활 또는 신체활동 지원에 필요한 물품을 제공하거나 대여하여 대상자의 편의를 도모하고자 지원하는 장기요양급여서비스가 있다.

시설급여의 종류로는 노인요양시설, 노인요양공동생활가정, 노인전문병원 등이 있으며, 본인부담금은 20%다. 노인요양시설이란 치매나 중풍과 같은 노인성질환 등으로 심신에 상당한 장애가 발생하여 도움을 필요로 하는 자를 입소시켜 급식, 요양, 그 밖에 일상생활에 필요한 편의를 제공하는 시설을 말한다. 노인요양공동생활가정은 치매나 중풍과 같은 노인성질환 등으로 심신에 상당한 장애가 발생하여 도움을 필요로 하는 자에게 가정과 같은 주거 여건, 급식, 요양, 그 밖에 일상생활에 필요한 편의를 제공하는 시설이며, 노인전문병원(장기요양기관 지정대상에서 제외)은 주로 노인을 대상으로 의료행위를 제공하는 시설로, 2011년 6월에 「노인복지법」이 개정됨에 따라 노인복지시설에서는 제외되고 「의료법」에 따른 요양병원으로 바뀌었다.

(2) 신청방법

노인장기요양보험의 서비스를 제공받기 위해서는 가장 먼저 장기요양인정을 받아야 한다. 이는 전국 공단지사에서 이루어지고 있다. 신청방법은 각 공단지사에 직접 방문하거나, 우편 또는 팩스나 인터넷으로 간편하게 신청할 수 있다. 노인장기요양보험은 장기요양보험 가입자 및 그 피부양자, 의료급여수급권자가 신청할 수 있으며, 65세 이상의 노인 또는 65세 미만이지만 노인성 질병을 가진 자가 서비스를 이용받을 수 있다.

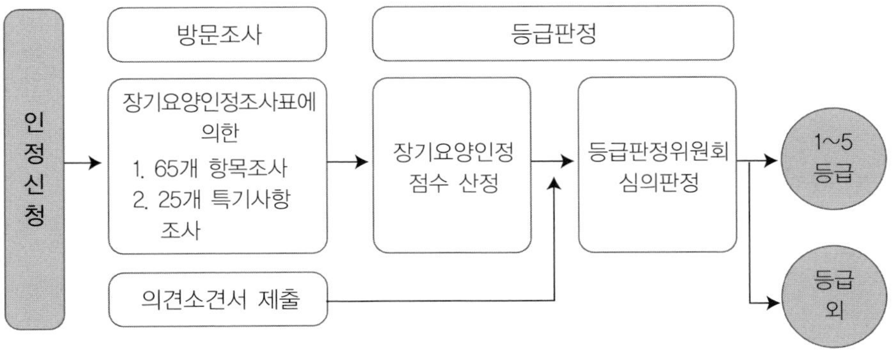

그림 3-3 노인장기요양보험 신청방법

출처: 국민건강보험공단 노인장기요양보험 홈페이지 〈장기요양신청절차〉(http://www.longtermcare.or.kr).

(3) 재 원

장기요양보험료는 건강보험 가입자, 지역가입자, 직장가입자로 나누어 다르게 부과하고 있으며 건강보험 가입자는 '건강보험료액×장기요양보험률'로 부과 징수된다. 공단은 건강보험료와 장기보험료를 통합 징수하지만 구분하여 고지하고 있다. 지역가입자의 경우 100% 본인이 부담하며, 직장가입자의 경우 사용자와 국가, 지방자치단체, 사립학교가 부담하고 있다. 근로자인 직장가입자와 그 사용자가 각각 50% 분담하며, 공무원이나 교직원인 직장가입자와 소속 국가, 지방자치단체, 사립학교가 각각 50% 분담하여 보험료를 납부하고 있다. 국가 및 지방자치단체는 국고지원금으로 매년 예산의 범위 안에서 100분의 20에 상당하는 금액을 공단에 지원하며 의료급여수급권자에 대한 장기요양급여비용, 의사소견서 발급비용, 방문간호지시서 발급비용 중 공단이 부담해야 할 비용 및 관리운영비의 전액을 부담하고 있다. 또한 장기요양급여 이용자 중 본인일부부담금은 실제 요양서비스를 받은 시점에서 납부하며, 재가급여의 경우 장기요양급여비용의 15%, 시설급여의 경우 20%를 부담해야 한다. 하지만 「국민기초생활 보장법」에 의한 수급자는 전액 면제이며, 의료급여수급권자, 소득, 재산 등 보건복지부 장관이 정하여 고시하는 일정 금액 이하인 자는 본인일부부담금 50%를 경감한다.

4) 개선점

향후 노인장기요양보험의 과제를 살펴보면 다음과 같다. 첫째, 서비스 제공체계의 비효율성으로 장기요양 공급자 과잉 양성으로 인한 서비스 질(quality) 저하가 우려된다. 2008년 6월 기준으로 요양보호사는 약 70만 명에서 약 120만 명으로 늘어났다. 현재 약 26만 명이 취업되었으며, 열악한 근무조건과 낮은 급여가 문제가 되고 있다. 또한 재가요양 분야 요양보호사 중 절반 이상이 비정규직으로 장기요양서비스 질 저하에 대한 문제점을 두고 있다. 둘째, 공급자별로 변이가 심한 장기요양서비스의 질에 대하여 평가체계를 확립하고, 평가 결과를 공개하여 서비스 질의 향상을 도모해야 한다. 공급자 성과를 기반으로 하여 재정적 유인을 해야 하며, 시설에 따른 인력을 확충하고, 노인 신체

기능의 향상을 위한 서비스의 수준을 높여야 한다. 셋째, 재정의 안정성을 확보해야 한다. 마지막으로, 장기요양서비스 및 호스피스사업의 적용도 고려되어야 할 것이다(권순만, 2013).

정리해 봅시다

❶ 공공부조의 개념

국가와 지방자치단체의 책임하에 생활이 어려운 국민의 최저생활을 보장하고 자립을 지원하는 제도이며, 비기여, 소득 · 자산조사 프로그램으로, 국가가 「헌법」 제34조 1항이 보장하는 인간다운 생활을 영위할 수 있도록 돕는 제도를 의미한다.

❷ 사회보험의 개념

국민에게 발생하는 사회적 위험을 보험의 방식으로 대처함으로써 국민의 건강과 소득을 보장하는 제도이며, 미래에 직면할 수 있는 사회적 위험에 대비하기 위해 평소 경제활동을 통하여 소득이 있을 때 그 소득의 일부를 강제로 갹출하여 사전에 대비하는 제도를 의미한다.

❸ 국민건강보험제도

질병이나 부상으로 인해 발생한 고액의 진료비가 가계에 과도한 부담이 되는 것을 방지하기 위해 제정된 제도로, 국민들이 평소에 보험료를 내고 보험자인 국민건강보험공단이 이를 관리 · 운영하다가 필요시 보험급여를 제공함으로써 국민 상호 간 위험을 분담하고 필요한 의료서비스를 받을 수 있도록 하는 대표적인 사회보장제도다.

❹ 의료급여제도

생활유지능력이 없는 저소득층의 의료문제를 국가가 보장하는 공공부조제도이자 건강보험과 함께 국민의료보장의 중요한 수단이 되는 사회보장제도를 말한다.

❺ 노인장기요양보험제도

노인장기요양보험은 고령이나 노인성 질병 등의 사유로 일상생활을 혼자서 수행하기 어려운 노인에게 신체활동 또는 가사활동 지원 등의 장기요양급여를 제공하는 것으로, 노후의 건강 증진 및 생활 안정을 도모하고 그 가족의 부담을 덜어 줌으로써 국민의 삶의 질을 향상시키는 것을 목적으로 시행된 사회보험제도다.

참고문헌

강홍구(2014). 의료사회복지실천론(제3판). 경기: 정민사.

국민건강보험공단(2013). 2012 건강보험통계연보.

국민건강보험공단(2015). 2015년 의료급여사업안내.

권순만(2013). 제도 시행 5년의 성과평가 및 중장기 발전방향. 노인장기요양보험 5주년 기념 국제심포지엄자료집, 62-64.

김승희, 권은하, 고민석, 유은영, 양유정(2009). 건강보험 기초 이론: 건강보험 이론 · 건강보험법 · 건강보험 요약정리(개정4판). 서울: 현문사.

보건복지부(2014). 나에게 힘이 되는 복지서비스, 100-104.

보건복지부 건강보험심사평가원(2011). 건강보험통계연보 2002년~2012년.

사회복지교육연구센터 편저(2014). 사회복지법제론: 13회 대비: 1급 사회복지사 기본서. 서울: 나눔의집.

통계청(2014). 2014년 가계금융 · 복지조사 결과.

국가법령정보센터 http://www.law.go.kr

국민건강보험공단 http://www.nhis.or.kr

국민건강보험공단 노인장기요양보험 http://www.longtermcare.or.kr

두산백과사전 http://www.doopedia.co.kr

보건복지부 http://www.mohw.go.kr

제 2 부

의료사회복지실천과정

제 4 장

의료사회복지 실천 윤리와 환자의 자기결정권

학습개요

의료사회복지사는 의료서비스 실천 현장에서 의사 및 전문 의료인들과 함께 환자의 치료 계획 및 결정 과정에 참여하고 있다. 의료사회복지사는 다양한 의료결정 과정에서 무엇보다 환자의 권리를 보호하는 역할을 감당하여야 할 것이다. 그러므로 의료사회복지사의 역할은 치료 계획 및 결정 과정에서 환자와 의료진을 도와 환자에게 최선의 치료를 선택할 수 있도록 돕는 것이며, 앞으로 이러한 업무수행능력과 자격요건을 기반으로 하는 역할이 점차 중요해질 것으로 기대되는 바다.

그러므로 이 장에서는 병원 및 지역사회 의료기관에서 근무하는 의료사회복지사가 준수해야 하는 의료사회복지 실천 윤리와 환자의 권리 보호에 대한 이해를 돕기 위하여 미국과 한국의 사회복지 실천 윤리 강령을 비교하고자 한다. 그리고 미국과 한국에서 환자의 자율성과 자기결정권을 보호하기 위한 법률안 및 제도화 과정을 소개하고자 한다. 마지막으로 환자의 자기결정권 보호를 위한 의료사회복지 실천 사례를 통하여 의료서비스 현장에서 의료사회복지사가 제공하는 의료사회복지 실천 및 서비스 내용을 익히고, 더 나아가 환자의 자기결정권 옹호를 위한 다양한 의료사회복지실천 등을 소개하고자 한다.

학습목표

1. 미국과 한국의 의료사회복지 실천 윤리 강령을 이해한다.
2. 환자 권리 및 환자의 자기결정권에 대한 정의와 법 제도를 이해한다.
3. 환자 자기결정권 보호를 위한 의료사회복지서비스 실천 사례를 알 수 있다.

1. 의료사회복지 실천 윤리 강령

1) 미국 의료사회복지 실천 윤리 강령

미국사회복지사협회(National Association of Social Workers: NASW)는 1955년에 7개 영역의 전문 사회복지사협의회들이 결속하여 설립된 기관으로 현재 55개 지역의 지부 협회들과 각 지부 협회 산하에서 활발하게 협회 활동을 하고 있는 약 132,000명의 회원들로 구성되어 있다. 미국사회복지사협회는 1996년에 사회복지사 윤리 강령(Code of Ethic)을 제정하여 사회복지사가 제공하는 서비스의 윤리 기준을 마련하였으며, 전체 7개 전문영역에서 종사하는 각 사회복지사들의 실천 기준을 제시하였다. 또한 동 협회에서는 2008년에 인종과 문화의 다양성을 고려하여 기존의 윤리 가치와 윤리 강령 안에 '문화의 기능과 사회의 다양화' 실천을 위한 새로운 실천 기준을 포함시켰다. 미국사회복지사협회에서 제공하는 윤리 강령은 다양한 사회복지실천현장에서 사회복지사가 제공하는 사회복지실천 업무의 기준이 되며, 사회복지사는 이 윤리 강령에 근거하여 서비스를 실천할 수 있어야 할 것이다(NASW, 2015).

미국사회복지사협회에서 제공하는 사회복지사 윤리 강령은 전체 6개의 핵심 가치로 구성되어 있으며, 각 핵심 가치는 우선 서비스의 질, 사회정의, 인간의 존엄성, 인간관계의 중요성, 통합성, 업무능력 등이다. 이들 핵심 가치 중에서 '인간의 존엄성'에 대한 가치는 사회복지사의 윤리 강령의 중요한 기준으로 사회복지사가 서비스를 제공하는 대상자 및 이들의 가족은 물론 함께 일하는 동료들의 존엄성을 보호할 수 있는 근거가 되고 있다. 그러므로 사회복지사는 인간의 존엄성에 근거하여 사회복지서비스를 제공받는 모든 개인의 인종과 문화의 다양성을 이해하여야 하는 것은 물론, 이들의 개성과 차이점이 존중받을 수 있는 서비스를 제공하여야만 한다.

최근 동 협회에서는 의료서비스 실천 현장의 사회복지사를 대상으로 사회복지 실천 윤리 강령의 핵심 가치에 근거하여 13개 영역을 개발하였고, 각 영역마다 구체적 업무

기준과 함께 업무 목적을 명시화하였으며(NASW, 2015), '윤리와 가치' 영역에서는 다음과 같은 업무 기준과 구체적인 업무 목적을 제시하였다. 우선, 의료현장에서 근무하는 사회복지사는 모든 의료결정 과정에서 환자의 자기결정권이 보장받을 수 있어야 함을 이해하여야만 하며, 중요한 의료결정 과정에 환자가 직접 참여할 수 있도록 도움을 제공할 수 있어야 한다. 그리고 개인정보 보호 기준에 따라 환자의 의료정보를 보호하여야 하는 것은 물론, 환자의 의료결정이 보장받을 수 있도록 지원하여야 한다. 또한 환자의 의료결정에 도움이 될 수 있는 다양한 정보를 제공하고, 의료서비스에 대한 환자의 이해를 돕기 위하여 교육을 실시하거나, 이들의 권리를 보호하기 위한 다양한 옹호활동을 포함하는 업무 지침서 등을 명시하고 있다.

그러므로 의료사회복지사는 환자의 의료결정 과정에 참여하여 환자가 스스로 자기결정권을 행사할 수 있도록 격려하고, 환자가 선호하는 가치에 근거하여 치료방법을 선택할 수 있도록 교육 및 정보 제공 등을 통해 다양한 도움을 줄 수 있어야만 한다. 그리고 의료사회복지사는 의료결정 과정에서 의료진과 환자 그리고 환자의 가족들 사이에서 발생할 수 있는 갈등을 조정하고 중재하는 역할도 수행할 수 있어야 할 것이다.

2) 한국 의료사회복지 실천 윤리 강령

한국사회복지사협회는 1965년에 개별사회사업가협회로 시작하여, 2년 후 한국사회사업가협회로 명칭을 변경하였으며, 1985년에는 현재의 한국사회복지사협회로 개칭하게 되었다. 동 협회에서는 1982년에 사회복지사 윤리 강령을 제정한 이후, 1차(1988년), 2차(1992년), 3차(2001년)에 걸쳐 개정하였으며, 현재 17개의 지방협회 및 산하에 대한의료사회복지사협회, 한국학교사회복지사협회, 한국정신보건사회복지사협회 등을 두고 있다(한국사회복지사협회, 2016).

한국사회복지사협회의 윤리 강령 중에서 클라이언트에 대한 윤리 기준 영역에서는 사회복지사가 클라이언트의 권익 옹호를 최우선의 가치로 삼고, 인간의 존엄성을 존중하고, 환자가 자기결정권을 최대한 행사할 수 있도록 돕고, 환자의 사생활을 존중하고 보호하고, 정확하고 충분한 정보를 제공하여 환자의 알 권리를 보호할 수 있어야 하며, 비밀 보장에 대한 이해와 동의서를 작성하도록 명시하고 있다.

의료사회복지사협회는 사회복지사협회의 윤리 강령을 준수하는 것을 원칙으로 하고 있으며, 의료사회복지사협회의 회원들에게만 적용하는 윤리 강령을 따로 명시하여 운영하지는 않고 있다(대한의료사회복지사협회, 2015).

2. 환자 권리 및 자기결정권

1) 환자 권리 장전

표준국어대사전에서는 환자(患者)를 "병들거나 다쳐서 치료를 받아야 할 사람"(국립국어원 표준국어대사전 홈페이지)으로, 병을 앓고 있는 병자(病者)보다는 좀 더 구체적이고 적극적인 치료가 필요한 사람으로 정의하고 있다. 미국 국립의료원에서 운영하는 메드라인 플러스(Medline Plus)에서도 환자는 의사의 적극적인 치료 및 의료 서비스가 필요한 사람으로 정의하고 있다.

현행 의료통합모델에서 추구하는 환자 중심 의료서비스는 환자의 치료효과를 극대화하기 위하여 의사 혼자만의 결정에 의존하기보다는 환자의 치료과정에 참여하는 개별 전문 의료인 및 의료서비스 종사자들의 의견을 통합 · 수렴하여 환자의 치료계획을 수립하고 진행할 것을 권장하고 있다(Mosby, 2014). 그러므로 의료서비스 현장의 의료사회복지사도 의료통합모델에 근거하여 의사 및 전문 의료인들과 함께 환자의 치료과정에 필요한 다양한 의료결정 과정에 참여하여야 하며, 무엇보다 의료사회복지사는 의사 및 전문 의료인들에게 환자의 권리를 대변하는 역할을 수행할 수 있어야만 한다.

그러므로 의료사회복지사는 환자와 의료진과 함께 환자의 치료를 위하여 병원에서 요구하는 치료계획을 수립하는 과정에 함께 참여하는 것이다. 현재 각 국가에서는 환자의 치료효과 극대화와 환자의 안전을 위하여 의료서비스를 제공하는 의사와 간호사, 재활치료사, 영양사 등 전문 의료인은 물론 치료과정에 참여하는 모든 비전문 의료서비스 종사자들의 역할수행능력과 자격제도를 규정하여 엄격하게 관리하고 있다.

『환자 권리 장전(Patient's Bill of Rights)』은 1970년 초 미국의 병원 협회에서 병원을 이용하는 환자들에게 이들이 알아야 하는 권리를 효과적으로 공시하기 위하여 제작한 문서였으며, 그 이후 전국적으로 모든 의료시설에서 사용하게 되었다. 하지만 최근 개정된 미국의 의료보험법인 「건강보험개혁법(Affordable Health Care Act)」에서는 환자의 권리를 병원 및 의료시설에서 제공하는 의료서비스뿐만 아니라 의료보험사에서 제공하는 서비스까지로 확대하여 실시하게 되어, 『환자 권리 장전』의 내용 안에 의료보험사 서비스에 대한 환자의 권리도 함께 명시하여 사용하도록 하고 있다. 그러므로 새로운 의료보험법에 의하여 정부는 병원을 비롯하여 모든 의료기관에서 『환자 권리 장전』을 공시하도록 하고 있으며, 환자의 권리를 보장하도록 권장하고 있다.

우리나라에서도 병원을 비롯한 모든 의료시설에서 점차적으로 『환자 권리 장전』을 고시하여 환자의 권리와 함께 환자의 의무를 알리는 노력을 지속해 왔으며, 지난 2013년에 의료기관인증제도가 도입되면서부터는 법에 명시되어 있는 바와 같이 '환자의 권리와 의무'로 통용하여 사용하고 있다. '환자의 권리와 의무'에서 명시하는 환자의 중요한 기본 권리는 안전한 의료서비스를 받을 권리와 적절한 치료를 받을 수 있는 권리이며, 구체적으로는 환자의 치료받을 권리, 알 권리 및 자기결정권, 비밀을 보장받을 권리와 개인 신상 비밀을 보호받을 권리 등이다.

그러므로 환자는 병원을 대상으로 본인의 의료기록을 요구할 수 있는 권리와 의료기록에 포함되어 있는 환자 개인의 정보를 보호받을 수 있는 권리를 주장할 수 있다. 또한 병원도 환자의 의료기록을 일정 기간 안전하게 보관할 수 있어야 하고, 환자가 본인의 자율성에 근거하여 원하는 의료서비스를 선택할 수 있는 권리를 보장받을 수 있어야 하며, 환자가 원하는 경우 언제라도 의사, 전문 의료인, 의료서비스 종사자들에게서 필요한 정보를 제공받을 수 있는 권리 등도 보장받을 수 있도록 하고 있다. 〈표 4-1〉은 보라매병원에서 사용하고 있는 '환자의 권리와 의무'에 대한 내용이다.

〈표 4-1〉 환자의 권리와 의무

환자의 권리	환자의 의무
진료받을 권리 환자는 적절한 보건의료서비스를 받을 권리가 있고, 성별, 나이, 신분, 문화적 가치관, 종교적 신념, 경제적 사정 등을 이유로 건강에 관한 권리를 침해받지 아니하며, 의료인은 정당한 사유 없이 진료를 거부할 수 없다.	**의료인에 대한 신뢰, 존중 의무** 환자는 자신의 건강 관련 정보를 의료인에게 정확히 알리고, 의료인의 치료 계획을 신뢰하고 존중하여야 한다.
알 권리 및 자기결정권 환자는 담당의사, 간호사 등에게서 충분한 설명을 듣고 결정할 수 있다(질병상태, 치료방법, 부작용 등 예상결과, 의학적 연구대상 여부, 장기이식 여부, 진료비용 등).	**부정한 방법으로 진료받지 않을 의무** 환자는 진료 전에 본인의 신분을 밝혀야 하고, 다른 사람의 명의로 진료를 받는 등 거짓이나 부정한 방법으로 진료를 받지 않아야 한다.
비밀을 보호받을 권리 환자는 진료와 관련된 신체상 · 건강상의 비밀과 사생활의 비밀을 침해받지 아니하며, 의료인과 의료기관은 환자의 동의를 받거나 범죄수사 등 법률에서 정한 경우 외에는 비밀을 누설, 발표할 수 없다.	**공공질서 준수의 의무** 환자는 병원의 제반규칙을 준수하고, 병원 직원 및 다른 환자의 권리를 존중해야 한다.
개인신상 비밀을 보호받을 권리 환자는 진료내용, 신체의 비밀 및 개인생활의 비밀을 보호받을 권리가 있다.	**진료비 지불의 의무** 환자는 병원과 체결된 재정적 의무를 성실히 이행하여야 한다.

출처: 보라매병원(2016).

2) 환자의 자율성 및 자기결정권에 대한 개념

(1) 미국의 「환자 자기결정권리법」

1976년에 미국의 캘리포니아 주는 처음으로 환자의 생전유언(living will)을 인정하는 「자연사 법(Natural Death Act)」을 입법화하는 데 성공하였다. 이 법은 처음으로 18세 이상 성인이며 의사결정이 가능한 모든 환자에게 사전에 본인의 연명의료 결정에 참여할 수 있는 권리를 제도적으로 보장하도록 한 것으로, 그동안 환자의 연명의료 결정과정에서 환자보다는 의사의 결정을 우선시하던 의료문화에 획기적인 변화를 가져올 수 있도록 하였다.

이후 미국은 환자의 연명의료 결정 권리를 제도적으로 보장할 수 있도록 지속적으로 입법화 활동을 추진하는 한편, 시민운동을 통하여 적극적인 옹호활동을 펼쳤다. 그 결과, 마침내 1990년에 「옴니버스 예산 조정 법(Omnibus Budget Reconciliation Act)」의 관련 법으로 「환자 자기결정권리법(Patient Self Determination Act: PSDA; Pub. L. No. 101-508)」을 입법화하는 데 성공하게 되었다(Commission of Law and Aging, 2015).

동 법의 기본 취지는 환자가 본인의 연명의료를 결정할 수 있는 주 결정자임을 인정하고, 사전에 본인의 연명의료를 결정하기 위하여 언제라도 의사 및 간호사 등 전문 의료인, 의료서비스 종사자들에게 도움을 요구할 수 있는 권리를 보장받을 수 있도록 하는 것이다. 그리고 사전의료의향서(advance directives for health care: ADHC)를 문서화하여 환자가 불필요한 연명의료에 의존하지 않고 임종을 맞이할 수 있도록 보호하고 있다.

동 법에 의하면 사전의료의향서는 크게 두 부분으로 구성되어 있는데, 생전유언을 통해 연명의료를 결정하는 것과 의료대리인(health care proxy: HCP)을 지정하여 본인이 더 이상 결정을 하지 못하는 상황에서 이미 결정한 생전유언을 대리 행사할 수 있도록 위임을 부여하도록 보장하는 것이다.

현재 미국의 50개 주에서는 동 법에 의거하여 정부가 의료시설을 이용하는 모든 환자와 지역사회의 일반인을 대상으로 사전의료의향서에 관한 정보를 제공하고 있다. 또한 「의료보험법」에서는 병원은 물론 각 의료시설인 재활전문 너싱홈, 장기요양 입소시설, 장기재가 요양시설 및 호스피스 서비스 기관의 의사, 전문 의료인, 의료서비스 종사자들을 대상으로 행정 지침서를 만들어 도움을 제공할 수 있도록 하고 있다. 또한 최근 「건강보험개혁법」에서는 임종기 노인 환자의 연명의료 결정 권리를 보호하기 위하여 응급실을 사용하는 65세 이상 노인 환자의 사전의료의향서를 전자 문서화할 것을 권장하고 있다(Center for Medicare & Medicaid Service, 2014).

미국의 뉴저지 주는 카렌 퀸론(Karen Quinlan, 1975) 판례 이후, 인간의 존엄성과 환자의 자율권 보장을 위하여 적극적으로 입법화 활동을 한 결과 미국 내에서도 선도적으로 1991년에 「사전의료의향서에 관한 법(Advance Directive for Health Care Act; N.J. Stat. Ann. 26:2H-53-1991)」의 입법화를 마쳤으며, 2005년에는 「사전정신의료의향서에 관한 법(Advance Directive for Mental Health Care Act; N.J. Stat. N.P.L. Chapter 233)」을 제정하게 되어 일반 성인은 물론 인지능력을 상실하거나 정신질환을 앓고 있는 환자들의 임종의료결정권리를 보호할 수 있도록 제도적 장치를 마련하게 되었다. 또한 2011년에는 「임종의료 법(End of Life Care Act; N.J. Stat. Ann. 26:2H-53-2011)」을 입법화하여 모든 의료시설 및 장기요양시설에서 '연명의료의향서(Physician Order Life Sustaining Treatment: POLST)'를 의료기록으로 의무화하여 사용하도록 권장하고 있다(NJ Department of Health and Senior Services, 2016).

다음은 뉴저지 주의 의료법과 의료보험법에서 의료시설, 장기요양 재가 및 입소 시설, 호스피스 서비스 기관의 환자 자기결정권 보장을 위한 행정 지침서에 포함되어 있는 내용들이다.

첫째, 메디케어(medicare)와 메디케이드(medicaid) 보험으로 의료서비스를 제공하는 의료시설과 장기요양 재가 및 입소 시설, 호스피스 서비스에서는 그 시설이나 서비스를 이용하는 환자와 가족들에게 사전의료의향서에 관한 정보를 제공할 의무를 갖는다.

둘째, 메디케어와 메디케이드 보험으로 의료서비스를 제공하는 의료시설과 장기요양 재가 및 입소 시설, 호스피스 서비스에서는 사전의료의향서에 관련된 행정 지침서와 세부적 실천사항 등을 문서화하여 환자나 가족이 쉽게 이용할 수 있는 장소에 보관할 의무를 갖는다.

셋째, 메디케어와 메디케이드 보험으로 의료서비스를 제공하는 의료시설과 장기요양 재가 및 입소 시설, 호스피스 서비스는 환자의 사전의료의향서를 의료기록으로 보관할 의무가 있다. 또한 환자의 연명의료 결정을 지속적으로 보호하기 위하여 다른 병원이나 시설 또는 집으로 퇴원하는 경우 이미 작성한 사전의료의향서를 복사하여 환자에게 줄 의무를 갖는다.

마지막으로 메디케어와 메디케이드 보험으로 의료서비스를 제공하는 의료시설과 장기요양 재가 및 입소 시설, 호스피스 서비스는 의사, 전문 의료인, 의료서비스 종사자에게 사전의료의향서에 관한 전문교육을 실시하여야 할 의무가 있으며, 지역사회의 일반인들을 대상으로 사전의료의향서에 관한 공공교육을 실시할 의무를 갖는다.

〈표 4-2〉는 미국의 의료보험법에 따라 의료보험 실시 감독과 집행 기관으로 운영되고 있는 '메디케어와 메디케이드 서비스 센터'와 한국의 '국민건강보험공단'의 역할을 소개하는 내용이다.

〈표 4-2〉 미국과 한국의 의료보험법에 따른 의료보험 실시 감독 및 집행 기관

메디케어와 메디케이드 센터(Center for Medicare & Medicaid Service: CMS)

1965년 7월 30일 미국의 존슨(Johnson) 대통령은 「사회보장보험법(Social Security Act)」 안에서 노인 의료보험인 메디케어와 저소득 성인, 어린이, 임산부와 장애를 가진 사람들을 대상으로 메디케이드 의료보험을 운영할 수 있도록 입법화하였으며, 2015년은 50주년이 되는 해다. CMS는 국가에서 운영하는 기관으로 메디케어와 메디케이드 보험을 운영하면서 의료서비스의 질을 높이고, 의료서비스를 확대하고자 노력하고 있다.

국민건강보험공단(National Health Insurance Service: NHIS)

우리나라는 1999년 2월 8일에 「국민건강보험법」(법률 제5854호)을 제정하고 국민의 질병 · 부상에 대한 예방, 진단, 치료, 재활과 출산, 사망 및 건강 증진에 대하여 보험급여를 실시하게 되었으며, 2007년 4월 27일에는 「노인장기요양보험법」(법률 제8403호)을 제정하여 일상생활을 혼자서 수행하기 어려운 노인에게 신체활동 또는 가사활동 지원 등의 요양급여를 실시하게 되었다. 국민건강보험공단은 국가에서 운영하는 기관으로 두 개의 보험을 운영하면서, 국민보건 향상과 사회보장 증진으로 국민의 삶의 질을 향상시키기 위하여 노력하고 있다.

(2) 한국의 「호스피스 · 완화의료에 관한 법률」 및 「호스피스 · 완화의료의 이용 및 임종과정에 있는 환자의 연명의료 결정에 관한 법률」

지난 2008년에 한국에서 발생한 '김 할머니 사건'은 연명의료에 의존하는 김 할머니(이후 환자로 명칭을 정함)의 가족들이 의료진에게 연명의료장치를 제거해 줄 것을 요청

하면서 발생한 의료분쟁 사건이었다. 이 사건의 대법원 판례(2009 다 17417)에 의하면 환자는 회생 가능성이 없고, 원인 치료에 반응하지 않으며, 상태가 급속도로 악화되고 있는 임종과정의 환자였다. 따라서 환자의 가족들은 의료진에게 환자가 생존 시에 존엄한 죽음을 진술한 사항을 주장하면서 합의하에 연명의료장치 제거를 요구하게 된 것이다.

한국에서는 '김 할머니 사건'을 계기로 무의미한 연명의료 중단의 필요성과 이를 제도화하기 위한 본격적인 논의가 시작되었으며, 국가 차원에서 특별위원회를 구성하여 연명의료 결정에 관한 권고안을 발표하게 되었다(국가생명윤리정책연구원, 2013). 동 권고안에서는 환자의 자기결정권을 보호하기 위하여 환자에게 연명의료 등에 관한 정확한 정보를 제공해야 할 의료인의 의무, 그리고 환자 자율권 보장을 위한 사회제도 구축을 위하여 호스피스 · 완화의료를 입법화할 것을 제안하였다.

2014년에 김세연 의원 등은 임종의료 관련 법 제정을 위한 노력으로 「삶의 마지막 단계에서 자연스러운 죽음을 맞이할 권리에 관한 법률」(국회보건복지위원회, 2014)을 발의하였다. 동 법률안은 환자가 질병의 상태와 예후 및 연명의료 등을 정확하게 이해할 수 있도록 정보를 제공하고, 환자 스스로 연명의료 등을 선택 또는 거부할 수 있는 권리를 법으로 보장해 줄 것에 대한 내용을 담고 있다. 그리고 동 법안은 2015년 4월에 연명의료 결정에 따라 호스피스 및 완화의료가 필요한 환자들에게 제도적으로 서비스를 지원할 수 있는 「호스피스 · 완화의료에 관한 법률」로 재발의되어 국회에 상정되었다.

또한 2015년 5월에 김재원 의원 등도 「호스피스 · 완화의료의 이용 및 임종과정에 있는 환자의 연명의료 결정에 관한 법률」 입법화를 위한 공청회를 거쳐 법안의 발의를 마치고 국회에 상정하였다. 한편, 2015년 7월 15일부터 「암관리법」에 근거하여 말기암 환자를 위한 호스피스 서비스 수가제 표준화에 따라 건강보험수가가 적용되어, 임종의료에 필요한 보험지원 등 사회적 기반을 마련하게 되었다.

무엇보다 삶의 존엄성에 대한 중요성과 더불어 죽음에 대한 존엄성도 보장받을 수 있어야 한다는 사회적 합의가 도출되고 있으며, 특히 일반인과 의료인들을 대상으로 죽음교육 등도 활성화되고 있다. 병원 윤리위원회를 두어 환자의 의료결정에서 발생하는 문제점들을 보완하고자 하는 노력도 병행되고 있다. 물론 각 법안이 입법화를 이룬 후에도 성공적으로 실행 · 정착되기 위해서는 관련 행정 부처 간의 지원과 조화로운 운영이 필요할 것이다(한수연, 2015).

마침내 2016년 1월 8일에 『호스피스 · 완화의료 및 임종과정에 있는 환자의 연명의료결정에 관한 법률』(2016. 2. 3. 제정 및 공포, 제14013호)이 국회 본회의에서 통과되었으며, 2월 3일에 제정 및 공포되었다(국가법령정보센터, 2016). 이로써 갈바리의원에서 시작한 한국 호스피스 50년 역사의 커다란 전환점을 갖게 되었으며, 앞으로 호스피스 · 완화의료 서비스를 필요로 하는 모든 국민에게 제도적으로 서비스를 지원할 수 있게 되었다.

〈표 4-3〉은 두 법안에서 논의하였던 '사전의료의향서'와 '연명의료계획서'의 차이점을 설명하는 표다.

〈표 4-3〉 사전의료의향서 및 연명의료계획서의 차이점

사전의료의향서	연명의료계획서
모든 일반인 및 의료보험 사용자 대상	임종과정 환자, 임종 예견 환자
개인 및 환자의 결정 (생전유언 및 의료대리인 선정)	담당의사와 전문의 1인의 확인 후 결정 (환자의 명시적 의사, 추정 의사, 가족 합의)
사전의료의향서 작성 후 개인 및 시설 보관	연명의료계획서 작성 후 병원 의료기록으로 보관
본인이 의사결정의 주체 (의사 및 의료종사자, 시민단체 도움)	의사의 개입과 확인 (의료서비스 종사자 개입 및 사전회의)
의사결정 능력이 있는 개인만 허용	환자와 가족의 의사 및 병원윤리위원회 개입
문서 관리 및 보관이 개인 및 가족 책임	문서 관리 및 보관이 병원 및 시설 책임

3. 환자의 자기결정권 보호와 의료사회복지서비스 실천 사례

환자는 모든 의료결정과정에서 자기결정권을 행사할 수 있어야 하며, 환자의 자율성에 따라 환자가 원하는 치료방법을 선택할 수 있어야 한다. 또한 환자는 본인의 질병과 질병의 예후에 대하여 알기를 원하며, 본인이 원하는 치료방법을 선택하고 싶어 한다. 특히 임종단계에 있는 환자들은 의사로부터 본인의 병명과 병의 진행 상태를 직접 듣기를 원하며, 주도적으로 연명의료 결정에 참여하기를 원하고 있다(권복규 외, 2010). 하지만 의료결정 과정에서 실제로 의료진은 가족 간에 의견이 불일치하거나, 본인의 생명단축에 대한 죄책감으로 인해, 또는 환자의 자율성에 대한 이해가 부족하여, 그리고 법적 책임에 대한 부담감 등으로 인해 환자를 의료결정 과정에서 배제하거나 혹은 의료결정 과정을 아예 갖지 않기도 한다(서이종, 2015). 앞으로 한국도 사망 장소가 집에서 병원으로 전환되면서, 의료사회복지사는 죽음에 임박한 또는 죽음을 맞이하는 환자나 가족들과 일할 수 있는 기회가 점차 증가하게 되며, 환자의 임종의료에 참여하는 기회도 점차 증가할 것으로 예상되고 있다.

미국은 지난 2005년 테리 시아보(Terry Schiavo)의 사례를 계기로 환자의 사전의료의향서 작성의 필요성이 확산되기 시작하였다. 그녀는 15년간 식물인간으로 영양공급 튜브에 의존해 연명해 오던 중, 법적 보호자인 남편의 요청으로 법원의 튜브 제거 판결을 받았으며, 튜브를 제거한 지 13일 만에 사망하였다(한겨레신문, 2005). 이 사건 이후 특히 의료현장에서 환자와 가족의 임종의료결정(End of Life Care Decision)에 참여하여 사전의료의향서 작성 및 연명의료 결정에 도움을 제공하는 사회복지사 역할의 중요성을 인식하게 되었으며, 이들의 역할 전문성을 위하여 교육 및 훈련 프로그램 개발의 필요성이 확산되었다(Bomba, Morrissy, & Leven, 2011).

의료사회복지사는 임종의료결정과정에 참여하여 환자와 가족들에게 자기결정권을 알리고, 사전의료의향서에 대한 정보를 제공하는 등 적극적인 의료사회복지서비스를 제공하고 있다(Black, 2010; Csikai, 2008). 케인, 햄린, 하킨스(Kane, Hamlin, & Hawkins, 2005)는 사전의료의향서에 대한 충분한 지식을 바탕으로 노인 환자와 가족에게 임종의료에 대한 정보를 제공하고, 노인 환자와 가족이 연명의료를 스스로 결정할 수 있도록 도와주며, 전문교육이나 훈련을 통해 노인 환자나 가족이 임종의료결정과정에서 경험하는 다양한 심리적 · 정서적 어려움을 해결할 수 있도록 지원하는 것을 노인병원 및 장기요양시설 사회복지사의 중요한 역할로 정의하고 있다.

최근 미국사회복지사협회에서는 '노인과 가족을 위한 사회복지사의 업무 기준'을 정하고 이들의 '서비스 계획 및 전달, 감독' 업무 기준에서 구체적으로 임종의료결정과 사전의료계획에 도움을 제공할 수 있어야 한다고 명시하고 있다. 또한 '호스피스 · 완화의료 사회복지사의 업무 기준'에서도 각 영역별 업무 기준의 실행 부분에서 구체적으로 개인의 자율성과 개인과 가족의 임종의료결정에 도움을 주는 상담 및 결정에 필요한 사전 회의 진행 등의 업무를 사회복지사의 역할로 명시하고 있다.

그러므로 환자의 자기결정권 보호를 위한 의료사회복지사의 역할은 환자가 의료결정 과정에 참여하여 스스로 자기결정권을 행사할 수 있도록 격려하고, 환자의 가치에 근거하여 치료방법을 선택할 수 있도록 교육 및 정보를 제공하는 일이다. 또한 다양한 의료결정 과정에서 의료진과 환자 그리고 환자의 가족들 사이에서 발생할 수 있는 갈등을 조정하고 중재하는 조정자 역할을 수행하여야 할 것이다. 하지만 우리나라의 현행 의료보험법과 의료시스템에서는 환자가 의료결정에 참여하여 자기결정권을 행사하는 일이 쉽지 않으며, 의료진으로부터 도움을 받는 경우도 매우 드물다. 특히 미국의 의료사회복지사와는 달리 한국의 의료사회복지사는 의료서비스 기관에서 환자의 의료결정에 참여하여 도움을 제공하거나 교육 및 정보를 제공하는 등 구체적인 업무수행기준이 마련되지 못하고 있어 역할 수행의 중요성은 인식하지만 구체적인 의료사회복지 실천 및 서비스를 제공하지 못하는 실정이다.

〈표 4-4〉와 〈표 4-5〉는 환자의 자기결정권 및 임종의료결정권리 옹호활동에 대한 의료사회복지실천 사례다.

〈표 4-4〉 환자의 자기결정권 옹호활동에 대한 의료사회복지실천 사례

사례 소개

환자 ○씨(남, 47세)는 희귀 난치병 진단을 받게 되었지만 가족들에게 알리지 않고, 치료를 포기하기로 하고 퇴원을 결정하였다. ○씨는 의료진으로부터 희귀 난치병 치료를 지속하는 경우 효과성을 기대할 수 있으며, 의료보험 지원이 확대되어 본인 부담금 비율이 낮아졌다는 정보도 얻을 수 있었다. 하지만 본인이 적극적인 치료를 선택하게 되는 경우 일을 하지 못하게 되어 가계 수입이 줄어들고, 현재 아내도 직장을 다니고 있어 앞으로 진단 예후가 심각해지는 경우 간병까지 맡길 수 없다는 생각을 하면 욕심을 내어 본인의 치료를 지속하는 것은 무리라고 생각하게 되었다. ○씨의 담당의사는 환자의 결정에 심리적·정서적 요인이 영향을 미칠 수 있는지, 그리고 ○씨의 경제적 부담을 줄일 수 있는 가능한 다른 자원이 있는지 의료사회사업부에 의뢰하였다.

의료사회복지실천 사례 개입

의료사회복지사는 환자가 본인의 자율성에 근거하여 치료 방법을 결정할 수 있으며, 질병에 대한 정보를 가족과 공유하지 않는 경우 개인 정보에 대한 보호가 우선되어야 함을 인지하여야 한다. 그러므로 환자의 의사를 존중하여 환자의 가족에게 질병을 알려서는 안 되며, 또한 적극적인 치료를 선택하도록 강요할 수 없다.

이 사례에서 의료사회복지사는 우선 ○씨가 갑작스럽게 희귀 난치병 진단을 받게 되면서 심리적·정서적 어려움을 겪을 수 있음을 인식하고, 정신과 치료의 가능성에 대한 생물·심리·사회·문화 요인들에 대한 사정을 하여 필요한 후속 조치를 취하여야 할 것이다. 둘째, ○씨의 결정에 중요한 영향을 미치는 경제적 부담감을 줄일 수 있는 가능한 사회 자원들이 있는지 조사하여 구체적인 정보를 제공할 수 있어야 할 것이다. 셋째, 퇴원의 가능성이 있다면 안전성을 진단하여야 하며, 통원 치료를 지속적으로 받을 수 있는 여건을 마련하여야 할 것이다. 그리고 마지막으로 의료팀과 함께 환자에게 질병에 대한 교육을 실시하여 질병의 예후를 준비하는 것은 물론, 사전의료의향서에 대한 정보를 제공하고, 필요한 경우 작성을 도와줄 수 있어야 한다.

〈표 4-5〉 환자의 임종의료결정권리 옹호활동에 대한 의료사회복지실천 사례

사례 소개

환자 ○씨(여, 87세)는 말기 치매 단계로 치매 진단 검사를 통해 인지 기능이 심각하게 손상되었으며, 현재 스스로 의사결정을 하지 못하고 있다. 지병으로 앓아 온 만성질환 등이 말기로 전환되었으며, 음식을 삼키는 인지 기능의 손상으로 심각한 영양실조와 탈수 현상을 보이게 되어 병원에 입원하여 치료 중이다. 의료진은 지속적으로 영양을 공급하기 위해 가족에게 인공영양 공급을 위한 튜브를 연결하는 수술을 권유하였으며, 동의서에 서명할 것을 요구하였다. 하지만 ○씨는 사전에 본인의 연명의료에 대한 결정을 내린 적이 없으며, 가족들 내에서 연명의료에 대한 의견이 서로 달라서 수술 동의서에 서명을 하지 못하고 있어서, 담당 의사는 ○씨의 상태가 심각하게 악화되는 상황에 대비하여 의료사회사업부의 개입을 의뢰하였다.

의료사회복지실천 사례 개입

의료사회복지사는 ○씨와 같이 심각한 인지 기능의 손상 등으로 환자의 자율성이 보장되지 못하는 상황에서 환자의 임종의료결정권리 옹호를 위하여 노력하여야 한다. 만약 ○씨의 가족들에게서 합의를 도출하지 못하는 경우 의료진은 환자에게 연명의료인 인공영양공급을 무조건 실시하여야 하며, 수술은 필수적인 선택이므로 동의서가 없어도 가능하다. 하지만 87세의 연령과 말기 치매 및 말기 만성질환으로 회복 가능성이 희박한 환자의 존엄한 임종의료결정권리도 존중되어야 할 것이다.

이 사례에서 의료사회복지사는 우선 ○씨의 가족이 임종의료결정에 참여할 수 있도록 설득하여야 하며, 의료진과 함께 가족과의 회의를 통해 인공영양은 물론 연명의료에 대한 정보를 제공하고, 연명의료의 장단점을 교육할 수 있는 자리를 마련하여 연명의료결정을 내릴 수 있도록 도움을 제공하여야 한다. 둘째, 가족들이 환자의 가치와 삶의 태도 등을 기초로 연명의료에 대한 환자의 추정 의사나 진술 등이 있었는지 질문하고, 만약 있다면 가족들과 공유할 수 있도록 한다. 셋째, 연명의료 이외에도 환자가 임종을 편안하게 맞이할 수 있도록 돕는 임종의료에 대한 정보를 제공하여야 하며, 임종의료를 받을 수 있는 병원 내·외의 자원들을 소개하여야 한다.

정리해 봅시다

❶ 미국과 한국의 의료사회복지 실천 윤리 강령

미국과 한국의 의료사회복지 실천 윤리 강령을 비교함으로써 병원 및 지역사회 의료기관의 의료사회복지사가 준수해야 하는 의료사회복지 실천 윤리를 익힐 수 있다. 특히 한국의 의료사회복지 실천 윤리 강령의 기준과 세부 항목 등에 대해 정리할 필요가 있다.

❷ 환자의 권리와 의무에 대한 이해 및 환자의 자기결정권

『환자 권리 장전』은 환자의 권리를 효과적으로 공시하기 위해 작성된 것으로, 한국에서는 환자의 권리와 의무를 함께 알리고 있다. 미국과 한국에서 환자의 자율성과 자기결정권을 보호하기 위한 법률안 및 제도를 마련해 왔고, 계속 마련해 나가고 있다. 이 과정을 통해 앞으로 한국에서 환자의 권리와 의무에 대해 더 많은 사항이 논의되고 추가될 것이다.

❸ 환자의 임종의료결정권리

삶의 존엄성에 대한 중요성과 더불어 죽음에 대한 존엄성도 보장받을 수 있어야 한다는 사회적 합의가 도출되고, 죽음 교육도 활성화되어 왔다. 이러한 상황에서 한국에서는 2016년에 「호스피스 · 완화치료 및 임종과정에 있는 환자의 연명의료결정에 관한 법률」이 제정 및 공포되었다. 입법화 현황에 대한 지식을 가지고, 환자의 임종의료결정권리 향상을 위한 의료사회복지 실천 방안을 적용해 보아야 한다.

❹ 환자의 임종의료결정과 의료사회복지사 실천 사례

의료사회복지사는 임종의료결정과정에 참여하여 환자와 가족들에게 자기결정권을 알리고, 사전의료의향서에 대한 정보를 제공하는 등 적극적인 의료사회복지서비스를 제공한다. 실천 사례를 통해 환자의 임종의료결정과정에서 의료사회복지사가 제공하는 의료사회복지 실천 및 서비스, 환자의 자기결정권 옹호를 위한 다양한 의료사회복지실천 등을 정리할 수 있다.

참고문헌

국가법령정보센터(2016). 호스피스 · 완화의료 및 임종과정에 있는 환자의 연명의료결정에 관한 법률. http://www.law.go.kr/lsSc.do?menuId=0&p1=&subMenu=1&nwYn=1&section=&tabNo=&query=%ED%98%B8%EC%8A%A4%ED%94%BC%EC%8A%A4%E3%86%8D%EC%99%84%ED%99%94%EC%9D%98%EB%A3%8C%20%EB%B0%8F%20%EC%9E%84%EC%A2%85%EA%B3%BC%EC%A0%95%EC%97%90%20%EC%9E%88%EB%8A%94%20%ED%99%98%EC%9E%90%EC%9D%98%20%EC%97%B0%EB%AA%85%EC%9D%98%EB%A3%8C%EA%B2%B0%EC%A0%95%EC%97%90%20%EA%B4%80%ED%95%9C%20%EB%B2%95%EB%A5%A0#undefined

국가생명윤리정책연구원(2013). 국가생명윤리위원회 2013연례보고서. http://bprlib.kr/CORE/?moduleName=_core.LasSearchDetail&control_no=5452

국회보건복지위원회(2014). 삶의 마지막 단계에서 자연스러운 죽음을 맞이할 권리에 관한 법안. http://likms.assembly.go.kr/bill/jsp/BillDetail.jsp?bill_id=PRC_X1Y4T0V3E0A3C1C1P0P3Z2Q8B4Z7R3

국회보건복지위원회(2015). 호스피스 · 완화의료에 관한 법률(안). http://likms.assembly.go.kr/bill/jsp/BillDetail.jsp?bill_id=PRC_F1L5E0A4S3M0R1G8A1L6B5Y9Q4N8E3

권복규, 고윤석, 윤영호, 허대석, 서상연, 김현철, 최경석, 배현아, 안경진(2010). 우리나라 일부 병원에서 환자, 보호자, 의료진의 연명치료 중지 관련 의사결정에 관한 태도 연구. **한국의료윤리학회지, 13**(1), 1-16.

보건복지부(2013). 무의미한 연명치료 중단의 합리적 제도화 방안 연구. http://www.prism.go.kr/homepage/researchCommon/retrieveResearchDetailPopup.do;jsessionid=6555BA1BC0B2243298C924855E3DAF97.node02?research_id=1351000-201300086

보건사회연구원(2015). 2014년 노인실태조사보고서. https://www.google.co.kr/url?sa=t&rct=j&q=&esrc=s&source=web&cd=1&ved=0CCIQFjAA&url=http%3A%2F%2Fwww.prism.go.kr%2Fhomepage%2FresearchCommon%2FdownloadResearchAttachFile.do%3Bjsessionid%3DA9F60CEDF6ABE164442CA1287950C9FE.node02%3Fwork_key%3D001%26file_type%3DCPR%26seq_no%3D001%26pdf_conv_yn%3DY%26resea

rch_id%3D1351000-201500109&ei=-MecVbnVO6LUmAXP8p_ABQ&usg=AFQjCNFLmEq-UX1NlFm_j05e2I9UCy3OSQ&sig2=8ueVXunc6mtmMul7EnDxYQ&bvm=bv.96952980,d.dGY

보라매병원(2016). 환자의 권리와 의무. https://www.brmh.org/member/patientbillofrigh/_/view.do#.UzukLZ2wdaQ

서이종(2015). **고령사회의 노년기 만성질환과 호스피스의 생명정치**. 서울: 박영사.

한겨레신문(2005. 4. 1.). 식물인간 테리 시아보 결국 사망. http://legacy.www.hani.co.kr/section-007000000/2005/04/007000000200504010716016.html

한국사회복지사협회(2016). 협회 소개 및 사회복지사 윤리강령. http://www.welfare.net/site/intro/ViewAssociationHistories.action, http://www.welfare.net/ site/intro/ViewOrganization.action

한수연(2015). 호스피스 · 완화의료 법률 제도화와 실용화를 준비하면서. 국가생명윤리정책연구원. **생명윤리포럼**, 4(1). http://nibp.kr/news/2015_02/4.pdf

Black, K. (2010). Promoting Advance Care Planning Through the National Healthcare Decisions Day Initiative. *J Soc Work End Life Palliative Care*, *6*(1), 11-26.

Bomba, P. A., Morrissy, M. B., & Leven, D. C. (2011). Key Role of Social Work in Effective Communication and Conflict Resolution Process. *J of Soc Work End Life Palliative Care*, *7*(1), 56-82.

Center for Medicare & Medicaid Service (2014). http://www.cms.gov/Regulations-and-Guidance/Legislation/EHRIncentivePrograms/downloads/2_Advance_Directives.pdf

Commission on Law and Aging (2015). http://www.americanbar.org/content/dam/aba/uncategorized/GAO/2015jun12_careplanningact.authcheckdam.pdf

Csikai. E. L. (2008). End of Life Decisions. In T. Mizrahi & L. E. Davis (Eds-in-Chief), *Encyclopedia of Social Work* (20th ed., pp. 126-132). Washington, DC: NASW Press/Oxford University Press.

Kane, M. N., Hamlin, E. R., & Hawkins, W. E. (2005). Perceptions of Preparedness to Assist Elders with End of Life Care Preferences. *J of Social Work End of Life and Palliative Care*, *1*(1), 49-69.

Medline Plus (2015). Medical Dictionary. http://www.nlm.nih.gov/medlineplus/aboutmedlineplus.

html

Mosby (2014). *Mosby's Medical Dictionary* (9th edition). Elsevier.

National Association of Social Workers (NASW). (2004). Standards for Social Work Practice for Palliative & End of Life Care. http://www.socialworkers.org/practice/bereavement/standards/standards0504New.pdf

National Association of Social Workers (NASW). (2010). Standards for Social Work Practice with Family Caregiver of Older Adults. http://www.socialworkers.org/practice/standards/NASWFamilyCaregiverStandards.pdf

National Association of Social Workers (NASW). (2014). Standards for Social Work Practice in Heath Care Settings. http://www.socialworkers.org/practice/naswstandards/Health%20care%20standardsfinal%20draft.pdf

National Association of Social Workers (NASW). (2015). Code of Ethic. http://www.socialworkers.org/pubs/code/code.asp

NJ Department of Health and Senior Services (2015). Retrieved 2016, 2, 20. http://www.nj.gov/health/advancedirective/polst/

NJ Department of Health and Senior Services (2016). http://www.state.nj.us/health/advancedirective/polst/

국립국어원 표준국어대사전 http://stdweb2.korean.go.kr/search/View.jsp

대한의료사회복지사협회 http://www.kamsw.or.kr

제5장

의료사회복지실천모델

학습개요

이 장에서는 의료사회복지실천현장에서 다양하게 적용할 수 있는 의료사회복지실천모델인 위기개입모델, 인지행동모델, 해결중심모델, 용서모델을 소개하고자 한다.

학습목표

1. 주요 의료사회복지실천모델의 개요, 기본 개념, 개입 과정 및 기법을 이해할 수 있다.
2. 각 의료사회복지실천모델의 사례를 이해하고 개입과정을 습득할 수 있다.
3. 학습한 의료사회복지실천모델을 의료사회복지실천현장에 적용할 수 있다.

1. 위기개입모델

1) 개 요

위기개입모델(crisis intervention model)이란 위기에 처해 있는 사람들을 대상으로 즉각적인 개입을 통해 단기간 내에 전문적인 도움을 제공하는 실천모델이다(설진화, 2013).

위기개입모델은 미국의 린더만(Lindermann)에 의해 발전되었다. 린더만은 1942년 493명의 목숨을 앗아간 보스턴 코코넛 그로브 나이트클럽 대형화재 사건 이후 생존자와 가족들이 일련의 단계를 통해 상실을 받아들이고 애도한다는 것을 규명하였다. 또한 상실로 인한 분노는 정상적인 반응행동으로 6주 이상 지속되고, 이때 전문가의 개입이 반드시 요구된다고 린더만은 강조하였다(길귀숙 외, 2015).

위기 상황은 개인이 기존에 가지고 있는 대처방식으로는 당면한 문제를 해결할 수 없는 상태와 당황, 위험, 곤경, 자포자기, 무감각, 무력감, 절박감, 곤란 등을 경험하는 정신적 고통이다(Parad & Parad, 1990). 위기란 고통스러운 인생경험에 대한 주관적 반응으로, 이것이 개인에게 영향을 미쳐 대처능력과 일상생활기능에 심각한 손상을 가져오는 상태(Bard & Ellison, 1974)로 정의된다. 그리고 위기에 처한 사람들의 환경은 위기를 극복하는 데 많은 영향을 미치며, 위기의 영향을 받을 때에는 즉각적이고 전문적인 도움이 필요한 것으로 보고 있다(Brammer, 1985). 위기에 처한 사람은 두려움, 긴장, 혼란을 경험하면서 일상적인 대처방법으로는 상황을 조정하거나 대처할 수 없을 것(Roberts, 2005)이라고 느끼고, 다양한 측면을 보지 못하는 터널시각(tunnel vision)을 갖고 있기 때문에 위기해결에 필요한 자신의 강점을 스스로 인지하지 못한다. 그러므로 사회복지사는 강점관점에 입각한 위기개입으로 클라이언트의 자원을 발견하고 사용할 수 있도록 할 필요가 있다.

2) 기본 개념

위기개입모델을 이해하기 위해 위기의 구성요소, 위기의 유형, 위기개입의 기본 원칙에 대해서 각각 살펴보고자 한다.

(1) 위기의 구성요소

프란스(France, 1990)는 위기가 다음의 다섯 가지 구성요소로 이루어져 있다고 설명하고 있다.

- 특정 사건: 위기는 통상적인 문제해결 기술로는 해결할 수 없는 특정 사건으로 촉발된다. 특정 사건이란 상황에 대처하는 능력의 결여나 파괴적인 여러 사건 그리고 일련의 스트레스 상황이 축적된 결과다.
- 대처할 수 없다는 인식: 모든 사람은 자신의 삶에서 어떤 시기에 대처할 수 없다고 느끼는 위기에 처할 수 있다.
- 스트레스 상황에 대한 다른 반응: 사람에 따라 스트레스 상황에 다르게 반응하는 것으로 어떤 사람에게는 스트레스로 받아들여지는 상황이 다른 사람에게는 스트레스로 여겨지지 않을 수 있다. 이는 위기가 개인의 불안수준, 대처기술 그리고 상황 해석에 따라 개인적이고 주관적이라는 것을 의미한다.
- 짧은 지속기간: 위기는 단순히 개인이 강한 스트레스를 견딜 수 없다는 사실에서 기인하는 반면, 긴장은 문제가 해결되지 않더라도 곧 사라진다. 때때로 위기는 개인이 고양된 수준의 강한 스트레스를 피하기 위하여 문제를 해결하고자 하는 과도한 동기 때문에 생길 수도 있다.
- 적응과 부적응의 위기반응: 위기반응에는 적응과 부적응의 두 유형이 있다. 적응은 개인이 새로운 대처기술이나 문제해결기술을 배우는 것을 말한다. 반면에 부적응은 개인이 점차적으로 비조직화되거나 방어적으로 되는 것을 의미한다.

(2) 위기의 유형

위기 상태를 유발시키는 특성에 따라 발달적 위기, 상황적 위기, 환경적 위기, 실존적 위기로 구분한다(James & Gilliland, 2008; 장수미 외, 2010).

- 발달적 위기: 인간이 성장하고 발달해 나가는 가운데 발생하는 사건으로 아이의 출생, 대학 졸업, 중년기의 변화, 은퇴 등이 있다. 인간발달과정에서 발생하는 사건은 정상적인 발달과정으로도 볼 수 있으나, 각 사건에 대한 반응은 개인마다 다르므로 개인 각각의 독특한 방법으로 사정하고 개입하여야 한다.
- 상황적 위기: 예견하거나 통제할 수 없는 드물고 이례적인 사건인 교통사고, 유괴, 강간, 갑작스러운 질병, 죽음과 같은 위기를 말한다. 상황적 위기는 누구에게나 일어날 수 있는 갑작스럽고 충격적인 사건으로 개인과 그 가족의 삶을 와해시키는 경우가 많다.
- 환경적 위기: 태풍, 홍수, 지진, 화산 폭발, 눈보라, 산불 같은 자연재해, 기름 유출이나 전염병과 같은 인재, 전쟁이나 테러와 같은 정치적 사건일 수도 있으며, 갑작스러운 경제위기일 수도 있다.
- 실존적 위기: 인간에게 요구되는 책임감, 독립성, 자유 등이 충족되지 않을 때 삶의 이슈에 동반되는 갈등이나 불안과 관련되는 위기다. 예를 들어, 40대 중반의 남성이 더 이상 회사에서 영향력이 없음을 깨달으면서 발생하는 위기일 수 있다. 그리고 결혼을 하지 않고 부모와 함께 사는 것을 선택한 여성이 60세에 이르러서야 자신의 선택을 후회하면서 결혼을 하여 행복한 가정을 꾸리지 못했다는 것에 허무감과 위기를 느낄 수 있다.

(3) 위기개입의 기본 원칙

위기개입을 하기 위해서는 다음과 같은 기본 원칙을 지켜야 한다(Puryer, 1979).

- 신속한 개입: 시간 제한적인 본질 때문에 즉각적인 개입이 필요하며, 위기 상태로

들어간 때부터 6주 이내에 해결해야 한다.

- 행동지향성: 위기개입의 기술은 적극적이며, 클라이언트의 행동에 초점을 두어야 한다. 위기에 처한 사람은 고착되는 경향이 있고, 효과적이지 않은 행동을 하기 때문에 사회복지사의 역할은 실천계획에 따라 클라이언트의 행동기술에 초점을 두어야 한다.
- 제한된 목표: 위기개입의 최소한의 목표는 파멸의 예방, 위급한 증상의 완화, 위기 이전 상태로 돌아가야 한다. 즉, 자살, 타살, 가족해체 등을 예방하는 데 그 목표를 두는 것이다.
- 희망과 기대: 절망하는 클라이언트에게 위기를 극복할 수 있다는 희망을 주는 것이 중요하다.
- 지지: 위기에 처한 클라이언트에게 실질적인 정보를 제공하고, 정서적으로 지지하며, 클라이언트의 사회적 지지체계를 개발하고 형성하도록 돕는 것이다. 사회복지사는 초기에는 필요한 만큼 클라이언트에게 지지를 많이 해 주지만 가능한 한 빠른 시일 내에 지지를 감소시키거나 지나치게 또는 장기적으로 의존하지 않도록 하는 것이 중요하다.
- 초점적 문제해결: 신속하게 위기 상황을 유발한 문제를 파악하면서 클라이언트가 현실에 직면하도록 돕는다.
- 건전한 자기상(self-image)의 확립: 위기가 해결되지 않으면 클라이언트는 자신을 실패자로 인식하는 경향이 있다. 그러므로 클라이언트와 신뢰관계를 조성하여 클라이언트가 건전한 자기상을 확립하도록 원조한다.
- 자립: 클라이언트의 자신감 회복을 위해 효과적으로 대처할 수 있도록 지원하고, 클라이언트의 자립성을 촉진시키는 가장 기본적인 방법은 클라이언트가 할 수 있는 일은 스스로 하도록 지지해 주는 것이다.

3) 개입 과정 및 기법

(1) 개입목표

라포포트(Rapoport, 1970)는 위기해결을 위한 위기개입의 목표를 여섯 가지로 제시하고, 이것을 2단계의 치료목표로 나누었다(설진화, 2013에서 재인용). 처음의 네 개는 최소한 달성해야 하는 기본 목표이며, 다음의 두 개의 목표는 상황이나 기회, 클라이언트의 성격 등을 고려하면서 달성하는 추가 목표다.

① 1단계의 치료목표: 기본 목표

- 증상 완화
- 위기 이전의 수준으로 기능 회복
- 불균형 상태를 야기한 위기촉진 요인들의 이해
- 클라이언트나 가족이 지역사회 자원을 통해 얻을 수 있는 치료방법 모색

② 2단계의 치료목표: 추가 목표

- 현재의 스트레스를 과거의 경험이나 갈등 상황과 연결
- 즉각적인 위기 상황을 넘어서는 유용하고 새로운 적응 및 대처반응을 파악하고 발전시키도록 기술을 가르침

(2) 개입과정

다양한 위기개입모델은 크게 위기를 사정하고, 문제를 경감시키고, 대안적인 대처방법을 고안하는 세 단계로 이루어진다. 그중 로버츠(Roberts)의 강점관점에 입각한 7단계 위기개입과정은 다음과 같다(Roberts, 2005; 장수미 외, 2010).

① 1단계: 치명성과 정신건강 상태 사정하기

클라이언트에 대해 생심리학적 측면에 대한 포괄적이며 철저한 사정과 위기사건에

대한 사정이 이루어지는 단계다. 자살, 타살, 폭력의 위험성에 대한 사정이 신속히 이루어지고, 의료적 상황에도 관심을 가지며, 긍정적 · 부정적 대처전략과 약물 및 알코올 사용에 대해서도 살펴본다. 초기 사정에서는 적응유연성(resilience)과 보호 요인, 내적 · 외적 대처방식 및 자원, 확대가족의 도움과 비공식적 관계망의 도움도 알아본다.

위기개입의 도움이 필요한 클라이언트들은 사회적으로 고립되어 있는 경향이 있어 문제의 해결과 회복에 누가 가장 도움이 되는 사람인지 인식하지 못한다. 그러므로 사회복지사는 클라이언트에게 가장 많은 도움을 줄 수 있는 사람을 개입에 동원함으로써 클라이언트의 적응유연성을 촉진시킬 수 있다.

② 2단계: 관계 형성하기, 클라이언트 관여시키기

대체로 1단계와 동시에 이루어지며, 라포(rapport)를 신속하게 형성하고 치료적 관계를 수립하는 단계다. 사회복지사가 클라이언트에 대한 존중과 수용을 보여 줌으로써 사회복지사가 클라이언트에게 진심으로 관심이 있고 이해하고 있음을 전달하는 것이 중요하다. 비심판적 태도를 유지하여 사회복지사의 개인적인 가치나 판단 기준이 드러나지 않도록 주의해야 한다. 그리고 침착한 태도를 유지하고 상황을 통제할 수 있는 능력은 위기개입의 핵심 기술이다.

③ 3단계: 주요 문제 확인하기

개방형 질문을 사용하여 클라이언트의 이슈가 무엇인지, 위기의 촉발요인은 무엇인지 등과 같은 클라이언트 자신의 문제를 자신의 언어로 표현하도록 한다. 이러한 방법을 통하여 사회복지사와 클라이언트는 문제의 본질에 대해 중요한 통찰력을 가질 수 있다.

2단계와 3단계에서는 해결중심모델의 예외질문과 대처질문 등을 사용하여, 과거에 효과적이었던 클라이언트의 대처기술을 확인할 수 있도록 강점과 자원을 찾아낼 수 있다. 그리고 클라이언트가 자신의 단점(문제, 역기능, 실패 등)이 아닌 강점에 관심을 두는 사람을 더 편안하게 느끼기 때문에 사회복지사가 클라이언트의 강점과 자원을 찾는 것은 라포(rapport)와 신뢰 형성에도 도움이 된다.

④ 4단계: 감정 다루기

적절한 반응과 지지를 통해 적극적으로 경청하고 있다는 것을 보여 줌으로써 감정을 효과적으로 다룰 수 있다. 감정 다루기의 효과적인 기술에는 반영, 재진술, 정당화 등이 있다.

⑤ 5단계: 대안적 대처방법 탐색하기

클라이언트가 갖고 있었던 위기 이전의 성공적 대처기술을 찾아보고, 현재의 클라이언트가 가진 강점을 찾음으로써 문제해결을 위한 대안적인 방법들을 찾을 수 있다. 이러한 목표는 사회복지사와 클라이언트의 협력적인 작업을 통해 가장 이상적으로 달성될 수 있다.

⑥ 6단계: 활동계획 수립하기

5단계에서 탐색된 대처방법을 실행할 구체적인 활동계획을 수립한다. 이때 사회복지사는 한 걸음 물러나 클라이언트가 역량을 강화할 수 있도록 도와 활동계획을 주도적으로 실행할 수 있도록 지지하는 역할을 한다.

⑦ 7단계: 종결 및 사후 관리하기

사회복지사는 클라이언트의 위기가 해결되었다는 확신이 들더라도, 위기 상황이 재현되거나 대처능력이 약화될 수 있는 가능성을 고려하여 지속적인 사후관리를 해야 한다. 사후관리는 대면접촉 혹은 전화로 이루어진다.

(3) 개입기법

위기개입에서 사회복지사가 클라이언트에게 활용할 개입기법은 다음과 같다(원요한, 2007).

• 경청: 적극적인 경청을 통하여 클라이언트의 감정을 파악하고 인정해 준다.

- 위기강도의 사정: 위기가 어느 정도인지 파악하고, 위기가 너무 크고 통제하기 어렵다고 느껴지면 위기에 처한 사람을 전문 상담가에게 의뢰할 필요가 있다.
- 강점 확인: 위기개입 과정에서 사회복지사는 클라이언트에게 역량이 있다는 점을 강조하고, 다만 현재 일시적으로 어려운 상황에 놓여 있는 것이라는 점을 전달한다.
- 정상화: 사회복지사는 클라이언트에게 그들의 위기가 정신질환이나 병리의 징후가 아니라 누구나 경험할 수 있는 것이라는 점을 강조한다.
- 방향 제시하기: 사회복지사는 개입의 초기에는 다소 지시적으로 할 수 있으나, 클라이언트가 안정감과 자신감을 회복함에 따라 스스로 문제를 해결할 수 있도록 격려해야 한다.
- 문제해결: 클라이언트가 문제를 해결할 수 있는 능력을 갖도록 한다.
- 도움의 적절성 결정: 클라이언트의 원래 위기에 개입하는 도중에 또 다른 위기가 발생할 경우 사회복지사는 자신이 이 위기에 개입하는 것이 적절한지를 사정한 후 경우에 따라 다른 사회복지사나 기관에 위탁해야 한다.
- 사후관리: 위기개입 이후 내담자와 자주 접촉을 시도하여 적절한 사후관리를 제공한다.

4) 적용 사례

현재 우리나라는 미국과 달리 의료현장에서 24시간 위기서비스를 법률화하지 않은 상태다. 위기개입과 관련된 연구에서는 치료 후 위기개입을 받은 환자들의 재입원율이 낮은 것으로 나타났으며, 사회적 적응과 대처능력 면에서도 더 효과적인 것으로 규명되고 있다. 또한 부득이하게 입원이 필요해서 입원한 경우도 입원기간이 단축되는 결과가 나타났다. 여러 분야의 전문가들이 참여하는 위기센터의 의료사회복지서비스의 사례로 미국의 Napsbury Hospital의 위기서비스(이윤로, 홍영수, 2005)를 살펴보면 다음과 같다.

위기에 대한 의료적 · 심리적 · 사회적 양상을 측정하여, 질병과 실제적 문제를 분리하여 고려한다. 클라이언트의 가족이나 주변 인물에게 도움과 서비스를 제공하여 병원에 의존하지 않고 문제를 극복할 수 있도록 유도한다. 가족을 지지하고 이해하며 자원을 파악하고 단기개입 계약서를 작성한다. 이렇게 하여 장기적으로 위기팀에 의존하지 않도록 한다. 여기서 의료사회복지사들은 자신들을 치료자로 제시하기보다는 사람들 속에 내재하는 치료 잠재력을 고무시키는 역할을 담당한다.

환자의 일상생활과 치료 등 결정에 당사자가 적극적으로 참여하는 것이 중요하다는 것을 강조한다. 과거에 대한 자세한 분석은 피한다. 조사 결과, 이 위기개입서비스가 실행된 지역에서는 자살률이 안정적이었던 반면에 타 지역은 증가한 것으로 나타났다.

2. 인지행동모델

1) 개 요

인지행동모델(cognitive behavior model)은 정신분석치료에 대한 거부와 그 효과성에 대한 의문을 제기하고, 클라이언트와 환경 간의 상호작용에 대해 포괄적으로 이해할 수 있는 이론 및 모델의 필요성에 따라 등장하게 되었다(양정남, 이유리, 박순희, 2014).

인간의 감정과 행동은 사고와 밀접하게 연결되고 있다는 점을 강조한 인지행동모델은 인간이 생각하고 느끼고 행동하는 것이 상호 관련된다는 전제하에, 정보처리과정에 주목하는 인지이론과 사회학습을 근간으로 하는 행동이론을 절충적으로 적용한 것으로서 1960년대부터 1980년대 사이에 다양한 모델이 탄생하였다.

인지행동모델의 인간관을 보면, 인간은 외부 자극에 수동적으로 반응하는 존재가 아니다. 또한 인간은 심리내적인 힘에 의해 결정되는 존재가 아니고, 인간의 행동은 개인과 환경 간의 상호작용 결과다. 그리고 인지행동모델의 개입 목적은 문제의 원인이 되는 비합리적 신념이나 왜곡된 사고를 확인 및 점검하고 재평가해서 수정할 수 있도록 원조하는 것이다.

인지행동모델은 구조화된 접근과 체계적인 개입과정으로 인해 클라이언트와 사회복지사 모두에게 쉽게 받아들여지는 모델이며, 지금-여기에 초점을 맞추고, 단기적으로 개입하면서 제한적이고 구체적인 목표를 정하여 사례에 대한 적용 가능성이 높은 모델이다(장수미 외, 2010; 권진숙, 김정진, 전석균, 성진모, 2014).

2) 기본 개념

인지행동모델을 이해하기 위해 가장 널리 알려진 모델로 벡(Beck)의 인지모델, 엘리스(Ellis)의 합리정서행동모델을 중심으로 기본 개념들을 살펴보고자 한다.

(1) 벡의 인지모델

벡은 문제의 원인을 인지 왜곡 및 오류로 보고, 감정이나 행동은 사건이나 상황 자체가 결정하는 것이 아니라 그것에 대한 해석이나 평가에 달려 있다고 가정하였다. 벡의 인지모델은 초기에는 주로 우울증의 치료에 적용되어 오다가 최근에 자살, 불안, 공황장애, 물질남용, 결혼문제, 성격장애 등에 관하여 확대 적용되고 있다(Seligman, 2001: 길

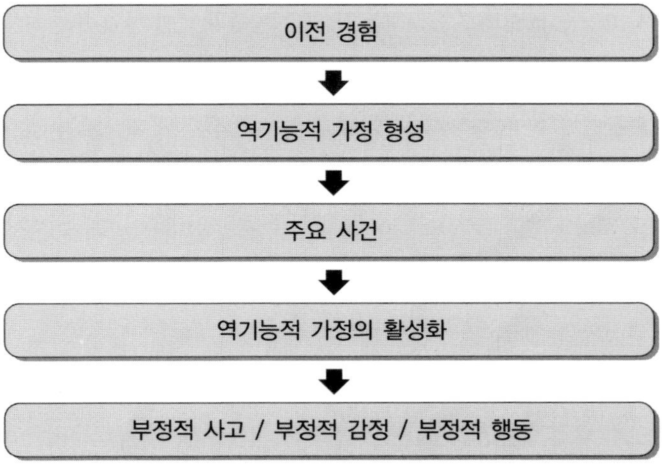

그림 5-1 벡의 인지모델의 틀

귀숙 외, 2015에서 재인용).

벡은 이전 경험이 역기능적 가정을 형성하고, 어떤 주요 사건이 발생하였을 경우 역기능적 가정이 활성화되어 부정적 사고, 부정적 감정, 부정적 행동이 활성화된다고 하였다. 벡의 인지모델의 틀은 [그림 5-1]과 같다.

벡의 인지모델의 주요 개념인 도식(schema), 심리적인 문제를 야기하는 자동적 사고와 인지적 왜곡에 대해서 살펴보면 다음과 같다.

- 도식(혹은 스키마, schema): 도식은 정보를 받아들이고 조직화하는 인지구조로서 인간의 사고, 감정, 행동을 결정짓는다. 도식은 핵심 신념을 수반하는 '정신 내의 인지구조'로서 기본적인 신념과 가정을 포함하여 사건에 대한 한 개인의 지각과 반응을 형성한다.
  개인이 현실을 구조화하는 방식은 정서적인 상태를 결정한다. 즉, 정서와 인지 간의 상호관계가 존재하는데, 정서와 인지는 서로를 강화하여 감정적 · 인지적 손상을 악화시킨다. 즉, 정서적으로 장애가 있는 사람은 인지적 오류의 도식을 갖게 되는데, 그 도식에 따라 정보를 처리하게 되므로 현실을 왜곡하게 되고 장애가 더욱 심해진다.
- 자동적 사고(automatic thought): 자동적 사고는 구체적인 상황에서 자동적으로 떠오르는 생각이나 영상을 말한다. 예를 들어, 다른 사람이 나의 말에 대꾸를 하지 않을 시 '나를 무시하나? 나를 만만하게 보나?' 등의 생각이 떠오르는 것으로 상황이나 사건에 대한 즉각적인 해석, 어떤 의도나 의지 없이 자발적으로 나타나는 사고를 말한다. 자동적 사고는 자신의 경험으로부터 형성되며 신념체계 형성에 영향을 미친다. 그리고 심리적 장애를 가진 사람의 경우 자동적 사고가 왜곡되거나, 극단적이거나 부정확할 수 있다.
- 인지적 왜곡(cognitive distortion): 인지적 왜곡은 그릇된 가정 및 잘못된 개념화로 이끄는 생각의 체계적 오류라고 할 수 있다. 인지적 왜곡은 정보처리가 부정확하거나 비효과적일 때 나타나며, 비논리적 추론을 자동적으로 만들어 낸다. 그래서 이것을

'부정적 사고'라고 한다. 인지적 왜곡에는 과잉일반화, 이분법적 사고, 임의적 추론, 선택적 추상화, 극대화와 극소화, 개인화가 있다.

- 과잉일반화(over generalization): 한두 차례의 경험이나 증거에 비추어 모든 상황에서 그러할 것이라고 과도하게 일반화하여 결론을 맺는 오류를 말한다. 예를 들어, 여자 친구에게 한 차례 데이트를 거절당한 후, '나는 여자와의 관계에서 분명히 어떤 문제가 있어. 여자들이 나 같은 사람을 좋아할 리 없어.'라고 생각하는 것이다.
- 이분법적 사고(dichotomous thinking): 흑백논리(black-or-white thinking) 또는 실무율적 사고(all-or-nothing thinking)라고도 불린다. 완벽주의(perfectionism)의 기저에서 흔히 발견되는 사고의 오류다. 예를 들어, 크게 성공하지 못하면 완전한 실패라고 생각하는 것이다.
- 임의적 추론(arbitrary inference): 적절한 증거가 부족하거나 부적절함에도 불구하고 결론에 도달하는 것이다. 예를 들어, 의사가 고개를 갸우뚱하는 것을 보고 "내가 유방암에 걸렸구나!"라고 결론을 내리고 좌절하는 경우다.
- 선택적 추상화(selective abstraction): 사건의 일부 세부사항만을 기초로 결론을 내리고, 전체 맥락 중의 중요한 부분을 간과하는 것이다. 예를 들어, 부부가 "저녁 외출이 즐거웠는지는 문제가 안 돼. 우리가 15분간 다투었던 게 중요해."라고 하는 것이다.
- 극대화와 극소화(magnification & minimization): 사건이나 경험의 의미나 크기를 왜곡하는 것이다. 그것의 실제 중요성과 무관하게 사건이나 경험을 과대평가하거나 과소평가한다. 극대화의 예로, 낙제 점수를 받은 후 '내 인생은 이제 끝이다.'라고 생각하는 것을 들 수 있다. 극소화의 예로, "내가 지금 이 자리에 오르는 데에는 30년이 걸렸지만, 누구라도 이 정도는 할 수 있어."가 있다.
- 개인화(personalization): 관련된 적절한 원인 없이, 부정적인 사건이나 상황을 개인에게 연결 짓는 것이다. 예를 들어, "만일 내가 어머니와 함께 집에 있었더라면, 어머니는 심장마비 같은 걸 일으키지는 않았을 거야."라고 하는 것이다.

(2) 엘리스의 합리정서행동모델

엘리스의 합리정서행동모델은 인간의 적응문제가 합리적 사고방식의 유무에 의하여 크게 좌우된다고 보는 관점이다. 그리고 이 모델은 개인의 이성적인 생각 내지 인지적이고 지성적인 사고과정을 강조한다. 이 모델의 접근은 어떤 사건이 클라이언트의 정서적 혼란이나 고민의 원인이 되는 것이 아니라, 그 사건을 클라이언트가 어떻게 해석하고 받아들이느냐가 감정을 좌우한다고 본다.

엘리스의 합리정서행동모델은 'ABCDE 이론'이라고도 한다. 비합리적인 신념의 네 가지 차원(이현림, 2008)과 ABCDE 이론(권진숙, 김정진, 전석균, 성진모, 2014)에 대해서 살펴보면 다음과 같다.

- 비합리적인 신념의 네 가지 차원
  - 당위적 사고: '반드시 ~해야 한다.'는 사고로 강한 요구가 포함된 경직된 사고를 말한다. 예를 들면, '세상은 반드시 공평해야 하며, 정의는 반드시 승리해야 한다.'다.
  - 과장: 과장화 또는 재앙화라고 한다. 예를 들면, '~하면 끔찍하다.' 또는 '~하면 큰일이다.' 등의 표현으로 나타난다.
  - 자기비하: 자신이나 타인, 또는 상황에 대한 극도의 비하, 파멸적 사고를 의미한다. 예를 들면, '~하면 나는 무가치한 사람이다.'라는 표현으로 나타난다.
  - 부족한 인내심 : 부정적 사고를 갖고 있는 클라이언트가 원하는 것이 주어지지 않을 때 좌절하여 그 상황을 견디지 못하는 경우다.
- ABCDE 이론

합리정서행동모델을 ABCDE 이론이라고 하였는데, ABCDE 이론의 틀은 [그림 5-2]와 같다.

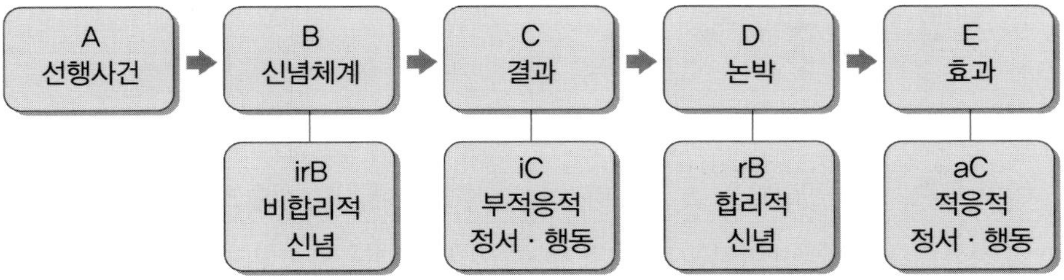

그림 5-2 ABCDE 이론의 틀

- 선행사건(activating event: A): 개인에게 혼란을 야기하는 어떤 선행사건이다.
- 신념체계(belief system: B): 어떤 사건이나 행위 등과 같은 환경적 자극에 대해서 각 개인이 갖는 태도로서, 개인의 신념체계 또는 사고방식을 가리킨다. 신념체계에는 합리적 신념(rational beliefs: rB)과 비합리적 신념(irrational beliefs: irB)이 있다. 합리적 신념은 우리가 바라는 어떤 목표를 달성하는 데 도움을 주는 사고방식이다. 비합리적 신념은 그와 반대되는 것으로 사태나 행위를 아주 수치스럽고 끔찍스러운 현상으로 해석하여 자기를 징벌하고 자포자기하거나 세상을 원망하는 사람들이 가지는 사고방식이다.
- 결과(consequence: C): 선행사건에 접했을 때 생겨나는 비합리적인 태도 내지 사고방식으로 그 사건을 해석함으로써 느끼게 되는 정서적 결과를 말한다.
- 논박(dispute: D): 자신이 가지고 있는 비합리적인 신념이나 사고에 대해서 도전해 보고 과연 그것이 합리적인지를 논박하는 것이다.
- 효과(emotional consequence: E): 비합리적인 신념을 철저하게 논박함으로써 합리적인 신념을 갖게 된 다음에 느끼게 되는 자기수용적 태도와 긍정적인 감정의 결과나 효과다.

3) 개입 과정 및 기법

(1) 개입목표

인지행동모델의 개입의 목적은 부정적 감정의 근원이 되는 비합리적 신념을 밝혀내고 도전함으로써 재구조화하는 것이다. 즉, 개인이 가지고 있는 비합리적 신념이나 인지적 오류, 자기패배적인 사고를 변화하게 함으로써 클라이언트의 감정이나 행동을 수정하게 하는 것이다. 그러므로 인지행동모델의 개입목표는 클라이언트가 당면한 문제를 해결하고, 역기능적 사고와 행동을 수정하는 것이다.

(2) 개입과정

인지행동모델의 개입기간은 일반적으로 3개월에서 6개월까지로 단기치료모델로 간주될 수 있다. 치료기간이 단기이기 때문에 그 효과도 단기적일 수밖에 없는 문제가 발생하므로 이를 보완하기 위해서 필요시 인지행동모델의 전 과정 또는 부분적인 내용을 반복하여 개입하기도 한다. 다음은 인지행동모델의 다섯 가지 개입단계다(권진숙 외, 2014).

- 1단계: 인지행동모델의 기본 철학 및 논리를 클라이언트가 믿도록 설명하고 설득한다.
- 2단계: 클라이언트의 자기보고와 상담자의 관찰을 통해 비합리적인 신념을 발견하고 규명한다.
- 3단계: 클라이언트의 비합리적인 신념에 대한 상담자의 직접적인 논박 및 합리적인 신념의 예를 들어 설명해 준다.
- 4단계: 자신이 동의한 비합리적인 신념을 합리적인 신념으로 바꾸기 위한 인지적 연습을 반복한다.
- 5단계: 합리적 사고와 행동반응을 개발하고 이를 일반화시켜 일반적으로 적용하기 위한 행동적 연습을 한다.

(3) 개입기법

인지행동모델의 개입기법으로는 인지치료와 행동수정을 활용한 여러 기법이 있으며, 이는 인지적 기법, 정서적 기법, 행동적 기법의 세 가지 유형으로 구분할 수 있다.

① 인지적 기법

- 질문하기: 문답식 방법의 사용으로 클라이언트의 사고를 변화시키는 데 가장 많이 사용하는 기법이다.
- 구체적 상황 다루기: 인지적 문제가 발생하는 구체적 상황을 다루어서 문제의 원인을 알 수 있는 기법이다.
- 인지 재구조화: 클라이언트가 자신의 기능에 부정적 영향을 미치는 역기능적 사고와 관념을 인식할 수 있도록 돕고, 이를 현실에 맞는 신념과 행동으로 대치하여 기능을 향상시킬 수 있도록 하는 기법이다.
- 비합리적인 신념에 대한 논박하기: 클라이언트 자신의 비합리적인 신념이 약화될 때까지 일정 시간 동안 대표적인 비합리적인 신념을 논박하도록 하는 기법이다.
- 인지적 과제부여: 클라이언트의 내면화된 자기언어의 일부인 '반드시 ~할 것이다(should)'나 '반드시 ~해야 한다(must)'를 제거할 수 있도록 인지적 과제를 부여하는 기법이다.
- 새로운 진술문의 사용: 클라이언트가 절대적인 '~해야 한다(should, must)'를 절대적이지 않은 '~하면 좋겠다(preferable)'로 대치함으로써, 보다 합리적인 사고로 자신을 진술하는 법을 배울 수 있는 기법이다.
- 독서 및 시청각 자료 기법: 책과 시청각 자료를 활용하여 올바른 정보의 획득과 객관적 인식의 변화를 가능하게 하는 기법이다.

② 정서적 기법

- 심상법(imagination): 현실적 혹은 이상적 사상을 마음속으로 영상화하는 기법을 말한다. 즉, 불안이라는 증상이 일어났을 때 그와 반대되는 상황을 상상하는 등의 심

상을 통하여 불안을 극복하는 방법이다.

- 무조건적으로 수용하기: 클라이언트의 어떤 말이나 행동을 무조건적으로 수용하는 기법이다.
- 수치감 대면연습: 주위 사람들이 어떻게 생각할지에 대한 두려움 때문에 못하는 것을 실제로 행동해 보도록 하는 훈련기법이다.
- 이완, 명상, 호흡: 불안한 클라이언트에게 점진적 이완, 명상, 심호흡 등을 활용하여 긴장된 근육을 이완시키고 산란한 마음과 불안한 정서를 안정시키고 통제력을 가질 수 있도록 하는 기법이다.
- 유머: 클라이언트에게 혼란을 일으키는 어떤 생각을 줄이기 위해 치료자가 유머를 사용하는 기법이다.

③ 행동적 기법

- 역할연기: 클라이언트의 관심이 되는 특정 상황을 그가 있는 자리에서 재현하도록 요청하는 행동기법으로 발생한 사건을 치료자가 더 잘 이해하는 데 도움이 된다.
- 행동시연: 흔히 치료자가 시범을 보이고 클라이언트가 이를 모방하여 어떤 역할을 시험적으로 해 보도록 함으로써 인간관계의 형성과 유지에 필요한 태도나 행동특징을 습득할 수 있도록 하는 행동수정기법이다.
- 체계적 둔감화: 클라이언트에게 가장 덜 위협적인 상황까지 상황들을 순서대로 제시하면서, 불안자극과 불안반응 간의 연결이 없어질 때까지 불안을 일으키는 자극을 반복적으로 이완 상태와 짝짓는 기법이다.
- 과제부여: 과제 혹은 숙제는 클라이언트가 자신의 문제에 대한 인식을 향상시킬 뿐만 아니라 새로운 행동을 획득하거나 과거의 반응을 제거할 수 있도록 도움을 주는 기법으로 클라이언트의 적극적 협조와 참여를 기반으로 한다.
- 사회기술훈련: 클라이언트가 사회적 어려움을 겪고 있을 때 정상적인 사회적 기능을 하도록 돕는다.
- 자기주장훈련: 클라이언트에게 자신의 생각이나 의견을 표현할 수 있도록 한다.

4) 적용 사례

의료사회복지뿐만 아니라 임상현장에서 일하는 사회복지사들이 많이 활용하는 모델이 인지행동모델이다. 인지행동모델이 우울증, 가족폭력과 학대, 분노, 알코올과 약물을 포함한 다양한 행동적 문제를 위한 치료적 접근법으로 폭넓게 활용되고 있는 상황(권진숙 외, 2014)에서 여성 신장이식환자의 스트레스 관리집단 프로그램 적용 사례(추정인, 1999, 2003)를 살펴보면 다음과 같다.

신장이식환자는 이식 후에도 재발의 가능성과 거부반응, 약물 부작용으로 인한 불안이 심하다. 또한 면역억제제의 장기간 복용으로 신기능장애, 고혈압, 당뇨병, 위장장애, 감염, 치육비후, 다모증, 외모 변화 등의 부작용이 생길 수 있기 때문에 정기적인 진료와 검사, 식이요법 등 건강관리와 생활조절에 따른 스트레스 상황에 처하게 된다. 특히 여성 신장이식환자들은 이식 후 외모 변화, 성(sex), 임신과 출산, 결혼생활에서의 역할 수행상의 문제나 비합리적인 신념으로 많은 불안과 스트레스 상황에 처하게 된다. 따라서 여성 신장이식환자를 대상으로 비합리적인 질병에 대한 태도를 변화시켜 스트레스 상황에 잘 대처할 수 있도록 엘리스의 합리정서행동모델을 적용한 집단 프로그램을 주 2회 150분씩 10회 실시하고, 인지행동기법인 인지재구성, 교육, 이완훈련을 활용하였다. 그 결과 집단 프로그램은 여성 신장이식환자들의 비합리적인 질병태도와 스트레스 관리에 긍정적인 영향을 미치는 것으로 나타났다.

여성 신장이식환자를 대상으로 실시한 인지행동 프로그램의 내용은 〈표 5-1〉과 같다.

〈표 5-1〉 여성 신장이식환자 인지행동모델 스트레스 대처 프로그램

회 기	내 용	담 당
1	• 프로그램에 대한 소개 • 사전검사 • 집단성원 소개 및 관계 형성	의료사회복지사
2	• 점진적 근육이완 훈련 • 스트레스 유발요인과 반응에 대한 결과 분석	운동치료사 의료사회복지사
3	• 근육이완과 에어로빅 훈련 • 교육–신장이식환자의 건강관리	의료사회복지사 이식코디네이터
4	• 호흡법과 명상훈련 • 교육–여성 신장이식환자의 성과 임신	의료사회복지사 산부인과 의사
5	• 에어로빅과 호흡법 훈련 • 인지 재구성–사고와 느낌 구분하기 –정서의 A–B–C–D–E 이해하기	의료사회복지사
6	• 근육이완과 명상 훈련 • 인지 재구성–비합리적 신념을 합리적 신념으로 전환 –부정적 사고를 긍정적 사고로 전환	의료사회복지사
7	• 에어로빅과 호흡법 훈련 • 인지 재구성–인지왜곡 바로잡기	의료사회복지사
8	• 근육이완과 명상 훈련 • 인지 재구성–자동화된 사고 밝히기	의료사회복지사
9	• 에어로빅과 호흡법 훈련 • 스트레스 대처 성공 사례담 나누기	의료사회복지사 신장이식환자
10	• 종합평가 및 사후검사 • 종결파티	의료사회복지사

3. 해결중심모델

1) 개 요

해결중심모델(brief solution-focused model)은 1980년대에 가족치료 영역에서 발전한 모델이다. 프로이트(Freud)의 정신분석 개입은 심리적 문제의 원인을 찾아 해결해 나가는 데 긴 시간이 소요되며, 이 과정에서 권위적인 전문가의 역할이 강조되어 정작 클라이언트는 자신의 문제를 스스로 해결하지 못하는 수동적 존재로 남게 된다. 이러한 정신분석모델과는 다른 관점으로 해결중심모델이 등장하게 되었다. 단기개입방법인 해결중심모델 발전에는 밀턴 에릭슨(Erickson)의 관점, MRI의 전략적 가족치료 방법론, 사회구성주의적 관점 등이 큰 영향을 미쳤고, 이 모델은 드 세이저(de Shazer)와 킴 버그(Kim Berg), 립 치크(LipChik), 와이너-데이비스(Weiner-Davis), 밀러(Miller), 월터(Walter), 팰러(Peller), 오헤론(O'Hanlon) 등에 의해 지속적으로 발전해 왔다. 해결중심모델의 치료 원칙들은 정신보건에서 조직 변화, 교육 분야에 이르기까지 다양한 영역에서 개인치료, 가족치료, 집단치료의 형태로 적용되어 왔고, 오늘날 사회복지 분야에서 강조하고 있는 강점 중심의 가치를 반영한 대표적인 기법이다.

해결중심모델은 문제의 원인이 되는 부적응을 변화시키거나 문제의 원인을 찾아 제거하기보다는 클라이언트가 이미 갖고 있는 자원, 건강한 특성, 과거의 성공적 경험 등을 발견하여 문제해결에 활용함으로써 단기간 내에 치료목적을 성취하는 데 초점을 두고 있다(강지영, 2008). 여기서는 해결중심모델의 기본 개념과 원리, 실천과정 그리고 주요 기술들을 살펴보고자 한다.

2) 기본 개념

해결중심모델의 근본 가치는 인간에 대한 긍정적인 철학에 있으며, 문제를 가지고 찾아오는 클라이언트가 이미 자신의 문제를 해결할 수 있는 능력을 가지고 있다는 전제에서 출발한다. 즉, 도움을 받는 수동적 존재로서 클라이언트를 바라보기보다, 클라이언트가 자신의 장점, 강점, 건강한 특성, 과거의 성공적 경험을 토대로 스스로 문제를 해결할 수 있다는 신념을 갖고 있다(de Shazer, 1985).

해결중심모델의 기본 원리는 다음과 같다.

- 병리적인 것 대신에 건강한 것에 초점을 둔다. 과거 자신이 문제해결을 하는 과정에서 겪었던 성공적 경험을 이용하여 현재의 문제를 해결하기 위한 방안을 탐색한다.
- 클라이언트가 원하는 결과를 성취하기 위해 이미 자신이 가지고 있는 장점과 강점, 건강한 특성 등을 발견하고 이를 활용한다.
- 변화는 불가피한 것이고, 누구에게나 일어나는 것으로 보고, 그 변화를 해결책으로 활용한다. 예외적 상황을 탐색하고 문제 상황과의 차이를 발견하여 문제가 아닌 상황을 증가시킨다.
- 작은 변화를 이끌어 낸다. 작은 변화는 큰 변화로 파급되며 해결을 위한 출발점이 된다.
- 사회복지사와 클라이언트는 서로 협력하여 해결방안을 발견하고 구축한다.
- 현재와 미래를 지향한다. 클라이언트의 과거와 문제보다 미래와 해결방안 구축에 관심을 집중한다.
- 탈이론적이고 비규범적이며 클라이언트가 결정한 견해를 존중하여 클라이언트가 원하는 것에 초점을 맞춘다. 즉, 모든 인간은 각자의 준거틀을 가지고 있으므로 특정한 이론의 틀에 맞추어 평가하지 않고 개인의 독특한 욕구와 견해를 존중한다.

3) 개입 과정 및 기법

해결중심모델은 사회복지사와 클라이언트 간의 대화를 통해 이루어지며 단기적 개입을 통해 문제해결을 유도한다. 단기개입방법이므로 사회복지사는 면담과정에서 의도적으로 조직화된 질문을 사용하여 클라이언트가 원하는 상담목표를 이끌어 내며 해결 중심 면담과정을 체계화한다. 다음은 해결중심모델 개입 시 진행되는 과정과 각 단계에서 필요한 기술을 소개하고 있다.

해결중심모델에서 사용하는 주요 상담기술은 경청과 인정, 호기심 갖기, 초대하기, 격려하기가 있다.

- 경청과 인정(listening & acknowledging): 경청과 인정은 사회복지사와 클라이언트 간의 신뢰 형성에 필수적이다. 사회복지사는 문제중심적 시각보다는 현재 중심적이고 해결중심적인 사고를 통해 클라이언트의 강점을 파악하고 강점을 인정해 준다. 이로 인해 클라이언트는 존중받고 있다는 느낌을 갖게 됨으로써 치료적 협력관계가 더욱 공고히 될 수 있다.
- 호기심 갖기(being curious): 클라이언트의 문제를 병리적이고 진단적인 관점이 아니라 클라이언트가 무엇을 원하는지, 문제해결을 위해 어떤 노력을 해 왔는지, 희망하는 결과를 앞으로 얻으려면 어떻게 해야 하는지를 찾기 위해 명확하게 질문하고 그 반응에 관심을 갖는 기술을 의미한다.
- 초대하기(inviting): 클라이언트가 개입 후 원하는 목표가 무엇인지, 그 목표를 달성한다는 것은 어떤 것인지를 알 수 있도록 대화에 초대하는 기술이다.
- 격려하기(encouraging): 사회복지사가 클라이언트의 문제해결과정에서 자신감을 심어 주고 용기를 북돋아 준다.

다음으로 해결중심모델에서 사용하는 주요 질문들은 다음과 같다.

- 상담 전 변화에 관한 질문(pre-session change): 대부분의 클라이언트는 첫 면담에 오기까지 문제해결을 위해 스스로 많은 노력을 한 경험이 있다. 따라서 첫 상담 전까지 어떤 변화를 시도해 왔고 그 결과는 어떠했는지에 대한 질문이 이루어진다. 따

라서 사회복지사는 상담 전 클라이언트의 변화를 민감하게 파악하고, 그동안 클라이언트가 시도한 작은 변화와 노력을 인정해 주고 격려한다.

- 예외질문(exception-finding question): 해결중심모델에서는 모든 문제에 예외적 상황이 존재한다고 가정한다. 따라서 '최근 이 문제가 발생하지 않은 때가 있었습니까?' '문제가 일어난 때와 그렇지 않은 때의 차이점은 무엇입니까?' 등의 질문을 통해 클라이언트 스스로 인지하지 못한 예외상황을 찾아내고, 그 상황에서 성공법을 찾도록 유도한다. 예외질문은 클라이언트가 자신에게 이미 문제를 해결할 수 있는 능력이 있음을 인지하게 함으로써 자신감을 고취시킨다는 장점이 있다.
- 기적질문(miracle question): 기적질문은 클라이언트가 자신의 일상생활에서 예외상황을 찾기 어려워할 때 사용한다. 기적질문은 '기적이 일어난다면 무엇이 달라질까요?'라고 질문하여, 이미 자신의 문제가 해결된 상황을 상상해 보도록 유도함으로써 클라이언트 스스로 해결방법을 탐색할 수 있는 기회를 제공해 준다.
- 척도질문(scale question): 척도질문은 클라이언트가 자신이 당면해 있는 문제의 심각성, 문제해결의 희망 정도, 자아존중감, 변화의 확신 및 의지 등을 1~10의 수치로 표현하도록 하는 질문이다. 이로써 변화에 대한 동기를 높이는 데 도움을 준다.
- 대처질문(coping question): 대처질문은 주로 자신의 미래를 절망적으로 보고 아무런 희망이 없다고 하는 클라이언트에게 주로 사용한다(이보용, 2011). 절망적인 클라이언트는 자신에게 예외상황이 있다는 점을 탐색하기 힘들어하고, 기적질문을 통해서 미래에 대한 희망을 상상하기도 꺼리는 경향이 높다. 이때 '어떻게 그 힘든 상황 속에서 지금까지 버텨 올 수 있었습니까?'라는 질문을 함으로써 클라이언트 자신에게 문제해결의 전략이 있었음을 인지시켜 문제해결의 동기를 높여 줄 수 있다.

4) 적용 사례

해결중심모델은 환자의 심리적 · 행동적 문제를 해결하기 위한 다양한 치료 프로그램에 적용될 수 있다. 예를 들어, 해결중심모델을 부모와의 분리불안을 호소하는 아동에게 적용한 결과, 아동이 자신의 감정과 상황을 스스로 조절할 수 있는 자율성과 자신감이 향상되었다. 이러한 결과는 분리불안을 호소하는 환자 스스로가 필요한 자원을 발견하게 하고 변화에 대한 의지를 고취시킴으로써 나타난 치료적 효과로 볼 수 있다(이우영, 2015). 또한 해결중심모델에 기반을 둔 치료적 접근은 청소년의 인터넷 중독 증상의 개선(문현실, 김옥희, 고영삼, 배성만, 2011), 불안과 강박행동의 치료(조윤진, 윤천성, 2015), 가정폭력 경험으로 인한 불안 감소(정은, 이경욱, 2005) 등에 효과가 있는 것으로 규명되었다. 병리적 관점과 달리 해결중심모델이 사회복지사와 내담자 간의 협력적 관계를 중요시하고 환자의 강점과 문제해결능력을 신뢰해 줌으로써 환자 스스로 자신의 목표를 설정하고 성취하도록 유도하기 때문에 의료현장에서 그 활용성이 높다고 하겠다.

4. 용서모델

1) 개 요

최근에 대인관계에서 발생하는 상처와 고통을 치유하고 부정적인 정서와 사고에 대처하는 방법으로 '용서'가 대두되고 있다(이경순, 2008; 조수아, 권석만, 임영진, 2011; 강주희, 2014; 추정인, 2014).

용서(forgiveness)란 "부당한 대우나 상처를 받은 사람이 가해자에 대한 분노나 적대감을 극복하여 상대방이 그럴 만한 자격이 없음에도 불구하고 오히려 동정이나 자비, 사랑을 베풀고자 노력하는 인지 · 정서 · 행동적 반응의 복합체"다(Enright & The Human Development Study Group, 1991).

다양한 용서모델 중에서 용서촉진을 위한 체계적이고 대표적인 모델인 Enright 용서모델을 기초로 한 다양한 프로그램이 1980년대부터 개발되어 실시되었고, 그 결과 용서가 효율적인 문제해결을 위한 중요한 요소로 제시되고 있다(오오현, 2002).

Enright 용서모델은 가해자에 대한 부정적이었던 정서·인지·행동을 보다 더 긍정적인 정서·인지·행동으로 바꾸는 과정(Enright, 2004)을 통하여 용서를 촉진시키는 치료모델이다. 그러므로 의료사회복지사는 의료현장에서 접할 수 있는 학대피해, 가정폭력 등으로 상처 입은 클라이언트와 가족을 대상으로 한 용서 프로그램을 실시할 필요가 있다.

2) 기본 개념

사람마다 지니고 있는 용서에 대한 생각은 다양하며, 용서의 정확한 의미를 알지 못할 때 진정한 용서는 어려워진다. 그러므로 용서의 개념에 대해 바르고 균형 잡힌 관점을 갖도록 하기 위해서는 용서와 혼동되는 개념과 거짓 용서에 대비한 진정한 용서의 특성을 밝혀 줄 필요가 있다(추정인, 2014). 그러므로 용서모델을 이해하기 위해 거짓 용서와 진정한 용서, 용서의 특성에 대해서 살펴보고자 한다.

(1) 거짓 용서와 진정한 용서

용서와 비슷하지만 용서가 아닌 것은 용서과정을 더 어렵게 하거나 두려움이나 거부감을 갖게도 하고 왜곡되게 할 수도 있다(김광수, 1999). 용서와 유사하지만 거짓 용서로 면제, 양해, 묵인, 정당화, 망각, 화해가 있다(Enright & The Human Development Study Group, 1991).

① 거짓 용서

- 면제(pardon): 가해자가 당연히 받아야 할 대가나 책임을 면제해 주는 것이다.
- 양해(excuse): 가해자가 도덕적 규범에 따라 행동할 능력이 부족하다고 판단되어 비난하지 않는 것이다.
- 묵인(condonation): 도덕적 잘못을 수용하고 눈감아 주는 것이다.

- 정당화(justification): 본질적으로 잘못된 행동이지만 다른 요인을 고려해서 그 행동도 무방하다고 보는 것이다.
- 망각(forgetting): 기억을 지우는 것이다.
- 화해(reconciliation): 관계를 회복하는 것을 말한다.

② 진정한 용서

거짓 용서와 진정한 용서(Enright, 2001)를 제시하면 〈표 5-2〉와 같다.

〈표 5-2〉 거짓 용서와 진정한 용서의 개념적 구분

거짓 용서	진정한 용서
묵인, 변명	자신에게 행해진 잘못을 직시하는 것이다.
정당화	상대에 대한 불쾌한 감정을 포기하는 것이다.
망각	시간이 걸리고 길고 어려운 과정이다.
참는 것	자신의 분노를 직시하는 것이다.
화해	화해는 양쪽에서 용서를 구하는 것이다.

출처: Enright(2001): 안경숙(2012)에서 재인용하여 재구성.

(2) 용서의 특성

Enright와 The Human Development Study Group(1992)은 용서 개념에 대한 심리학적 탐색을 통해 용서의 특성을 언급하였는데, 이에 대해 김광수(1997)가 정리한 것을 중심으로 제시하면 다음과 같다.

- 용서는 사람 사이에서 이루어지는 것이다. 즉, 비록 비생명체로 말미암아 인생에 깊은 상처가 발생할 수 있지만 사람과 비생명체 간에는 인격적인 용서가 일어나지 않기 때문이다.
- 용서는 상대방으로부터 깊고 개인적인, 오래 지속되는 상처를 경험한 후에 발생한다. 그 상처는 심리적 · 정서적 · 신체적 · 물질적 혹은 도덕적인 것일 수가 있다.

- 용서는 개인이 먼저 정의(justice)에 대한 의식을 가질 때에만 가능하다. 공정성에 대한 의식 없이는 도덕적 상처를 깊이 인식하고 이것을 느낄 수 없기 때문이다.
- 용서는 시간이 걸리는 길고 어려운 과정이 될 수 있다.
- 용서가 이루어지기 위해서 가해자가 먼저 사과를 해야 할 필요는 없다. 만약 그렇게 해야만 용서가 가능하다면, 용서를 통해서 나타나는 상처의 치유가 가해자의 후회나 사과 여부에 좌우될 것이다. 만약 가해자가 마음의 변화를 가지기 전에 죽었다면 피해자는 용서를 하지 못한 상태에 빠지게 되고 고통과 분노만 연장될 것이다. 따라서 용서의 선물을 주는 것은 상대방의 앞선 반응을 반드시 기다릴 필요가 없는 것이다.
- 가해자가 반드시 잘못을 의도했다고 생각할 필요가 없다. 즉, 실제 생활에서는 어떤 피해도 주지 않으려던 좋은 의도를 가진 사람에게서 상처를 받을 수도 있기 때문이다.
- 용서를 통한 문제해결에서의 어려움은 피해의 정도나 피해 이전의 관계의 질과 같은 외적 변수에 따라 달라질 수 있다.
- 항상 한 사람이 피해를 주게 되고 상대방이 피해를 입는 것만은 아니다. 용서는 관계적인 것이다. 그래서 공격을 받은 가해자가 있을 수 있다. 따라서 가해자와 피해자는 둘 다 서로를 용서할 필요성이 있는 것이다.
- 사람은 대개 다시 관계가 회복될 때 상대방을 신뢰하게 된다. 계속되는 만성적 학대와 같은 특별한 경우에 있어서 화해 없이 그리고 이 문제시되는 영역에서 신뢰를 갖지 못하면서도 용서를 할 수가 있다. 이때 용서하는 사람은 가해자를 한 인간으로 대우하지만 실제적으로는 그 특별한 영역에서 상대방의 약점을 염두에 두게 된다.
- 다른 사람을 용서하는 것은 상대에게 영향을 미치는 사랑으로 인해 자신과 상대방 모두에게 변화를 가져올 수 있다. 어떤 경우에 용서는 관계를 본래의 수준으로 회복시킬 뿐만 아니라 그 이상으로 향상시킬 수 있다.
- 용서는 선택에 의해 이루어지는 것이지 강요될 성질의 것이 아니다. 선물은 자유롭

게 제공되어야 하는 것이다.

이상의 용서의 특성에서 살펴본 바와 같이, 용서를 하는 사람이 용서의 정의에 대한 이해 없이는 부당한 상처를 느낄 수 없기 때문에(Hunter, 1978; Enright & The Human Development Study Group, 1992) 가해자를 용서하는 것은 그리 쉽지 않다. 피해자가 가해자를 용서하고 서로 화해하는 것이 곧 용서는 아님(Trainer, 1981: 박희룡, 2009에서 재인용)을 인식하고, 진정한 용서는 시간이 지남에 따라 집착을 덜하게 되는 것이 아니라(Enright, 2001), 가해행위에 대하여 그 행위를 새로운 시각으로 보고 상대방의 입장에서 사건을 재해석하면서 가해자의 처지나 입장을 이해함으로써 측은지심, 자비, 사랑 등의 긍정적인 반응으로 극복(박종효, 2003; Enright, 2001)되므로 용서는 피해자에게 내적 성장과 치유의 선물이라고 할 수 있다.

3) 개입 과정 및 기법

(1) 개입목표

용서모델의 개입목표는 용서개입을 통해 클라이언트에게 부당한 상처를 준 상대방에 대해 부정적이었던 감정과 사고, 행동을 보다 더 긍정적인 감정과 사고, 행동으로 대처하여 클라이언트의 상처와 고통을 치유하는 것이다.

(2) 개입 과정 및 기법

Enright 용서모델은 용서가 이루어지기 위해 필요한 심리적 과정을 설명하고 있다. 특히 이 과정은 4단계와 20개의 하위 단위로 구성되며 상대방의 반응과 관계없이 용서하는 사람의 개인내적 변화과정을 중심으로 이루어지는 것이 특징이다. 처음에는 부정적인 차원(분노, 원한, 적개심 등)에서 시작하여 점진적으로 긍정적인 차원(동정, 측은함, 연민, 공감, 사랑 등)으로의 심리전환을 거치면서 부당했던 상처와 상대방에게 집중되었던 마음에서 벗어나는 경험을 하게 된다(강주희, 2014). 즉, Enright는 피해자로 하여금 가해자에 대한 분노와 부정적인 감정을 버리지 못할수록 자신의 에너지가 소진되고 삶이 피폐해짐을 이해시킴과 동시에 이제까지 피해자 자신이 고통을 해결하기 위해 사용한 방법들이 효과적이지 않았음을 깨닫게 하여 새로운 문제해결 방법으로 용서를 결단하도록 한다. 그 후 가해자를 다른 시각으로 보며 가해자에 대한 이해와 공감을 이끌어 가도록 하는 것이다(위경선, 윤가현, 2011).

Enright와 The Human Development Study Group(1991)은 사람들이 저마다 상처의 정도와 깊이가 다르므로 용서모델의 4단계는 고정된 단계가 아니고, 이 모델의 단위는 각 단계의 점검사항과 같은 것들(위경선, 윤가현, 2011)로 반드시 차례로 거쳐 가야 하는 순차적 과정도 아니며, 사람마다 개인차가 존재하고 단위를 생략하기도 하고 후에 재점검할 수도 있다고 본다. 여기서 중요한 것은 피해자의 상처를 극복하도록 돕는 용서의 단위를 파악하여 그 단계를 탐색하도록 돕는 것이다(전주영, 2013).

Enright 용서과정은 용서를 점진적인 변화의 4단계인 개방단계, 결심단계, 활동단계, 심화단계로 구분되고, 각 단계마다 3~8개의 단위가 구성된다. 총 20개의 단위를 살펴보면 다음과 같다(박종효, 2003; Enright & The Human Development Study Group, 1996).

① 1단계: 개방단계

개방단계(uncovering phase)는 상처, 특히 분노가 피해자의 삶에 준 부정적인 영향에 대한 통찰을 얻음으로써 용서가 진정 필요하다고 깨닫게 되는 단계다. 이때 피해자들로 하여금 자신이 당했던 부당함에 대해 탐색해 보고 어느 정도로 분노를 느끼는지, 그 일로 인해 자신의 삶이 어떻게 변화되었는지를 살펴보도록 돕는다. 먼저 피해자들은 정서적 고통을 극복하기 위해 어떤 방어기제를 사용하는지를 살펴본다(1단위). 용서를 시작하기 위해서, 피해자들은 부당한 대우나 상처로 인해 자신이 얼마나 화가 났는지 인식해야 한다(2단위). 피해자들이 그 사건과 관련해서 죄의식이나 부끄러움을 느낀다면 어느 정도 느끼는지 가늠해야 한다(3단위). 피해자들은 고통에 대한 해결책을 찾으려고 애쓰는 과정에서 그 상황과 관련지어 지나치게 부정적인 감정에 고착될 수 있고, 그 일과 관련해서 자신이 얼마나 지쳤는지를 알게 된다(4단위). 피해자들은 이러한 정서적 고착으로 인해 마음속에 그 사건을 계속적으로 반복해서 떠올리며 괴로워하는 자신을 발견하게 된다(5단위). 그 일이 일어난 후 자신은 이렇게 괴로워하고 있는데 오히려 가해자는 어떤 고통도 느끼지 않고 잘 살고 있다는 사실을 깨닫는다(6단위). 또한 그 사건 때문에 자신이 얼마나 변했는지 알게 된다(7단위). 이런 과정을 거치면서 피해자들은 상처 자체보다 일련의 사고과정을 통해 더 많이 고통받고 괴로워한다. 개방단계의 마지막에 이르면 피해자들은 자신이 받은 상처와 심리적 고통에 기초하여 인생은 불공평하다는 결론에 이르기도 한다(8단위).

② 2단계: 결심단계

결심단계(decision phase)에서는 피해자가 자신의 피해와 가해자에게 집착되어 있는 것은 건강하지 못하고 오히려 자신의 고통을 지속시킨다는 것을 자각하게 된다. 따라서 이 단계는 용서 개념을 받아들이고 용서를 문제해결 대안으로 선택함으로써 마음의 전환을 통해 미래를 바라보며 용서할 결심을 결정하는 단계다. 용서의 결심은 일련의 과정을 거쳐서 현실화된다. 먼저, 피해자들은 상처를 해결하기 위해 자신이 사용하였던 방법들이 얼마나 효과적이었는지 평가해 보고, 이러한 방법들이 상처와 고통을 줄이는데 기여하지 못한다는 인식에 이르게 된다(9단위). 프로그램 진행자는 한 가지 대안으로 용서를 소개하고 피해자들 또한 이를 진지하게 고려하게 된다(10단위). 이러한 과정을 통해 피해자는 자신에게 잘못을 저지른 사람을 용서하기로 결심하게 된다(11단위).

③ 3단계: 활동단계

활동단계(work phase)에서는 피해자가 일단 용서하기로 결심하면 가해자를 다른 눈으로 보고 공감과 동정심을 느끼면서 부정적인 감정들을 해소할 수 있게 된다. 즉, 이 단계는 자신에게 잘못을 저지른 사람을 새로운 눈으로 바라보는 과정들로 구성된다. 비록 용서하기로 결심했다고 하더라도 바로 용서할 수 있는 것이 아니기 때문에 결심한 후 다음과 같은 심리과정을 경험해야 한다. 피해자는 자신에게 잘못을 저지른 사람의 입장을 이해해 보려고 시도함으로써 재구조화를 하기 시작한다(12단위). 재구조화의 목적이

상처를 간과(묵과)하는 데 있는 것이 아니라 가해자를 이해하는 데에 있다는 것이 중요함을 알게 됨으로써 피해자는 가해자의 입장이 되어서 그가 경험했을 혼란, 불안 그리고 스트레스를 이해하려고 노력하여 정서적 동일시를 가져오며 공감하게 된다(13단위). 그럼으로써 가해자에 대한 동정심이나 공감을 발달시키는 과정을 경험한다(14단위). 또한 자신의 고통을 다른 사람에게 전가하지 않도록 고통을 흡수하고 수용하는 '고통 감내하기'를 시도한다(15단위). 여기에 이르면, 사람들은 비로소 자신에게 잘못을 저질렀

〈표 5-3〉 Enright 용서모델

단 계	단위별 특징
개방단계	1. 방어기제 탐색하기 2. 분노 직면하고 표출하기 3. 수치감 수용하기 4. 피해 사건으로 인해 에너지가 소진되었음을 인식하기 5. 반복적으로 머릿속에서 피해 사건 시연하기 6. 피해자인 자신과 가해자인 상대방 비교하기 7. 피해 사건 때문에 부정적으로 변화된 자신의 모습 인식하기 8. 세상은 공평하지 않다는 결론에 이르기
결심단계	9. 심정 변화: 고통을 해소하기 위해 시도했던 방법들이 효과적이지 않았음을 깨닫기 10. 고통 해소의 한 가지 대안으로 용서 고려하기 11. 가해자를 용서하기로 결심하기
활동단계	12. 재구조화: 가해자가 처해 있었던 상황을 고려하면서 그를 이해하려고 노력하기 13. 가해자 공감하기 14. 가해자를 측은히 여기는 마음(동정심) 갖기 15. 무고한 사람에게 고통을 전가하지 않기 위해 고통 감내하기
심화단계	16. 용서한 후, 자신과 다른 사람에 대한 이해의 폭이 넓어졌음을 깨닫기 17. 과거를 되돌아보고 자신도 용서받아야 할 사람이라는 사실을 수용하기 18. 사람은 혼자 살 수 없으며 다른 사람의 도움이 필요하다는 사실을 인식하기 19. 성숙한 자신을 발견하고 새로운 삶의 의미를 찾기 20. 부정적인 감정이나 마음의 짐에서 완전히 벗어나기

출처: Enright & The Human Development Study Group(1996): 박종효(2003)에서 재인용하여 편집.

던 사람에게 보복하려고 하기보다는 그 사람이 저지른 잘못에도 불구하고 자신처럼 존귀한 인간으로 인정하고 수용하게 된다.

④ 4단계: 심화단계

심화단계(deeping phase)는 용서하는 사람이 보다 넓은 관점에서 상처와 고통의 새로운 의미를 발견하고 해방감을 얻게 되는 단계다. 이때 용서의 과정을 이해하면서 피해자는 자신에 대해 이해할 뿐만 아니라 가해자의 입장이 되어 가해자를 이해할 수 있게 된다(박희룡, 2009; 안경숙, 2012; 정성진, 2011). 즉, 사람들은 그동안 겪은 심리적 고통과 상처 속에서 새로운 의미를 찾아낸다(16단위). 또한 자신도 언젠가 누군가에게 잘못을 저질렀을지도 모른다는 생각과 함께 그 사람에게 용서를 빌어야겠다는 생각을 하게 된다(17단위). 또한 사람들은 용서를 구하는 과정에서 다른 사람으로부터 도움이나 지원을 받을 수밖에 없는 나약한 존재임을 깨닫게 된다(18단위). 사람들은 고통과 용서를 경험하면서 자신이 성숙했음을 깨닫게 되고 새로운 삶의 목표를 찾는다(19단위). 마지막으로, 용서한 사람은 심리적 고통으로부터 완전히 자유로워지는 느낌을 갖는다(20단위).

이상의 Enright 용서모델을 정리하면 〈표 5-3〉과 같다.

4) 적용 사례

의료현장에서 발견되는 학대피해 노인들은 학대경험으로 인해 심리적 · 사회적 · 신체적 · 행동적 차원을 포함한 삶의 전 영역에 심각한 피해를 입게 된다. 그러므로 치료적 개입의 필요성이 절실한 가운데 최근에 인간관계에서 발생하는 갈등과 상처를 해결하는 방법으로 용서 프로그램을 실시할 필요가 있다(추정인, 2014).

학대피해 노인을 위한 뇌교육을 활용한 용서 프로그램의 목적은 용서과정을 경험함으로써 역기능을 일으키는 부정적인 특성들(우울, 불안, 분노, 혈압, 맥박)을 감소시키고, 긍정적인 특성들(용서, 자아존중감)을 향상시키는 것이다. 용서 프로그램은 Enright 용서모델을 토대로 하여 5단계 10회기로 구성되었고, 도입단계(1회기), 개방단계(2, 3, 4회기),

결심단계(5회기), 활동단계(6, 7, 8회기), 심화단계(9, 10회기)로 각 단계마다 회기별로 그 단계에 적합한 뇌체조, 명상, 호흡을 특징으로 하는 뇌교육 활동이 포함되었다.

프로그램 참여자는 학대피해 노인으로 실험집단 14명, 비교집단 16명이었으며, 프로그램은 매주 1회 120분씩 총 10회 실시하였다. 그 결과 용서 프로그램이 학대피해 노인의 용서와 자아존중감, 우울, 불안, 분노에 긍정적 효과가 있는 것으로 나타났다.

학대피해 노인을 대상으로 실시한 용서 프로그램의 내용은 〈표 5-4〉와 같다.

〈표 5-4〉 뇌교육 활용 용서 프로그램 단계별 구성내용

단계	회기	목표	활동 주제	내용
도입	1	• 집단 프로그램의 성격, 목표 이해하기 • 프로그램 참여동기 촉진하기 • 집단성원 간 관계 형성하기	오리엔테이션	1. 혈압 및 맥박 체크 2. 프로그램 일정, 목적과 진행방법 소개하기 3. 자기소개 및 별칭 짓기 4. 집단규칙 및 구호 정하기 5. 프로그램에 대한 기대 나누기 6. 뇌체조, 에너지집중명상, paced호흡 7. 연구참여동의서 쓰기 8. 사전검사
개방	2	• 자기개방 및 타인에 대한 이해 촉진하기	마음의 문 열기	1. 뇌체조, 소리명상, 단전호흡, 노래 2. 나의 상태는?(파프리카와 노화그림 ppt) 3. ○△검사 4. HTP 검사 5. 보내지 않는 영상편지 쓰기 및 나눔
	3	• 상처 경험 시 어떤 반응을 보이는지 알기	마음속 들여다보기	1. 뇌체조, 뇌파진동명상, 단전호흡, 노래 2. 감정 그려 보기(기쁨, 슬픔, 외로움, 화남) 3. 나의 인간관계 경험 돌아보기(sheet) 4. 건강과 감정관리(화병 동영상) 5. 상처를 준 사건에 대한 이야기하기(마음속 들여다보기 sheet) 6. 상처에 대한 심리적 방어기제 이해하기 7. 상처받았을 때 나의 반응 살펴보기(생각, 감정, 행동 sheet)
	4	• 상처 경험 시 어떻게 대처하는지, 그러한 대처가 어떤 효과가 있는지를 자각 · 표현 · 평가하기	상처 자각 및 표현하기	1. 뇌체조, 소리명상, 호흡명상, 노래 2. 분노와 건강(화병과 신체의 증상 동영상) 3. 긍정에너지와 부정에너지(에너지 ppt) 4. 내면적 상처와 분노의 감정 인정하기 5. 분노 직면하기(역할연기: 빈 의자 기법) 6. 분노에 대한 대처방식 평가해 보기(sheet)
결심	5	• 상처 경험 시 대처, 문제해결 전략으로서 용서를 바르게 이해하고 용서를 선택, 결정하거나 용서에 대한 자신의 입장을 분명히 하기	용서의 이해, 선택, 결정	1. 뇌체조, 뇌파진동명상, 뇌호흡, 노래 2. 화를 다스리는 명상(동영상) 3. 용서에 대한 나의 반응과 경험 나누기 4. 용서에 대한 이해(용서의 의미, 거짓 용서와 진정한 용서) 5. 용서의 필요성 및 용서를 방해하는 것들 알아보기 6. 용서에 대한 나의 생각과 입장 점검 7. 용서 선택하기(용서 서약서 작성)

활동	6	• 상처 경험 시 나타나는 생각을 효과적으로 다루는 방법을 익히고 활용함으로써 자기회복, 자기치유를 가져오는 용서 촉진하기	용서작업 I (생각 다루기)	1. 손유희체조, 뇌파진동명상, 뇌호흡, 노래 2. 건강과 뇌체조(ppt) 생각한 대로 이루어진다(동영상) 3. 사실 바라보기 4. 나의 생각 점검하기 5. 생각 전환하기 6. 새로운 눈으로 보기
	7	• 상대방의 입장에서 느껴 보는 능력을 키움으로써 상처 경험에서 나타나는 부정적 감정을 극복하고 자기회복, 자기향상을 통한 내적 성장을 가져오는 적극적인 용서 촉진하기	용서작업 II (감정 다루기)	1. 웃음체조, 뇌파진동명상, 호흡명상, 노래 2. 건강과 웃음(동영상) 3. 건강한 삶을 위한 웃음명상(ppt) 시연 4. 상대방에 대한 감정 돌아보기 5. 상대방의 입장 되어 느껴 보기(공감하기) 6. 따뜻한 마음 품기 7. 다른 사람으로부터 용서받을 필요성 느끼기
	8	• 상처 준 사람에 대한 용서를 선택하고 동화함으로써 결국 용서가 자신에게 긍정의 선물임을 체율체득하기	용서작업III (행동 다루기)	1. 웃음체조, 뇌파진동명상, 뇌호흡, 노래 - 뇌파진동명상 시연 2. 나의 세계관 변화시키기 3. 말의 힘, 물 사진(동영상) 4. 고통을 받아들이기 5. 나에게 상처 준 사람에게 선물하기 6. 용서하기/용서 구하기 계획 세우기 및 실천경험(체율체득) 공유
심화	9	• 용서 과정 전체를 정리하고, 재검토하여 용서의 유익과 가치를 재음미하여 과거의 부정적인 반응에서 벗어나 용서의 삶을 통하여 미래의 긍정적인 자아존중감을 향상시키기	희망 그리기	1. 손유희체조, 브레인스크린명상, 뇌호흡, 노래 2. 사랑주기(활공) 시연 3. 용서과정 전체 내용 돌아보기 4. 용서를 통한 희망 찾기(교육) 5. 나의 인생곡선 그리기(ppt, sheet)
	10	• 프로그램 평가와 생활 속에서 실천 다짐하기	집단 프로그램 마무리	1. 손유희체조, 브레인스크린명상, 뇌호흡, 노래 2. 종결파티 3. 전체 프로그램 평가 및 소감 나누기 4. 사후검사지 작성 5. 혈압 및 맥박 체크 6. 개별평가

출처: 추정인(2014).

정리해 봅시다

❶ 위기개입모델

위기개입모델이란 위기에 처해 있는 사람들을 대상으로 즉각적인 개입을 통해 단기간 내에 전문적인 도움을 제공하는 실천모델이다. 위기의 구성요소로서 ① 특정 사건, ② 대처할 수 없다는 인식, ③ 스트레스 상황에 대한 다른 반응, ④ 짧은 지속기간, ⑤ 적응과 부적응의 위기반응이 있다.

❷ 인지행동모델

인간의 감정과 행동은 사고와 밀접하게 연결되고 있다는 점을 강조한 인지행동모델은 인간이 생각하고 느끼고 행동하는 것이 상호 관련된다는 전제하에, 정보처리과정에 주목하는 인지이론과 사회학습을 근간으로 하는 행동이론을 절충적으로 적용한 것이다.

*벡(Beck)의 인지모델: 벡은 문제의 원인을 인지 왜곡 및 오류로 보고, 감정이나 행동을 결정하는 것은 사건이나 상황 자체가 아니라 그것에 대한 해석이나 평가에 달려 있다고 가정하였다.

- 도식 혹은 스키마
- 자동적 사고
- 인지적 왜곡

*엘리스(Ellis)의 합리정서행동모델: ABCDE 이론이라고도 하며, 인간의 적응문제가 합리적 사고방식의 유무에 의하여 크게 좌우된다고 보는 관점이다.

- 비합리적인 신념의 네 가지 차원
- ABCDE 이론

❸ 해결중심모델

해결중심모델은 그 근본 가치가 인간에 대한 긍정적 철학에 바탕을 두고 있으며, 문제를 갖고 찾아오는 클라이언트가 이미 자신의 문제를 해결할 수 있는 능력을 가지고 있다는 전제에서 출발한다. 즉, 도움을 받는 수동적 존재로서 클라이언트를 바라보기보다, 클라이언트가 자신의 장점, 강점, 건강한 특성, 과거의 성공적 경험을 토대로 스스로 문제를 해결할 수 있다는 신념을 갖고 있다.

❹ 용서모델

Enright 용서모델은 가해자에 대한 부정적이었던 정서 · 인지 · 행동을 보다 더 긍정적인 정서 · 인지 · 행동으로 바꾸는 과정(Enright, 2001)을 통하여 용서를 촉진시키는 치료모델이다.

참고문헌

강지영(2008). 해결중심 집단상담프로그램이 결손 가정 아동과 일반 가정 아동의 대인 불안 및 사회성에 미치는 효과. 전주교육대학교 대학원 석사학위논문.

강주희(2014). 가정폭력 피해여성을 위한 용서 집단상담 프로그램 개발 및 효과성 평가. 건국대학교 대학원 박사학위논문.

권진숙, 김정진, 전석균, 성진모(2014). **정신보건사회복지론(제3판)**. 경기: 공동체.

길귀숙, 강희숙, 김상곤, 오영훈, 유용식, 이재호, 임승희, 천덕희, 현영렬(2015). **사회복지실천기술론**. 경기: 양서원.

김광수(1997). 용서 모델과 청소년 상담. **청소년상담연구**, 5(1), 145-182.

김광수(1999). 용서교육프로그램 개발. 서울대학교 박사학위논문.

문현실, 김옥희, 고영삼, 배성만(2011). 인터넷중독 청소년에 대한 해결중심 상담프로그램의 치료효과 연구. **한국가족치료학회지**, 19(3), 123-140.

박종효(2003). 용서와 건강의 관련성 탐색. **한국심리학회지: 건강**, 8(2), 301-321.

박희룡(2009). 가족관계 갈등경험자에 대한 용서상담 프로그램의 효과분석-용서정도와 분노 및 자아존중감 중심. 한남대학교 사회문화대학원 석사학위논문.

설진화(2013). **사회복지실천기술의 이해**. 경기: 양서원.

안경숙(2012). Enright의 용서과정프로그램이 중년여성의 용서, 우울, 분노 및 자아존중감에 미치는 영향. 용문상담심리대학원대학교 석사학위논문.

양정남, 이유리, 박순희(2014). **사회복지실천기술론**. 경기: 양서원.

오오현(2002). 기독교인 용서상담 프로그램 개발 및 적용. **한국기독교상담심리학회지**, 4, 117-

150.

원요한(2007). **사회복지실천기술론**. 경기: 학연사.

위경선, 윤가현(2011). 과거 상처 경험에 대한 노년기 용서과정. **한국노년학연구**, 20, 63-83.

이경순(2008). 용서 과정에 대한 질적연구: 근거이론을 중심으로. **한국심리학회지: 건강**, 13(1), 237-252.

이우영(2015). 분리불안 아동에 대한 해결중심 치료적 적용-말러(Mahler)의 분리 개별화 이론을 중심으로. **해결중심치료학회지**, 2(1), 21-40.

이윤로, 홍영수(2005). **의료사회사업론(개정판)**. 서울: 학지사.

이현림(2008). **상담이론과 실제**. 경기: 양서원.

장수미, 최정숙, 박형원, 김주현, 홍현미라, 이혜경, 이영선, 한인영(2010). **사회복지실천기술론**. 서울: 학지사.

전주영(2013). 초등 용서교육을 위한 드라마프로그램 개발 연구. 서울교육대학교 교육대학원 석사학위논문.

정성진(2011). 용서과정 척도 개발. 가톨릭대학교 대학원 박사학위논문.

정은, 이경욱(2005). 가정폭력 피해 모녀에 대한 해결중심 가족치료 사례 연구. **가족과 가족치료**, 13(1), 1-29.

조수아, 권석만, 임영진(2011). 용서신념척도의 개발 및 타당화 연구. **한국심리학회지: 임상**, 30(1), 1-19.

조윤진, 윤천성(2015). 해결중심단기상담을 통한 불안과 강박행동에 대한 사례연구. **평생교육리더쉽연구**, 2(1), 6-24.

추정인(1999). 여성 신장이식환자의 스트레스 대처를 위한 집단 프로그램 적용에 관한 연구-인지행동모델을 중심으로-. 이화여자대학교 사회복지대학원 석사학위논문.

추정인(2003). 여성신장이식환자의 스트레스 관리 집단 프로그램. **의료와 사회복지**, 2, 154-179.

추정인(2014). 학대피해 노인을 위한 뇌교육 활용 용서프로그램 개발 및 효과 연구. 국제뇌교육종합대학원대학교 박사학위논문.

Bard, M., & Ellison, K. (1974). Crisis intervention and inverstigation of forcible rape. *Police Cheif, 41*(5), 68-74.

Brammer, L. M. (1985). *The Helping Relationship: Process and Skills* (3rd ed.). Upper Saddle

River, NJ: Prentice Hall.

De Shazer, S. (1985). *Keys to Solution in Brief Therapy.* New York: W. W. Norton & Company.

Enright, R. D. (2004). **용서치유: 용서는 선택이다**(채규만 역). 서울: 학지사. (원전은 2001년에 출판).

Enright, R. D., & The Human Development Study Group (1991). The moral development of forgiveness. In W. Kurtines & J. Gerwirtz (Eds.), *Handbook of Moral Behavior and Development* (Vol. 1, pp. 123-152). Hillsdale, NJ: Lawrence Erlbaum.

Enright, R. D., & The Human Development Study Group (1992). Interpersonal forgiveness within the helping professions: An attempt to resolve differences of opinion. *Counseling and Values, 36*, 84-103.

Enright, R. D., & The Human Development Study Group (1996). Counseling within the forgiveness triad: On forgiving, receiving forgiveness and self-forgiveness. *Counseling and Values, 40*, 107-126.

France, K. (1990). *Crisis Intervention: A Handbook of Immediate Person-to-person Help* (2nd ed.). Springfield, IL: Charles C. Thomas.

Hunter, R. C. A. (1978). Forgiveness, retaliation, and paranoid Reactions. *Canadian Psychiatric Association Journal, 23*, 161-173.

James, R., & Gilliland, R. (2008). **위기개입(개정판)**(한인영, 장수미, 최정숙, 박형원, 이소래, 이혜경 역). 서울: 나눔의집. (원전은 2006년에 출판).

Parad, H. J., & Parad, L. G. (1990). Crisis intervention: An introductory overview. In H. J. Parad & L. G. Parad (Eds.), *Crisis Intervention Book 2: The Practitioner's Sourcebook for Brief Therapy* (pp. 3-68). Milwaukee, WI: Family Service America.

Puryer, D. A. (1979). *Helping People in Crisis.* San Francisco: Jossey-Bass.

Roberts, A. R. (2005). *Crisis Intervention Handbook: Assessmemt, Treatment, and Research* (3rd ed.). New York: Oxford University Press.

제3부

의료사회복지 분야별 실천 및 과제와 전망

제 6 장

일반의료 1

학습개요

사람들은 갑작스러운 질병의 진단으로 급성적인 스트레스를 경험하게 되는데, 이 장에서는 중증질환 중에서 암, 심장병, 희귀난치성질환의 특성을 이해하고 그에 따른 의료사회복지사의 개입방법에 대해 소개하고자 한다. 우리나라 전체 사망 원인 1위를 차지하고 있는 암은 치료방법이 복잡하고 다양하고 부작용도 많기 때문에 진료비 문제뿐만 아니라 사회경제적 부담이 증가하고 있어 환자와 가족이 겪게 되는 어려움도 증가하고 있다. 소아암은 성인암과 달리 치료성적이 좋아 완치율이 높아짐에 따라 생존 이후의 문제에 관심이 높아지고 있다. 또한 생활습관과 밀접한 관련을 갖고 있는 심장병은 최근 연령의 증가와 식생활의 변화에 따라 발병빈도가 증가하고 있다. 희귀난치성질환은 질병의 희소성과 난치성으로 치료과정에서 사회적 지지체계가 미약하기 때문에 치료를 유지하는 데 어려움이 있다. 이 장에서는 이러한 질환들의 특성을 이해하고 특성에 따른 의료사회복지사의 개입방법을 소개하고자 한다.

학습목표

1. 암(소아암)과 암 환자의 특성을 이해하고 의료사회복지사의 역할과 개입방법을 이해한다.
2. 심장병의 특성을 이해하고 의료사회복지사의 역할과 개입방법을 이해한다.
3. 희귀난치성질환의 특성을 이해하고 의료사회복지사의 역할과 개입방법을 이해한다.

1. 암

1) 질환의 이해

(1) 정 의

인간의 몸을 구성하고 있는 가장 작은 단위를 세포(cell)라고 부르는데, 세포는 세포 내 조절기능에 의해 분열하며 성장하고 죽어 없어지면서 그 수의 균형을 유지한다. 어떤 원인으로 세포가 손상을 받는 경우 치료를 통해 회복하여 정상적인 세포로 역할을 하게 되나, 회복이 안 된 경우 스스로 죽게 된다. 그러나 여러 가지 이유로 세포의 유전자에 변화가 일어나면 비정상적으로 세포가 변하여 불완전하게 성숙하고 과다하게 증식하게 되는데, 이를 암(cancer)이라 정의할 수 있다. 또한 암에는 주위 조직 및 장기에 침입하고 이들을 파괴할 뿐 아니라 다른 장기로 퍼져 갈 수 있는 특징이 있다. 암은 억제가 안 되는 세포의 증식으로 정상적인 세포와 장기의 구조와 기능을 파괴하기 때문에 진단과 치료의 중요성이 더 강조된다.

(2) 암 발생 현황과 생존율

보건복지부 중앙암등록본부 및 지역암등록본부에 등록된 자료에 따르면 우리나라의 암 발생 현황은 2012년 인구 10만 명당 445.3명이다. 2012년 가장 많이 발생한 암은 갑상선암이었고 다음으로 위암, 대장암, 폐암, 유방암, 간암, 전립선암의 순으로 많이 발생하는 것으로 나타났다. 남자의 경우 위암, 대장암, 폐암, 간암, 전립선암 순이었으며, 여자의 경우 갑상선암, 유방암, 대장암, 위암, 폐암 순이었다. 또한 모든 암의 연령표준화 발생률[1]은 1999년 10만 명당 219.9명에서 2012년 10만 명당 319.5명으로 증가하여 연평

---

1) 연령표준화발생률: 각 연령군에 해당하는 표준인구의 비율을 가중치로 주어 산출한 가중평균발생률로 연령 구조가 다른 지역 간 혹은 기간별 암 발생률을 비교하기 위해 사용함.

균 3.5% 증가한 것이 관찰되었다.

국가암등록자료에서 1993년부터 2012년까지 암을 진단받은 환자 중 통계청 사망자료와 행정자치부 주민등록전산망에서 2013년 12월 31일까지 생사가 확인된 2,405,894명에 대해 생존율을 분석한 결과, 2008~2012년 암 발생자의 5년 상대생존율(이하 생존율)[2]은 68.1%로 성별로는 여자의 생존율(76.6%)이 남자(59.6%)보다 더 높았다. 이는 생존율이 높은 갑상선암(100%) 및 유방암(91.3%)이 남성보다 여성에서 더 많기 때문인 것으로 추정된다.

'암 정복 10개년 계획' 시행 이전인 1993~1995년과 비교할 때 대부분의 암종에서 2008~2012년 사이 5년 생존율이 증가했으며, 전립선암(36.4%p), 위암(28.7%p), 비호지킨 림프종(20.9%p), 대장암(20.0%p), 간암(19.4%p), 유방암(13.4%p)의 5년 생존율이 크게 증가했다.

암 발생률이 증가하고 있고 치료 후 5년, 10년 생존율도 20년 전과 비교했을 때 증가하고 있는 것을 알 수 있는데, 결과적으로 암 유병률이 높아지고 있다고 할 수 있다. 전국 단위 암 발생 통계를 산출하기 시작한 1999년부터 2012년까지 암 경험자는 총 1,234,879명(2013년 1월 1일 기준)으로 나타났는데, 이는 2012년 전체 인구(50,345,333명) 41명당 1명(전체 인구대비 2.5%)이 암 치료를 받고 있거나 암 치료 후 생존하고 있는 것을 의미한다.

(3) 진단과 치료

우리나라에 흔한 암의 진단방법 중 우선 위암의 경우 위내시경검사, 폐암인 경우 기관지내시경검사와 CT 촬영, 대장암의 경우 대장내시경검사와 복부 CT 촬영이 중요하며, 그 외 전이된 부위에서 조직검사를 실시하게 된다. 즉, 해당 장기에서 조직검사를 하고 전이를 확인하기 위해 CT나 MRI 촬영을 한다. 조직검사는 암의 확진을 위해 가장 중요한 기본적인 검사이고, 이렇게 조직검사로 진단이 되면 CT, MRI, PET/CT 등을 촬영

2) 5년 상대생존율: 해당 기간 중 발생한 암 환자가 5년 이상 생존할 확률을 추정한 것으로 암 이외의 원인으로 사망했을 경우의 효과를 보정하기 위하여 관찰생존율을 일반인구의 기대생존율로 나누어 구한 값임.

하여 암의 퍼진 정도를 확정하고 병기를 결정하게 된다. 암의 병기란 암이 진행되고 퍼져 나가는 정도로 암의 크기(혹은 침범의 깊이), 림프절(임파선) 침범 및 전이 유무로 결정하며 암의 병기에 따라 치료결과(생존율)가 달라지는데 1, 2기인 경우 생존율이 높고 3, 4기로 진행된 경우 생존율이 낮다(박종우 외, 2010).

암 치료의 주요 목적은 암으로 인한 구조적 · 기능적 손상을 회복시킴으로써 환자를 치유하는 것과 만일 치유가 불가능한 경우 더 이상의 암의 진행을 막고 증상을 완화시킴으로써 수명을 연장하고 삶의 질을 높이는 것이다.

암 치료방법은 크게 수술치료, 항암화학요법, 방사선치료로 구분되는데 암의 종류, 병기, 환자의 전신 상태에 따라 치료방법이 결정된다. 이 외에 면역치료, 주로 혈액암 환자들에게 시행되는 조혈모세포이식 등이 있다. 암 치료에 있어서는 부작용이 생길 가능성이 높기 때문에 치료 효과를 최대화하고 부작용을 최소화하는 방법을 고려하게 된다.

수술치료는 그 목적에 따라 진단적 수술, 근치적 수술, 예방적 수술, 완화적 수술로 나눌 수 있다. 수술로 인한 합병증은 발현시기에 따라 급성과 만성으로 나눌 수 있는데, 급성 합병증은 수술 직후에 일어나는 합병증으로 출혈, 장폐색, 혈관손상, 요관손상, 직장파열, 폐렴, 폐색전증 등이 있고, 만성 합병증으로는 장기의 기능장애가 있을 수 있다. 이러한 합병증이 생기는 원인은 암을 완전히 절제하기 위해 장기적출 및 광범위한 주변 조직절제술, 림프절절제술을 동시에 시행하기 때문이다.

항암화학요법은 약물, 즉 항암제를 사용하여 암을 치료하는 것으로 전신에 퍼져 있는 암세포에 작용하는 전신적인 치료방법이다. 항암화학요법을 통한 치료의 목적은 암의 종류와 진행 정도에 따라 다르지만 일반적으로 항암화학요법은 완치를 목적으로 하는 암의 치료(cure cancer), 암의 성장이나 암세포가 퍼지는 것을 억제하여 생명을 연장하고 최선의 삶의 질을 제공하기 위한 암의 조절(control cancer), 암의 크기를 줄여 증상을 완화하여 삶의 질을 향상시키는 데 도움을 주기 위한 완화(palliation)의 목적으로 시행한다. 항암화학요법은 다양한 부작용이 나타나지만 항암화학요법이 끝나면 정상세포들이 빠르게 회복하기 때문에 대부분의 부작용이 점차 사라지게 된다. 그러나 경우에 따라서는 영구적 손상으로 남기도 한다.

방사선치료의 목표는 정상세포를 최대한 보호하면서 모든 유해한 암세포를 파괴하는 것이다. 방사선치료의 목적은 암의 치료에 있으나 때로는 치료가 더 이상 가능하지 않을 때 환자의 증상을 완화시키거나 암 성장을 억제시키기 위해 이용되기도 한다. 최근에는 특수 방사선치료가 발달함에 따라 이를 기존의 다른 암 치료방법과 함께 사용하여 암이 발생한 장기를 상실하지 않으면서도 비슷한 수준의 완치율을 얻을 수 있게 되었으며, 통증과 출혈 없이 뇌종양 수술을 하는 것도 가능하게 되었다. 특수 방사선치료의 대표적인 예로는 3차원 입체조형 방사선치료, 정위적 방사선수술, 강도변조 방사선치료 등을 들 수 있다. 방사선치료의 부작용은 방사선이 적용된 특정 부위나 범위, 조사된 방사선의 양, 환자의 건강상태에 따라 치료 후 몇 주 내에 다양하게 나타날 수 있다.

(4) 소아암의 특성

2012년에 발표된 한국중앙암등록본부 자료에 의하면 2010년에 우리나라에서는 연평균 202,053건의 암이 발생하였는데, 그중 소아암 환자 수는 1,124건이며 전체 발생한 암 환자의 약 0.56%를 차지할 정도로 발생빈도가 낮은 편이다.

소아암의 종류는 크게 백혈병, 림프종, 고형암 등 세 가지로 분류된다. 백혈병은 조혈세포에 발생하는 암이고, 림프종은 림프계에 발생하는 암이고, 고형암은 뼈, 근육, 뇌, 장기 또는 다른 신체 조직에 발생하는 암이다(소아암그룹, 2013).

소아암은 보통 18세 미만에서 생기는 암으로서 아동에게 많이 생기는 암은 성인에서 생기는 암과 종류가 다르다. 소아에서는 백혈병, 뇌종양, 악성림프종, 신경모세포종, 윌름스종양 등이 생긴다. 또한 소아암은 성인에서 생기는 암들에 비하여 치료가 잘되는 편이며, 아동에게 가장 많은 백혈병의 경우 완치율이 60~70% 이상이어서 성인에게 생기는 암에 비하여 치료성적이 매우 높다. 따라서 소아암은 완치된 후에 아이들이 오랫동안 학교와 사회에 적응하며 살아야 하기 때문에 병이나 치료와 관련된 후유증이나 부작용을 최소화하는 것이 중요하다(유철주 외, 2007). 따라서 소아암의 치료과정에는 의사, 간호사뿐만 아니라 사회복지사, 병원학교 교사, 영양사, 약사 등 여러 팀의 협력이 필요하다.

소아암의 치료는 성인암의 치료와 다르지 않게 항암화학요법, 방사선치료, 수술, 조혈모세포이식 등의 방법을 사용하는데, 성인에 비해 치료기간이 길고 복잡하다.

2) 환자와 가족의 심리사회적 특성

(1) 성인암

암은 중증질환으로 1983년 이후 우리나라 전체 사망 원인의 1위를 차지하고 있고 유병률도 점차 높아지고 있어 국가가 암 예방과 조기발견, 조기치료를 위해 다양한 정책을 펼치고 있다. 또한 지금까지 살펴본 바와 같이 암의 치료방법이 복잡하고 다양하고 부작용도 많기 때문에 진료비 문제뿐만 아니라 사회경제적 부담이 증가하고 있어 환자와 가족이 겪는 어려움도 증가하고 있다. 따라서 의료사회복지사는 이러한 환자와 가족의 어려움을 이해하는 것이 중요하고, 환자에 따른 지원계획을 수립하고 서비스를 제공하는 것이 필요하다.

암 진단을 받은 환자는 암의 5년 생존율이 높아지고 있음에도 불구하고 암에 걸리면 치료가 어렵고, 치료가 되더라도 사회경제적 활동을 하지는 못할 것이라는 막연한 생각을 하게 된다. 또한 암 치료에 대한 불확실성으로 두려움을 경험하고 치료과정에서 발생하는 외모 변화, 식생활 변화, 가족 내에서의 역할 변화, 사회적 역할 변화 등으로 우울과 불안을 경험하게 된다. 이러한 우울과 불안은 급성적인 스트레스 상황에서 발생할 수 있는 정상적인 반응으로 이해할 수 있지만 장기간의 치료를 필요로 하는 암 환자의 경우 치료를 포기하는 등 치료과정에 악영향을 줄 수 있기 때문에 진단 초기에 조기개입을 통해 예방하는 것이 중요하다.

또한 암 환자의 자살위험은 일반인에 비해 1.3~3배 정도 높은 것으로 보고되고 있고, 우리나라 암 환자를 대상으로 한 조사에서도 일반인과 비교해 암 환자의 자살률이 높았으며, 5년 이상 생존한 암 환자를 대상으로 한 조사에서 암 이외의 원인으로 사망한 경우의 8%가 자살에 의한 것으로 나타났다(한인영 외, 2013). 따라서 의료사회복지사는 진단 초기에 환자와 환자의 지지체계를 대상으로 상담과 자살예방교육을 시행하는 것이 필요하다.

우리나라의 경우 암이 확진된 후 의료진이 환자 본인에게 직접 정확한 사실을 알리기 전에 보호자인 가족에게 이러한 사실을 알리고 환자에게 어떻게 알리는 것이 좋은지를 상의하는 경우가 많다. 그러면 대부분의 환자 가족은 환자보다 먼저 암 진단 사실을 알게 되어 환자에게 언제 어떤 방법으로 알려야 하는지를 고민하게 된다. 게다가 병기가 높거나 전이된 상태라고 한다면 더더욱 사실을 알리지 못하고 고민이 깊어지는 경우를 볼 수 있다.

암 진단 사실을 알린 후에도 가족들은 치료비 마련의 문제와 변화된 역할을 받아들이고 환자를 간병하는 문제까지 전적으로 책임져야 하다 보니 심리사회적인 부담이 가중된다. 환자가 주 소득원인 경우 갑작스럽게 가구 내 소득활동이 중단되고, 심각한 경우 실직이라도 하게 된다면 가족 구성원의 최소한의 생계유지가 위협을 받게 된다. 그 외에도 환자가 노부모인 경우, 어린 자녀를 둔 가장인 경우, 사춘기 자녀를 둔 부모인 경우, 배우자인 경우, 독거노인인 경우, 재혼가족인 경우 등 환자와 가족이 처한 상황이 모두 다르기 때문에 의료사회복지사는 가족의 심리사회적 특성을 일반적으로 이야기하기보다는 가족의 발달주기에 따른 가족의 과업을 이해하고 암 진단이 가족 역할 및 관계에 어떠한 영향을 미치는지를 파악하는 것이 매우 중요하다.

(2) 소아암

소아암 환아는 치료과정에서 부정적인 정서 상태를 경험한다고 한다. 먼저, 치료로 인해 달라진 외모에 대해 주위 사람들이 어떻게 반응할지 걱정하고 두려워하는 마음이 아동의 불안을 증가시키고 다른 또래 친구들과 같은 활동을 하지 못하기 때문에 우울해질 수 있다. 두 번째로, 암 치료의 부작용, 신체적 피로감으로 인한 짜증, 적절한 감정 표현 방법을 배우지 못한 것으로 인한 과도한 분노, 손으로 때리거나 발로 차는 등의 공격적인 성향이 나타나기도 한다. 세 번째로, 학교나 유치원에서 또래집단 활동을 했던 아동들은 학교에 복귀하는 과정에서 또래 친구들과 함께 학교생활을 하는 데 어려움을 겪으면서 사회적 고립감을 느낄 수 있고 자아정체성의 혼돈을 경험할 수 있다(유철주 외, 2007).

소아암은 성인암에 비해 치료성적이 좋다는 결과들이 있음에도 불구하고 아이가 암 진단을 받은 것에 대한 가족, 특히 부모의 심리사회적 충격은 매우 크다. 소아암 부모는 진단 초기에 갑작스러운 진단으로 인해 슬픔, 두려움, 분노, 죄책감, 우울함을 거의 동시에 경험하게 되면서 급성적인 스트레스 상황을 경험하게 되는데, 이러한 경우에는 가족이나 친구, 의료진, 암이 있는 다른 아이의 부모와 대화하고 감정을 공유하도록 도와야 한다.

이러한 감정들이 조금 정리되기 시작하면 부모들은 아이의 치료를 감당할 방법을 고민하게 되는데, 성인에 비해 치료기간이 길고 복잡하기 때문에 치료비가 성인암 환자에 비해 많이 발생하지만 현재는 다양한 지원 프로그램을 통해 치료비 마련에 대한 경제적 부담이 매우 완화되어 있는 상황이다. 우리나라는 2002년부터 국가가 보건소를 통해 '소아암 환자 의료비 지원사업'[3]을 시행하고 있다. 그 이전에는 치료비 마련에 대한 어려움을 호소하는 경우가 많았으나 5년 이상 생존율이 높아지고 국가와 민간단체의 치료비 지원 프로그램이 다양해지면서 치료비 마련에 대한 어려움보다는 치료과정에서 교육 기회 제공, 정서적 지지, 치료 종결 후 사회복귀 등 생존 이후의 문제가 이슈가 되고 있다.

소아암 환아의 경우에는 부모뿐만 아니라 환아의 형제자매에 대한 상담이 함께 필요하다. 환아의 검사와 치료를 위해 진단 초기 3개월에서 6개월 정도 기간에는 환아가 집에 있는 시간보다 입원해 있는 시간이 많고 부모는 아픈 환아와 더 많은 시간을 보내게 되기 때문에 어린 형제자매들도 환자에 대한 걱정, 슬픔, 죄책감, 두려움, 분노 등을 경험하고 부모에 대한 걱정, 자신도 암에 걸리지 않을까 하는 걱정, 부모에 대한 그리

---

3) 환아 가구 소득이 가구원 수별 최저생계비 300% 이하이면서 재산은 가구규모별 · 지역별 일반재산의 최고재산액 300% 이하인 경우에는 백혈병은 연간 최대 3천만 원까지, 소아암은 2천만 원까지 국가가 보건소를 통해 의료비를 지원하는 제도

움, 병원에서 일어나고 있는 일에 대한 궁금함도 함께 가지게 된다(한국백혈병어린이재단, 2001).

3) 사회복지사의 개입

(1) 성인암

① 환자 및 가족 상담

암 진단을 받은 환자와 가족에 대한 사회복지사 개입의 목적은 치료의 동기를 강화하여 환자가 적절한 시기에 필요한 치료를 잘 받을 수 있도록 돕는 것이다. 때로는 암 진단이라는 충격과 암 치료에 대한 잘못된 정보 습득으로 진단 초기에 적절한 치료를 받지 않거나 민간요법 등에 의존하여 자칫하면 치료시기를 놓쳐 치료과정을 어렵게 만들기도 하기 때문에 진단 초기에 정확한 정보를 제공하고 지원 가능한 자원에 대해 안내하는 것이 중요하다.

따라서 암 환자와 가족을 상담할 때는 다음과 같은 내용을 고려하여야 한다.

- 환자의 질병에 대한 이해와 수용 정도
- 주 보호자의 질병에 대한 이해와 수용 정도
- 가족발달주기상 환자와 가족의 역할
- 질병으로 인해 변화되어야 하는 가족의 역할
- 치료에 대한 동기
- 경제적인 상황 등

또한 모든 암 환자에게 적용할 수는 없지만 병기가 높은 암 환자를 상담하는 경우에는 평소 죽음에 대해 어떤 생각을 갖고 있는지에 대해서도 이야기를 시작할 필요가 있다.

② 집단상담

환자와 가족에 대한 개별상담을 통해서 치료를 도울 수 있지만, 환자와 가족은 교육이나 자조집단 프로그램에 참여함으로써 집단 구성원들의 상호작용을 통해서도 도움을 받을 수 있다.

국가가 정책적으로 암의 예방과 치료를 위해 지역거점암센터를 설립하고 운영을 지원하고 있는데, 암센터는 암 예방과 암에 대한 올바른 이해를 위해 환자와 가족 또는 일반인을 위한 다양한 프로그램을 운영하고 있다. 환자와 가족들은 이러한 프로그램에 참여하여 정보를 습득할 수 있고, 자조모임을 통해 암 경험을 가진 사람들로부터 경험을 듣고 치료과정에 도움을 받을 수 있다.

요즘에는 인터넷 등 신뢰성이 검증되지 않는 무분별한 정보 습득으로 오히려 치료의 동기가 저해되거나 좌절하고 더 많은 두려움을 갖게 되는 경우도 있으므로, 치료받는 병원의 의료진을 통해 정확한 정보를 습득하는 것이 무엇보다도 중요하다.

의료사회복지사는 암 환자에게 맞는 맞춤형 교육 프로그램을 기획하고 환자와 가족이 참여하도록 독려하여야 한다. 암 환자와 가족을 위한 교육 프로그램에는 암 치료에 대한 이해, 치료와 관련된 일상생활 관리, 식사 등 음식섭취와 관련된 영양상담, 사회복지 정보 제공, 기타 정서적 지지 프로그램 등 포괄적인 접근을 위한 프로그램 계획이 바람직하다. 교육 프로그램은 가능하면 신청 접수를 받아 신청한 사람에 한해서 폐쇄집단(10명 이내)으로 운영하는 것이 교육 참여자 간의 상호작용을 촉진시킬 수 있어 개방집단으로 운영하는 것보다 효과적이다.

자조집단은 의료기관에 따라 있는 경우도 있고 없는 경우도 있어 모든 암 환자가 자조집단 프로그램에 참여할 수 있는 것이 아니다. 따라서 자조집단이 없는 경우라면 의료사회복지사는 교육에 참여했던 환자와 가족을 중심으로 동기를 파악하여 자조집단을 만들 수 있도록 돕고 자조집단 스스로 활동이 가능할 때까지 지지자로서의 역할을 할 필요가 있다.

③ 자원연계

암으로 진단된 후 오랜 기간 치료를 받다 보면 가족 지지체계가 견고한 경우에도 환자와 가족이 모두 지치게 되고, 지지체계가 없는 환자의 경우에는 혼자서 치료과정을 견뎌야 하기 때문에 수술, 항암치료, 방사선치료 과정에 신체적 · 심리적으로 매우 어려운 상황을 겪게 된다.

이러한 경우 의료사회복지사는 자원봉사자를 연계하고 지역사회 자원을 활용하여 일정 기간 간병을 지원함으로써 가족의 신체적 · 심리적 부담을 완화할 수 있고, 국가나 민간단체 의료비 지원 프로그램 등을 연계함으로써 가족의 경제적 부담을 완화시켜 장기간의 치료과정에 대비하도록 도울 수 있다.

(2) 소아암

① 환자 및 가족 상담

소아암 환아는 영아에서 청소년에 이르기까지 개인마다 발달단계가 다르기 때문에 아이가 스스로 극복하도록 돕기 위해서 사회복지사 또는 의료진은 영아, 유아, 미취학 아동, 취학 아동, 청소년으로 그룹을 구분하여 각 연령 그룹의 아이들의 스트레스와 그에 따른 대처방법을 구체적으로 제안하고 상담하는 것이 중요하다.

소아암 환아를 도울 때는 치료과정에서 이슈가 되는 문제에 대해 대처할 수 있는 방법을 상담하되 개인발달과 가족발달시기에 따라 요구되는 과업들을 함께 고려하면서 상담을 시행하는 것이 환아와 가족의 특성을 이해하면서 도울 수 있는 효과적인 상담이 될 것이다.

〈표 6-1〉은 『소아암 환아와 가족을 위한 안내서』(소아암그룹, 2013)를 참고하여 에릭슨(Erikson)의 개인발달주기와 카터(Carter)와 맥골드릭(McGoldrick)의 가족발달주기에 따라 영아기에 성취해야 하는 과업과 영아기(출생~12개월)에 있는 환아를 돕는 방법을 묶어 재정리한 것이다.

〈표 6-1〉 영아 단계의 환아를 도울 때 고려할 내용

개인의 과업	가족의 과업	치료과정에서 이슈	영아를 도와주는 방법
이 시기는 '완전의존기'로서 영아의 신체적·심리적 욕구를 즉각적으로 충족시켜 주고 일관성 있게 돌보아 주면 자신과 타인에 대한 신뢰감을 형성하게 된다.	이 시기의 부모는 결혼한 지 얼마 되지 않아 서로에 대해 알지 못하는 많은 부분을 새롭게 알아 가고 있는 단계로서 상대방의 독특성을 인정하며 친밀함을 유지하면서 자녀 발달에 좋은 환경을 조성해 주는 것이 중요하다.	친밀한 사람들로부터의 이별	• 아기가 입원하게 되면 자신과 친밀하고 익숙했던 가족이나 돌봐 줬던 사람들과 떨어져 낯선 병원이라는 환경에서 생활하게 되므로 최대한 아기를 돌봐 왔던 사람이 병원에서도 돌보는 것이 좋다. • 부득이 엄마가 함께 있을 수 없다면 아기가 엄마로 느낄 수 있는 물건이나 냄새를 병원에 두는 것도 좋다. • 병원에 있을 때에는 많이 안아 주고 달래 준다.
		성 장	• 집에서처럼 아기가 자신의 손과 입으로 장난감을 가지고 놀 수 있도록 하고, 까꿍놀이 같은 게임을 하고 이야기를 해 준다. • 아이에게 자극을 주거나 달래기 위해 음악을 틀어 줄 수도 있고 부드럽게 만져 주고 마사지를 해 준다.
		안 전	• 고정된 위치에 난간을 유지하여 유아 침대의 안전을 유지한다. • 치료실에 어떤 절차가 시행되는지 물어본다. • 영아가 고통스러운 절차(예: 손가락이나 팔에서 채혈 등)를 해야 할 경우 수면 중에 시도하지 말아야 한다. 먼저 아기를 깨워 시도하는 과정에서 편안함을 주어야 한다.

또한 소아암 환아들은 옆에서 함께 투병을 돕는 가족과 정서적 유대감이 높기 때문에 의료사회복지사는 소아암 치료에 있어 소아암 환아의 부모를 중요한 클라이언트로 보고 상담을 시행하고, 소아암 환아의 형제자매 또한 중요한 고려대상으로 본다. 소아암 환아의 부모는 진단 초기에 갑작스러운 진단으로 인해 슬픔, 두려움, 분노, 죄책감, 우울함을 거의 동시에 경험하게 되면서 급성적인 스트레스 상황을 경험하게 되는데, 이러

한 경우에는 가족이나 친구, 의료진, 암이 있는 다른 아이의 부모와 대화하고 감정을 공유하도록 도와야 한다. 그 외에도 아이의 암이 형제자매에게 미치는 영향이나 조부모에게 미치는 영향 등을 알아보고 이들에 대한 상담도 진행하는 것이 중요하다.

② 집단상담

소아암 환아를 돕는 집단상담은 크게 부모교육, 미술심리치료, 캠프 등으로 구분할 수 있다.

먼저, 부모교육은 소아암에 대한 이해, 일상생활관리, 영양상담, 사회복지 정보 제공, 정서적 지지 프로그램 등의 내용으로 진행하게 되는데, 환아의 진단에 따라 치료과정이 좀 다를 수는 있으나 치료과정에서 경험하게 되는 다른 부모들의 이야기를 함께 듣고 소통할 수 있기 때문에 효과적이라고 할 수 있다. 미술심리치료는 개별치료와 집단치료로 구분하여 환아, 형제자매, 부모를 대상으로 진행할 수 있고, 의료기관에서 독립적으로 프로그램을 운영하기도 하지만 그렇지 못한 의료기관에서는 한국백혈병어린이재단이나 한국백혈병소아암협회를 통해 미술심리치료에 대한 지원 신청이 가능하다. 캠프는 캠퍼들이 캠프기간 동안 함께 생활하면서 치료에 대한 동기를 강화하고 완치에 대한 희망을 가질 수 있도록 다양한 프로그램을 운영하는데, 소아암 환아 캠프, 형제자매 캠프, 가족 캠프 등 참여대상을 구분하여 대상에 맞는 프로그램을 기획하는 것이 중요하다.

이 외에도 치료가 종결된 소아암 경험자들과 소아암 환아들이 함께 참여하는 멘토링 프로그램을 통해서 치료에 대한 경험을 나누고 지지함으로써 완치에 대한 희망을 가지고 치료과정을 이겨 낼 수 있도록 도울 수 있다.

③ 자원연계

- 치료비 지원: 2002년에 국가가 소아암 환자에 대한 의료비 지원 사업을 시작한 이후 치료비 마련에 대한 부모의 경제적 부담은 완화되었으나 치료과정에서 재발하거나 항암치료 부작용으로 고액의 희귀약품을 장기간 사용해야 하거나 조혈모세포이식을 여러 차례 받게 될 때는 여전히 치료비 마련에 어려움이 발생한다.

치료비 지원을 위해서는 우선적으로 치료기간과 예상되는 치료비를 확인하고 사보험이 있는지 여부를 확인한다. 그 후 국가의 의료비 지원대상에 해당되는지 평가하여 해당되는 경우에는 보건소를 통해 지원 신청하도록 안내하고, 치료과정 경과를 지켜보면서 추가되는 비용에 대해서는 민간단체에 치료비 지원신청 절차를 진행한다. 사보험이 있거나 소득과 재산 기준을 초과하여 국가 의료비 지원신청이 어려운 경우 치료 경과를 지켜보면서 민간단체 지원신청이 필요한지 지속적인 상담을 진행한다.

치료비 지원에는 간접치료비(치료부대비용)와 재활치료 비용도 포함되어 있다.

• 정서적 지원: 정서적 지원 프로그램으로는 한국백혈병어린이재단과 한국백혈병소아암협회가 진행하고 있는 미술심리치료, 캠프, 가발 지원, 교육자료 발간 등이 있고, 메이크어위시재단에서는 소아암 환아들에게 완치의 희망을 주기 위해 자원봉사단과 함께 소아암 환아들의 소원성취 프로그램을 진행하고 있다.

2. 심장병

1) 질환의 이해

심장병은 태어날 때부터 있는 선천성 심장병과 살아가면서 발생하는 후천성 심장병이 있다. 심장병은 우리나라의 주요 사망 원인의 하나로 최근 연령의 증가와 식생활의 변화에 따라 그 빈도가 증가하고 있다. 심장병을 유발하는 주요 위험요인은 조절 가능한 요인과 조절 불가능한 요인으로 나누어 볼 수 있다. 조절 가능한 요인으로는 고콜레스테롤혈증, 고혈압, 비만, 운동 부족, 흡연, 스트레스 등이 있다. 그리고 조절 불가능한 요인으로는 나이, 성별, 가족력, 유전적 요인 등이 있다.

심장병에 관련된 대표적인 질환으로는 협심증, 심근경색증, 판막증, 심부전증, 부정맥, 돌연사 등을 들 수 있으며, 특히 '관상동맥질환(허혈성 심장질환, 협심증)'이 최근 그

빈도가 급격하게 증가하고 있어 이로 인한 사망 등의 합병증을 줄이기 위한 질환에 대한 이해 및 예방에 많은 관심이 필요로 한 상황이다. 따라서 성인심장병 위주로 의료현장의 실질적인 임상자료(한림대학교의료원 사회사업팀 내 순환기 소모임, 2014)를 중심으로 살펴보면 다음과 같다.

(1) 개 념

① 심 장

심장은 무게 300~350g 정도의 주먹만 한 근육으로 우리 몸의 혈액(영양분과 산소)을 온몸으로 흐르게 하는 펌프 작용을 한다. 심장은 구조적으로 2개의 심방과 심실, 이를 연결하는 판막 및 대형혈관 그리고 이를 지지하는 심근, 심낭 및 전도조직 등으로 유기적으로 이루어져 있다.

② 관상동맥

심장근육에 영양을 공급하는 굵은 혈관을 '관상동맥'이라고 하는데, 심장의 좌측에 2개, 우측에 1개가 있다. 생긴 모양이 왕관처럼 생겼다 하여 관상동맥이라 한다. 심장병 중에 가장 무서운 심장마비를 초래하는 협심증과 심근경색증은 죽상동맥경화증[4]이 진행되면서 이러한 관상동맥이 좁아져서 심장 근육에 원활한 혈액공급을 하지 못해 생기는 병이다.

③ 협심증

협심증은 3개의 관상동맥 중 어느 한곳에서라도 급성이나 만성으로 협착이 일어나는 경우, 심장의 전체 또는 일부에 혈류 공급이 감소하면서 산소 및 영양 공급이 급격하게 줄어들어 심장 근육이 이차적으로 허혈 상태에 빠지게 되는 것이다.

---

4) 동맥혈관에 지질과 여러 가지 이물질이 축적되어 혈관의 안지름이 좁아지고 혈관벽이 돌같이 딱딱해지는 것을 말한다.

④ 심근경색증

혈관이 완전히 막혀서 심장 근육의 괴사가 일어나는 병이다.

⑤ 심부전

여러 가지 심장질환에 의해서 심장이 효과적으로 피를 퍼 올릴 수 없을 때 온몸 순환과 폐순환에 장애가 생겨 숨이 차고 다리에 부종이 생기며, 폐에도 부종이 생겨 심한 호흡곤란에 빠지게 되는 경우를 일컫는다.

⑥ 부정맥

부정맥은 맥박이 불규칙하게 뛰는 것으로 불규칙한 맥박뿐만 아니라 짧은 맥(빈맥)과 느린 맥(서맥)을 총칭하는 용어다. 따라서 안정을 취할 때의 맥박이 100회를 넘거나 활동 시에 맥박이 50회 미만일 경우 또는 맥박 수가 일정하지 않을 때는 부정맥을 의심해 봐야 한다. 또한 초기에 악성부정맥은 돌연사를 일으킬 수 있다.

(2) 진단과 치료

① 진단을 위한 검사

- 심전도 검사: 심장질환의 가장 기본이 되는 검사로, 심장의 전기적인 변화를 기록하여 심장질환의 진단에 이용하는 검사
- 홀터 검사: 작은 심전도 기계를 몸에 부착하고 24시간 동안 계속해서 심전도를 찍어 심장의 변화를 관찰하는 검사
- 운동부하 검사: 운동을 통해 심장의 기능을 평가할 수 있으며, 협심증을 유발시켜 심전도의 변화를 보기 위해 이용되는 검사
- 심장초음파 검사: 초음파를 이용하여 심장의 전체적인 모양이나 판막의 구조, 심장 근육의 두께 등을 측정하고 심장의 수축력을 실제 모습으로 볼 수 있는 비교적 손쉽고 유용한 검사

• 핵의학 검사: 특정한 방사성 동위원소를 정맥 주사한 후 심장근육의 생존 상태와 회생 가능성을 평가하는 중요한 검사
• 심혈관 관상동맥 조영술: 사타구니의 동맥혈관이나 요골 동맥을 통하여 가느다란 관을 심장의 관상동맥에 직접 삽입하고 조영제를 주입, 관상동맥을 촬영하여 혈관의 막힌 부위와 심한 정도를 정확하게 알 수 있는 검사

② 치 료

• 약물치료: 관상동맥질환의 진행을 저지하거나 호전시켜 심장의 부담을 덜어 주거나 관상동맥을 확장시키는 역할을 한다.
• 관상동맥 중재시술: 심한 협착이 발견된 환자 혹은 증상이 심해 바로 관상동맥 중재시술이 필요한 환자에게 시행하는 '관상동맥 조영술'은 주로 사타구니의 대퇴동맥이나 팔목의 요골동맥으로 카테터를 삽입하여 시행하게 된다. 그리고 관상동맥 조영술에서 심장협착 소견이 발견된 후 관상동맥을 넓혀 주기 위해서 '관상동맥 중재시술'을 시행한다. 이는 먼저 풍선 카테터를 이용하여 좁아진 관상동맥 부위를 넓혀 준 후 '스텐트'라는 금속망을 삽입하여 혈관을 지지하게 된다.
• 관상동맥 우회로 수술(coronary artery bypass graft operation: CABG): 여러 혈관의 부위가 좁아져 있는 경우 수술적 방법으로 좁아진 혈관을 우회하여 연결하는 수술이다.
• 판막대치술과 기타 개심술: 내과적 치료나 풍선확장술 등으로 치료 불가능한 판막질환이나 선천성 심장질환의 경우에는 개심술을 시행한다.

③ 생활습관 관리

심장병은 합병증을 줄이기 위해서는 예방적 요법이 중요하므로 동맥경화의 위험요소, 즉 고혈압, 고지혈증, 당뇨, 흡연 등을 조기에 발견하여 잘 조절하는 것이 필요하다. 따라서 일상생활에서 식이요법, 운동, 금주와 금연 관리를 하며 과도한 스트레스를 줄이고 희망을 가지고 긍정적으로 살아가는 것이 중요하다.

2) 심리사회적 특성

(1) 심장병 환자의 적응단계

캐섬과 핵트(Cassem & Hackett, 1979)는 급성심장병이 발작한 환자에 대한 심리적 보호 과정에서부터 장시간에 걸친 심리사회적 적응에 이르기까지 적용할 수 있는 단계적 적용모형을 다음과 같이 제안하였다(장현갑, 2001).

- 1단계: 불안이 주 문제가 되며, 환자의 성격에 바탕을 둔 대응방식이 임상적 표상을 결정하게 된다. 예를 들어, A유형 성격을 가진 환자는 지나친 경쟁심과 통제력을 가지려 하거나 소심한 마음 때문에 공포로 긴장될 수 있다.
- 2단계: 회복기 첫 달 동안 신체재활이 진전되면서 환자의 동기가 강화되면 상대적으로 불안이 감소된다. 장기간의 회복기간으로 진전되어 나가면서 낙천성이 생기게 되고, 때로는 이 낙천성이 비현실적일 정도로 확대되는 수도 있다.
- 3단계: 회복이 일정하게 같은 비율로 이루어지지 않으므로 우울감, 불안감, 염세감이 간헐적으로 발생할 수 있다.
- 4단계: 환자나 보호자나 각기 나름대로의 독특한 대응방식을 만들어 안정을 유지하게 된다.

(2) 심장병 환자의 심리사회적 문제

관상동맥질환은 심혈류를 감소시켜 흉부의 동통, 압박감이 나타나는데, 이는 주로 스트레스로 인해 유발된다. 반복되는 스트레스는 교감신경-부신 피질계를 자극하여 심장에 영향을 준다(대한신경정신의학회, 1997). A유형 성격은 스트레스를 많이 받는 행동형 성격으로 경쟁적 · 적대적으로 목적을 성취하고, 공격적이며, 참을성이 없고 쉽게 화를 내는 것이 특징으로 심장병 관리를 해야 한다.

심장병 환자들은 갑작스러운 발병이 잦고 생명과 직결되는 치료와 응급처치가 필요한 경우가 많아 걱정과 불안 등 다양한 심리적 어려움을 겪게 된다. 입원기 환자들은 병

자체, 치료에 대한 궁금증으로 답답해한다. 그리고 건강, 가족, 직장복귀, 돈 걱정 등으로 불안해한다. 회복기 초기의 대다수 환자는 몸이 말을 안 들어 다시 병원으로 돌아가고 싶은 심리, 쇠약감, 불안, 우울, 기분 변화, 불면증, 좌절감을 경험한다. 또한 퇴원 후 직장을 구하지 못하는 경우가 많고, 집안 내 갈등이 있어서, 정신사회적인 문제들을 가지고 있는 수가 많다(이광재, 2002; 조두영, 1991).

심장은 생명과 직결되는 장기로 치료에 응급을 요하는 경우가 많고 치료비도 다른 질환에 비해 상대적으로 많이 발생한다. 특히 갑작스럽게 발병할 경우 준비되지 않은 환자 및 가족들에게는 엄청난 고통이 따르며, 경제적인 손실도 많이 가져온다(한인영 외, 2013).

3) 사회복지사의 개입

사회복지사는 환자 및 가족 상담을 통해 심리적 안정을 도모하고 치료 순응도를 높이고 적절한 물적 · 인적 자원을 연계하여 환자가 치료유지를 잘 할 수 있도록 해야 하며, 병의 재발 및 악화를 방지하기 위해서 생활습관 관리 및 스트레스 관리 등의 개입을 해야 한다(한림대학교의료원 사회사업팀 내 순환기 소모임, 2014; 한인영 외, 2013). 심장병 환자와 가족을 위한 의료사회복지사의 역할을 살펴보면 다음과 같다.

(1) 환자 및 가족 상담

① 문제 사정

- 질환에 대한 심리적 반응 및 치료 순응도 사정
- 자가관리 행동점검 시 방해요인과 강점 사정
- 스트레스 정도 및 대처기술, 성격유형 평가
- 사회적 지지체계 평가
- 경제적 어려움 평가

• 가족지지체계 평가
• 지역사회자원 평가

② 심리사회적 상담

환자 및 가족의 심리반응에 따른 상담을 통해 심리적 안정을 도모하고 치료 순응도를 높여 치료를 유지할 수 있도록 한다. 그리고 심장병 악화 및 재발 방지를 위한 환자의 생활습관 개선 상담 시 행동변화 단계에 맞춰 실시하며, 스트레스 대처 및 관리 상담도 한다. 가족의 부양부담에 대해서도 상담하며, 가족지지 강화를 위한 가족상담(의사소통, 가족의 역할)을 실시한다.

(2) 집단상담

① 교육상담

심장질환 관리를 위한 교육상담으로 생활습관 개선, 일상생활 관리(환자 · 가족), 금연과 단주, 스트레스 관리, 가족역할, 심장장애 정보 제공을 주로 한다.

② 심장병 팀교육

심장병 환자와 가족을 위해 의료현장에서는 심장내과 의사, 흉부외과 의사, 간호사, 영양사, 약사, 사회복지사 등으로 이루어진 전문가들의 팀교육을 실시한다. 사회복지사는 일상생활 관리, 심장장애 등록과 사회적 지원, 가족의 도움, 스트레스 관리, 심리적 반응과 생활습관 관리 등을 담당한다. 이에 따른 사례로 한림대학교의료원 춘천성심병원 심혈관센터의 팀교육 프로그램은 다음과 같다(한림대학교의료원 춘천성심병원 홈페이지).

• 대상: 심장병 환자와 가족, 일반인
• 구성: 월 2회 2개 주제

- 주제: 흡연이 심장에 미치는 영향, 금연 나도 할 수 있어요 / 고지혈증이란, 고지혈증의 일상생활관리 / 허혈성심장질환, 나의 증상이 협심증인가요? / 허혈성심장질환자의 일상생활관리, 심장장애등록과 사회적 자원 / 비만과 심장병의 관계, 적절한 체중관리 / 심부전이란? 어떻게 먹어야 할까? / 심부전환자의 일상생활관리, 가족이 도울 수 있을까요? / 부정맥이야기, 부정맥환자를 위한 약물요법 / 심장돌연사, 어떻게 예방할 수 있을까요? / 안타까운 길거리 심장마비, 내 가족 · 이웃을 구할 수 있습니다 / 동맥경화의 조기진단 및 치료방법, 동맥경화의 식이요법 / 심장박동기, 심장재활요법 / 여성과 심장질환, 폐경 후 심장질환 위험 / 고혈압이란? 고혈압 약! 이렇게 복용하세요 / 스트레스가 젊은 심장을 노린다, 심리적 반응과 생활습관 개선 / 관절약과 심장, 아스피린과 심장 / 말초혈관질환의 증상과 치료, 혈액순환에 좋은 음식 / 기본심폐소생술, 내 가족, 이웃을 구할 수 있습니다

(3) 자원연계

① 치료비 지원 연계

경제적 어려움으로 치료를 유지할 수 없는 경우 상담을 통해 경제적 상황을 사정한 후 진료비 지원을 위한 후원 연계, 사회적 지원제도에 대해 정보 제공과 연계를 한다. 심장병 환자의 치료비 지원을 위해 활용할 수 있는 사회적 지원제도는 다음과 같다.

- 건강보험 중증질환자 등록제도
- 건강보험 본인부담금 상환제
- 긴급복지 지원제도
- 중증질환 재난적 의료비 한시적 지원사업
- 국민기초생활보장제도
- 차상위 본인부담 경감제도
- 민간후원기관을 통한 진료비 후원: 사회복지공동모금회, 한국심장재단, 언론매체 등

• 노인장기요양보험제도

② 지역사회 연계

지역사회기관에서 제공하는 서비스(예: 복지간병인, 노인돌봄종합서비스 등)에 연계를 한다. 퇴원계획으로 요양병원 또는 요양시설로의 의뢰, 퇴원 후 지속적인 치료와 관리를 위한 가정간호 서비스 이용절차에 대한 정보를 제공한다. 필요시 장애인 등록, 시신·장기기증 등록 안내를 한다.

3. 희귀난치성질환

1) 질환의 이해와 특성

희귀난치성질환은 동일 질환의 국내 환자 수가 2만 명 이하이며 적절한 치료방법과 대체의약품이 개발되지 않은 병을 의미한다. 전 세계적으로 약 6천여 종의 질환이 있으며, 우리나라에는 50만 명의 환자가 있는 것으로 추정된다. 희귀난치성질환은 진단과 치료가 어려울 뿐 아니라 중증장애를 유발하는 경우가 많아서 환자 자신이 신체적 고통을 겪을 뿐만 아니라 가족들도 경제적·정신적 부담을 지고 있으며, 전문 진료를 체계적으로 제공할 의료진, 시설 및 기관의 부족으로 또 다른 고통을 겪고 있다(희귀난치성질환 헬프라인 홈페이지).

희귀난치성질환은 진단과 치료가 어려울 뿐 아니라 지속적인 치료를 받아야 하기 때문에 의료비의 경제적 부담이 과중하여 가계의 사회경제적 수준 저하가 우려되므로 국가가 대상자와 그 가족의 사회경제적·심리적 안녕을 도모하고 국민건강 및 복지수준을 제고하기 위해 의료비 지원을 하고 있다(보건복지부, 2015).

우리나라에서는 134종의 희귀난치성질환을 산정특례[5] 대상 질환으로 지정하고 있는데, 질환이 매우 희귀하고 다양하기 때문에 의료사회복지사가 환자와 가족을 돕기 위해서는 먼저 질환에 대해 이해하고 의료진의 치료계획을 확인하는 것이 중요하다. 또한 의료사회복지사는 희귀난치성질환자 또는 가족들의 치료동기를 강화하고 치료를 유지하는 데 영향을 미치는 요소들을 파악하여 적절한 개입을 하는 것이 중요하다.

2) 사회복지사의 개입

(1) 환자 및 가족 상담

희귀난치성질환 환자와 가족을 상담할 때는 일반적인 내용 외에 다음과 같은 내용들을 포함하여야 하고, 단기간의 개입계획뿐만 아니라 중대한 치료를 필요로 하는 시기마다 어려움이 있을 때 의료사회복지사와 상의할 수 있도록 미리 알리는 것이 좋다.

① 확진받기까지 과정에 대한 정보 확인

희귀질환은 그 종류가 매우 다양하기 때문에 확진을 받기까지의 과정도 질병에 따라 매우 다양하고, 진단을 받기까지 어떤 과정을 거쳤는지에 따라 환자의 치료동기에 영향을 미치는 것이 달라진다. 따라서 진단을 위한 노력, 오진경험 등을 자세히 평가하여 이러한 과정이 치료에 대한 동기를 강화하는 방향으로 사용될 수 있도록 상담을 이끄는 것이 중요하다.

② 진단명의 산정특례 대상 질환 해당 여부

전 세계적으로 약 6천여 종의 희귀질환이 있지만 우리나라에서는 134종에 대해서만 산정특례 대상 질환으로 정하고 있기 때문에 산정특례 적용을 받지 못하는 희귀질환이 있고, 이러한 질환들은 너무나 희귀하기 때문에 연구조차 제대로 이루어지지 않아 미처 산정특례 대상 질환으로 등록하지 못하는 경우들도 있다. 이런 환자와 가족들은 국가로

---

5) 진료비 본인부담이 높은 암 등 중증질환자와 희귀난치성질환자에 대하여 본인부담률을 경감해 주는 제도로서 희귀난치성질환 산정특례제도는 건강보험요양급여 본인부담금을 10%만 부담하는 제도

부터 치료과정에 아무런 도움을 받을 수 없기 때문에 경제적인 측면에 대한 정확한 평가를 통해 치료과정에 필요한 장기적인 재정마련 계획을 세우는 것이 치료를 유지할 수 있도록 돕는 데 중요하다.

③ 향후 치료계획 확인

희귀난치성질환은 진단에 따라 매우 다른 치료과정을 가지기 때문에 진단받은 질환에 대한 향후 치료계획을 정확히 확인하여야 한다. 먼저, 치료목표가 무엇인지 확인해야 하는데, 중대한 치료를 통해 완치에 가까운 예후를 기대할 수 있는지, 완치를 기대하기는 어려우나 치료를 통해 현재 상태를 유지하는 것이 가능한지, 치료를 유지하더라도 결국은 병이 진행되어 회복이 불가능한 상태가 되는 것인지 등이다. 이러한 치료목표에 따라 치료방법도 달라질 수 있는데 진단받은 즉시 입원하여 수술이나 중대한 치료를 할 것인지, 약물치료를 유지하면서 외래를 통해 경과관찰을 할 것인지, 약물치료를 위해 고가의 희귀의약품을 사용해야 하는지, 아직까지 정확한 치료방법이 없어 시험적으로 사용되는 치료방법을 고려해야 하는지, 지속적인 재활치료가 필요한지 등이다. 이렇듯 치료목표와 치료방법이 매우 다양하기 때문에 의료사회복지사가 개입하기 위해서는 의료진을 통해 정확한 치료계획을 확인하는 것이 매우 중요하다.

(2) 집단상담

희귀난치성질환은 각기 질환마다 환자 수가 얼마 되지 않기 때문에 단일 의료기관에서 환자나 가족의 집단을 형성하여 교육 및 상담을 진행하기 어렵다. 그러나 희귀질환이라 하더라도 환자군이 형성되거나 의료기관의 의사가 특별히 어떤 질환에 대해 권위를 인정받아 환자들이 많이 내원하고 있다면 의료사회복지사는 의료진과 협의하여 환자를 위해 교육 프로그램을 기획하고 자조집단을 운영할 수 있도록 도움을 주어야 한다.

(3) 자원연계

① 보건소 지원사업 연계

산정특례 대상 질환 여부에 따라 산정특례 대상 질환인 경우에 소득과 재산을 평가하여 국가가 보건소를 통해 시행하고 있는 '희귀난치성질환 의료비 지원사업'[6]에 신청이 가능한 대상인지 평가하여 신청절차를 안내한다.

② 민간단체 지원사업 안내

산정특례 대상 질환으로 등록되어 보건소 지원을 받는다 하더라도 치료과정에서 비급여 본인부담금 마련이 어려운 경우에는 희귀난치성질환자를 지원하는 민간단체에 추가로 치료비 지원 신청을 한다.

③ 자조집단 연계

의료기관마다 질환별 자조집단이 형성되어 있지 않은 경우 희귀난치성질환연합회 등을 통해 자조집단(환우회 모임 등)을 연계한다.

---

6) 환자 가구의 소득이 가구원 수별 최저생계비 300% 이하이면서 재산은 가구규모별 · 지역별 일반재산의 최고 재산액 300% 이하인 경우에 건강보험요양급여비용 중 본인부담금 전액(산정특례 적용 후 10%)을 보건소를 통해 지원하는 제도임. 부양의무자 가구의 소득과 재산기준은 환자 가구의 소득과 재산기준보다 200% 높게 설정되었고, 치료를 위해 고가의 약제를 사용하여야 하는 고셔병, 파브리병, 뮤코다당증, 혈우병 환자는 다른 질병보다 소득과 재산기준이 높게 설정되었음. 질환 코드에 따라 보장구 구입비, 간병비, 호흡보조기 대여료, 기침유발기 대여료, 특수식이 구입비 등을 지원하기도 함.

정리해 봅시다

❶ 암

* 질환의 이해

- 개념: 여러 가지 이유로 세포의 유전자에 변화가 일어나면 비정상적으로 세포가 변하여 불완전하게 성숙하고 과다하게 증식하게 되는데 이를 암(cancer)이라 한다.
- 진단과 치료: 암의 확진을 위해 가장 중요한 기본적인 검사는 조직검사이고 이렇게 조직검사로 진단이 되면 CT, MRI, PET/CT 등을 촬영하여 암의 퍼진 정도를 확정하고 병기를 결정하게 된다. 암 치료방법은 크게 수술치료, 항암화학요법, 방사선치료로 구분되는데 암의 종류, 병기, 환자의 전신 상태에 따라 치료방법이 결정된다.
- 소아암의 개념: 소아암은 보통 18세 미만에서 생기는 암으로서 백혈병, 뇌종양, 악성림프종, 신경모세포종, 윌름스종양 등이 생긴다. 소아암은 성인에서 생기는 암들에 비하여 치료성적이 매우 높다.
- 소아암의 진단과 치료: 소아암의 치료는 성인암의 치료와 다르지 않아 항암화학요법, 방사선치료, 수술, 조혈모세포이식 등의 방법을 사용하는데 성인에 비해 치료기간이 길고 복잡하다. 소아암의 치료과정에는 의사, 간호사뿐만 아니라 사회복지사, 병원학교 교사, 영양사, 약사 등 여러 팀의 협력이 필요하다.

* 심리사회적 특성

- 환자는 두려움, 우울, 불안 등을 경험하게 되고, 가족은 환자의 이러한 감정들을 고려하면서 치료에 대한 책임을 져야 하기 때문에 심리사회적 부담이 매우 높다.
- 가족발달주기에 따른 과업 수행을 위해 가족의 역할 변화가 필요하다.
- 소아암 형제자매들도 환자에 대한 걱정, 슬픔, 죄책감, 두려움, 분노 등을 경험하고 부모에 대한 걱정, 자신도 암에 걸리지 않을까 하는 걱정, 부모에 대한 그리움, 병원에서 일어나고 있는 일에 대한 궁금함도 함께 가지게 된다.

* 사회복지사의 개입

- 환자와 가족 상담: 환자의 질병에 대한 이해와 수용 정도, 주 보호자의 질병에 대한 이해와 수용 정도, 가족발달주기상 환자와 가족의 역할, 질병으로 인해 변화되어야 하는 가족의 역할, 치료에 대한 동기, 경제적인 상황 등
- 집단상담: 환자와 가족 교육, 자조집단 구성 또는 연계

- 자원연계: 국가 및 민간단체 치료비 지원 연계, 간병지원, 정서적 지원 프로그램 연계

❷ 심장병

* 질환의 이해
  - 개념: 심장은 우리 몸의 혈액(영양분과 산소)을 온몸으로 흐르게 하는 펌프 작용을 한다. 심장병에 관련된 대표적인 질환으로는 관상동맥질환, 협심증, 심근경색증, 심부전, 부정맥 등이 있다.
  - 진단과 치료: 진단을 위한 검사로는 심전도, 운동부하, 심장초음파, 핵의학 검사 등이 있으며, 심혈관 관상동맥 조영술이 있다. 치료로는 약물, 관상동맥 중재시술, 관상동맥 우회로 수술, 판막대치술과 개심술 등이 있다.
* 심리사회적 특성
  - 심장병 환자의 적응단계: 급성심장병이 발작한 환자에 대한 심리적 보호과정에서부터 장시간에 걸친 심리사회적 적응에 이르기까지의 단계를 4단계로 나눌 수 있다.
  - 심장병 환자의 심리사회적 문제: 심장병 환자들은 갑작스러운 발병이 잦고 생명과 직결되는 치료와 응급처치가 필요한 경우가 많아 걱정과 불안 등 다양한 심리적 어려움을 겪게 된다.
* 사회복지사의 개입
  - 환자 및 가족 상담: 문제 사정, 심리사회적 상담 등
  - 집단상담: 교육상담, 심장병 팀교육 등
  - 지역사회자원 연결: 치료비 지원 연계, 지역사회자원 연계 등

❸ 희귀난치성질환

* 질환의 이해
  - 개념: 동일 질환의 국내 환자 수가 2만 명 이하이며 적절한 치료방법과 대체의약품이 개발되지 않은 병을 의미한다.
  - 진단과 치료: 질환이 매우 다양하여 질환에 따라 진단과 치료방법이 다르기 때문에 진단과 치료방법을 일반화하여 설명할 수 없다.
* 심리사회적 특성
  - 진단과 치료가 어려울 뿐 아니라 중증장애를 유발하는 경우가 많아서 환자 자신이

신체적 고통을 겪을 뿐만 아니라 가족들도 경제적 · 정신적 부담을 지고 있으며, 전문 진료를 체계적으로 제공할 의료진, 시설 및 기관의 부족으로 어려움을 겪고 있다.

* 사회복지사의 개입
  - 환자와 가족 상담: 확진받기까지 과정에 대한 정보 확인, 진단명의 산정특례 대상 질환 해당 여부 확인, 향후 치료계획 확인 등이 중요하다.
  - 집단상담: 질환의 희소성으로 집단상담이 어려우나 의료기관의 특성에 따라 진행할 수 있다.
  - 자원연계: 국가 및 민간단체 치료비 지원 연계, 자조집단 연계

참고문헌

대한신경정신의학회(1997). **신경정신과학**. 서울: 하나의학사.

박종우 외(2010). **암 바로알기!: 예방과 치료가이드**. 대전: 충남대학교병원 대전지역암센터.

보건복지부(2015). **희귀 · 난치성질환 의료비 지원사업 지침**.

소아암그룹(2013). **소아암 환아와 가족을 위한 안내서**(김선준 역). (사)한국백혈병소아암협회 · (주)청년의사.

손지현(2004). 임종관리에서의 의료사회복지사의 역할. **대한의료사회복지사협회지, 제3권**, 45-62.

심은정(2007). 암환자의 이해와 사회사업실천. **대한의료사회복지사협회 워크숍 자료집**, 61-90.

유철주, 유일영, 김현례, 조헌하, 진주혜, 최권호(2007). 소아암 아동의 학교복귀 및 적응을 위한 통합프로그램. 세브란스어린이병원.

이광재(2002). **의료사회사업원론**. 서울: 인간과복지.

이광재(2005). **의료사회사업원론**(제2판). 서울: 인간과복지.

이화여자대학교 사회사업학과 편(1995). **가족치료 총론**. 서울: 동인.

장현갑(2001). 관상성 심장병 환자의 심리 · 사회적 재활방법에 관한 고찰. **한국심리학회지: 건강, 6**(2), 1-17.

조두영(1991). **임상행동과학**. 서울: 일조각.

한국백혈병어린이재단(2001). **형제가 암에 걸렸을 때**. 서울: 한국백혈병어린이재단.

한림대학교의료원 사회사업팀 내 순환기 소모임(2014). **심장환자와 가족을 위한 가이드북**. 서울: 한림대학교의료원.

한인영, 최현미, 장수미, 임정원, 이인정, 이영선(2013). **의료현장과 사회복지실천**. 서울: 학지사.

국가암정보센터 http://www.cancer.go.kr

한국백혈병어린이재단 http://www.kclf.org

한림대학교의료원 강동성심병원 http://kangdong.hallym.or.kr

한림대학교의료원 춘천성심병원 http://chuncheon.hallym.or.kr

희귀난치성질환 헬프라인 http://helpline.nih.go.kr

제 7 장

일반의료 2

학습개요

이 장에서는 진단 후 유병기간이 길어 만성질환에 이르고 평소 생활습관과 밀접한 관계를 갖게 되어 일상적인 관리를 필요로 하는 당뇨, 만성콩팥병, 장기이식에 대한 개입방법을 소개하고자 한다.

당뇨병은 전 세계적으로 심각한 만성질환으로 대두되고 있고, 관리가 제대로 이루어지지 못할 경우 만성콩팥병의 원인 질환으로 이어지기도 한다. 만성콩팥병 진단을 받으면 약물치료를 받기도 하지만 대부분의 경우 혈액투석을 하게 되고, 완치를 위해서는 신장이식을 해야 한다. 장기이식은 생체이식과 뇌사이식으로 나뉘는데, 이식을 위한 과정에서 의료사회복지사의 역할을 살펴보고자 한다. 또한 이 세 가지 질환은 모두 질병의 원인과 치료가 평소 생활습관과 매우 밀접한 관련을 가진다는 공통점이 있는데, 이런 측면에서 의료사회복지사의 개입방법을 살펴보고자 한다.

학습목표

1. 당뇨병 환자의 특성을 이해하고, 이에 따른 의료사회복지실천에 적용할 수 있다.
2. 만성콩팥병 환자의 특성을 이해하고, 이에 따른 의료사회복지실천에 적용할 수 있다.
3. 장기이식환자의 특성을 이해하고, 이에 따른 의료사회복지실천에 적용할 수 있다.

1. 당뇨병

1) 질환의 이해

(1) 당뇨병과 원인

① 당뇨병이란

세계적으로 심각한 만성질병의 하나로 대두되고 있는 당뇨병은 사회적 · 경제적 수준의 향상과 더불어 발생률이 증가하는 것으로 알려진 대표적인 성인병 중의 하나다. 보건복지부(2012) 통계에 따르면 당뇨병은 우리나라 30세 이상 성인 10명 중 1명이 갖고 있을 만큼 국민 건강을 위협하는 심각한 질병이다.

탄수화물이 위장에서 포도당으로 변한 후 혈액으로 흡수되어 세포 속으로 들어가기 위해서는 인슐린이 필요한데, 이때 인슐린이 부족하거나 기능을 하지 못하여 포도당이 세포에서 이용되지 못하고 혈액 속에 쌓이다가 소변으로 빠져나오는 병적인 상태를 당뇨병이라고 한다.

② 당뇨병의 원인

당뇨병은 유전적 원인(가족력)과 더불어 스트레스, 과식, 운동 부족, 비만, 약물 남용 등의 후천적인 환경적 원인이 결합하여 생긴다고 알려져 있다. 대부분의 당뇨병 환자는 초기 발병 시 증상이 없으며, 혈당이 많이 상승한 경우 다음(多飮), 다뇨(多尿), 다식(多食), 체중 감소, 피로감 등의 증상이 발생한다.

(2) 당뇨병의 종류

① 1형 당뇨병(인슐린 의존형 당뇨병)

우리나라 당뇨병의 2% 미만을 차지하며, 주로 소아에서 발병하기 때문에 소아당뇨병이라고 한다. 인슐린을 분비하는 췌장의 베타세포가 점차 손상되어 발생하는 당뇨병으로 인슐린이 점진적으로 감소하므로 평생 인슐린치료를 해야 한다.

② 2형 당뇨병(인슐린 비의존형 당뇨병)

우리나라 당뇨병의 대부분을 차지하며, 주로 성인에서 발병하기 때문에 성인당뇨병이라 한다. 인슐린이 만들어지기는 하지만 그 양이 부족하거나, 분비량은 충분하나 인슐린 저항의 증가로 결국 췌장기능 또한 떨어지게 된다. 40대 이후에 많이 발생하고, 반 이상의 환자가 과체중이거나 비만이므로 초기에 식사와 운동요법에 의해 체중을 감량하고 근육을 키워 당뇨병이 호전되는 경우가 있다.

③ 임신성 당뇨병

임신 중 당뇨병이 처음 발견되었거나 임신과 동시에 당 조절에 이상이 생긴 경우를 말하며, 임신과 관련된 다양한 호르몬의 영향으로 발생하게 된다. 임산부의 2~3%에서 발병하여 대부분 출산한 후 정상화된다. 임신 중에 혈당조절이 잘 되지 않을 경우 거대아 출산 및 사망률의 가능성이 높으므로 일반 당뇨병 환자보다 엄격한 혈당조절이 필요하다.

(3) 당뇨병의 진단 및 합병증

① 당뇨병의 진단

당뇨병의 진단기준은 다음과 같다(대한당뇨병학회 홈페이지).

- 혈당검사: 요당검사 결과 양성이 나오거나 당뇨병의 자각 증상 등으로 인해 당뇨병이 의심이 되는 경우는 혈당검사를 하게 된다. 당뇨병의 진단에 있어 혈당치의 기준은 공복 혈당치 126mg/dL 이상, 식후 2시간 혈당치 200mg/dL 이상을 기준으로 한다.
- 표준 포도당 부하검사: 아침 공복 시에 혈액을 채취하고 포도당을 75g 경구 투여한 후 1시간, 2시간의 혈당을 측정한다.
- 당화혈색소 검사: 지난 2~3개월간의 혈당 평균을 알아보는 검사로 6.5% 이상이면 당뇨병으로 진단된다.

② 합병증

- 급성합병증: 혈당이 지나치게 높아지면 고혈당성 혼수, 케톤산혈증이 나타나고, 혈당이 지나치게 낮아지면 저혈당이 나타난다.
- 만성합병증: 고혈당이 장기간 지속되면 동맥경화증, 고혈압, 뇌혈관 경색증, 당뇨병성 신증, 당뇨병성 망막증, 각종 피부질환, 구강질환 등의 합병증이 나타날 수 있다. 만성합병증은 일단 발병하면 치료가 어렵기 때문에 예방을 하는 것이 최선의 방법이다.

(4) 당뇨병의 치료 및 관리

당뇨병 환자의 궁극적인 치료목적은 효과적인 당뇨관리를 통해 만성질환으로 인한 합병증 등을 예방함으로써 건강한 삶을 영위할 수 있도록 하는 것이다. 당뇨병은 치료라는 개념보다는 관리라는 개념이 더 중요하다. 따라서 효과적인 혈당조절을 위해서는 당뇨병 자가관리가 중요하며, 적절한 운동과 함께 절제된 식사, 규칙적인 약 복용 또는 인슐린 주사, 스트레스 관리, 자가 혈당 측정 등의 규칙적이고 절제된 생활습관이 필수적이다.

2) 심리사회적 특성

(1) 당뇨병의 심리사회적 영향

당뇨병이 환자와 가족, 지역사회에 미치는 심리사회적 영향을 살펴보면 〈표 7-1〉과 같다.

〈표 7-1〉 당뇨병의 심리사회적 영향

구 분		개 인	가 족	지역사회
질병 자체의 영향		진단 시 반응 및 적응: 발병에 대한 부정, 두려움, 분노, 죄책감, 우울, 수용	진단 시 반응 및 적응: 유전적 소인에 대한 죄책감, 두려움, 분노, 관리에 대한 부담감	당뇨병에 대한 편견, 무지로 인한 부적절한 처우
질병 관리의 영향	식사	• 식이요법에 대한 이해 • 사회적 관계형성의 어려움 • 외식의 어려움 • 식습관 변화의 어려움 • 자기조절 능력의 요구	• 식사준비의 어려움 • 다른 가족원 욕구와의 균형 (외식 등) • 적절한 지지방법의 탐색	• 식문화 • 식이제한에 대한 편견 • 다양한 대체식품의 부재
	운동	• 시간조절의 어려움 • 운동에 대한 선호와 부담	• 지지방법의 탐색	• 운동자원의 여부 • 운동문화
	혈당 측정	• 바늘에 대한 공포 • 혈당측정기 구입 • 측정결과에 대한 반응	• 측정에 대한 지지 • 측정결과에 대한 반응, 지지	
	발 관리	• 신발의 선택권 제한 • 합병증에 대한 공포	• 관리에 대한 적절한 지지	• 편한 신발에 대한 접근도, 선호도

출처: 이채원(2003); 한인영 외(2013)에서 재인용하여 편집.

(2) 당뇨병 환자와 가족의 심리사회적 문제

당뇨병은 신체질환뿐 아니라 심리사회적 적응의 어려움도 초래하는 만성질환이다. 당뇨병 진단을 처음 받은 후 환자가 진단에 대해 수용하고, 가족지지도 좋은 경우 당뇨병 자가관리가 잘 되어 더욱 건강한 생활을 유지할 수 있다. 그러나 진단을 받은 초기에는 당뇨병에 걸린 자체를 부정하거나 우울, 불안, 분노, 두려움 등의 감정을 갖게 되는 경우가 더 많으며, 이것이 오래 지속되면 당뇨병 자가관리를 방해하게 되어 혈당조절에 부정적인 영향을 미치게 된다. 더욱이 가족 간에 갈등이 있거나, 가족이 환자의 당뇨병 관리에 무관심한 경우, 혹은 가족이 과잉보호를 하는 경우는 이러한 가족의 반응이 환자의 당뇨병 자가관리 의욕을 저하시켜 혈당조절에 부정적인 영향을 미치게 된다(김준영, 2005). 경제적 어려움은 당뇨병 자가관리를 방해하는 요인으로 빈곤한 환자는 어떤 음식이든지 간에 가격이 싼 것을 위주로 구입할 가능성이 있기 때문에 식이요법을 이행하기가 쉽지 않다. 또한 정기적인 병원방문이나 약물요법보다 민간요법에 관심을 갖게 된다(한인영 외, 2013).

최근에는 소아에서도 성인당뇨병이 발병하고 있어, 이러한 경우 소아당뇨병과 마찬가지로 성장 · 발달에 따른 심리적 문제와 학교생활 등에 초점을 맞추어 교육과 상담이 이루어져야 할 상황이다.

3) 사회복지사의 개입

당뇨병 개입 의료사회복지사는 지식 전달을 위한 교육자로서의 역할뿐만 아니라 환자와 가족의 심리사회적 특성을 사정하고, 동기수준과 심리사회적 상황에 맞는 개입을 하는 전문 상담가로서의 역할도 함께 수행해야 한다. 의료사회복지사의 역할을 한림대학교의료원 사회사업팀의 개입영역 사례를 중심으로 살펴보기로 한다.

(1) 환자 및 가족 상담

① 문제사정

당뇨병 환자나 그 가족을 만났을 때 평소 환자의 당뇨병 관리를 위한 자가관리 활동을 평가하고 심리적 적응단계를 평가한다. 또한 가족에 대한 평가를 포함하여 환자의 당뇨병 관리에 영향을 미치는 심리사회적 문제를 사정한다.

- 평소 당뇨병 관리를 위한 행동 평가: 당뇨약(인슐린), 식사, 운동, 혈당검사, 발검사, 흡연, 음주, 당뇨병 교육 참석 등
- 환자의 심리적 적응단계 평가: 부정, 분노, 두려움, 우울, 수용
- 당뇨병 환자 가족에 대한 평가: 가족만 열심인 형, 무관심형, 비난형, 관심은 있으나 무지한 형, 지지적인 형, 가계도 그리기 등

② 당뇨병 환자의 자가관리 평가를 통한 개입

환자의 당뇨병 관리 부족 문제가 당뇨병 관리 지식의 부족에서 오는 문제인지, 환자의 동기 부족 때문인지, 또는 심리사회적 문제가 당뇨병 자가관리에 영향을 미치고 있는지를 평가하여 적절한 개입을 한다.

- 세분화된 자기보호 기술 부족(무지) → 당뇨병 교육이 필요함
- 자가관리 기술 부족(동기 부족) → 동기부여를 위한 상담(후 당뇨병 교육 필요함)
- 대응기술 부족(심리사회적 문제) → 심리사회적 문제 상담(후 당뇨병 관리 교육 필요)

③ 생활습관 계획

환자와 함께 더 나은 당뇨병 관리(혈당조절)를 위해 환자 자신의 생활습관에서 변화되어야 할 점이 있는가를 파악하고, 목표를 설정한 후 구체적인 행동계획을 위해 환자가 스스로 생활습관계획표를 작성하도록 도움으로써 변화동기가 행동으로 옮겨질 수 있도록 한다.

④ 가족상담

가족갈등이나 가족과의 관계로 인해 당뇨병 관리가 잘 되지 않을 경우 가족상담 또는 가족의 올바른 역할에 대한 가족교육을 실시한다.

(2) 집단상담

① 당뇨병 팀교육

지속적이고 반복적인 당뇨병 교육을 통해 당뇨병에 대한 정확한 정보를 전문 분야별로 제공하고, 당뇨병에서의 자기관리의 의지 및 실천의 중요성을 강조한다. 의사는 당뇨병의 개요(원인, 진단, 합병증), 각 전문 분야별 당뇨병의 관리(식사요법: 영양사, 약물요법: 약사, 운동요법: 운동처방사, 생활요법: 사회복지사), 간호사는 인슐린주사법과 혈당관리법, 사회복지사는 당뇨병에 대한 심리적 적응, 생활습관의 개선방법, 스트레스 관리, 가족의 지지에 대해서 교육한다.

당뇨병 교육은 다학문적 팀에 의해 수행되는 것이 가장 효과적인 방법이며 당뇨병 교육자를 양성하고 전문적인 교육훈련을 실시하는 것이 중요하다. 이에 대한당뇨병학회에서는 의사, 간호사, 사회복지사, 영양사 등을 대상으로 당뇨병 교육자 자격제도를 운영하고 있다.

② 자조그룹 결성

미혼의 당뇨병 환자, 소아당뇨병 환자, 당뇨병 환자의 가족 등 특정한 집단의 필요와 욕구에 따라 자조그룹을 구성하고 운영할 수 있도록 지원한다.

③ 당뇨캠프

의사, 간호사, 영양사, 사회복지사 등 치료진이 미리 준비회의를 거쳐 캠프 진행과정을 준비 · 검토 · 진행 · 평가한다. 사회복지사는 당뇨병 자가관리에서 중요한 부분 중 하나인 정서적 · 심리적 측면에 초점을 맞추어 당뇨병과 당뇨병 자가관리의 필요성을 환자가 수용하도록 하고, 당뇨병과 관련된 스트레스를 다룬다. 캠프기간 동안 사회복지사가 담당하는 프로그램으로 스트레스 관리, 역할극, 의사소통기술, 공감의 힘, MBTI 성격유형 검사와 타인이해, 웃음명상, 가족에게 쓰는 편지 등을 실시한다.

(3) 지역사회자원 연결

필요할 경우 경제적 지원, 간병인 연결 및 장애인 정보 등을 포함한 지역사회자원 연결을 한다. 또한 당뇨병협회, 동우회 가입, 당뇨 관련 서적 및 인터넷 정보 등을 제공한다.

2. 만성콩팥병

1) 질환의 이해

(1) 만성콩팥병과 원인

① 만성콩팥병이란

콩팥(신장)은 하루에 약 200리터의 혈액을 깨끗하게 걸러 주기 때문에 '사람 몸의 정수기' '생명의 필터'라고 불리기도 한다. 콩팥이 기능을 적절히 수행하지 못하는 상태를 신부전이라고 하며, 신부전은 급성신부전(acute renal failure)과 만성신부전(chronic renal failure)으로 나뉜다. 급성신부전은 원인과 관계없이 콩팥 기능이 수 시간에서 수일 내로 갑자기 떨어져 정상적인 콩팥의 역할을 수행하는 능력이 감소된 상태를 말한다. 만성신부전은 '만성콩팥병'이란 용어로 대체된 것으로 다양한 원인에 의해서 콩팥 기능이 손상을 입은 후 회복되지 못한 채 계속 약화되어 정상 기능의 20~30% 이하가 되면 콩팥이 제대로 본래의 기능을 다하지 못하기 때문에 노폐물이 몸에 쌓이고 체내 수분, 전해질, 산염기 조절 기능에 이상이 오며, 호르몬 생산장애로 빈혈, 골질환, 고혈압이 생기게 된다(한림대학교 성심병원 홈페이지; 추정인, 1999).

만성콩팥병 환자는 신장기능이 10% 이하가 되면 말기신부전에 이르게 되어 신대체법인 투석이나 신장이식까지 받아야 하는 상태가 된다. 말기신부전 환자의 생존율은 평균 5년 정도인데, 암 환자의 평균 생존율보다 낮은 정도로 심각하다.

② 만성콩팥병의 원인

나이에 따라 다르지만 만성콩팥병의 3대 원인질환은 당뇨병, 고혈압, 만성사구체신염이다. 이는 만성콩팥병이 신장 자체로 인한 것보다는 전신질환의 합병증으로 발생하는 2차성이 대부분이라는 의미다. 즉, 당뇨병과 고혈압만 잘 관리해도 만성콩팥병의 위험을 크게 줄일 수 있다는 것이다.

(2) 만성콩팥병의 증상 및 진단

① 만성콩팥병의 증상

신장기능이 현저히 감소할 때까지 증상이 없는 경우가 대부분이라서 혈액검사에서 우연히 신장기능 저하를 발견하는 경우가 많다. 다만 고혈압이 동반되는 경우가 많고, 부종이 나타날 수 있다. 신장기능의 저하가 심하면 중추신경, 소화기, 혈액계 등에 요독증상이 발생하고, 방치하면 사망에 이른다. 배설기능이 5% 이하인 요독 증상은 다양한데, 이는 피로, 가려움증, 식욕부진, 오심, 구토 등 소화기계통의 증상, 빈혈, 심장 및 혈관계통의 증상, 골격기관의 증상, 피부 증상, 내분비계통의 증상, 생식기관의 증상 등이다.

② 만성콩팥병의 진단

혈액검사, 소변검사, 신장초음파검사 등을 통해 진단을 할 수 있다. 말기신부전은 혈액검사를 통해 혈중 요소질소 농도(blood urea nitrogen: BUN), 혈중 크레아틴 농도(creatine: Cr)의 상승을 알 수 있으며, 이를 통해 사구체 여과율을 추정해 볼 수 있다.

(3) 만성콩팥병의 치료 및 관리

말기신부전과 같이 90% 이상 손상된 콩팥기능을 보완하여 환자가 삶을 영위하는 데 별 문제가 없도록 치료하는 것을 신대체법이라 부른다. 만성콩팥병의 대체요법에는 크게 투석치료와 신장이식방법이 있다. 만성콩팥병의 치료 및 관리를 살펴보면 다음과 같다.

- 약물요법 및 식이요법: 신장의 기능이 나빠졌다 하더라도 말기신부전증에 이르기 전까지는 식이요법과 약물로 조절할 수 있다. 약물로 증상을 조절하고, 고혈압과 당뇨 등 질병에 영향을 미치는 질환을 치료한다. 또한 신부전으로 빈혈이 생기면 조혈 촉진제와 철분제를 사용하여 빈혈을 치료한다. 염분을 적게 섭취하고 단백질을 제한하는 것은 신장기능의 유지에 도움을 준다.
- 투석: 투석요법은 삼투압, 확산, 정수압의 3원리에 따라 반투막을 통하여 혈액 중에 쌓인 노폐물을 걸러 내는 방법으로 혈액투석(hemo dialysis)과 복막투석(peritoneal dialysis)이 있다.

  혈액투석은 반투과막인 투석망을 통하여 체내의 노폐물을 제거하는 배설기능과 수분 및 염분, 전해질, 산, 염기 등의 평형을 유지하는 조절기능을 하는 체외투석법으로 인공신장의 역할을 담당한다. 이러한 혈액투석에는 혈액투석기계와 인공신장기가 필요하다. 또 환자에게 두 개의 혈관주사를 놓아야 하기 때문에 동정맥류 혈관을 만들기 위한 외과적 수술이 반드시 필요하다. 혈액투석은 1일 4시간 정도로 1주일에 3회 전후로 정기적으로 실시해야 한다.

  복막투석은 복강에 특별한 관을 삽입하여 깨끗한 투석액을 넣고 6시간가량 투석액이 머무르는 동안 몸 안의 불필요한 노폐물과 수분을 제거한 후 몸 밖으로 배출시키는 방법이다. 이러한 복막투석은 주로 집 안에서 1일 2~4회 정기적으로 배액하고 새로운 액과 교환하는 조작을 수동으로 하는 방법과 야간에 기계가 정해진 프로그램에 따라 자동적으로 2시간 정도의 간격으로 투석액을 교환하는 자동복막투석 방법이 있다. 투석환자들은 합병증 예방을 위해 식이제한을 해야 한다. 이는 단백질(고질소혈증 예방), 수분과 염분(고혈압, 심폐부종, 심부전 등 예방), 혈액투석환자의 고칼륨증(입술, 혀의 마비감, 근력저하, 사지저림감, 심정지 등의 증상)의 예방을 위해 과일, 생야채 제한, 포타슘, 인(저칼슘증, 골연화증 예방) 등을 제한하는 것이다.
- 신장이식: 신장이식(kidney transplantation)은 기능을 거의 하지 못하는 신장을 대신해서 다른 건강한 사람의 신장을 제공받는 것이다. 신장이식에는 생체이식과 사체이식이 있다. 신장이식 전에는 여러 검사를 하여야 하는데 ABO혈액검사, 조직적

합항원(human leukocyte antigen: HLA)검사, 세포독성항체 검사(cytotoxic antibody test) 등을 실시한다. 신장이식 수술 후 이식된 신장에 대한 거부반응으로 고열, 신장기능 감소, 소변량 감소, 이식부위 통증, 고혈압, 전신부종이 있을 수 있다. 이러한 거부반응을 줄이기 위해 투여하는 면역억제제는 수술 직후 다량 투여되다가 점차 용량이 줄어들지만 평생 복용해야 하고, 감염과 같은 여러 가지 부작용이 있으므로 세심한 관찰이 필요하다(삼성서울병원 홈페이지; 추정인, 1999).

2) 심리사회적 특성

(1) 만성콩팥병의 심리사회적 영향

만성콩팥병의 심리적인 영향을 말기신부전 환자와 가족의 심리적인 반응을 중심으로 살펴보면 다음과 같다(추정인, 2003b).

① 환자의 심리적인 반응

만성콩팥병 환자의 심리적 반응은 충격(shock), 부정(denial), 분노(anger), 우울(depression), 적응(adaptation)의 단계를 거친다. 이 단계는 순차적으로 거치거나 어떤 시점에서 후퇴되어 반복을 하는 경우도 있다.

- 충격: 처음에 만성콩팥병 또는 투석이나 이식을 해야 한다는 말을 듣게 되면 '충격'을 받게 된다. '나에게 왜 이런 일이 생겼는가?' 하며 받아들이기 어려우며, 치료방침을 따르라는 의사의 지시를 그대로 이행하기가 힘들다.
- 부정: 현재 자신의 상태를 받아들이지 못하는 반응으로서, 질병의 심각성을 인정하기가 어렵다. 종종 환자들은 실제 상황보다 좀 나은 상태라고 판단하기도 하고, 다시 기적과 같은 일이 생겨서 본래의 신장기능을 회복할 수 있다고 믿기도 한다. 이런 마음으로 종종 치료진의 지시를 시험하기 위해 음식 조절을 안 하고 약을 중단하기도 한다.

- 분노: 환자는 자신이 투석이나 이식을 해야 하는 '불공평한' 상황에 대해서 몹시 화를 낸다. 많은 환자가 이런 감정을 가지고 있지만, 특히 감정조절이 잘 안 되는 환자의 경우 분노조절의 어려움으로 가족들에게나 치료진에게 화를 낼 수 있다. 이런 분노는 치료진 또는 가족과의 관계에 어려움을 줄 수 있다.
- 우울: 신장을 못 쓰게 되었다는 상실감에서 오는 반응으로 식욕감퇴, 성욕감퇴, 불면증 등이 올 수 있다. 그리고 발병 이전의 생활양식으로부터의 변화, 투병생활에 대한 두려움, 신체 · 외모의 변화 및 죽음에 대한 인식 등이 우울증을 야기한다. 심한 경우 치료를 거부하는 행동을 보일 수가 있기 때문에 이에 대한 부가적인 치료가 필요하다.
- 적응: 환자는 투석하는 기계가 내 생사를 좌우한다는 생각으로 투석기계를 마음으로 받아들이고, 각자 다른 성격을 가진 치료자들과 성격상의 마찰을 일으키지 않으며, 까다로운 식사 규제와 통증을 받아들인다. 이러한 단계가 되어야 생명유지는 물론 모든 일상생활을 종전처럼 계속해서 유지할 수 있다.

② 가족의 심리적인 반응

만성콩팥병 환자의 가족심리는 환자와 유사하며, 가족의 특징적인 심리적인 반응을 살펴보면 다음과 같다.

- 불안: 가족은 환자와 가족에게 무슨 일이 일어났는지 충분히 알지 못한다고 느낄 수도 있고, 그것을 극복할 수 없다고 느낄 수도 있는데 이때 불안을 느끼게 된다.
- 우울: 환자가 장기간 투석이 계속되면서 가족은 환자에 대한 걱정, 경제적 걱정, 가정생활 파탄 가능성에 대한 걱정, 신장이식을 둘러싼 갈등과 죄책감, 심신이 지침에 따라서 우울증을 경험한다.
- 분노: 가족은 환자의 만성콩팥병이란 질병에 대해서뿐만 아니라 만성적인 의존 상태에 처한 환자가 보이는 병적 행동에 대해 분노한다.

(2) 만성콩팥병 환자와 가족의 심리사회적 문제

만성콩팥병 환자의 스트레스 요소로서 치료순응과 신장재활에 영향을 미치고 있는 심리사회적 문제들은 다음과 같다(추정인, 2006b).

① 심리적 문제

만성콩팥병 환자에게 심리적 문제가 생기는 이유는 다음과 같다. 즉, 완치가 불가능하다는 것과 투석을 중지하면 죽을 수밖에 없다는 사실, 기계에 몸과 생명을 맡기게 된 것이다. 그리고 투석환자의 경우 식사, 수분섭취의 제한, 감소되는 성교의 빈도 등으로 기본적 욕구가 파괴되고, 투석 후 신체 이미지(body image)의 변화, 활동의 제한 때문에 발생할 수 있는 실직, 직장생활 및 학업생활의 어려움 등으로 인한 사회적 위축과 낮은 자존감(low self-image)을 경험하게 된다. 또한 투석이나 이식 후 발생할 수 있는 응급상황과 이식수술이 이루어지지 못할 때의 절망감, 자신의 미래에 대한 불확실성과 죽음에 대한 두려움, 치료진과 가족들의 기대에 대처하는 자신의 능력에 대한 두려움 등으로 불안해하며, 기존의 역할에 대한 상실감을 경험함으로써 스트레스를 받게 된다. 특히 당뇨병성 말기신부전 환자는 엄격한 혈당관리와 혈압조절을 해야 하고, 당뇨병 식이요법과 더불어 신장질환 식이요법을 병행해야 하는 까다로운 관리가 요구되므로 많은 스트레스를 경험하게 된다.

② 사회적 문제

혈액투석환자의 경우 대인관계나 사회생활을 하는 데 어려움이 큰데, 그 이유는 주 3회 병원을 방문하여 투석치료를 받아야 하며, 빈번한 입원치료로 인해서 실업과 직장복귀가 어렵고, 기존에 해 오던 사회생활 유지가 어렵기 때문이다. 또한 신장질환으로 인한 외모의 변화 때문에 사회적으로 위축되고, 장기간의 치료를 받음에 따라 대인관계를 유지하는 데 소홀하게 된다.

③ 경제적 문제

만성질환으로 치료를 받는 환자의 경우 경제적인 어려움이 있는 경우가 대부분이다. 특히 당뇨병성 말기신부전 환자는 이미 다른 당뇨병성 합병증들이 발병된 상태인 만성질환자이므로 치료비를 포함한 경제적인 부담이 크다. 이들은 투석치료와 장기이식을 하더라도 신장과 췌장을 동시에 이식해야 하므로 이식수술비 부담이 더욱더 크다.

④ 가족 문제

만성콩팥병 환자의 가족은 가족의 부담이 커지면 커질수록 가족 지지체계가 약화되고, 환자로 인한 불안과 우울, 환자에 대한 적개심이 생길 수 있으며, 계속되는 실패를 경험하면서 심리적으로 많은 좌절과 어려움을 겪게 된다. 가족의 문제 양상은 기존의 역할변동이나 역할상실에 따른 어려움, 환자와 배우자의 성문제, 지속적인 환자의 케어에 따른 가족 내 정서적 갈등, 장기 제공에 대한 가족의 부담감과 갈등으로 나타난다. 또한 장기간의 투병생활로 인한 부부갈등, 경제적인 어려움 등으로 인한 이혼 혹은 위장이혼 등이 있을 수 있다.

⑤ 성(sex) 문제

신부전과 만성질환은 신체적 · 정서적 변화를 일으켜 성생활에 영향을 줄 수 있다. 구체적인 예로, 환자들은 성적인 관심과 능력이 감소되고, 외형적인 모습의 변화(얼굴이 검어짐)로 열등감을 느끼게 될 수 있다. 특히 고혈압 치료약물은 성기능 저하에 영향을 주며, 스테로이드의 사용은 비만, 여드름, 원치 않는 모발의 성장을 일으킬 수 있으므로 환자를 매력적이지 않게 보이게 할 수 있다. 투석환자 중 남자의 약 80%가 발기부전으로 진전되며, 여자는 성교 시 오르가슴을 느끼는 횟수가 떨어지는 것으로 보고되는 것은 만성콩팥병 환자의 성문제가 심각함을 시사한다.

⑥ 장기수요의 불균형 문제

말기신부전 환자들의 신장이식에 대한 욕구에 비해 기증자가 적음에 따라 장기수요의 불균형이 초래되고 있다. 그러므로 이식을 원하는 환자들은 이식의 기회가 줄어드는 등 어려움에 처할 수밖에 없다. 특히 당뇨병성 말기신부전 환자인 경우 신장과 췌장을 동시에 이식해야 하므로 기증자의 희소성은 더욱 크다 할 수 있다.

3) 사회복지사의 개입

미국 신장협회(National Kidney Foundation, 1996)에 따르면 '말기신부전 환자에게 있어서의 재활'이란 보다 건강한 상태가 되는 것, 보다 긍정적이고 적극적인 시각을 갖게 되는 것, 가족과 친구들과의 관계를 즐기게 되는 것, 자신이 가치 있다고 느끼는 것 등을 포함한다. 이때 가족, 친구, 지역사회, 치료진이 말기신부전 환자들의 재활에 도움을 줄 수 있으며, 말기신부전 환자들은 자신에게 적합한 지역사회자원을 활용할 수 있어야 한다(추정인, 2006b에서 재인용).

미국 신장협회(1996)에서는 신장치료 다학문적 서비스팀으로서 신장 전문 사회복지사의 역할을 "신장병과 관련되어 가정, 집, 직장, 지역사회에서의 변화에 환자와 가족들이 대처하는 것을 돕는 상담, 프로그램 실시, 지역사회 자원 연결 서비스를 제공하는 것"이라고 제시하였다. 다음은 우리나라 실정에 맞는 의료사회복지사의 역할을 살펴보기로 한다(추정인, 2006b에서 재인용).

(1) 환자 및 가족 상담

① 포괄적인 상담

투병생활에 따른 심리적 어려움, 자신감의 상실, 사회적응의 어려움, 스트레스 해결 등에 대한 포괄적인 상담을 한다.

② 지지적인 상담

합병증이 발생했을 때, 이식수술이 좌절되었을 때, 이식 전후의 투병생활이 어려울 때, 합병증에 대한 두려움과 불안이 클 때, 개인적 갈등과 가족 내 갈등이 심화될 때, 재활계획을 실행에 옮길 때 지지적인 상담을 한다.

③ 위기상담

신장 합병증 진단을 받은 초기단계의 환자, 투석을 준비하거나 투석을 시작한 환자와 가족에 대한 개입, 환자가 투석기계에 의존해야 하는 투병생활에 대한 부정(denial)의 심리상태를 긍정적인 방향으로 유도하기 위한 위기상담을 한다.

(2) 집단지도

만성콩팥병 관련 치료팀의 일원이 되어 투석치료 및 신장이식수술에 대한 이해와 인식을 갖게 하고, 투석치료 및 신장 · 췌장 이식수술 후에 환자의 대응능력을 강화하기 위해 정보를 제공하며 집단에 참석하는 성원들의 공감대 형성과 모델링을 통해서 환자나 가족이 겪고 있는 심리사회적 · 신체적 어려움을 극복할 수 있도록 돕는다. 그리고 집단활동을 통해서 타인이나 사회에 만성콩팥병 환자들의 대변인 · 옹호인 역할을 한다. 구체적인 예는 다음과 같다.

① 치료팀 관련 교육

- 급성신부전, 만성신부전, 말기신부전에 대한 이해와 치료법
- 투석 및 신장이식수술과 치료과정
- 이식 전후의 합병증
- 약물치료법
- 영양관리
- 건강관리
- 임신, 여행, 일상생활 관리

② 환자 및 가족 교육

- 환자가 겪고 있는 심리사회적 · 신체적 어려움에 대한 이해 교육
- 가족의 변화된 역할교육
- 환자 및 가족의 새로운 사회적응기술 교육

③ 자조모임 지원

투석환자, 신장 · 췌장이식환자, 만성콩팥병 환자와 가족을 대상으로 하는 자조모임 지원

④ 집단상담

투석환자 야유회, 신장이식환자 캠프, 환자와 가족을 위한 역할극, 스트레스 관리 프로그램 등

⑤ 환자 인터넷 동우회 운영

만성콩팥병 환자, 투석환자, 신장이식환자를 위한 인터넷 동우회 운영지원

⑥ 사회복지정보 교육

만성콩팥병 환자가 알아야 할 사회복지 혜택 관련 정보는 다음과 같다(대한의료사회복지사협회, 2015).

- 말기신부전 진단을 받은 후 경제적 어려움 발생 시 도움받을 수 있는 의료비 지원제도: 보건복지부 긴급지원제도, 중증질환 재난적 의료비 지원제도
- 투석치료가 시작된 후 산정특례 등록: 희귀난치성질환으로 진단받은 건강보험의 요양급여부분 본인부담률을 20%에서 10%로 경감하기 위해 만들어진 제도
- 신장장애인 등록: 투석치료 시작일 기준 3개월 경과 시 신장장애 2급, 신장이식수술 이후 신장장애 5급

- 장애등급별 복지서비스 혜택
- 희귀난치성질환자 의료비 지원: 관할 보건소에서 의료비 부담이 많은 투석환자들에게 투석치료비와 합병증 치료비에 대한 요양급여 항목 중 본인부담금을 지원해주는 제도
- 의료비 지원제도: 보건복지부 긴급지원사업, 국민건강보험공단의 중증질환 재난적 의료비 한시적 지원사업
- 저소득층 사회복지 지원제도: 거주지 읍 · 면 · 동 주민센터
- 중증장애인 연금, 경증장애수당: 거주지 읍 · 면 · 동 주민센터
- 국민연금 내 장애연금: 국민연금관리공단

(3) 지역사회자원 연결

심리적 · 사회적 · 경제적으로 어려운 환자들을 위해 수술 전부터 지역사회자원을 통하여 원조받을 수 있는 방안을 강구하며, 구체적인 예는 다음과 같다.

- 경제적으로 어려운 환자에 대한 공공기금 및 관련 단체의 원조 연결
- 가정간호서비스 중재
- 가정-병원 간의 이동보조 자원봉사자 연결
- 투석환자가 보호자가 없는 경우와 이식수술 후 입원 시 간병인이 필요한 경우 자원봉사자 연결
- 지방에 연고를 두고 있는 환자가 수술 후 잦은 외래진료로 인해서 거처 마련이 안되어 불편을 겪고 있는 경우 그들의 숙식문제를 해결할 수 있도록 지역사회자원 연결

(4) 신장과 췌장 이식수술을 위한 개입

- 신장과 췌장 이식수술 예정자를 대상으로 이들의 이식에 대한 결정을 도와주고, 가족에게 충분한 이해를 도모하여 원활하게 이식이 진행될 수 있도록 좀 더 안정된

심리적 · 사회적 · 경제적 환경을 조성토록 지원한다.

- 장기기증자에 대한 적합성 평가와 질병관리 장기이식관리센터(Korean Network for Organ Sharing: KONOS)의 승인절차 관련 업무를 실행한다(「장기 등 이식에 관한 법률」 시행령 제13조와 제17조 및 시행규칙 제5조 근거).
- 장기이식 수술 시 경제적으로 어려운 환자일 경우 외부 후원단체 원조 연결을 한다.

3. 장기이식

1) 질환의 이해

우리나라의 장기이식은 1969년의 신장이식을 시작으로 하여 1988년에 뇌사자에게서 적출한 간이식이 성공하면서 뇌사자에 의한 장기이식이 사회적 관심을 불러일으켰고, 1992년에는 췌장 및 심장 이식이 성공하여 장기이식이 본격화되었다(추정인, 2005).

질병관리 장기이식관리센터(KONOS)의 통계에 따른 2014년 우리나라 장기이식인은 3,569명(살아 있는 자 1,828명, 뇌사자 1,445명, 각막 296명)으로 해마다 많은 장기이식이 이루어지고 있다. 그러나 2014년 장기이식 건수는 3,599건(신장 1,808건, 간장 1,262건, 각막 296건, 심장 118건, 췌장 55건, 폐장 55건, 소장 5건)이며, 장기이식 대기자는 3,121명(신장 2,264명, 간장 444명, 췌장 142명, 각막 137명, 심장 101명, 폐장 28명, 췌도 3명, 소장 2명)인 것으로 보아 이식 수요가 공급에 비해 절대적으로 많음을 알 수 있다.

(1) 장기이식이란

장기(organ)는 '사람의 내장, 그 밖에 손실되거나 정지된 기능회복을 위하여 이식이 필요한 조직'으로서 고형장기 7종(신장, 간장, 췌장, 심장, 폐, 소장, 췌도)과 조직장기 2종(골수, 안구)이 해당된다(질병관리본부 장기이식관리센터 홈페이지).

장기이식(organ transplantation)이란 신체장기가 질환으로 인해 기능을 상실하게 되어 다른 어떤 치료방법으로도 그 기능을 대치할 수 없을 때, 타인의 장기 전부 또는 일부분을 동일한 또는 각각 다른 사람의 신체에 옮겨 심는 것을 말한다. 장기이식은 공여장기의 근원에 따라 생체이식과 사체이식으로 나뉜다(추정인, 송효석, 조성상, 김후남, 서향순, 2002).

- 생체이식: 살아 있는 공여자의 기능에 손상을 주지 않는 범위에서 장기 일부 또는 전부를 공여자에게 기증받아 이식하는 것이다.
- 사체이식: 뇌사 또는 심장사로 사망한 공여자에게서 장기를 기증받아 이식하는 것이다. 뇌사자란 뇌질환 또는 교통사고 등으로 인해 뇌기능이 손상된 상태로 인공호흡기에 의존하여 맥박, 혈압, 호흡 등을 일시적으로 유지할 수 있으나 스스로 숨 쉬는 것이 불가능하여 어떤 치료에도 2주 이내에 사망하는 환자를 말한다. 뇌사자의 기증 가능한 장기는 여덟 종류로 신장(kidney), 간장(liver), 심장(heart), 폐장(lung), 췌장(pancreas), 췌도(langerhans), 소장(small intestine), 안구(cornea)다.

(2) 장기이식의 종류

질병관리본부 장기이식관리센터(KONOS, 2015)의 통계에 따르면 2000년 1월부터 2015년 6월까지 골수이식을 제외한 장기이식 건수는 총 37,223건(신장이식 17,964건, 간이식 12,547건, 안구이식 5,076건, 심장이식 932건)이다. 장기이식의 유형 중 의료사회복지사가 주로 개입하는 신장이식, 간이식, 심장이식, 골수 조혈모세포이식을 중심으로 살펴보면 다음과 같다.

① 신장이식

신장이식(kidney transplantation)은 신장기능이 10% 이하가 되어 말기신부전 진단을 받은 환자에게 수술을 통하여 건강한 신장을 이식하여 정상적인 신장기능을 회복시켜 주는 신대체 방법이다. 신장이식은 기증받은 건강한 신장을 환자의 동맥, 정맥 및 방광에 연결하여 정상적으로 기능하도록 수술하는 치료방법이다. 신장이식의 종류는 다음과 같다.

- 동종이식(allogeneic transplantation): 유전적으로 동일하지 않은 사람에게서 신장을 이식받는 것이다.
- 동계이식(syngeneic or isogeneic transplantation): 유전적으로 동일한 사람 사이에 이루어지는 신장이식을 말한다. 예컨대, 일란성 쌍둥이 사이의 이식 등이 있다.

② 간이식

간이식(liver transplantation)은 말기 간질환 또는 간세포암 등 간질환에 대한 치료법으로 정상인의 간을 수술적으로 적출하여, 대상 환자에게 옮겨 붙여 간이 기능하게끔 하는 수술법이다. 간이식의 종류는 다음과 같다.

- 전 간이식(orthotopic whole liver transplantation): 뇌사자의 간을 통째로 적출하여 옮겨 붙이는 수술법이다.
- 뇌사자 부분 간이식: 분할 간이식(split liver transplantation: 하나의 간을 둘로 나누어 2명의 수혜자에게 각각 이식하는 수술법), 축소 간이식(reduced size liver transplantation: 기증된 간의 크기가 수혜자에게 큰 경우 일부 간을 절제하고 남은 간을 이식하는 수술법)이 있다.
- 생체 부분 간이식(living donor liver transplantation): 생체 공여자의 간을 일부 절제하여 수혜자에게 이식하는 수술법이다.
- 보조 간이식(auxiliary partial orthotopic liver transplantation): 수혜자의 간을 일부 또는 전부를 남겨 둔 채 이식간의 일부 또는 전부를 수혜자에게 이식하는 수술법이다.

③ 심장이식

심장이식(heart transplantation)은 뇌사자의 심장을 제공받아 내과적 · 외과적 치료가 불가능한 1년 생존 가능성이 75% 미만인 말기심부전증 환자에게 이식해 주는 수술이다. 심장이식의 종류는 다음과 같다.

- 동소성 심장이식술: 보편적인 심장이식술로 수혜자의 심장을 적출하고 그 자리(동소)에 공여자의 심장을 이식하는 것이다.
- 이소성 심장이식술: 환자의 심장을 그대로 남겨 놓은 상태에서 그 옆의 정맥 및 동맥 문합을 통하여 심장을 이식하는 방법이다.

④ 조혈모세포(골수)이식

골수이식(bone-marrow transplantation: BMT)은 골수에 이상이 발생한 백혈병이나 암 환자에게 건강한 다른 사람의 골수를 이식하여 병을 다스리고자 하는 치료법이다. 골수이식은 수술과 같은 외과적 치료방법이 아니라, 수혈과 같은 방법으로 피 대신 골수를 주입하는 것이다. 골수는 뼛속에 있는 스펀지와 같은 연한 조직으로 적혈구, 백혈구, 혈소판 등의 혈액성분과 면역체계의 여러 성분을 만들어 낸다. 정상인의 혈액 중 약 1% 정도에 해당되며, 모든 혈액세포를 만들어 내는 능력을 가진 어머니 세포로 골수에서 대량 생산되고 있는 세포를 통틀어서 조혈모세포(hemopoietic stem cell)라고 한다. 즉, 조혈모세포이식(hematopoietic stem cell transplantation: HSCT)이란 과거 골수를 활용하던 골수이식의 영역을 넘어서 말초혈액과 제대혈 내에 존재하는 모든 형태의 조혈모세포를 이식원으로 활용하여 이식하는 것을 의미한다. 조혈모세포이식의 종류는 다음과 같다.

- 동종조혈모세포이식: 조혈모세포를 타인에게 받는 경우다.
- 자가조혈모세포이식: 조혈모세포를 자기 것으로 쓰는 경우다.
- 동계조혈모세포이식: 조혈모세포를 일란성 쌍생아에게 받는 경우다.

2) 심리사회적 특성

(1) 장기이식환자의 주요 특성

장기이식환자의 주요 특성을 여섯 가지로 구분하여 살펴보면 다음과 같다(추정인 외, 2002; 추정인, 2006b).

① 신체적 특성

이식 후에도 체내에서 이식된 타인의 장기를 거부하는 반응을 억제하기 위하여 거부반응약제를 계속 복용해야 한다. 이러한 면역억제제를 장기간 복용하면 신기능장애, 고혈압, 당뇨병, 위장장애, 감염, 치육비후, 다모증, 멍이 잘 들고 외모가 변화하는 것 등의 부작용이 생길 수 있다. 그렇기 때문에 정기적인 진료와 검사, 식이요법 등의 건강관리와 생활조절이 요구되는데, 이에 따른 스트레스가 많이 발생한다. 그리고 약 복용으로 인한 비만, 피부색의 침착, 다모증 등의 신체적 변화는 환자들에게 외모에 대한 스트레스를 갖게 하고, 특히 자기애적 성격을 가진 여성 환자는 받아들이기 어려운 고통을 경험하게 된다. 그러므로 이식환자들은 주기적인 운동과 함께 평생 복용하는 면역억제제의 감염위험성을 체크하기 위해 매일 체온, 맥박, 혈압, 체중 측정 습관을 가져야 한다.

② 심리적 특성

환자들은 이식 기회의 희소성으로 이식을 받기 전까지는 불안해한다. 이식 후 발생할 수 있는 응급상황과 자신의 미래에 대한 불확실성이 크며, 특히 심장이식환자들은 심장이식 후 거부반응으로 인해 심장이 소실될 경우 아무런 대안이 없다는 점에서 사망에 대한 공포감이 클 수 있다. 그리고 이식환자들은 치료진과 가족들의 기대에 대처하는 자신의 능력에 대한 두려움 등으로 불안해하며, 이식 후에도 기존의 역할변동이나 역할상실감 때문에 치료를 거부하거나 최악의 경우는 자살을 시도하기도 한다.

이식환자들은 남에게 나쁜 일을 해서 자신이 병이 들었다고 자책하는 경우도 있으며,

상실감을 느끼거나 화를 잘 내는 등의 특징을 갖고 있다. 또한 삶에 대한 시각(관점)이 변화하며, 가족에 대한 미안함을 느끼고, 자신감이 상실되고 아집이 커지는 양상을 보인다. 또한 타인의 장기를 자신의 장기로 동일화하는 과정에서 묘한 갈등을 느끼며, 이성의 장기를 받았을 경우 성적 역할의 혼란을 초래하기도 한다. 사체의 장기를 이식받은 경우는 죽은 사람에 대한 생각을 자주 하게 되며, '내가 살기 위해 운명적으로 그가 죽었다.'는 등의 죄책감에 시달릴 수 있다.

이식환자들은 이식 전후의 심리적 반응으로 부정단계, 분노단계, 타협단계, 우울단계, 수용단계를 보인다.

골수이식환자는 자가이식의 경우 관해 후 합병증에 대한 근심이 제일 크며, 동종이식의 경우 생착가능성에 대한 근심이 크다.

③ 가족적 특성

이식환자의 경우 환자 자신 못지않게 가족 역시 많은 스트레스를 경험하게 된다. 환자의 치료가 장기화되고, 수술 전후 경제적 압박이 심해짐에 따라 가족의 부담이 그만큼 커지고 가족 지지체계가 약화된다. 그리고 환자로 인한 불안, 우울, 환자에 대한 적개심이 생길 수 있으며, 계속되는 실패를 경험하면서 심리적으로 많은 좌절과 어려움을 겪게 된다. 그리고 기존의 역할변동이나 역할상실에 따른 어려움, 환자인 배우자와의 성문제(sexual problem), 지속적인 환자의 간호에 따른 가족 내 정서적 갈등, 환자에 대한 가족의 적대감과 죄의식, 의료비 지출 과다로 인한 경제적 부담의 증대, 환자의 이식수술에 대한 두려움과 기피, 장기 제공에 대한 가족의 부담감과 갈등이 있을 수 있다.

④ 사회적 특성

이식 후에도 지속적인 치료와 잦은 응급치료 등으로 인해 실업을 하게 되거나 직장복귀가 어렵고, 기존에 해 오던 사회생활을 유지하는 데 어려움이 발생한다. 구체적으로 살펴보면, 노동능력의 상실, 교우관계의 소원함, 남과 관계 맺기를 꺼림, 피해의식이 나타나고 주위를 정리하는 양상을 보인다. 그리고 회복과 정기검진 등으로 한참 동안 일을 할 수 없게 되며, 감염 우려와 외모 변화에 따른 자신감 상실로 외출을 최소화하는 경향도 있다.

⑤ 경제적 특성

이식 시 수술비 부담과 이식 후 평생 복용해야 하는 것에 따른 거부반응과 약제비 부담, 정기적인 외래 검사와 잦은 입원으로 인한 환자의 의료비 지출 과다로 경제적인 부담이 증대한다. 그리고 수입이 단절될 수도 있어 치료비 마련과 생계유지가 어렵다.

⑥ 기 타

장기수요의 불균형으로 인해 우리나라와 같이 뇌사(brain-death)가 법적으로 인정되었지만 장기이식에 대한 욕구에 비해 기증자가 적어서 장기이식을 해야 하는 나라의 환자들은 많은 어려움에 처해 있다.

(2) 장기이식의 시기별 단계에 따른 상황

마리 아만다 듀(Mary Amanda Dew, 2002)는 장기이식과 관련해서 환자들이 이식팀과 접촉하게 되는 상황과 과정들을 [그림 7-1]과 같이 5단계로 구분하였다(추정인, 2005에서 재인용).

즉, 말기 장기질환을 앓고 있는 환자 자신이 잠재적인 이식대상자로 적합한지에 대해 평가를 받는 단계, 적합한 기증자의 장기를 기다리는 단계, 장기이식 수술 후 초기 입원 단계, 회복의 기간에 있어 중요한 의미를 갖는 수술 후 1년까지의 단계, 그리고 이후 최소 5년까지 등의 장기적인 적응 단계로 나누어 볼 수 있다.

사건 :	평가	수술	퇴원	1년	5년
기간 :	장기 대기	회복	이식 후 초기	이식 후 장기	이식 후 확장
각 기간 중의 건강 문제와 건강상의 변화	• 지속적인 장기 기능 약화 • 심각한 건강상의 위험 • 말기질환에 대한 치료 • 가정 변화 • 경제적 변화 • 삶의 질 변화	• 장기기능 회복 • 수술 후유증 • 기능적 상태	• 이식장기의 거부 • 재입원 • 신체적 극복 • 가정 변화 • 경제적 변화 • 삶의 질 변화	• 감염 • 이식장기의 거부 • 재입원 • 새로운 건강문제 • 가정 변화 • 경제적 변화 • 삶의 질 변화	• 만성적인 거부반응 • 추가적인 건강문제에 대한 부담 • 이식 실패 • 이식 실패에 대한 조치 • 가정 변화 • 경제적 변화 • 삶의 질 변화

그림 7-1 장기이식의 시기별 단계 구분

3) 사회복지사의 개입

(1) 장기이식 업무에 대한 사회복지사 활동의 법적 근거

2000년 2월 9일부터 「장기 등 이식에 관한 법률」이 시행됨으로써 뇌사가 합법화되었고, 질병관리본부 장기이식관리센터(KONOS)에서 이식에 관한 전반적인 관리가 이루어지고 있다. 그리고 2001년 7월 1일부터 살아 있는 자의 장기이식대상자 승인 신청 시에는 반드시 사회복지사의 상담평가를 거친 뒤, 상담평가서와 함께 상담결과를 증명할 서류도 첨부되어야 하며, 순수기증자에 대한 상담 및 평가에 대한 법정 비급여로 상담료를 인정받고 있다. 또한 「장기 등 이식에 관한 법률」 시행규칙(보건복지부령 제88호, 2011. 12. 7. 시행) 제10조 '뇌사판정의료기관의 기준'에 사회복지사 1명의 인력을 갖추어야 한다고 명시되어 있다.

(2) 장기이식의 시기별 단계에 따른 사회복지사의 역할

마리 아만다 듀(2002)의 장기이식의 각 단계별 고려해야 할 사항을 바탕으로 의료사회복지사의 역할을 살펴보면 다음과 같다(추정인, 2005에서 재인용).

① 이식수술을 위한 평가단계

- 과거의 생활습관과 행동 등에 대한 정확한 사정을 한다.
- 환자와 가족에게 이식과 관련된 유용한 정보를 제공한다.

② 이식수술을 기다리는 단계

- 이식에 대한 현실적인 기대감을 심어 주면서도 희망을 갖도록 지지한다.
- 가족 역동에 대한 정확한 사정과 적절한 개입을 한다.
- 환자와 가족이 걱정하는 내용에 대한 토론의 기회를 제공한다.
- 환자와의 지속적 연계를 위한 지역사회자원과의 긴밀한 연계를 갖는다.

③ 이식수술 후의 회복단계

- 적절한 퇴원계획을 준비한다.

④ 이식수술 후의 1년까지의 단계

- 여러 가지 자원과 공식적 · 비공식적 지지체계를 연계한다.
- 의료적 순응도 향상과 문제예방을 통한 삶의 질 향상을 위한 교육을 한다.

⑤ 장기적인 적응의 단계

- 삶의 질 향상을 위한 지속적인 관심과 원조를 한다.

(3) 장기이식 사회복지사 개입활동 사례

앞에서 살펴본 장기이식의 시기별 단계와 장기이식환자와 가족을 위한 실질적인 사회복지사 개입활동을 한림대학교의료원 강동성심병원 사회복지사의 개입활동 사례를 중심으로 정리하면 [그림 7-2]와 같다(추정인, 2005).

사건 :	평가	수술	퇴원	1년	5년
기간 :	장기 대기	회복	이식 후 초기	이식 후 장기	이식 후 확장
각 기간 중의 건강 문제와 건강상의 변화	• 이식준비 상담 교육 • 정기적인 의뢰 체계 • 이식실패 상담 의뢰체계 • KONOS 장기기증 적합성 평가 • 이식 관련 팀교육 • 장기 관련 장애인 복지정보 교육 • 수술비 마련을 위한 지역사회 자원 연결 • 장기기증 서약 캠페인	• 퇴원계획 욕구조사 • 지역사회자원 연결 • 멘토링	• 이식 후 적응 교육 • 지지집단 • 지역사회자원 연결	• 장기이식인 욕구조사 • 인터넷 동우회 사이트 운영 • 이식 후 변화 상담 및 교육	• 장기이식인 캠프 • 이식실패 상담 • 스트레스 관리 프로그램

그림 7-2 장기이식의 시기별 단계에 따른 장기이식 사회복지사 개입활동

정리해 봅시다

❶ 당뇨병

* 질환의 이해
  - 당뇨병과 원인: 인슐린이 부족하거나 기능을 하지 못하게 될 경우 포도당이 세포에서 이용되지 못하고 혈액 속에 쌓이다가 소변으로 빠져나오는 병적인 상태를 당뇨병이라고 한다. 당뇨병은 유전적인 원인과 더불어 스트레스, 과식, 운동 부족, 비만, 약물 남용 등의 후천적인 환경적 원인이 결합하여 생긴다고 알려져 있다.
  - 당뇨병의 종류: 1형 당뇨병(인슐린 의존형 당뇨병), 2형 당뇨병(인슐린 비의존형 당뇨병), 임신성 당뇨병으로 나뉜다.
  - 당뇨병의 진단 및 합병증: 혈당치의 기준이 공복 혈당치 126mg/dL 이상, 식후 2시간 혈당치 200mg/dL 이상일 때 당뇨병이라 한다. 급성합병증으로 고혈당성 혼수, 케톤산혈증, 저혈당이 나타난다. 그리고 만성합병증으로 동맥경화증, 고혈압, 뇌혈관 경색증, 당뇨병성 신증, 당뇨병성 망막증, 각종 피부질환, 구강질환 등의 합병증이 나타날 수 있다.
  - 당뇨병의 치료 및 관리: 효과적인 혈당조절을 위해서는 당뇨병 자가관리가 중요하며 적절한 운동과 함께 절제된 식사, 규칙적인 약 복용 또는 인슐린 주사, 스트레스 관리, 자가 혈당 측정 등의 규칙적이고 절제된 생활습관이 필수적이다.
* 심리사회적 특성
  - 당뇨병의 심리사회적 영향과 환자와 가족의 문제: 당뇨병이 환자와 가족, 지역사회에 미치는 심리적 · 사회적 영향은 크다. 당뇨병 진단을 처음 받은 후 환자가 진단에 대해 수용하고, 가족지지도 좋은 경우 당뇨병 자가관리가 잘 되어 더욱 건강한 생활을 유지할 수 있다.
* 사회복지사의 개입
  - 환자 및 가족 상담: 문제사정, 당뇨병 환자의 자가관리 평가를 통한 개입, 생활습관 계획, 가족상담 등
  - 집단상담: 당뇨병 팀교육, 자조그룹 결성, 당뇨캠프 등
  - 지역사회자원 연결: 경제적 지원, 간병인 연결 및 장애인 정보 등을 제공

❷ 만성콩팥병

* 질환의 이해

–만성콩팥병과 원인: 만성콩팥병 환자는 신장기능이 10% 이하가 되면 말기신부전에 이르게 되어 신대체법인 투석이나 신장이식까지 받아야 하는 상태가 된다. 만성콩팥병의 3대 원인질환은 당뇨병, 고혈압, 만성사구체신염이다.

–만성콩팥병의 증상 및 진단: 피로, 가려움증, 식욕부진, 오심, 구토, 빈혈, 심장 및 혈관계통의 증상, 골격기관의 증상, 생식기관의 증상 등 다양하다. 만성콩팥병의 진단은 혈액검사를 통해 혈중 요소질소 농도(blood urea nitrogen: BUN), 혈중 크레아틴(Creatine: Cr) 농도의 상승을 알 수 있다.

–만성콩팥병의 치료 및 관리: 만성콩팥병의 대체요법에는 크게 투석치료와 신장이식 방법이 있다.

* 심리사회적 특성

–만성콩팥병의 심리사회적 영향: 만성콩팥병 환자는 심리적 반응으로 충격, 부정, 분노, 우울, 적응의 단계를 거치며, 이 단계는 순차적으로 이루어지거나 어떤 시점에서 후퇴되어 반복한다.

–만성콩팥병 환자와 가족의 심리사회적 문제: 만성콩팥병 환자의 스트레스 요소로서 치료순응과 신장재활에 영향을 미치고 있는 심리적 · 사회적 · 경제적 · 가족적 · 성(sex) 문제들과 장기수요의 불균형 문제 등이 있다.

* 사회복지사의 개입

–환자 및 가족 상담: 포괄적인 상담, 지지적인 상담, 위기상담 등

–집단지도: 치료팀 관련 교육, 환자 및 가족 교육, 자조모임 지원, 집단상담, 환자 인터넷 동우회 운영, 사회복지정보 교육 등

–지역사회자원 연결: 심리적 · 사회적 · 경제적으로 어려운 환자들을 위해 수술 전부터 지역사회자원을 통하여 원조받을 수 있는 방안을 강구 및 실행

–신장과 췌장 이식수술을 위한 개입: 이식에 대한 결정을 도와주고, 심리적 · 사회적 · 경제적 환경을 조성토록 지원, 장기기증자에 대한 적합성 평가 등

❸ 장기이식

* 질환의 이해
  - –장기이식이란: 장기이식은 신체장기가 질환으로 인해 기능을 상실하게 되어 다른 어떤 치료방법으로도 그 기능을 대치할 수 없을 때, 타인의 장기 전부 또는 일부분을 동일한 또는 각각 다른 사람의 신체에 옮겨 심는 것을 말한다.
  - –장기이식의 종류: 의료사회복지사가 주로 개입하는 장기이식으로는 신장이식, 간이식, 심장이식, 조혈모세포(골수)이식 등이 있다.
* 심리사회적 특성
  - –장기이식환자의 주요 특성: 장기이식에 따른 신체적 · 심리적 · 가족적 · 사회적 · 경제적 특성과 장기수요의 불균형으로 인한 환자들의 어려움 등이 있다.
  - –장기이식의 시기별 단계에 따른 상황: 5단계로 말기 장기질환을 앓고 있는 환자 자신이 잠재적인 이식대상자로 적합한지에 대해 평가를 받는 단계, 적합한 기증자의 장기를 기다리는 단계, 장기이식 수술 후 초기 입원단계, 회복의 기간에 있어 중요한 의미를 갖는 수술 후 1년까지의 단계, 그리고 이후 최소 5년까지 등의 장기적인 적응단계다.
* 사회복지사의 개입
  - –장기이식 업무에 대한 사회복지사 활동의 법적 근거: 2000년 2월 9일부터 「장기 등 이식에 관한 법률」이 시행됨으로써 의료사회복지사는 순수기증자에 대한 상담 및 평가에 대한 법정 비급여로 상담료를 인정받고 있다. 또한 「장기 등 이식에 관한 법률」 시행규칙 제10조의 뇌사판정의료기관의 기준에 사회복지사 1명의 인력을 갖추어야 한다고 명시되어 있다.
  - –장기이식의 시기별 단계에 따른 사회복지사의 역할
    - ① 이식수술을 위한 평가단계: 사정과 이식 관련된 유용한 정보를 제공
    - ② 이식수술을 기다리는 단계: 이식에 대한 현실감과 지역사회자원과의 연계
    - ③ 이식수술 후의 회복단계: 적절한 퇴원계획 준비
    - ④ 이식수술 후의 1년까지의 단계: 의료적 순응도 향상과 문제예방 교육
    - ⑤ 장기적인 적응의 단계: 삶의 질 향상을 위한 지속적인 관심과 원조
  - –장기이식 사회복지사 개입활동: 장기이식의 시기별 단계에 따라 장기이식환자와 가족을 위한 실질적인 사회복지사 개입활동 사례

참고문헌

김준영(2005). 성인당뇨병 환자 및 가족을 위한 의료사회사업적 개입-한림대의료원 한강성심병원 사회복지과 교육을 중심으로-. **24차 대한의료사회복지사협회 workshop 자료집**, 140-150.

대한의료사회복지사협회(2015). '만성콩팥병 환자'가 꼭 알아두어야 할 복지정보.

보건복지부(2012). **2012 보건복지통계연보**.

추정인(1999). 여성 신장이식환자의 스트레스 대처를 위한 집단 프로그램 적용에 관한 연구-인지행동모델을 중심으로-. 이화여자대학교 사회복지대학원 석사학위논문.

추정인(2003a). 여성신장이식환자의 스트레스 관리 집단 프로그램. **의료와 사회복지**, 2, 154-179.

추정인(2003b). 당뇨병성 신증 환자의 심리사회적 특성과 의료사회복지사. **월간당뇨**, 159(0), 23-27.

추정인(2005). 장기이식 사회복지사 활동의 실제. **대한의료사회복지사협회 워크샵 자료집**, 24, 237-255.

추정인(2006a). 당뇨병성 신장 합병증 환자의 심리사회적 특성과 재활-당뇨병성 말기신부전 환자를 中心으로-. **월간당뇨**, 194(0), 66-69.

추정인(2006b). 당뇨병성 신장 합병증 환자의 심리사회적 특성과 재활II-당뇨병성 말기신부전 환자를 中心으로-. **월간당뇨**, 195(0), 64-67.

추정인(2006c). 당뇨병성 신장 합병증 환자의 심리사회적 특성과 재활III-당뇨병성 말기신부전 환자를 中心으로-. **월간당뇨**, 196(0), 64-67.

추정인, 송효석, 조성상, 김후남, 서향순(2002). **이식**. 서울: 나눔의집.

한인영, 최현미, 장수미, 임정원, 이인정, 이영선(2013). **의료현장과 사회복지실천**. 서울: 학지사.

Parad, H. J., & Parad, L. G. (1990). Crisis intervention: An introductory overview. In H. J. Parad & L. G. Parad (Eds.), *Crisis Intervention Book 2: The Practitioner's Sourcebook for Brief Therapy* (pp. 3-68). Milwaukee, WI: Family Service America.

대한의료사회복지사협회 http://www.kamsw.or.kr
삼성서울병원 http://www.samsunghospital.com
질병관리본부 장기이식관리센터 https://www.konos.go.kr
한림대학교 성심병원 http://hallym.hallym.or.kr

제8장

재활 및 정신의료

학습개요

이 장에서는 진단 후 사회복귀와 재활에 초점이 맞추어지는 척수 손상, 뇌졸중, 치매, 조현병, 중독의 주요 증상과 함께 대표적인 심리사회적 특성을 학습해 본다. 또한 환자의 치료와 재활 과정에서 의료사회복지사의 역할은 무엇인지 소개하고자 한다.

척수 손상은 척수신경의 손상으로 신체의 일부나 전신이 마비되어 독립적인 일상생활이 어렵고, 뇌졸중은 편마비와 함께 인지장애 및 언어장애를 동반하는 경우가 있어 환자와 가족의 심리사회적 충격이 매우 크다. 그러나 적극적인 재활치료를 통해 장애를 극복할 수 있다. 이러한 과정에서 의료사회복지사의 역할을 알아보고자 한다. 또한 우리나라의 인구고령화 현상으로 치매 환자가 늘어나고 있어 환자와 가족의 욕구를 해결하기 위해 의료사회복지사가 어떤 역할과 개입을 하는지 살펴보고자 한다.

학습목표

1. 척수 손상 환자의 특성을 이해하고 의료사회복지사의 역할과 개입방법을 이해한다.
2. 뇌졸중 환자의 특성을 이해하고 의료사회복지사의 역할과 개입방법을 이해한다.
3. 치매 환자의 특성을 이해하고 의료사회복지사의 역할과 개입방법을 이해한다.
4. 조현병의 진단과 치료에 대해 이해한다.
5. 알코올사용장애 환자의 특성을 이해하고 의료사회복지사의 역할과 개입방법을 이해한다.

1. 척수 손상

1) 질환의 이해

척수(spinal cord)는 척추(spine)의 척추관(vertebral canal) 안에 위치하며, 뇌와 신체 및 내장 구조물 사이의 감각과 운동 정보의 전달 및 통합에 중요한 역할을 한다. 척수는 경수영역(7번 경추), 흉수영역(12번째 흉추), 요수영역(5번째 요추), 천수영역(마지막 5개)으로 구성되어 있으며, 천수 부분의 뼈는 하나로 융합되어 있다.

'척수 손상(spinal cord injury)'이라는 용어는 외상으로 인한 척수의 신경학적 손상을 말한다. 척수 손상의 가장 흔한 원인은 자동차 사고와 오토바이 사고이며, 그다음은 낙상이다. 일과 관련되거나 스포츠와 수상활동 중 부상으로 발생하는 경우도 많다. 일부 국가에서는 총상, 자상 또는 전쟁과 관련된 손상이 흔하다. 질병, 감염, 선천성 결손에 의해서도 척수 병변이 발생할 수 있다. 척수 손상은 운동, 감각 및 자율신경 기능에 장애를 일으킬 뿐 아니라 그에 따른 2차적인 손상(impairment)을 일으킨다.

척수 손상 부위에 따른 증상은 〈표 8-1〉과 같다(한국재활간호학회, 2003).

〈표 8-1〉 척수 손상 부위에 따른 관련 증상

척수 손상 수준	척수신경과 연결된 근육	근육의 역할	가능한 목표
$C_{3\text{-}4}$	• 목(목빗근) • 어깨(승모근) • 횡격막	• 목을 대부분 조절함 • 어깨를 으쓱함	물을 마시고, 입이나 턱으로 전동휠체어를 조절함
C_5	• 어깨(삼각근) • 팔(이두박근) • 전박 • 손목	• 목을 정상적으로 조절함 • 어깨는 거의 정상적으로 조절함 • 전박을 회전함	• 보조기를 사용하여 스스로 음식을 먹음 • 머리를 빗고 칫솔질과 세수를 함 • 상의는 잘 입고, 하의를 입는 데 시간이 걸림

C_6	• 전박 전체 • 가슴 일부	• 손목을 구부림 • 손을 뒤집음 • 몸통 조절능력이 약함	• 침대에서 스스로 돌아누울 수 있음 • 바퀴손잡이를 잡고 휠체어를 밂 • 보조기를 사용하여 스스로 음식을 먹음 • 완전 혹은 약간의 보조로 휠체어에서 침대, 자동차, 화장실 등으로 이동할 수 있음 • 적응기구를 이용하여 방광/장 프로그램을 조절함 • 운전할 수 있음
C_7	• 모든 팔(삼두박근 포함) • 가슴 일부 • 손가락 일부	• 팔을 잘 조절함 • 약간의 손기능을 조절함 • 가슴 움직임이 훨씬 원활함	• 독립적으로 침대, 자동차, 화장실로 이동함 • 독립적으로 옷을 입음 • 독립적으로 음식을 먹음 • 휠체어를 밀 수 있음 • 독립적으로 목욕을 하고 자립보조기구를 사용함 • 운전할 수 있음
C_8–T_4	• 손 • 대부분의 가슴 • 모든 팔 • 몸통과 등 일부	• 1번 흉추–모든 팔과 손을 조절함 • 몸통 조절이 보다 원활함	• 마루를 포함하여 모든 이동이 가능함 • 휠체어를 잘 밀 수 있음 • 독립적으로 가사 활동을 함 • 장과 방광 관리를 독립적으로 함
T_5–T_{12}	• 가슴 전체 • 모든 호흡(늑간근)	• 상체를 잘 조절함 • 몸통을 상당히 조절함	• 휠체어 사용이 원활함 • 위의 손상 수준(C_8–T_4)보다 조절능력이 보다 원활함 • 12번째 흉추–어려움이 있지만 보행기와 장하지 부목을 사용하여 걸을 수 있음
L_1–L_5	• 하부 등을 모두 조절함 • 일부 다리는 조절함(사두근)	• 둔부를 구부림 • 무릎을 똑바로 폄	• 독립적으로 모든 팔을 사용함 • 단하지 부목과 목발을 이용하고 걸을 수 있음 • 독립적으로 장과 방광 조절을 할 수 있음
S_1–S_5	• 모든 무릎 • 모든 발목 • 장 • 방광	• 둔부를 똑바로 폄 • 무릎을 구부림 • 발목을 잘 조절함 • 발가락을 세움	• 땅을 밀 수 있는 힘이 있으면 설 수 있음(적응기구 필요함) • 모든 방광과 장 활동이 독립적이고 성 기능의 손상이 있음

초기 척수 손상 치료의 목적은 생명 유지와 합병증 예방에 있다. 척수는 물론 기타 장기의 이상 유무를 자세히 평가하고 처치하기 위해서 아홉 가지 문제체계를 가지고 있는데, 신경학적 문제, 척추뼈의 손상, 동반된 손상, 내과적 문제, 비뇨기과적 문제, 위장문제, 성문제, 기능 회복 문제, 합병증이다.

먼저, 신경학적 문제는 예후와 치료목표를 결정하기 위해서 척수 손상의 위치와 정도를 기본적으로 규명하는 것이 중요한데, 척수 손상의 위치는 1971년 미국 척수손상학회의 제안에 따라 3등급 이상의 근력이 있는 가장 원위수준(level)을 척수 손상의 기능적 수준으로 정하고 있고, 척수 손상의 정도는 〈표 8-2〉와 같은 Frenkel 척도를 가장 많이 사용하고 있다.

척추뼈의 손상은 척추의 골절, 탈구 또는 골절-탈구 등을 구별해야 하고, 손상이 안정성인지 불안정성인지 확인하여 치료방법을 정해야 한다. 척수 손상 환자의 1/3은 한 가지 이상의 타 부위 손상이 동반되는데, 외상성 쇼크, 여타 부위 골절, 두부 손상, 흉부 손상, 복부 손상 등을 고려하여 치료방법을 정해야 한다.

또한 폐기능, 심부정맥 혈전증 및 폐 색전증, 긴장성 궤양, 이소성 골화증, 칼슘과다증 등 내과적 문제도 평가하여야 하고, 척수 손상에 따른 합병증 중에서 가장 흔하고

〈표 8-2〉 Frenkel 척도

Frenkel 척도	손상 정도
A 완전 손상(Complete)	손상 척수 이하 부위의 운동 감각신경계의 완전한 손상
B 감각만 있음(Sensory only)	운동신경계는 완전한 마비이며 손상 척수 이하 부위에 감각신경기능만 유지된 손상
C 운동기능은 있으나 쓰기 어려움(Motor useless)	운동기능은 있으나 실질적으로는 사용하기 어려운 정도의 손상
D 운동기능이 사용 가능함(Motor useful)	손상 척수 이하 부위의 운동기능도 유지된 손상
E 회복(Recovery)	신경학적 증상이 없음(위약, 감각소실, 괄약근의 기능장애는 없으나 비정상 반사는 있을 수 있음)

예후에 깊은 영향을 주는 비뇨기과적 문제, 위장문제, 성문제 등도 함께 평가하여야 한다.

특히 척수 손상의 위치와 정도가 결정되면 그에 따라 궁극적인 기능회복을 예측할 수 있기 때문에 환자들을 훈련하고 교육하는 데 있어서 손상 부위에 따른 기대할 만한 기능회복을 목표로 삼는 것이 중요하며, 척수 손상 환자에서 흔히 볼 수 있는 장골의 골절, 욕창, 기립성 저혈압, 경직성, 외상성 척수공동증 등의 합병증도 중요하게 고려하면서 치료계획을 세워야 한다.

이러한 평가과정을 거쳐 목표가 세워지면 적극적인 재활치료를 시작하게 되는데, 성공적인 치료를 위해서는 의사, 치료사, 간호사, 사회복지사 등 치료팀이 협력하여야 하고 환자와 가족의 협조와 노력이 절대적으로 중요하다. 척수 손상 환자는 급성기의 물리치료, 호흡기계 치료, 수동 운동치료, 능동 운동치료, 전기자극치료, 기능적 운동치료 등을 시행하고, 보조기구 사용방법, 일상생활 동작 훈련, 휠체어 선택과 사용방법에 대해 훈련을 받게 된다.

2) 심리사회적 특성

척수 손상 환자는 신체의 일부 혹은 전신 마비로 독립성을 누릴 수 없으며, 자기조절 기능을 상실하게 되어 예전의 신체구조, 기능, 외모에 대한 신체상이 바뀌었기 때문에 현재의 신체상을 수용하기를 거부한다. 이런 현상은 척수 손상 환자들이 단순히 고집이 세거나 완고해서가 아니라 몸의 기능을 상실한 어려운 현실 상황에 반응하고 있는 것이다.

일반적으로 급격한 신체적 외상 후의 반응은 급성기, 수용기, 재활기의 3단계를 거치게 된다. 급성기에는 병에 대한 강렬한 부인, 퇴행, 불안 및 두려움, 적개심, 상실, 비애 등의 감정이 나타난다. 이러한 감정은 정상적인 반응이지만, 이러한 심리상태가 오래 지속되고 과장될 때는 자아기능이 약화되므로 지나친 의존과 퇴행, 다른 신체 증상으로 나타날 수 있다. 수용기는 급성기의 심적 반응이 다소 완화되면서 자신에게 발생한 문제를 현실적으로 해결하려는 협상과정이 시작되는 시기다. 재활기는 장기적인 계획을 세워 적응하는 시기로 장애를 가진 사람들의 유용 가능한 활동을 회복시킴으로써 삶을 질적으로 향상시키며 책임감과 독립적인 사회적 기능을 유지하여 사회로 복귀하는 과정이다. 이러한 과정에서 겪는 시기는 손상 위치와 정도, 병전 성격, 지적 · 경제적 수준 및 보상관계 등에 따라 차이가 있지만, 보통 급성기 3~6개월, 수용기 6개월~1년, 이후 재활기로 접어들게 된다(김동민, 서소라, 김경아, 2002).

척수 손상 환자는 무력감과 절망감으로 인해 자포자기의 심리상태를 경험하기도 하고, 자아개념의 장애를 초래하기도 하며, 누군가에게 도움을 받아야 한다는 죄의식, 대인관계에서의 고립감과 좌절감, 수치심, 우울 등이 사회적 관계를 축소시켜 자존감을 상실하게 된다. 또한 신체상의 변화에 대해 열등감을 느끼고 가족에 대해 불만족이나 적대감을 나타내기도 한다.

3) 사회복지사의 개입

척수 손상 환자를 만나는 의료사회복지사는 재활치료팀의 일원으로서 환자에 대한 포괄적이고 전인적인 개입계획을 수립해야 한다. 의료적 · 사회적 · 교육적 · 정신적 · 직업적 재활을 위한 서비스를 조정하고 보강하여, 장애의 원인이 될 수 있고 치료와 재활의 효과를 저해할 수 있는 심리사회적인 측면의 문제들을 해결하도록 도와야 한다.

(1) 환자 및 가족 상담

환자의 입원 초기에 다음과 같은 내용을 평가하여 개입계획을 수립한다.

① 재정적인 자원(financial resources)

의료적인 욕구와 기본적인 생활에 필요한 욕구를 충족시키기 위한 재정적 자원 일치 정도를 평가(월소득, 사회보장, 장애인 수당, 그 외 정기적인 원조 등)

② 주택(housing)

환자에게 필요한 물리적 · 재정적 원조를 고려한 상태의 주택의 유용성과 접근성

③ 이송(transportation)

승용차, 승합차, 구급차, 대중교통 체계와 같은 이송 자원의 유용성과 접근성

④ 지역사회 주거(community placement)

퇴원 후 생활하게 될 지역사회 내의 주거지가 준비되어 있는지의 여부. 집, 시설, 2차 병원, 요양시설, 기타 지역사회자원 이용 등

⑤ 지지망(support network)

환자 케어를 위해 환자 가족이 제공할 수 있는 도움의 정도

⑥ 후견, 법률 관련 문제들(guardianship and relevant legal issues)

후견인, 관련된 법적 문제들에 대한 사정

⑦ 장애에 대한 가족의 이해(family understanding of disability)

질병이나 장애의 특성과 영향에 대한 가족의 이해 정도. 질병이나 장애에 대한 중요한 타인의 태도. 환경 속에서 경험한 장애 · 제한 · 심리사회적 반응 · 예후에 관한 정보의 일치 또는 불일치

⑧ 가족 적응(family adaptation)

대처자원, 가족발달주기, 효과적이고 지속적인 의사소통, 가족역할의 융통성, 개성에 대한 포용력, 지지와 존중을 포함하는 장애에 대한 가족의 적응

이 항목들은 입원 초기에 평가하고 퇴원 시 재평가하여 사정되었던 문제들이 의료사

회복지사의 개입을 통해 얼마만큼 개선되었는지를 확인할 수 있도록 점수화되어 있는 척도다. 그렇기 때문에 상담의 효과를 객관적으로 평가할 수 있다는 장점이 있다.

(2) 집단상담

의료사회복지사는 척수 손상 환자와 가족을 위해 척수 손상에 대한 이해, 치료와 합병증 예방, 장애인 등록 및 장애인 복지제도 안내, 영양상담 등을 포함하는 교육 프로그램을 운영할 수 있고, 환자의 정확한 의료적인 상황을 확인하고 가족이 함께 퇴원계획을 상의할 수 있도록 치료팀이 참여하는 가족회의 등을 주관할 수 있다.

(3) 자원연계

- 환자가 이용할 수 있는 장애인복지관 등 지역사회기관에 대한 정보 제공
- 척수장애인협회의 동료상담 프로그램 연계
- 장애인 고용촉진공단의 직업재활 프로그램 연계
- 휠체어 등 보조기구 구입과 관련된 정보 제공 또는 보조기구센터 연계
- 운전재활 프로그램 연계
- 치료비 지원 및 주거환경 개선 지원 사업 연계

2. 뇌졸중

뇌졸중(cerebrovascular accident 혹은 stroke)은 흔히 중풍으로 불리며, 뇌에 혈액을 공급하고 있는 혈관이 막히거나 터짐으로써 혈액공급이 되지 않는 부분의 뇌가 손상되어 나타나는 신경학적 증상이다. 최근 고령 인구의 증가로 뇌졸중은 암, 심장질환과 함께 우리나라 3대 주요 사인으로 집계되었고, 뇌혈관 질환으로 인구 10만 명당 50.3명이 사망하는 것으로 조사되었다(통계청, 2014). 여기서는 뇌졸중 질환에 대한 이해와 환자의 주요 심리사회적 욕구, 의료사회복지사의 주요 역할 및 개입과정에 대해 학습하고자 한다.

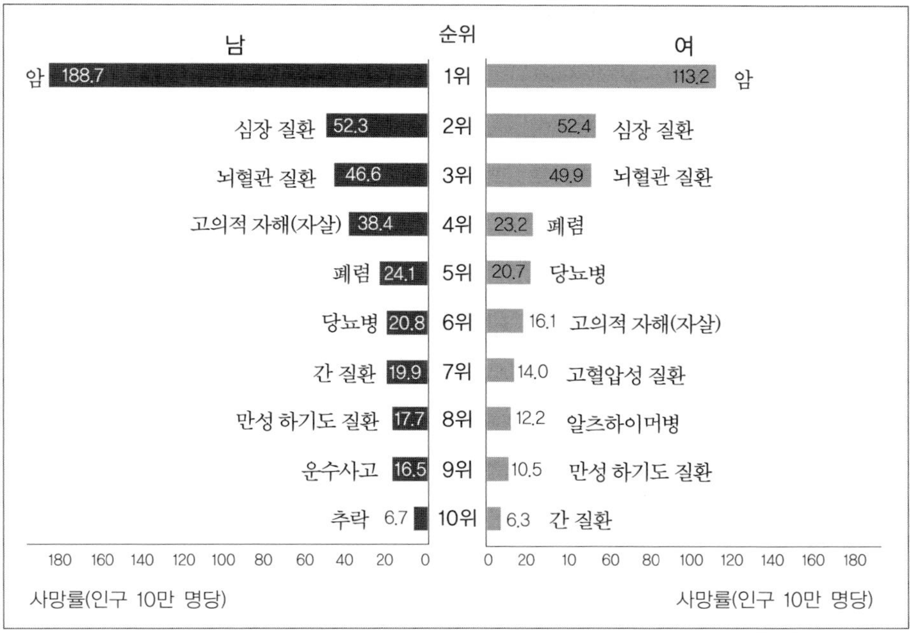

그림 8-1 2014 사망원인통계

출처: 통계청(2014).

1) 질환의 이해

뇌혈관이 막히거나 터지는 등 어떤 이유로든 뇌에 혈액 공급이 차단되면 그 부위는 정상기능을 할 수 없는 상황이 발생한다. 발병된 환자의 10%만 완전 회복되며, 15~20%는 사망, 나머지 70~75%는 뇌의 손상영역에 따라 운동, 감각, 인지, 언어 등 다양한 기능에 장애를 갖게 된다(Hardie, Hankey, Jamrozik, Broadhurst, & Anderson, 2004). 뇌졸중의 위험요인으로는 크게 생의학적 요인과 건강행태학적 요인으로 구분된다. 먼저 생의학적 요인으로는 고혈압, 당뇨병, 고지혈증, 이상지혈증, 심방세동 등이 있고, 건강행태학적 요인으로는 음주, 흡연, 신체활동 정도, 염분이 많은 음식의 섭취, 비만 등이 있다(Wang & Bowman, 2013). 뇌졸중 환자 중 절반 정도가 뇌동맥에 혈전이 생기는 뇌혈전증 때문에 발생하며, 뇌색전증과 뇌출혈 등도 주요 원인으로 꼽힌다. 뇌색전증은 심장이나

목 부위의 동맥 등 다른 신체 부위에서 생긴 혈전 조각이 뇌로 가는 혈관을 막아서 생긴 것이다. 뇌졸중 환자의 1/3은 뇌색전이 원인이며, 뇌로 혈액을 공급하는 혈관이 터져서 생기는 뇌출혈 또한 많이 나타나고 있다.

뇌졸중 초기 증상은 뇌의 어느 부위가 손상되었는지에 따라 달라지지만 대개 다음과 같다.

〈뇌졸중의 주요 증상〉

- 반신마비(한쪽 뇌에 이상이 오면 반대쪽 신체에 운동 및 감각 마비)
- 두통과 구토
- 실어
- 발음장애
- 어지럼증
- 걸음걸이의 이상
- 한쪽 시야장애
- 음식을 먹거나 물을 삼키기 어려움
- 복시(두 눈을 뜨고 한 물체를 볼 때 겹치거나 둘로 보임)

뇌졸중은 발병 후 신체적 · 정신적 · 사회적 영역에 심각한 후유증을 초래한다. 감각 장애와 함께 인지장애, 언어장애, 정서 및 성격 장애 등의 다양한 장애가 발생하며(이병우, 권희규, 이항재, 2000), 이후 일상생활과 같은 기능적 활동 수행에 많은 장애를 초래하게 될 뿐 아니라(김정희, 장문영, 2009) 기억장애, 주의집중력의 저하 등 다양한 인지기능의 장애를 나타낸다. 이는 인격 변화, 정동장애와 불안, 정신증, 과식증, 불면증 등을 포함하는 정신의학적 장애와 간질, 외상성 두통, 편두통과 같은 신경학적 장애로 구분하여 나타난다(유영열, 안창식, 2009). 이와 같은 갑작스러운 신체활동의 제한, 정서적 변화, 성격 변화를 보이는 환자를 돌보는 가족들은 심각한 정서적 소진과 경제적 어려움에 직면하게 되어 삶의 질에 부정적 영향을 받는 것으로 알려져 있다(정옥분, 박점희, 2004).

2) 심리사회적 특성

뇌졸중은 신경학적 손상을 초래하는 질병이기 때문에 발병 후 장기적인 간호, 요양, 재활이 필요하다. 일상생활 수행능력에 손상을 입어 독립적인 활동이 어려우므로 가족에게 의존하는 생활을 하면서 무기력해지는 정서적 고통을 경험할 수 있다. 또한 우울, 분노, 흥분, 좌절 등과 같은 다양한 심리적 증상을 일으킨다(김효정, 박영숙, 2003). 이러한 증상은 환자 자신에게 실존적 위기를 가져오기도 한다. 만성적인 질환으로 가중된 스트레스가 심화될 경우 환자는 수동적인 자세를 갖고 내적 공허감을 갖게 되며, 그 결과 사회적 퇴행, 지나친 피해의식이나 강박적 사고를 갖게 될 수 있다. 따라서 뇌졸중 발병 이후 신체적 재활 못지않게 심리적 재활의 필요성이 높다.

3) 사회복지사의 개입

뇌졸중 환자의 치료목적은 ① 뇌졸중 증상의 치료, ② 신체장애 개선을 위한 기능재활, ③ 합병증 예방 및 직장으로 복귀 등 크게 세 가지로 구분된다. 개입의 효과성을 높이기 위해 재활의학과 의사를 중심으로 재활간호사, 물리치료사, 작업치료사, 심리치료사, 언어치료사, 사회복지사, 직업상담가 등으로 구성된 다학제적 팀 접근방식이 요구된다.

뇌졸중 환자는 주로 재활의학과, 신경과, 신경외과 의사를 통해 의료사회복지사에게 의뢰되며, 의료사회복지사는 환자의 전반적인 가족 상황, 경제적 여건, 치료의 장애 여부, 퇴원 후 지역사회 복귀과정에서 고려되어야 할 점들을 분석한다. 다음은 뇌졸중 환자와 가족을 대상으로 진행되는 개입의 과정을 정리해 놓은 것이다(이주연 외, 2002).

(1) 1단계: 사례접수 및 정보수집

재활의학과, 신경과, 신경외과 주치의의 의뢰서(consult sheet)를 접수한 후, 환자의 입원부터 지금까지의 경과에 대해 전반적으로 파악한다. 입원기록(admission note)에 명시된 입원 상황, 치료 경과 등을 세밀히 분석하고, 환자의 주된 문제(chief complaints), 현재의 병력(present illness), 과거의 병력(medical history), 사회력(social history), 기능수준(functional level), 진단(diagnosis), 치료목표 등을 구체적으로 탐색한다.

(2) 2단계: 초기면담

초기면담에서는 의료사회복지사의 역할을 설명하고 지지적이고 공감적인 자세로 현재 환자가 당면하고 있는 고통들을 이해한다. 또한 이 단계에서 의료사회복지사는 환자의 가족력과 환경, 교육수준, 직업유형, 종교, 병력, 스트레스 대처방식, 사회력 등을 꼼꼼히 조사한다. 무엇보다 환자의 병식(insight) 정도를 파악하고 경제적 어려움은 어느 정도인지, 이를 해결할 자원이 있는지 등을 세밀히 검토한다. 마지막으로, 퇴원 후 계획을 설계한다.

(3) 3단계: 문제사정과 개입계획 세우기

지금까지 검토된 자료에 근거하여 심리사회적 문제, 사회복귀와 재활문제, 경제적 문제, 지역사회자원 연결문제 등의 구체적 목록을 설정하여 개입계획을 작성한다.

(4) 4단계: 진행단계

① 심리사회적 부적응문제

뇌졸중은 장기적인 재활을 필요로 하는 장애를 수반하는 질병이다. 신체활동의 제한은 환자의 삶의 질을 저하시키며, 실제 장기적인 재활과정 중에 우울을 경험하는 환자가 상당하다. 이러한 심리적 위기는 가족들과의 관계를 악화시키는 직접적 요인이 되기도 한다. 따라서 뇌졸중 환자의 심리적 어려움을 돕기 위해 다음과 같은 개입기술이 필요하다.

• 대인관계를 활성화시킨다.

• 환자의 강점을 강조하고 미래지향적 사고를 갖도록 한다.
• 뇌졸중 재발을 예방하기 위한 교육을 실시한다.
• 자신의 장애를 수용하도록 돕는다.

이 외에도 의료사회복지사는 환자의 심리사회적 부적응문제에 개입하는 과정에서 가족 중심의 프로그램을 제공할 수 있다. 환자의 직접적 부양자인 가족 구성원들을 중심으로 가족모임, 자조집단 프로그램 등을 통해 가족이 필요한 정서적 지지, 자원 연계, 정보교환을 도모할 수 있다.

② 사회복귀 및 재활과 관련된 이슈

환자는 치료 후 직장과 사회로 복귀하고자 하는 욕구가 강하다. 그러나 현실적으로 신체기능이 제한되어 이전 직장으로 복귀할 수 있는 확률은 낮은 편이다. 따라서 퇴원 전에 취업정보를 제공하거나 구직활동을 지원할 수 있는 기관과의 연계 등을 통해 지역사회복귀를 돕는 역할을 수행한다.

③ 경제적 문제 지원 및 지역사회자원 연계

생계를 책임지고 있는 가장에게 뇌졸중과 같은 질병의 발생은 가족 전체에게 위기가 되므로 의료급여, 장애인 등록 후 장애수당 지급, 긴급지원 등 공적 영역의 경제적 지원 체계에 대해 알려 준다. 가정으로 퇴원 후 화장실, 욕조, 방문 문턱에 램프, 핸드레일 설치 등을 도와주는 재단과 연결하여 무료 설치를 원조할 수 있다(장수미, 2012).

(5) 5단계: 퇴원준비와 종결

퇴원계획(discharge planning)은 의료사회복지가 처음 활동을 시작했을 때인 1905년에 Massachusetts General Hospital에서 수행한 활동으로, 환자가 입원하는 시점부터 시작되는 과정이다. 활동의 주요 목적은 입원 시 재원일의 예측뿐만 아니라 퇴원 후 건강관리에 필요한 환자의 욕구를 미리 파악하여 퇴원에 걸림돌이 되는 요인들을 해소시키기 위한 것이다. 즉, 퇴원계획은 입원기간 동안 환자가 받은 치료와 퇴원 후 환자에게 제공될 케어 및 다양한 서비스 간의 가교 역할을 하는 것이다. 퇴원계획에는 환자뿐만 아니라 가족, 기타 환경적 요인들까지도 반영하여 환자의 보다 원활한 지역사회 적응과 치료 유지를 돕는다. 이를 위해 의료사회복지사는 환자와 가족을 통해 퇴원 시 장애요인과 주변의 자원들에 대한 정보를 수집하고, 이를 바탕으로 퇴원계획을 수립하고 개입계획에 따라 사례를 종결한다.

3. 치 매

우리나라의 인구고령화 현상은 매우 급속히 진행되어, 65세 이상의 노인 인구는 2020년 전체 인구 중 15.7%, 2030년에는 24.3%로 예측되고 있다(통계청, 2011). 노인인구의 급증은 곧 장기요양을 필요로 하는 노인들이 증가함을 의미하기 때문에 향후 노인에 대한 사회적 부양부담과 의료비는 지속적으로 가중될 것으로 전망된다. 많은 노인성질환 가운데 특히 치매(dementia)를 앓는 노인 수는 2012년 약 54만 명에서 2030년에는 약 127만 명, 2050년에는 약 271만 명으로 20년마다 약 2배씩 증가할 것으로 추산된다(보건복지부, 2012). 여기에서는 치매 질환의 임상적 특징과 환자의 심리사회적 특성을 이해하고, 치매 환자와 가족의 욕구를 해결하기 위해 의료사회복지사가 어떤 역할과 개입을 하는지 살펴보고자 한다.

1) 질환의 이해

치매는 시간이 지날수록 기억력 저하를 포함하여 생각과 행동에 장애를 일으키는 뇌질환이다. 치매(dementia)는 라틴어 'demens' 혹은 'dement'에서 기원하며 '제정신이 아닌 상태(out of one's mind)'를 의미한다. 치매는 뇌의 병변에 의해 기억력, 지남력, 추리력, 판단력 등의 인지기능 전반에 걸쳐 장애가 일어나는 정신장애로 인지장애라는 기본

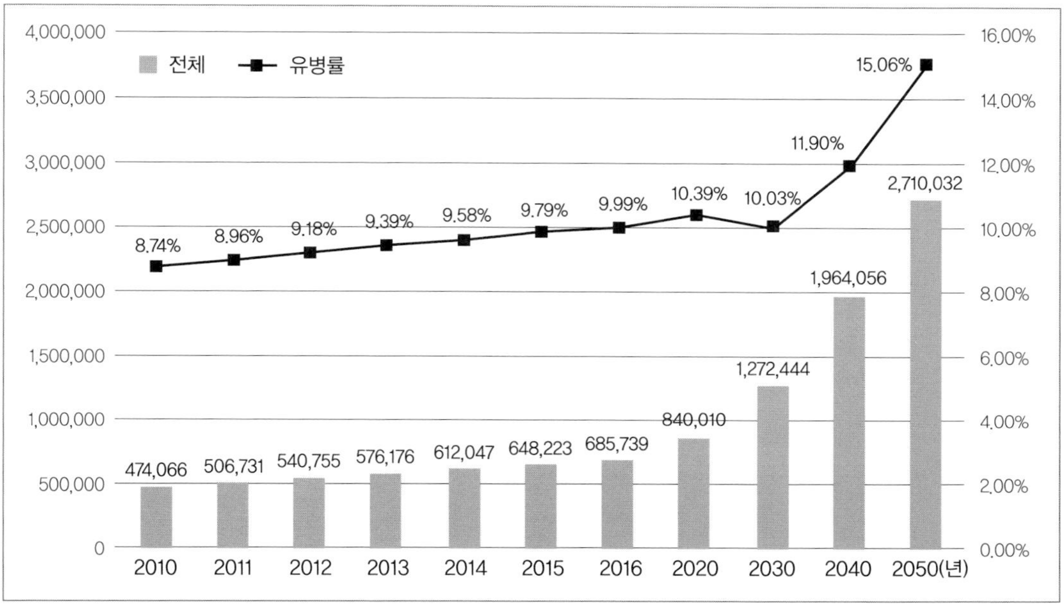

그림 8-2 65세 이상 한국 노인의 치매 유병률 및 치매 환자 수 추이

출처: 보건복지부(2012).

증상 외에 일상생활을 방해할 정도로 심한 실인증, 실행증, 실어증, 수행기능의 장애가 최소한 한 가지 이상 동반되며, 이로 인해 사회적 · 직업적 기능 수행에 장애가 초래되는 질환이다(APA, 2015).

치매의 주요 증상은 다음과 같이 인지장애, 정신장애, 언어장애, 행동장애, 일상생활 수행장애, 신체 및 감각기능장애 등의 여섯 가지 범주로 나뉜다(권중돈, 2012).

- 인지장애: 기억장애, 지남력장애, 주의력 및 판단력 장애, 실인증(agnosia), 계산능력의 장애
- 정신장애: 망상, 환각, 우울 및 불안, 무감동(apathy)
- 언어장애: 명칭실어증, 착어증, 작화증, 동어반복증 등 의사소통 능력이 제한됨
- 행동장애: 화를 내거나 자해, 공격적 행동, 성행위 및 성희롱, 강박적 행동, 수집벽,

배회행동 등

- 일상생활수행장애: 조리, 식사, 청소, 세탁, 옷 갈아입기, 화장실 이용, 용모 단장 등과 관련된 일상적인 행동을 수행하는 데 장애가 나타남
- 신체 및 감각기능장애: 보행 시 구부정한 자세로 종종걸음, 중심을 잡지 못하고 말기 단계에는 와상 상태에 이르게 됨. 또한 백내장, 녹내장 등으로 시력에 문제가 생기거나 청력 약화로 소통의 어려움을 갖게 됨

치매의 대표적인 유형에는 알츠하이머형 치매, 혈관성 치매, 파킨슨병에 의한 치매, 루이소체치매, 알코올성치매(코르사코프 증후군), 크로이츠펠트-야콥병에 의한 치매 등이 있다. 이 가운데 알츠하이머형 치매가 전체 치매의 50~70%로 가장 많고, 다음으로 뇌혈관 손상 후 나타나는 혈관성 치매가 20~30%를 차지한다(국민건강보험공단, 2013).

2) 심리사회적 특성

질병 초기 단계의 치매 환자는 자기정체성에 크게 혼란을 겪게 되고, 우울, 불안, 강박 등을 경험하게 된다. 또한 대인관계에 심각한 갈등을 초래할 수 있다. 치매 환자는 질병의 진행단계에 따라 상이한 문제를 표출하는데, 초기, 중기, 말기 단계에서 보이는 환자의 주요 문제를 정리하면 다음과 같다(권중돈, 2012).

- 초기 단계: 언어장애, 최근 기억장애, 시간지남력 장애, 판단력장애, 의욕, 상실, 우울증, 공격적 행동의 증가, 취미활동에 대한 흥미 상실 등을 보인다.
- 중기 단계: 이 단계에서는 환자의 문제행동과 증상이 뚜렷하게 나타나는데, 금방 일어났던 일이나 사람의 이름을 기억하지 못하며, 일상생활 수행에 어려움을 겪고, 청소, 요리, 장보기에 어려움을 호소한다. 그렇기 때문에 타인 의존성이 높아지고, 의사소통에 어려움을 갖게 되고, 배회행동이 증가하며, 집 밖에서 길을 잃어버리기도 한다.

• 말기 단계: 말기 상태가 되면 환자는 완전히 의존 상태가 되고, 기억이 완전히 상실되며, 대소변을 가리지 못하고, 휠체어를 사용하게 되거나 와상 상태가 된다.

3) 사회복지사의 개입

의료사회복지사는 치매와 같은 만성질환을 갖고 있는 노인들을 대상으로 개입 시 초기 단계, 진행 단계, 평가 및 종결 단계로 나누어 접근할 수 있다.

• 초기 단계: 이 단계는 면담 준비, 관계 형성, 개입계획의 개발과 사정, 그리고 목표 설정 및 개입을 포함하는 과정이다. 이 중 가장 중요한 것은 사정단계로 의료적 욕구 이외에 가족부담 문제, 경제적 욕구 등에 대해 보다 포괄적인 사정이 요구된다(왕경희, 2005).
• 진행 단계: 초기 단계에서 이루어진 사정을 바탕으로 환자와 의료사회복지사가 동의한 목표와 과업들에 따라 직접 행동하는 단계다.
• 평가 및 종결 단계: 이 단계는 만성질환 노인을 위한 의료사회복지실천에서 중요한 내용을 담고 있다. 그 이유는 질병이나 장애의 심리적이고 사회적인 결과에 대처할 수 있을 뿐만 아니라 사회적 특성으로 퇴원계획과 관련된 업무 및 필요도가 증대되고 있고, 퇴원계획 시 도움을 필요로 하는 정도 및 지역사회 재적응을 위한 지원 프로그램에 대한 사정의 필요도가 높기 때문이다(황숙연, 1994).

치매노인을 위한 의료사회복지실천의 주요 특징은 다음과 같다(왕경희, 2005).

• 만성질환 노인을 위한 의료사회복지실천은 의료적 개입보다 지속적 관리를 필요로 하며, 지역사회와 연계를 강조하는 생태학적 강점관점에서 포괄적 사정을 강조한다.
• 노인 환자의 가족은 지원체계인 동시에 관심을 가져야 하는 클라이언트 체계다.

- 만성질환 노인 및 가족의 욕구사정을 기반으로 의료사회복지사의 직무 및 역할을 중심으로 한 전문적 개입이 필요하다.
- 반복되는 입 · 퇴원 및 지역사회와의 연계체계에 따른 연속성과 지속성을 강조한다.
- 지역사회자원 연계를 강조하며 의료사회복지사의 적극적인 지역사회 개입을 요구한다.
- 만성질환 노인은 의료진의 결정과 더불어 가족의 결정에 의한 퇴원이 많고, 퇴원의 형태가 죽음을 동반하는 경우가 많기 때문에 종결단계에서 퇴원계획을 강조한다.

치매 환자를 위한 심리사회적 접근방법은 약물적 치료만큼 중요성을 갖는다. 그 이유는 치료의 목적 자체가 현재의 남아 있는 기능을 유지하고 케어하는 데 있어서 하루아침에 치료 효과를 기대하기 힘들기 때문이다. 효과적인 치매 환자 개입은 크게 다음과 같이 네 가지로 정리될 수 있다.

(1) 치매 환자의 사회력, 병력에 대한 정보 수집

치매 환자와 가족, 가까운 주변인들을 통해 환자의 인구사회학적 정보, 병력, 현재 치매의 진행과정 및 증상, 환자의 주변 자원들에 대한 상세한 정보를 수집하여 향후 개입계획에 반영한다.

(2) 치매 환자의 심리사회적 재활을 도울 수 있는 집단 프로그램 제공

현재 치매 환자를 대상으로 진행되는 비약물치료법 가운데 인지기능 향상을 위한 방법으로 회상요법, 미술치료, 원예치료, 음악치료 등이 있다.

- 회상요법(reminiscence therapy): 회상요법은 과거의 긍정적 경험이나 상황들을 기억해 내어 다른 사람들과 공유하도록 함으로써 환자의 심리적 변화를 유도할 수 있다. 또한 회상요법은 환자의 인지기능 향상은 물론 자아존중감 향상, 우울, 문제행

동 감소에 효과적이라고 보고되고 있다(엄명용, 2000; 김한솔, 정민예, 2011).

- 미술치료(art therapy): 미술의 심리치료적 속성과 집단 구성원과의 상호작용으로 의사소통을 향상시키고, 내면의 욕구와 동기를 표출시키며, 양손을 적절하게 사용함으로써 중추신경계를 자극할 수 있다. 다양한 미술 매체를 이용하여 억압된 분노와 갈등을 분출시킬 수 있다는 장점이 있다(단정와, 이재모, 2006).
- 원예치료(horticultural therapy): 원예치료는 심신의 치료와 재활을 목적으로 식물과 원예활동을 이용하는 치료방법으로 대상자의 치료 및 회복, 삶의 질 향상을 돕는다(손기철 외, 1997). 또한 운동기능 증진, 정서적 안정, 인지기능 향상에 도움을 주기 때문에 인지기능장애, 정신적 문제 및 일상생활 수행기능에 장애를 겪고 있는 치매환자에게 유용하다(박정숙, 이현지, 김미은, 2003).
- 음악치료(music therapy): 음악의 멜로디, 화성, 리듬, 음의 높낮이, 빠르기, 강약 등은 치매노인의 정서, 행동, 사회성에 긍정적 영향을 미친다. 음악이라는 환경 안에서의 규칙적인 리듬과 균형적인 박자 속에서 치매노인들은 긍정적 반응을 경험하고 정서적 안정감을 경험하여 저하된 인지기능이 향상된다(이수정, 2004).

(3) 치매 환자 가족의 소진을 경감시킬 수 있는 프로그램 제공

치매는 발병 후 만성적으로 진행되어 악화되는 비가역성 질환이므로 환자를 부양하는 가족은 지속적인 부양 부담으로 스트레스를 받게 된다. 부양으로 인해 누적된 스트레스는 결국 수발자의 우울, 불안 등을 초래하여 가족기능의 해체에 이를 수 있다. 치매노인의 부양 스트레스와 관련된 선행연구를 보면, 치매노인 주 부양자들의 약 35%가 1일 평균 10시간 이상, 21% 이상이 6~8시간 환자를 케어하고 있으며, 부양의 주 수발자는 주로 여성으로 가사와 양육까지 맡고 있기 때문에 부양 스트레스가 훨씬 가중되는 것으로 나타났다(전선희, 2007). 이로 인해 환자의 주 부양자는 신체기능의 저하, 만성피로, 수면부족, 사회적 고립감, 직업 상실 및 경제적 위기 등을 경험한다(오희, 석소현, 2009). 또한 치매노인의 가족부양자가 우울증에 걸릴 확률은 일반인에 비해 2~3배 높고(최은숙, 김경숙, 2010), 주 부양자가 근로활동을 병행하는 경우 더 큰 어려움을 갖게 되며, 계속되는 의료비 지출과 경제적 부담은 가족갈등을 유발시킨다(이옥, 2007). 따라서 치매 환자를 돌보는 가족이 스트레스 상황을 효율적으로 대처할 수 있는 기술을 습득할 수 있는 케어기술 교육 프로그램, 정서적 소진과 심리적 갈등을 다룰 수 있는 자조그룹, 종교적 프로그램 등을 활성화시켜야 한다. 특히 가족들이 케어과정에서 갖게 되는 비합리적이고 부정적인 신념을 합리적이고 긍정적인 사고로 유도하는 인지 재구조화 기법을 통해 환자와의 효율적 의사소통을 가능케 할 수 있다(Novian et al., 2009).

(4) 퇴원계획 수립

노년기 만성질환은 대부분 완치보다 케어 중심의 접근이 요구된다. 따라서 치매노인에게 1차적인 의료적 개입뿐만 아니라 지역사회자원체계와 연계된 포괄적 서비스를 제공하는 것이 중요하다. 치매 환자의 퇴원계획 수립은 환자가 가정으로 복귀하는지 아니면 장기요양시설로 전원할지에 따라 차이가 있다.

- 가정으로 복귀하는 경우: 주 수발자가 치매노인 케어에 필요한 지식을 갖고 있는지 파악한 후 필요한 교육을 받을 수 있도록 프로그램 연계 및 노인장기요양보험제도의 서비스를 받을 수 있도록 관련 정보를 제공한다. 또한 지역사회 내 치매노인들에게 도움을 줄 수 있는 다양한 돌봄지원사업을 연계한다.
- 요양시설로 전원할 경우: 가족들이 환자에게 적합한 요양시설을 선택할 수 있도록 정보를 제공한다. 입소과정에서 가족들이 죄책감으로 인해 자기낙인감을 갖지 않도록 지지해 주고, 입소과정에 필요한 절차 등을 구체적으로 알려 준다.

4. 조현병

1) 조현병의 개념

조현병(schizophrenia)은 뇌의 기질적 이상이 없는 상태에서 사고, 감정, 지각, 행동 등 인격의 다양한 측면에서 이상이 생겨 망상이나 환각, 혼란스러운 사고와 행동을 포함하는 여러 가지 부적응적 증상을 보이는 주요 정신질환이다. 조현병은 초기에 적절하고 집중적인 정신의학적 치료를 통해 회복이 가능하지만, 치료가 늦어지면 만성화되어 심리사회적 부적응을 보이는 만성 정신장애로 발전하기도 한다. 원인에 있어서 조현병은 일반적으로 복합적인 생물심리사회적 요인들이 상호작용하여 발생하는 것으로 유전적 소인과 뇌의 신경학적 요인, 발달적 요인, 사회환경적 요인 등이 상호 복합적으로 작용하여 발병하는 것으로 이해할 수 있다. 최근 DSM-5에서는 진단기준의 하위유형과 다축진단이 폐지되었다.

2) 조현병의 진단

미국정신의학회(American Psychiatic Association)에서 개발한 『정신질환의 진단 및 통계편람 5판(Diagnostic and Statistical Manual of Mental Disorders: DSM-5)』(2013)에서 조현병은 '조현병 스펙트럼 및 기타 정신병적 장애'의 범주 안에 속해 있다. DSM-IV에서는 조현병의 유형을 편집형(paranoid type), 해체형(disorganized type), 긴장형(catatonic type), 잔류형(residual type), 감별불능형(undifferentiated type)의 다섯 가지 유형으로 구분하였다. 그러나 진단 시 하위유형 간 구분이 분명하지 않은 경우가 많고 환자의 증상이 한 유형에서 다른 유형으로도 변화되는 등 타당도의 문제가 있다는 판단하에 DSM-5에서는 하위유형 구분이 폐지되었다.

진단기준 295.90 (F20.9)

A. 다음 증상 중 둘(혹은 그 이상)이 1개월의 기간(성공적으로 치료가 되면 그 이하) 동안의 상당 부분의 시간에 존재하고, 이들 중 최소한 하나는 (1) 내지 (2) 혹은 (3)이어야 한다.
 1. 망상
 2. 환각
 3. 와해된 언어(예: 빈번한 탈선 혹은 지리멸렬)
 4. 극도로 와해된 또는 긴장성 행동
 5. 음성 증상(예: 감퇴된 감정 표현 혹은 무의욕증)

B. 장애의 발병 아래 상당 부분의 시간 동안 일, 대인관계 혹은 자기관리 같은 주요 영역의 한 가지 이상에서 기능 수준이 발병 전 성취된 수준 이하로 현저하게 저하된다(혹은 아동기 또는 청소년기에 발병하는 경우, 기대 수준의 대인관계적 · 학문적 · 직업적 기능을 성취하지 못함).

C. 장애의 지속적 징후가 최소 6개월 동안 계속된다. 이러한 6개월의 기간은 진단기준 A에 해당하는 증상(예: 활성기 증상)이 있는 최소 1개월(성공적으로 치료되면 그 이하)을 포함해야 하고, 전구 증상이나 잔류 증상의 기간을 포함할 수 있다. 이러한 전구기나 잔류기 동안 장애의 징후는 단지 음성 증상으로 나타나거나, 진단기준 A에 열거된 증상의 2가지 이상이 약화된 형태(예: 이상한 믿음, 흔치 않은 지각 경험)로 나타날 수 있다.

D. 조현정동장애와 정신병적 양상을 동반한 우울 또는 양극성 장애는 배제된다. 왜냐하면 ① 주요우울 또는 조증 삽화가 활성기 증상과 동시에 일어나지 않기 때문이거나, ② 기분 삽화가 활성기 증상 동안 일어난다고 해도 병의 활성기 및 잔류기 전체 지속 기간의 일부에만 존재하기 때문이다.

E. 장애가 물질(예: 남용약물, 치료약물)의 생리적 효과나 다른 의학적 상태로 인한 것이 아니다.

F. 자폐스펙트럼장애나 아동기 발병 의사소통장애의 병력이 있는 경우, 조현병의 추가 진단은 조현병의 다른 필요 증상에 더하여 뚜렷한 망상이나 환각이 최소 1개월(성공적으로 치료되면 그 이하) 동안 있을 때에만 내려진다.

다음의 경우 명시할 것:

다음의 경과 명시자들은 장애 지속 기간이 1년이 지난 후에, 그리고 진단적 경과 기준에 반대되지 않을 경우에만 사용되는 것이다.

첫 삽화, 현재 급성 삽화 상태: 정의된 진단적 증상과 시간 기준에 합당한 장애의 첫 발현. 급성 삽화란 증상 기준이 충족되는 시간적 기간을 일컫는다.

첫 삽화, 현재 부분 관해 상태: 부분 관해란 앞 삽화 이후 호전이 유지되고 정의된 장애 기준이 부분적으로만 충족되는 시간적 기간을 일컫는다.

첫 삽화, 현재 완전 관해 상태: 완전 관해란 앞 삽화 이후 더 이상 장애 특이적 증상이 존재하지 않는 시간적 기간을 일컫는다.

다중 삽화, 현재 급성 삽화 상태: 다중 삽화는 최소 2회의 삽화(예: 첫 삽화 이후 관해와 최소 1회의 재발) 이후에 결정될 수 있다.

다중 삽화, 현재 부분 관해 상태

다중 삽화, 현재 완전 관해 상태

지속적인 상태: 장애의 진단적 증상 기준을 충족하는 증상들이 질병 경과의 대부분에서 그대로 남아 있고, 역치 아래의 증상 기간은 전체 경과에 비해 매우 짧다.

명시되지 않는 경우

다음의 경우 명시할 것:

긴장증 동반

부호화 시 주의점: 동반한 긴장증의 존재를 지정하기 위해서는 조현병과 연관된 긴장증을 위한 추가적 부호 293.89(F06.1)을 사용하시오.

현재의 심각도를 명시할 것:

심각도는 망상, 환각, 와해된 언어, 비정상적 정신운동 행동, 음성 증상 등과 같은 정신병의 일차 증상에 대한 양적 평가를 통해 등급화된다. 이러한 증상 각각은 현재 심각도(지난 7일 중 가장 심한)에 대하여 0(증상 없음)부터 4(고도의 증상이 있음)까지의 5점 척도를 이용해 등급화될 수 있다.

주의점: 조현병의 진단은 이러한 심각도 명시자의 사용 없이 내려질 수 있다.

3) 조현병의 치료

(1) 약물치료

조현병을 가지고 있는 사람은 지속적 약물치료가 필요하다. 조현병을 치료하기 위한 항정신병 약물(anti-psychotics)은 정신병적 증상에 대한 치료적 작용뿐 아니라, 신체적·심리적 부작용을 동반하게 된다. 따라서 부작용을 잘 알고 대처하는 것이 약물의 순응도를 높이고 치료의 효과를 거두는 데 중요하다.

(2) 정신치료

프로이트(Freud)의 정신분석이론에 기초하여 심리적 역동과 방어기제, 무의식의 탐구 등을 통해 문제나 증상을 파악하고 이를 토대로 상담자와의 일대일 관계 속에서 치료적 접근을 한다. 상담과정에서 자아와 방어기제 등을 탐색해 나가며, 이를 위해 자유연상, 꿈의 해석, 전이, 저항 등의 기법들을 사용한다.

(3) 인지행동치료

엘리스(Ellis)의 합리적 정서치료(rational emotive therapy)는 개인이 어려움을 갖게 되는 선행사건(activating event)이 발생하면 비합리적 신념(irrational beliefs)이 작용하여 부정적이고 치명적인 해석을 하게 되고, 결국 이로 인해 심각한 문제를 초래하는 감정 상태와 행동을 보이게 된다는 것이다. 따라서 인지행동치료는 비합리적 신념에 대한 논박기법, 인지적 과제부여기법, 새로운 자기진술문의 사용기법, 역할극, 시범 보이기, 유머 등 다양한 인지적·행동적 기법을 적용하여 합리적 신념과 행동을 유도한다.

(4) 사회기술훈련

조현병 환자의 사회생활이나 대인관계에서 필요한 모든 기술을 훈련하는 것으로 좁게는 대인관계에서의 의사소통기술을 훈련하는 것을 말한다. 사회기술훈련을 구성하는 요소로는 상대방의 반응과 정서상태를 파악하고 인식하는 능력을 가리키는 사회적 지각(social perception) 또는 수용기술(receptive skills)이 있다. 또한 거시적 차원의 구성요소로 대화기술, 문제해결기술, 위생관리기술, 대인관계기술, 약물 및 증상 자기관리기술, 사교기술, 자기주장기술, 금전관리기술, 스트레스 관리기술, 직업유지기술, 일상생활기술 등을 들 수 있다. 이러한 요소들은 사회기술훈련 프로그램에 구체적 프로그램 내용으로 구성 · 활용된다.

(5) 가족치료와 가족교육

조현병 환자 가족에 대한 가족치료는 가족 성원 간의 역기능적 의사소통문제와 부부문제 등을 다룬다. 치료자는 조현병을 가진 사람과 그를 포함한 가족체계 안에서 가족의 다양한 문제의 원인을 찾고 가족치료 이론과 기법을 적용하여 문제를 해결한다. 교육은 가족을 대상으로 하여 질환에 대한 정확한 지식과 정보를 전달하고 이러한 이해를 바탕으로 심리적 죄책감을 감소시키는 것은 물론, 병에 대한 태도를 변화시키는 것을 목적으로 한다.

5. 알코올사용장애

중독은 물질 관련 중독장애(substance-related and addictive disorder)와 비물질 관련 장애로 나뉜다. 물질장애의 약물 및 물질로는 알코올, 카페인, 대마, 환각제, 흡입제, 아편류, 진정제, 수면제, 항불안제, 흥분제, 담배, 기타 물질이 해당되며, 비물질 관련 장애에는 DSM-IV에서 충동조절장애로 있던 도박중독이 해당된다. 물질 중 알코올 관련 장애는 알코올사용장애, 알코올 중독, 알코올 금단, 기타 알코올로 유발된 장애, 명시되지 않는 알코올 관련 장애로 나뉜다. 우리가 흔히 말하는 알코올 중독은 알코올을 섭취하는 동안 또는 그 직후를 말하며, 정확한 진단명은 알코올사용장애(alcohol use disorder)다. 의료사회복지현장에서 주로 만나게 되는 중독 환자는 알코올사용장애로 진단된 환자로 이에 대해 다루고자 한다.

1) 알코올사용장애 진단

미국정신의학회에서 개발한 『정신질환의 진단 및 통계편람 5판(DSM-5)』(2015)에서는 알코올 의존과 알코올 남용의 상관관계가 매우 높게 나타나 과거 DSM-IV-TR에서의 알코올 의존과 알코올 남용을 알코올사용장애로 통합하고 그 심각도를 세 등급으로 구분하였다. DSM−5에서는 다음의 진단기준 11개 중 2~3개 이상에 해당되면 경도(mild), 4~5개에 해당되면 중등도(moderate), 6개 이상이면 고도(severe)로 구분하여 진단하도록 하였다.

진단기준

A. 임상적으로 현저한 손상이나 고통을 일으키는 문제적 알코올 사용 양상이 지난 12개월 사이에 다음의 항목 중 최소한 2개 이상으로 나타난다.

1. 알코올을 종종 의도했던 것보다 많은 양, 혹은 오랜 기간 동안 사용함
2. 알코올 사용을 줄이거나 조절하려는 지속적인 욕구가 있음. 혹은 사용을 줄이거나 조절하려고 노력했지만 실패한 경험들이 있음
3. 알코올을 구하거나, 사용하거나 그 효과에서 벗어나기 위한 활동에 많은 시간을 보냄
4. 알코올에 대한 갈망감, 혹은 강한 바람, 혹은 욕구
5. 반복적인 알코올 사용으로 인해 직장, 학교 혹은 가정에서의 주요한 역할 책임 수행에 실패함
6. 알코올의 영향으로 지속적으로, 혹은 반복적으로 사회적 혹은 대인관계 문제가 발생하거나 악화됨에도 불구하고 알코올 사용을 지속함
7. 알코올 사용으로 인해 중요한 사회적, 직업적 혹은 여가 활동을 포기하거나 줄임
8. 신체적으로 해가 되는 상황에서도 반복적으로 알코올을 사용함
9. 알코올 사용으로 인해 지속적으로, 혹은 반복적으로 신체적 · 심리적 문제가 유발되거나 악화될 가능성이 높다는 것을 알면서도 계속 알코올을 사용함
10. 내성, 다음 중 하나로 정의됨

a. 중독이나 원하는 효과를 얻기 위해 알코올 사용량의 뚜렷한 증가가 필요

b. 동일한 용량의 알코올을 계속 사용할 경우 효과가 현저히 감소

11. 금단, 다음 중 하나로 나타남

a. 알코올의 특징적인 금단 증후군

b. 금단 증상을 완화하거나 피하기 위해 알코올(혹은 벤조디아제핀 같은 비슷한 관련 물질)을 사용

다음의 경우 명시할 것:

조기 관해 상태: 이전에 알코올사용장애의 진단기준을 만족했고, 최소 3개월 이상 최대 12개월 이내의 기한 동안 진단기준에 맞는 항목이 전혀 없는 경우(진단기준 A4의 "알코올에 대한 갈망감, 혹은 강한 바람, 혹은 욕구"는 제외) 사용됨

지속적 관해 상태: 이전에 알코올사용장애의 진단기준을 만족했고, 12개월 또는 그 이상의 기간 동안 어떤 시기에도 진단기준에 맞는 항목이 전혀 없는 경우(진단기준 A4의 "알코올에 대한 갈망감, 혹은 강한 바람, 혹은 욕구"는 제외) 사용됨

다음의 경우 명시할 것:

통제된 환경에 있음: 이 부가적인 명시자는 개인이 알코올에 대한 접근이 제한된 환경에 있을 때 사용된다.

현재 심각도에 따른 부호화:

ICD-10-CM 부호 주의점: 만약 알코올 중독, 알코올 금단 혹은 알코올로 유발된 정신질환이 같이 있으면, 알코올사용장애에 대한 다음의 부호를 쓰지 않는다. 대신 동반한 알코올사용장애는 알코올로 유발된 장애 부호의 4번째 글자에 표시한다. 예를 들어, 만약 알코올 중독과 알코올사용장애가 동반되면 알코올 중독 부호만 쓰고, 동반한 알코올사용장애가 경도인지, 중등도인지, 고도인지를 4번째 글자에 표시한다. 알코올 중독이 동반된 경도 알코올사용장애는 F10.129를 사용하고, 알코올 중독이 동반된 중등도 또는 고도 알코올사용장애에는 F10.229를 사용한다.

현재의 심각도를 명시할 것:

305.00(F10.10) 경도: 2~3개의 증상이 있다.

303.90(F10.20) 중등도: 4~5개의 증상이 있다.

303.90(F10.20) 고도: 6개 혹은 그 이상의 증상이 있다.

2) 알코올사용장애의 원인

(1) 유전적 요인

알코올사용장애 부모의 자녀는 알코올사용장애가 아닌 부모의 자녀에 비해 알코올사용장애 환자가 될 확률이 4배다. 자라서 알코올사용장애 환자가 된 아이들의 생부(biologic father) 중 25%가 알코올 중독자다. 또 일란성 쌍생아는 이란성 쌍생아에 비해 2배의 일치율(concordance rate)을 보인다. 알코올사용장애 환자를 생부모(biologic parents)로 둔 입양아는 다른 아이에 비하여 알코올사용장애 환자가 될 확률이 4배다. 그러나 입양부모가 알코올사용장애 환자일지라도 알코올사용장애의 위험률(risk)이 증가하지는 않는다.

(2) 아동기 병력

주의력결핍 과잉행동장애(attention deficit hyperactivity disorder)나 품행장애(conduct disorder)의 아동기 병력(childhood history)이 있으면, 알코올 중독이 될 위험성이 높다. 반사회적 인격장애(antisocial personality disorder)나 경계성 인격장애(borderline personality disorder) 역시 알코올사용장애의 유발인자(predisposing factor)다.

(3) 정신분석적 요인

지나치게 엄격한 초자아를 갖고 있거나, 자기징벌적인 사람들은 그들의 무의식적 스트레스를 감소시키기 위하여 알코올을 사용한다. 또 인격발달상 구강기(oral stage)에 고착되어 있는 사람은 입으로 술을 마심으로써 좌절감을 해소하려 하므로 알코올사용장애에 빠진다.

알코올 중독성 인격은 수줍음이 많고(shy), 소외되어 있으며(isolated), 참을성이 없고(impatient), 쉽게 자극에 흥분하며(irritable), 지나치게 예민하고(hypersensitive), 불안하며(anxious), 성적으로 억압되어(sexually repressed) 있는 특징을 갖는다. 그러나 반사회적 인격장애 이외에 알코올사용장애와 특별히 관련이 있는 인격은 없다.

알코올사용장애 환자는 강화된 권력 욕구(need for power)를 갖고 있으나, 반면 그들은 이를 성취하는 데 있어서는 부적절감을 가지고 있다. 알코올은 이런 사람들에게 편안한 느낌과 권력감, 성취감 등을 주므로, 이런 사람들은 알코올사용장애가 될 가능성이 높다.

(4) 문화적 요인

술을 권하는 문화, 술에 대한 사회적 · 도덕적 관념, 술의 가격, 술에 대한 종교적 가치 등에 의해 알코올 중독의 유병률에 차이가 있다.

(5) 학습이론

알코올은 일시적으로 공포와 갈등을 해소하며, 불안을 가라앉히는 효과가 있는데, 이런 경험이 술을 마시려는 욕구를 강화시킨다. 특히 첫 음주 이후의 경험이 다음의 음주에 대한 기대를 유발하여 계속 술을 마시게 한다.

(6) 생물학적 요인

알코올 대사과정에서 발생되는 테트라하이드로소퀴놀린(tetrahydro-isoquinolines: TIQs)이 알코올사용장애를 유발시킨다는 것이다. TIQs는 모르핀(morphine)과 유사한 알칼로이드(alkaloid)로서 동물에 주입될 때 알코올에 대한 기호가 증가한다.

종합적으로 알코올사용장애는 유전적 · 환경적 요인이 복합적으로 작용한 결과라고 본다. 환경적 스트레스가 유전적 소인이 있는 사람을 환자로 만드는 것이다.

3) 알코올사용장애 증상

(1) 신체적 증상

• 금단증상(오랫동안 과음 후 갑자기 술을 끊었을 때 나타나는 증상으로 손떨림, 식은땀, 긴

장, 쫓기는 기분, 환청, 환시, 발작 등)

- 내성(음주 후 기대하는 효과를 위해 다시 음주)
- 소화기관의 장애(식사를 거의 하지 않음, 위염, 위궤양 등 위장장애)
- 간기관의 장애(간염, 지방간, 간경화 등)
- 심장기관의 장애(심근경색증 등)
- 혈액기관의 장애(위, 식도, 항문 등에 출혈이 있음)
- 신경계의 장애[기억상실증상, 알코올성 다발신경염(걷기 힘들고, 신경 말단의 무감각 또는 통증), 운동과 행동의 장애, 혼란, 졸도, 의심이 많음, 의처증, 피해적 망상 등]

(2) 심리적 증상

- 자기중심적, 낮은 자신감, 자기증오심으로 자만심을 나타낸다.
- 매우 예민하다.
- 심한 자기연민에 빠진다.
- 좌절을 견디지 못한다.
- 원한과 분노에 잘 빠진다.
- 두려움, 심한 공포감에 사로잡힌다.
- 정직하지 못하다.
- 현실을 받아들이는 능력이 없다.

(3) 행동적 증상

- 술 조절능력, 자제력을 잃는다.
- 술을 감추거나 몰래 마신다.
- 가족, 직업, 사회생활에 피해가 간다.
- 도덕적 황폐화, 성격의 변화가 생긴다.
- 음주 후 행동에 대해 죄책감, 수치감을 갖는다.

4) 알코올사용장애 치료에서 의료사회복지사의 역할

(1) 진단과정에서의 역할

진단을 위한 역할로서 개인력 검사, 가족력 검사, 사회조사 등을 통하여 환자의 상태를 평가하고 진단과정에 참여한다.

- 음주력과 음주습성, 최장 단주기간, 알코올사용의 양상 파악
- 신체적 · 정신적 · 가정적 및 사회적 부작용 파악
- 2차적 알코올사용 여부 조사(불면, 불안, 우울에 의한 알코올사용)
- 현재까지의 사회적응상태 파악
- 환자의 주변 인물과의 관계 파악, 환자에게 지속적 도움을 줄 수 있는 사람

(2) 치료과정에서의 역할

치료를 위해 팀의 일원으로 치료계획과정에 참여하고, 개인으로부터 주변 상황까지 포함한 개입목표의 범위 내에서 주로 문제에 대한 심리사회적 역동에 초점을 두어 구체적 프로그램들을 Main 또는 Co-therapist로서 수행한다.

병실회의(Alcoholic community meeting), 집단치료(Alcoholic group therapy), 교육(Psycho-education for alcoholic patients), 치료팀 모임(Alcoholic team treatment meeting), 시청각 모임, AA 협심자 메시지 전달 모임, 자기평가 모임, 단주교본 연구 및 자조모임, 가족모임, AA(Alcoholic Anonymous; 익명의 알코올 중독자) 모임, 진단회의(Intake Diagnostic Conference), 팀접근(Team Approach), 병동회의(Ward Staff Meeting), 연구조사(Research Meeting), 권익체계(Patient Privilege System)다.

- AA 모임: AA(Alcoholics Anonymous)는 1935년 알코올사용장애 환자였던 빌(Bill Wilson)의 영적 체험에서부터 시작한다. 단주 1년 후에 우연히 술을 마시고자 하는 욕구에 직면한 빌이 무기력한 알코올사용장애 환자였던 밥(Bob Smith) 박사를 만

나면서 오늘의 AA가 탄생하였다. AA는 오늘날 수많은 나라에 지부를 가지고 있는 비공식적 국제단체다. 이 모임은 소집단으로 이루어지며, 그들의 공동문제(알코올을 조절할 능력이 없는)를 해결하고 또한 다른 사람들이 알코올사용장애로부터 회복될 수 있도록 돕기 위해 서로 간의 경험과 희망을, 그리고 용기와 지지를 함께 나누는 사람의 공동체로서 남녀노소나 빈부귀천이나 인종을 초월한 자원자립으로 결성된 모임이다. AA는 전혀 비용이 들지 않으므로 부담 없이 참가할 수 있다. 우리나라에서는 1980년대에 주한 미군을 대상으로 시작되었다가 얼마 뒤인 1982년에 민간인들을 대상으로 한 AA 한국연합이 처음으로 결성되었다.

AA의 유일한 회원의 조건은 술을 끊겠다는 열망이다. 특히 자신보다 단주기간이 훨씬 오래된 선배 회복자들의 경험을 듣고 그 사람들의 도움을 받음으로써 보다 빠르고 쉽게 회복으로 나아갈 수 있다. 또한 이 모임에서 알코올사용장애 환자들은 술이 그들의 생활과 인격에 어떤 영향을 미쳤고, 이것을 처리하기 위해 무슨 행동을 했으며, 오늘날 그들의 삶을 어떻게 살아가고 있는가에 대해 이야기한다. AA는 알코올사용장애의 개념을 질병으로 간주하며, 완전한 단주를 목표로 하고, 종교적 신앙과 지지 그리고 정직에 용기를 부여하는 단주친목 교본(익명의 알코올중독자들, Big Book)과 12단계 및 12전통의 프로그램을 다룬다.

각 회원에게는 알코올사용장애가 결코 완치될 수 없는 진행성 질병이며 치명적 질병인 것을 상기시킨다. 한 가지 명심해야 할 것은 술을 오랫동안 끊었다 할지라도 알코올사용장애 환자는 항상 알코올사용장애 환자로 남는다는 사실이다. '한번 알코올사용장애 환자가 되면 항상 알코올사용장애 환자다.'라는 것을 당연히 받아들여야 한다. 오늘날 정신요양원이나 정신과병원에 재입원된 상당수의 알코올사용장애 환자는 술을 얼마 동안 끊었기 때문에 남들처럼 점잖게 술을 마실 수 있지 않을까 하는 생각에서 다시 술을 마시기 시작한다. 그러나 한번 알코올사용장애로 병원을 출입한 경험이 있는 사람들은 결코 다시는 사교적이거나 정상적인 음주로 되돌아갈 수 없다는 것을 알지 못한다(A.A. 연합단체 한국지부 편, 2002).

AA의 회복과정에서 사용하는 12단계는 근본적으로 영적(spiritual) 프로그램이다. 이것은 치료가 아닌 삶과 존재의 방법이다. 12단계는 AA 프로그램의 핵심이며, 알코올사용장애 환자의 음주는 영적인 삶과 성장에 대한 잘못된 인간 욕구의 반영으로 본다. 12단계의 실천은 정직, 겸손, 인내 같은 특성의 성장으로 특징지어지는 영적 성장을 가져온다.

–1단계: 우리는 알코올에 무력했으며, 스스로 생활을 처리할 수 없게 되었다는 것을 깨닫고 시인했다.

–2단계: 우리보다 위대하신 '힘'이 우리를 건전한 본 정신으로 돌아오게 해 주실 수 있다는 것을 믿게 되었다.

–3단계: 우리가 이해하게 된 대로, 그 신의 보살피심에 우리의 의지와 생명을 완전히 맡기기로 결정했다.

–4단계: 철저하고 대담하게 우리의 도덕적 생활을 검토했다.

–5단계: 솔직하고 정확하게 우리가 잘못했던 점을 신과 자신에게 또 어느 한 사람에게 시인했다.

–6단계: 신께서 우리의 이러한 모든 성격상 약점을 제거해 주시도록 우리는 준비를 완전히 했다.

–7단계: 겸손한 마음으로 신께서 우리의 약점을 없애 주시기를 간청했다.

–8단계: 우리가 해를 끼친 모든 사람의 명단을 만들어서 그들에게 기꺼이 보상할 용의를 갖게 되었다.

–9단계: 어느 누구에게도 해가 되지 않는 한, 할 수 있는 데까지 어디서나 그들에게 직접 보상했다.

–10단계: 계속해서 자신을 반성하여 잘못이 있을 때마다 즉시 시인했다.

–11단계: 기도와 명상을 통해서 우리가 이해하게 된 대로의 신과 의식적 접촉을 증진하려고 노력했다. 그리고 우리를 위한 그의 뜻만 알도록 해 주시며, 그것을 이행할 수 있는 힘을 주시도록 간청했다.

–12단계: 이러한 단계로 생활해 본 결과 우리는 영적으로 각성되었고, 알코올사용장애 환자들에게 메시지를 전하려고 노력했으며, 우리 생활은 모든 면에서도 이

러한 원칙을 실천하려고 했다.

(3) 퇴원계획 및 사후지도에서의 역할

환자의 원만한 사회적응을 위하여 사회복귀에 필요한 재활계획을 수립하고 퇴원 후 적응상태를 파악한다.

외출, 외박, AA 모임에 참석하도록 연결, 인지행동치료(Learned behavior, cognition)의 실습 및 평가, 퇴원 후 외래로 집단치료(Group therapy) 참여 권유, AA 모임 및 사회자원체계와 연결, 퇴원환자의 방문 및 전화 사후지도(follow-up) 등이다.

(4) 가족에 대한 이해 및 개입에 대한 역할

알코올사용장애는 친밀하고 밀접한 가족관계에 부정적 영향을 미치는 가족병이다. 이 질병을 치료하기 위해서는 알코올사용장애에 걸린 환자는 물론 그 가족의 역할 또한 중요하다. 따라서 알코올사용장애 환자는 물론 가족들도 알코올사용장애가 신체적 · 정신적 · 심리적 · 행동적으로 어떠한 영향을 미치는 질병인지 인식하는 것이 필요하다.

또한 환자 가족은 알코올사용장애라는 가족병의 영향으로 나타나는 역기능적 양상, 즉 알코올사용장애가 가족과 자녀에게 미치는 영향이 무엇인지 알아내는 과정을 통하여 가족 내 문제점을 파악하고 가족 구성원 모두가 변화를 가져오도록 돕는 것을 알코올사용장애의 가족치료라 할 수 있겠다. 이는 궁극적으로 알코올사용장애 환자가 자신의 중독문제를 잘 해결할 수 있도록 환자의 치료과정 속에 가족을 포함시키는 것을 말한다(천덕희, 김은경, 서현희, 김성현, 2002).

정리해 봅시다

❶ 척수 손상

'척수 손상(spinal cord injury)' 이라는 용어는 외상으로 인한 척수의 신경학적 손상을 말한다. 척수 손상의 가장 흔한 원인은 자동차 사고와 오토바이 사고이며, 그다음은 낙상이다. 일과 관련되거나 스포츠와 수상활동 중 부상으로 발생하는 경우도 많고, 일부 국가에서는 총상, 자상 또는 전쟁과 관련된 손상이 흔하며, 질병, 감염, 선천성 결손에 의해서도 척수 병변이 발생할 수 있다. 척수 손상은 운동, 감각 및 자율신경 기능에 장애를 일으킬 뿐 아니라 그에 따른 2차적인 손상(impairment)을 일으킨다.

❷ 뇌졸중

뇌졸중(cerebrovascular accident 혹은 stroke)은 흔히 중풍으로 불리며 뇌에 혈액을 공급하고 있는 혈관이 막히거나 터짐으로써 혈액공급이 되지 않는 부분의 뇌가 손상되어 나타나는 신경학적 증상이다. 최근 고령 인구의 증가로 뇌졸중은 암, 심장질환과 함께 우리나라 3대 주요 사인으로 집계되고 있다.

❸ 치 매

치매는 시간이 지날수록 기억력 저하를 포함하여 생각과 행동에 장애를 일으키는 뇌질환이다. 치매는 뇌의 병변에 의해 기억력, 지남력, 추리력, 판단력 등의 인지기능 전반에 걸쳐 장애가 일어나는 정신장애로 인지장애라는 기본 증상 외에 일상생활을 방해할 정도로 심한 실인증, 실행증, 실어증, 수행기능의 장애가 최소한 한 가지 이상 동반되며, 이로 인해 사회적 · 직업적 기능 수행에 장애가 초래되는 질환이다.

❹ 조현병

조현병(schizophrenia)은 뇌의 기질적 이상이 없는 상태에서 사고, 감정, 지각, 행동 등 인격의 다양한 측면에서 이상이 생겨 망상이나 환각, 혼란스러운 사고와 행동을 포함하는 여러 가지 부적응적 증상을 보이는 주요 정신질환이다. 조현병은 초기에 적절하고 집중적인 정신의학적 치료를 통해 회복이 가능하지만, 치료가 늦어지면 만성화되어 심리사회적 부적응을 보이는 만성 정신장애로 발전하기도 한다.

❺ 알코올사용장애

알코올사용장애는 물질 관련 중독장애(substance-related and addictive disorder)와 비물질 관련 장애로 나뉜다. 물질장애의 약물 및 물질로는 알코올, 카페인, 대마, 환각제, 흡입제, 아편류, 진정제, 수면제, 항불안제, 흥분제, 담배, 기타 물질이 해당되며, 비물질 관련 장애에는 DSM-IV에서 충동조절장애로 있던 도박중독이 해당된다. 물질 중 알코올 관련 장애는 알코올사용장애, 알코올 중독, 알코올금단, 기타 알코올로 유발된 장애, 명시되지 않는 알코올 관련 장애로 나뉜다.

참고문헌

국민건강보험공단(2013). **이해와 배려가 필요한 병, 치매.**

권중돈(2012). **치매환자와 가족복지: 환원과 통섭.** 서울: 학지사.

김동민, 서소라, 김경아(2002). **척수손상.** 서울: 나눔의집.

김정희, 장문영(2009). 수정된 강제유도 운동치료가 뇌졸중 환자의 편측무시와 일상생활에 미치는 영향. **대한작업치료학회지, 17**(3), 27-40.

김진호, 한태윤(1994). **재활의학.** 서울: 삼화출판사.

김한솔, 정민예(2011). 치매노인에게 적용한 작업중심 회상치료와 의사소통 중심에 따른 회상치료의 효과. **고령자치매작업치료학회지, 5**(2), 17-28.

김효정, 박영숙(2003). 재가 뇌졸중 환자의 생활양식과 일상생활기능수행, 우울 및 건강상태 지각에 관한 연구. **대한보건연구, 29**(2), 127-139.

단정와, 이재모(2006). 집단미술요법 프로그램이 치매노인의 인지기능과 의사소통증진에 미치는 효과. **노인복지연구, 33**, 71-102.

박정숙, 이현지, 김미은(2003). 원예요법이 치매노인의 인지기능, 자아존중감, 우울 및 일상생활 수행능력에 미치는 영향. **한국보건간호학회지, 17**(1), 69-82.

보건복지부(2012). 치매유병률 조사.

손기철, 박석근, 부희옥, 배공영, 백기엽, 이상훈, 허북구(1997). **원예치료: 식물, 인간, 환경.** 서울: 서원출판사.

시카고재활병원(1992). Rehabilitation Institute of Chicago Functional Assessment Scale.

Rehabilitation Institute of Chicago, 57-64.

엄명용(2000). 뇌졸중 노인을 위한 회상 그룹 운영과 평가. **한국노년학회지, 20**(1), 21-55.

오희, 석소현(2009). 치매노인 주 부양가족의 건강상태, 부양부담감 및 삶의 질 연구. **정신간호학회지, 18**(2), 157-166.

왕경희(2005). 만성질환노인을 위한 의료사회복지사의 개입 방안 연구. **한국사회복지학회 학술발표대회지**, 445-450.

유수현, 천덕희, 이효순, 성준모, 이종하, 박귀서(2014). **정신건강론**(제3판). 경기: 양서원.

유영열, 안창식(2009). 뇌졸중 환자가 인지하는 재활동기와 삶의 질 관계의 연구. **대한작업치료학회지, 17**(2), 1-16.

이병우, 권희규, 이항재(2000). 뇌졸중 환자의 임상 양상. **대한재활의학회지, 24**(3), 370-374.

이수정(2004). 리듬중심의 음악치료가 치매노인의 인지기능에 미치는 영향. 원광대학교 석사학위논문.

이옥(2007). 치매노인 주부양자의 종교적 특성이 부양스트레스에 미치는 영향. 백석대학교 사회복지대학원 석사학위논문.

이주연, 최경애, 김경아, 김민영, 조진희, 이주경, 김린아, 차문경(2002). **뇌졸중**(임상시리즈 5). 서울: 나눔의집.

장수미(2012). 재활의료병동에서의 의료사회복지사의 역할과 팀 협력. **한국사회과학연구, 34**(1), 124-140.

전선희(2007). 치매노인 주부양자의 주간보호서비스 이용만족도에 관한 연구. 원광대학교 석사학위논문.

정옥분, 박점희(2004). 뇌졸중입원환자 가족 간호자의 부담감과 우울. **경북간호과학지, 8**(1), 105-116.

천덕희(1998). 정신보건사회복지사 임상수련지침서. 연세대학교 의과대학 세브란스정신건강병원 사회사업실.

천덕희, 김은경, 서현희, 김성현(2002). **알코올중독**. 서울: 나눔의집.

최은숙, 김경숙(2010). 치매노인 주부양자의 자기효능감에 영향을 미치는 요인. **지역사회간호학회, 21**(2), 210-219.

통계청(2011). 장애인구추계: 2010~2060년.

통계청(2014). 사망원인통계결과.

한국재활간호학회(2003). 척수손상 환자의 재활과 건강관리. 경기: 수문사.

한인영, 최현미, 장수미, 임정원, 이인정, 이영선(2013). 의료현장과 사회복지실천. 서울: 학지사.

황숙연(1994). 만성질환자에 대한 의료사회사업가의 퇴원계획과정에 관한 연구. 서울대학교 박사학위논문.

A.A. 연합단체 한국지부 편(2002). 익명의 알코올중독자들. 서울: 한국 A.A. GSO.

American Psychiatric Association (APA). (2013). *DSM-5: Diagnostic and Statistical Manual of Mental Disorders* (5th ed.). Washington, DC: APA.

American Psychiatric Association (APA). (2015). DSM-5 정신질환의 진단 및 통계 편람(제5판; 권준수, 김재진, 남궁기, 박원명, 신민섭, 유범희, 윤진상, 이상익, 이승환, 이영식, 이헌정, 임효덕, 강도형, 최수희 역). 서울: 학지사.

Hardie, K., Hankey, G. J., Jamrozik, K., Broadhurst, R. J., & Anderson, C. (2004). Ten-year risk of first recurrent stroke and disability after first-ever stroke in the Perth Community stroke study. *Stroke, 35*, 731-735.

Novian, A., Escamilla, M. I., Blackwell, P. H., Kretzschmar, J. H., Arévalo-Flechas, L. C., & Bonner, P. N. (2009). A stress-busting program for family caregivers. *Rehabilitation Nursing, Jul-Aug, 34*(4), 151-159.

Verkaaik, J. (2012). 일상의 삶으로: 척수장애인의 삶을 위한 지침서(김병수 역). 서울: 한국척수장애인협회.

Wang, G., & Bowman, B. A. (2013). Recent economic evaluations of interventions to prevent cardiovascular disease by reducing sodium intake. *Current Atherosclerosis Reports, 15*(9), 1-9.

제9장

이슈에 따른 실천

학습개요

인간이라면 누구나 죽음이라는 과정을 피할 수 없지만 죽음을 목전에 둔 환자와 가족들 대다수는 극심한 심리적 고통과 불안에 직면하게 된다. 이 장에서는 죽음을 앞두고 있는 환자들과 가족을 위해 제공되는 호스피스 완화의료의 개념과 철학, 주요 특징, 실천과정 그리고 이와 관련된 정책 등을 고찰해 보고자 한다. 그리고 최근의 조사연구에서 장애인, 다문화가정 그리고 북한이탈주민가정의 폭력 등 가정폭력의 형태가 다양하게 나타나고 있으며, 가부장적 남성우월주의의 사회구조인 우리나라는 남편에 의한 아내 학대 및 사회에서는 아동 및 노인 학대가 나타나고 있으므로 가정폭력에 대하여 알아보고자 한다. 마지막으로 OECD 국가 중 가장 높은 순위를 차지하는 우리나라의 자살에 대하여 살펴보고자 한다.

학습목표

1. 호스피스 완화의료의 주요 특징 및 철학, 유형, 서비스 과정 및 관련 법률에 대해 알아본다.
2. 가정폭력 관련 피해자와 행위자의 특성과 개입을 이해하고, 이에 따른 의료사회복지실천에 적용할 수 있다.
3. 자살 관련 클라이언트의 위험성과 평가를 이해하고, 이에 따른 의료사회복지실천에 적용할 수 있다.

1. 호스피스 완화의료

의료현장에서 근무하는 의료사회복지사는 임종케어를 필요로 하는 환자들을 많이 접하게 된다. 인간이라면 누구나 죽음이라는 과정을 피할 수 없지만 죽음을 목전에 둔 환자와 가족들 대다수는 극심한 심리적 고통과 불안에 직면하게 된다. 우리나라의 사망원인 1위는 암으로 전체 사망자의 28.3%를 차지하고 있고(통계청, 2013), 말기암 환자와 가족은 고가의 의료비와 통증, 심리 · 정서적 소진으로 많은 고통을 받고 있다. 이런 가운데 호스피스 완화의료는 암 환자의 전인적 치료를 도와 삶의 질을 향상시키고 의료비를 절감한다는 연구결과가 도출되었고, 이에 미국, 영국, 프랑스, 대만, 일본 등의 선진국들은 호스피스 완화의료를 이미 제도화시켰다. 이에 죽음을 앞두고 있는 환자와 가족을 위해 제공되는 호스피스 완화의료의 개념과 철학, 주요 특징, 실천과정, 그리고 이와 관련된 정책 등을 고찰해 보고자 한다.

1) 호스피스 정의

호스피스(hospice)는 라틴어 'Hospes'와 'Hospitum'에서 유래된 용어로, 접대하는 이 'Host'와 손님 'Guest'의 합성어인 'Hospes', 편안하고 따뜻한 마음의 장소를 뜻하는 'Hospitum'이 합쳐져 구성되었다. 어원의 의미에서 알 수 있듯이 '손님을 따뜻하게 영접하여 편안하게 쉴 수 있도록 돌봄'이 호스피스의 목적이며 가치다. 완화의료(palliative care)는 라틴어 'palliare'에서 유래되었는데, 그 의미는 애정과 보살핌으로 환자를 '에워싸다(cloak)'라는 뜻을 담고 있다. 완화의료의 주요 목적은 환자들이 질병으로부터 얻는 증상, 통증, 스트레스를 경감시켜 환자 당사자와 가족들의 삶의 질을 높이는 데 있다.

세계보건기구(World Health Organization: WHO)에서는 호스피스 완화의료를 '생명을 위협하는 질환으로 인한 통증과 여러 가지 신체적, 심리사회적, 영적인 문제에 직면한 환자와 가족의 문제를 조기에 알아내고 적절한 평가와 치료를 통해 그로 인한 고통을 예방하고 해소함으로써 환자와 가족의 삶의 질을 향상시키는 것'이라고 정의한다. 즉, 이 세상을 떠날 환자와 사랑하는 이를 보내고 남게 될 가족들을 전체적으로 돌보는 총체적 보살핌(holistic care)으로써 환자가 남은 시간 동안 인간으로서 누릴 수 있는 최상의 존중과 편안한 삶을 누리게 해 주고 환자와 가족의 심신 건강, 사회적 · 문화적 · 영적인

〈표 9-1〉 호스피스 연혁

연 도	주요 연혁
1965년	강원도 강릉 '마리아의 작은 자매회' 수녀들에 의해 설립된 갈바리의원(14개 병상)에서 임종환자를 간호하기 시작
1976년	충북 음성의 꽃동네에서 무의탁 부랑인 정신질환자, 장애인, 알코올 중독자를 위한 시설과 함께 임종의 집을 마련하여 임종환자 케어 시작
1979년	연세대학교 간호학회 워크숍에서 한국 최초로 호스피스 교육 실시
1981년	가톨릭대학교 의과대학 간호학과 학생들 중심으로 호스피스 활동 시작
1982년	가톨릭대학 성모병원에서 우리나라에서 처음으로 의료사회복지사를 포함한 19명의 인원으로 팀이 구성되어 본격적인 호스피스 활동 시작
1985년	대한간호협회에서 호스피스 보수교육 실시
1987년	성모병원과 강남성모병원에 호스피스를 전담하는 기구로서 호스피스과 개설. 계명대학교 동산의료원은 산재형, 가정방문형 호스피스 병동 시작
1988년	10월에는 강남성모병원에 10병상의 호스피스 병동(unit)이 처음으로 신설
1991년	한국호스피스협회 창립
1992년	이화여자대학교 간호과학대학에서 가정 호스피스 프로그램 시작. 한국가톨릭호스피스협회 창립
2002년	호스피스 · 완화의료제도화 계획 발표
2003년	'말기암 환자 호스피스 시범사업' 실시(우리나라 실정에 적합한 호스피스 완화의료 관리체계 개발). 국립암센터에서 '한국 호스피스 · 완화의료의 표준과 규정' 개발
2005년	말기암 환자 전문의료기관 지정절차를 거쳐 재정지원 실시
2006년	완화의료전문기관 시범사업 시작. 호스피스 · 완화의료 전문인력을 위한 기본교육으로 표준교육 프로그램 개발 착수
2008년	'암환자 완화의료기관지원사업' 시범사업 실시
2015년	7월부터 말기암 환자 호스피스 완화의료서비스에 건강보험 수가 적용

출처: 한국호스피스협회 홈페이지(http://www.hospicekorea.com).

보살핌을 지속하여 환자가 아름다운 임종을 맞고 사별 후 가족들의 상실감과 슬픔을 최소화하여 건전한 일상으로 돌아올 수 있도록 보살피는 것이다(김병석, 임경자, 2012). 호스피스 완화의료는 말기 환자들이 갖고 있는 심리적 · 영적 · 경제적 문제 등 복합적인 문제에 개입하기 때문에 의사, 간호사, 사회복지사, 자원봉사자, 성직자 등으로 구성된 다학제인 팀으로 접근한다.

근대 이전 서구에서는 호스피스가 요양원이나 수도원의 수용시설에서 급성기 치료로 호전이 되지 않는 임종 환자들을 돌봐 주는 것을 의미했으나, 1960년대 이후 영국의 성 크리스토퍼 호스피스(St. Christopher Hospice)에서 말기질환자를 대상으로 적극적인 의료적 돌봄을 시행하는 호스피스 운동(hospice movement)이 전 세계적으로 전파되었다(장윤정, 2014). 우리나라의 호스피스가 발전해 온 역사를 간략히 살펴보면 〈표 9-1〉과 같다.

2) 호스피스 철학 및 원칙

호스피스의 철학과 원칙을 정리하면 다음과 같다(서영준, 2012).

- 말기 환자와 임종 환자 그리고 그 가족들을 전인적으로 돌본다.
- 남은 생을 가능한 한 의미 있고 충만한 삶을 살도록 사랑으로 돌본다.
- 죽음을 삶의 자연스러운 과정으로 받아들이도록 돌본다.
- 인위적으로 삶을 연장시키거나 단축시키지 않는다.
- 가능한 한 모든 자원을 이용하여 신체적 · 영적 · 사회적 · 심리적 요구를 충족시키며 지지하여 죽음을 준비하도록 돕는다.

호스피스 완화의료를 받는 대상자는 ① 암 진단 후 수술이나 항암요법 등 의학적 치료를 시행하였으나 더 이상의 치료효과를 기대하기 어려운 경우, ② 의사로부터 6개월 내지 1년 정도 살 수 있다는 진단을 받은 경우, ③ 의사의 동의나 의뢰가 있는 경우, ④ 환자나 가족이 증상 완화를 위한 비치료적 간호를 받기로 결정한 경우, ⑤ 가족이나 친지가 별로 없어 호스피스의 도움이 필요하다고 선정된 경우가 해당된다. 이러한 대상자는 호스피스 완화의료서비스를 통해 다음과 같은 서비스를 지원받게 된다(한국호스피스협회, 2013).

- 통증 및 신체적 증상의 효과적 조절
- 환자와 가족 교육과 심리상담
- 가족문제 상담과 중재
- 원예요법, 미술요법, 음악요법, 아로마요법 등 다양한 프로그램을 통해 삶의 질 향상
- 삶의 의미 추구를 위한 돌봄활동(소풍, 기념일 축하, 소원 들어주기 등)
- 가족의 소진을 예방하기 위한 휴식입원
- 사회 · 경제적 지원 방안 모색
- 영적 상담과 원하는 종교적 돌봄 제공
- 자원봉사자의 신체적 돌봄과 심리적 지지
- 사별가족지지 프로그램

미국사회복지사협회(National Association of Social Workers: NASW)의 윤리 강령(Code of Ethics)에서는 호스피스 완화 돌봄의 실천 원칙으로 ① 자기결정, ② 공동선, ③ 전인적 돌봄, ④ 임종 환자와 그들의 주요 주변인에 대한 존중 등을 명시하고 있다(최희경, 2012).

- 자기결정: 윤리적 입장 표명, 간접적인 자율성, 가족의 치료에 대한 의사결정, 사전의료지시서 작성과 실행, 안락사 고려
- 공동선: 생명존중의 가치와 말기 의사결정에 있어 취약한 인구집단의 욕구와 자기결정을 균형 있게 고려. 사회복지사 개인의 가치와 자기결정에 대한 전문적 책무 사이의 긴장 고려
- 전인적 돌봄: 말기 돌봄에 있어 사회복지사가 환자를 질병의 관점에서만이 아니라

생태심리사회적 접근, 영성적 사정과 개입, 사건에 대한 환자의 주관적 해석에 관한 옹호

- 임종 환자와 그들의 주요 주변인에 대한 존중: 특정 문화적 · 영성적 전통, 다양한 상황과 인구집단에 대응하는 서비스 개발, 사회적 관계망의 중요성, 클라이언트가 경험하는 삶과 죽음의 경험의 다양성에 대한 인정, 임종자의 삶과 죽음의 의미와 존엄성 인정

3) 호스피스 유형

호스피스의 유형은 다음과 같이 네 가지로 구분된다(한국호스피스협회, 2013)

(1) 독립형 호스피스(free standing hospice)

호스피스만 독립적으로 운영하는 형태로, 이 경우 누구든지 환자 의뢰를 할 수 있으며, 자원봉사자 교육을 어느 기관에서 받았는지에 관계없이 봉사자로 참여할 수 있다. 환자의 기존 주치의가 호스피스 가입 후에도 그대로 주치의로 연결될 수 있는 장점을 지닌다.

(2) 병원 내의 산재형 호스피스(inpatient scattered-bed consultative)

1975년에 미국에서 시작한 제2의 호스피스 프로그램으로 성 누가 루스벨트(St. Luke's Roosevelt) 병원에서 처음 시도되었다. 병원 내에 호스피스 팀을 구성하여 간호를 수행하는 유형으로 주로 내과나 암 병동에 호스피스 환자들이 병실 내의 다른 환자들과 함께 입원하여 호스피스 간호를 받는다. 호스피스 환자의 경우 일정 기간 입원하여 일반 환자들과 함께 생활해야 한다는 어려움이 있다.

(3) 병원 내 병동 호스피스(hospice unit within a hospital)

병원 내 확보된 병동에서 호스피스 활동을 하는 유형으로 의료시스템이나 의료 인력

을 활용할 수 있는 장점이 있다. 반면, 타 직원이나 사람들이 죽음의 장소로 볼 수도 있는 부정적인 측면도 지닌다.

(4) 가정 호스피스(hospice home care)

호스피스 요원이 환자의 가정을 방문하여 돌보는 형태로서 전 세계적으로 가장 널리 이용되고 있는 보편적인 유형이다. 소요 경비가 적게 들고 환자로서는 자신의 집이라는 편안한 환경에 있을 수 있는 장점이 있는 반면에 가족의 부담이 크다는 단점이 있다. 비용에 비해 효과적이고 입원기간 단축효과가 있는 것으로 알려진 가정 호스피스 모형은 유럽과 북미 국가들에서 전체 호스피스 완화의료 이용자의 70% 이상을 차지하고 있다(National Hospice Palliative Care Organization 홈페이지).

(5) 시설 호스피스(nursing home for hospice)

병원에 입원하기도 어렵고 가정에 있을 수도 없는 환자를 위해 가정과 같은 분위기에서 호스피스 간호를 받을 수 있도록 마련된 시설 유형이다. 간호사가 24시간 상주하며 돌보게 되고, 의사는 정기적으로 방문하여 필요한 처방을 하게 된다.

(6) 혼합형

호스피스의 여러 유형 중 두 가지 이상의 유형이 혼합되어 운영되는 경우를 의미한다. 병원 내에 호스피스 병동을 운영하면서 가정 호스피스 사업을 병행하거나 산재형 호스피스를 병원 내에서 운영하면서 가정 호스피스 프로그램도 시행하는 등 다양한 형태가 있다.

4) 호스피스 완화의료 팀의 이해

말기질환을 갖고 있는 대상자는 신체적 · 심리적 · 영적인 모든 영역에서 고통을 느끼기 때문에 이를 효율적으로 돕기 위해서는 다학제적(multidisciplinary) 팀 접근이 필수적이다. 대표적 팀 구성원과 그 역할을 설명하면 다음과 같다(한국호스피스협회, 2013; 이광재, 2003).

(1) 호스피스 행정가

호스피스 행정가는 팀 구성원 전체를 감독하고 역할을 조정하며 각종 회의와 프로그램을 주관한다. 호스피스 행정가는 적절한 호스피스 교육과 훈련을 받은 자로서 의사, 간호사, 사회복지사, 목회자 가운데 적합한 사람을 선정한다.

(2) 의 사

환자의 신체적 상태를 정확하게 파악하여 호스피스 의뢰 대상자인지의 여부를 판단하고 증상의 변화 및 통증관리를 위한 적절한 처방을 한다. 치료적인 면보다 지지적이고 완화를 위한 계획을 세우며 증상관리에 숙련가이어야 한다.

(3) 간호사

환자에게 직접 간호를 제공하고, 통증과 증상을 조절하고, 가족이 환자를 돌볼 수 있도록 지도하며, 정보 제공 및 상담을 한다. 가장 일선에서 환자를 돌보는 사람의 하나로서 다른 팀 구성원 사이의 중개역할을 담당하며, 간호조무사와 자원봉사자의 일을 조정하고 감독한다.

(4) 목회자

호스피스 환자와 가족뿐만 아니라 호스피스 종사자의 영적 요구 충족을 위해 신앙 상담과 도움을 주며 새로이 신앙을 갖게 된 환자와 가족을 지역교회에 소개하기도 한다. 일정 기간의 호스피스 교육을 받은 목회자가 수행한다.

(5) 사회복지사

사회복지사는 임종 환자와 그의 가족을 돕기 위해 가능한 한 모든 자원을 수집하여,

특히 재정적, 법적, 보험 관계 등의 문제해결을 돕고 심리사회적인 측면의 도움을 주기 위해 상담자 역할을 한다. 특히 사별 가족의 임종으로 인한 슬픔, 상실에 대한 고통에 관심을 두고 이를 극복하도록 그들을 지원한다. 사회복지사는 삶과 죽음에 대하여 긍정적인 태도를 가진 사람으로서 적절한 임상경험을 가지며, 임상수련을 포함한 호스피스 교육을 이수한 의료사회복지사로서 특히 개별상담과 집단상담의 경험과 지역사회 자원체계의 정보망에 대한 실무와 지식이 있는 사람이어야 한다.

(6) 자원봉사자 팀장

자원봉사자 팀장은 자원봉사자를 선발 · 교육하고, 업무를 배정하고, 호스피스 자원봉사자를 감독하는 업무를 한다. 호스피스 실무회의에 참여하고 자원봉사자 회의를 주관하며 호스피스 사무실의 접수와 전화 문의를 받고 호스피스 요원에게 소식을 전한다. 각 전문영역의 자격을 갖추고 다년간 호스피스 실무경험이 있는 자가 바람직하다.

(7) 자원봉사자

호스피스 환자와 가족을 위하여 어떤 형태로든 보수를 받지 않고 도움을 주는 사람들을 자원봉사자라고 부른다. 호스피스 자원봉사자에 대한 기대가 높기 때문에 조심스럽게 모집해야 하고, 선발과 훈련에 신중해야 하며, 적절한 감독과 지지가 필요하다.

(8) 그 외의 구성원

약사, 영양사, 물리치료사, 작업요법사, 음악요법사, 간호조무사 등이 있다.

현재 적용되고 있는 '암환자 완화의료기관 지원사업' 규정에는 기관당 상근 사회복지사 1인 이상을 두도록 규정하고 있다. 사회복지사는 사회복지실천의 전문적 가치를 호스피스 돌봄과정에서 적극적으로 발휘하는 한편, 협소한 의료영역의 실천을 넘어서는 총체적 돌봄을 실현하는 데 핵심적 역할을 한다(Oliver & Peck, 2006: 최희경, 2012에서 재인용). 다학제 팀의 한 구성원으로서 의료사회복지사의 역량을 강화하기 위해 교육과

〈표 9-2〉 호스피스의 태도/행동, 지식, 기술

태도/행동(attitude/behavior)	지식(knowledge)	기술(skills)
호스피스 완화의료전문가로서 역할의 중요성 및 책임감 인식	말기암 환자/가족의 총체적 고통에 대한 이해	포괄적인 심리사회적 사정, 평가법 습득
호스피스 완화의료전문가로서 태도의 변화, 행동의지 함양	신체적 · 심리적 · 사회적 · 경제적 · 영적인 총체적 돌봄(total care)의 이해	호스피스 완화의료 사회사업 상담기법 습득
말기암 환자/가족에 대한 포괄적이며 총체적인 평가	다학제간 효과적인 팀 활동의 중요성 이해	자원체계조직, 관리, 활용기술 습득
통증 완화를 위한 팀 접근의 중요성 인식	호스피스 완화의료 사회사업의 역할 이해	사별관리 기술 습득
사별관리의 중요성에 대한 인식	호스피스 완화의료 사회사업의 실천과정 및 방법 이해	효과적인 팀 활동기술 습득

출처: 김창곤, 이광재, 이영숙(2005).

정에서 사회복지사의 태도 및 행동, 지식, 기술을 함양시키는 작업이 필요하다(김창곤, 이광재, 이영숙, 2005).

호스피스 완화의료에서 사회복지사가 담당하고 있는 핵심 업무는 다음과 같다(NASW 홈페이지).

- 환자와 가족의 독특한 심리사회적 욕구를 규명한다.
- 환자와 가족의 심리사회적 고통 혹은 복합적인 비탄(슬픔)을 사정한다.
- 환자와 가족의 강점과 대처기술을 사정하고 강화시킨다.
- 환경의 대응 정도를 사정하고, 필요한 경우 지역사회자원을 연계시킨다.
- 환자 및 가족의 소망과 다학제적 팀이 협력하여 만든 총체적 케어 플랜에서 제공되는 심리사회적 개입방법들을 찾는다.
- 특정 증상을 경감시키고 고통의 위험을 경감시킬 수 있도록 개입한다.
- 통증의 심리사회적 측면들을 사정하고 관리한다.

- 정신병과 학대 여부를 스크리닝하고 관련된 내용을 교육시키며 적절한 개입을 한다.
- 치료개입 방법의 효과성을 평가한다.
- 모든 환자와 가족들이 양질의 케어를 받을 수 있도록 법률적 · 정책적 장치 마련을 위해 옹호활동을 한다.

호스피스 완화의료, 돌봄의 특수성을 고려할 때 의료사회복지사는 환자와 가족을 대상으로 비심판적이며 비지시적이고 비방어적인 상호작용, 공감과 개방적인 의사소통, 문화적 유능성을 기반으로 한 실천, 계획과 개입에 있어 클라이언트의 욕구를 최우선시하기, 클라이언트의 현재에서 출발하기, 비밀보장 등을 담보하는 노력을 병행해야 한다 (Csikai, 2004; Brandsen, 2005: 최희경, 2012에서 재인용).

5) 호스피스 사회사업의 실천과정: 접수, 기초자료, 문제사정 및 계획, 개입, 종결 및 평가

호스피스 사회사업의 실천과정은 의료사회사업의 실천과정모델을 중심으로 접수(receipt), 기초자료(data base), 문제사정(problem assessment)과 초기계획(initial plan), 개입(intervention progress), 종결과 평가(conclusion & evaluation)의 5단계 범주로 구분할 수 있다 (이광재, 2003; Zastrow, 1995). 하지만 이러한 각 단계들은 확연하게 구분되는 것은 아니며, 임상현장에서는 서로 중첩되고 순환적이며 동시에 발생하기도 하는 특징을 지닌다.

(1) 접 수

호스피스 사회사업의 실천과정에 있어서 첫 단계는 환자가 호스피스 대상자로 접수가 되었을 때, 혹은 호스피스 팀에 사회복지사가 상근하지 않을 경우 말기환자나 가족이 의료사회복지사를 찾아오거나 의료진 또는 호스피스 기관에 의해서 의뢰되어 도움을 요청할 때, 사회복지사가 환자와 가족의 요구나 의뢰된 문제를 확인하고 이에 적합한 서비스를 제공할 수 있는지의 여부를 판단하는 시기다.

① 준비와 문제 확인

환자와 접촉하기 이전에 이루어지는 준비단계는 서비스의 제공과 개입과정을 성공적으로 시작할 수 있도록 한다. 문제 확인이란 말기환자와 가족의 문제가 무엇인지를 확인하는 것이다. 사회복지사는 환자와 함께 그의 실제 문제가 무엇인지 정확하게 파악하고 그에 대한 서비스를 제공할 수 있는지 평가하여야 한다.

② 관계형성(관여)

관계형성(engagement)이란 환자들이 일반적으로 보이는 두려움과 양가감정을 해소하기 위해 의료사회복지사와 상호 긍정적인 친화관계를 형성하는 것을 의미하며, 사회복지사가 환자와 가족 그리고 관련된 사람들과 함께 업무수행상의 관계(rapport)를 확립시키는 것을 말한다.

(2) 기초자료

기초자료 수집의 목적은 문제를 이해하고 분석하여 개입을 계획하기 위한 것이며, 기초자료란 이에 필요한 수집된 자료를 말한다. 이는 초기 접수단계에서 문제를 확인하여 서비스를 줄 것인가를 결정하기 위한 정보수집과는 다른 것이다.

① 정보의 출처

호스피스 사회복지사는 환자의 문제를 이해하고 분석하고 해결하기 위하여 의무기록지, 상담의뢰서, 환자나 가족과의 면접, 환자나 가족의 언어적 · 비언어적 행동에 대한 관찰, 호스피스 팀원으로부터의 정보, 각종 임상검사의 결과 등 다양한 정보의 출처(sources of information)를 통하여 필요한 정보를 수집한다.

② 기초자료의 내용

사회복지사는 기초자료를 수집함에 있어 환자의 개인적 · 환경적 요인이 질병요인과 어떻게 상호작용하여 추가적인 스트레스를 발생시키는지를 이해하는 것이 중요하다.

(3) 문제사정과 초기계획

문제사정은 그동안 수집한 정보를 분석하여, 사회복지사가 전문적 소견으로 판단하는 것이다. 즉, 사정이란 사회복지사의 지적인 활동으로서 그의 실무경험, 가치, 이론적 기반 등 전문적 지식기반에 근거하여 이루어지는 판단 작업을 말한다. 호스피스에서 사회복지사는 환자가 호소하는 문제와 욕구, 그리고 요구 충족을 방해하는 요인들을 고려하여 문제를 사정하고 그것을 통해 목표설정과 전문적인 개입계획을 세우게 되며, 이러한 계획에 따라 적절한 서비스와 개입을 하게 된다. 즉, 초기계획이란 환자의 문제를 해결하거나 줄이기 위해 무엇이 변화되어야 하는지에 대한 목표의 설정과정으로서, 어떻게 환자나 가족들을 도와야 할지에 대한 지침의 역할을 하는 것으로, 이는 사정에 근거하여 이루어지는 것이라 할 수 있다.

(4) 개입단계

개입단계는 호스피스 사회복지사와 환자가 사정된 자료를 기반으로 설정된 목표와 확정된 각각의 과업을 수행함으로써 치료와 변화에 돌입하는 시기를 말한다. 즉, 환자와 사회복지사가 동의한 목표와 과업을 위한 계획들에 따라 환자의 문제를 해결하거나 줄이기 위하여 적절한 서비스를 제공하고자 직접 행동하는 시기다. 따라서 이러한 행동은 반드시 문제사정을 통한 개입계획에 의한 실천인 것이어야 한다.

(5) 종결과 평가

임상적 관계에서 가장 마지막 단계는 점차적인 관계의 종결과 평가다. 즉, 개입노력에 대한 마지막 평가 그리고 전문적 관계에 대한 주의 깊은 종결로 호스피스 사회사업 실천과정은 마무리가 된다. 이러한 종결과정을 통해 호스피스 사회복지사와 말기환자 그리고 그 가족은 그들의 관계가 종결되어야 하는 이유와 어떻게 경험을 발전시킬 수 있는가를 이해할 수 있다.

6) 호스피스 완화의료 관련 법률 및 정책

호스피스 완화의료 관련 법률은 「암관리법」에 규정되어 있고, 보건복지부에서 지정한 호스피스 완화의료 지정기관에서 서비스 이용을 하기 위한 절차는 다음과 같다. 먼저 서비스 이용기관을 선택하여 전원(병원을 옮기는 행위)을 위한 서류를 준비한다. 전원

〈표 9-3〉 「암관리법」에 명시된 호스피스 완화의료 규정

제20조(완화의료의 대상자) 말기암 환자 완화의료(이하 '완화의료'라 한다)의 대상자는 말기암 환자로서 본인이 완화의료 이용을 희망하는 사람으로 한다.

제21조(완화의료사업) 보건복지부장관은 완화의료를 위하여 다음 각 호의 사업을 하여야 한다.
1. 말기암 환자의 적정한 통증관리 등 삶의 질 향상을 위한 지침 개발 및 보급
2. 제22조에 따른 완화의료전문기관의 육성 및 완화의료 전문 인력의 양성
3. 말기암 환자에 대한 가정방문 보건의료사업
4. 말기암 환자와 그 가족을 위한 교육프로그램의 개발 및 보급
5. 그 밖에 보건복지부장관이 필요하다고 인정하는 사업

제22조(완화의료전문기관의 지정 등) ① 보건복지부장관은 말기암 환자 대상 완화의료전문기관을 설치·운영하려는 「의료법」 제3조 제2항 제1호 가목·다목 및 같은 항 제3호 가목·다목·마목에 따른 의료기관 중 보건복지부령으로 정하는 시설·인력·장비 등의 기준을 충족하는 의료기관을 완화의료전문기관으로 지정할 수 있다.
② 제1항에 따라 지정을 받으려는 의료기관은 보건복지부령으로 정하는 바에 따라 보건복지부장관에게 신청하여야 한다.
③ 보건복지부장관은 제1항에 따라 지정받은 완화의료전문기관(이하 '완화의료전문기관'이라 한다)에 대하여 완화의료사업에 드는 비용의 전부 또는 일부를 지원할 수 있다.
④ 제1항 및 제2항에서 규정한 사항 외에 완화의료전문기관의 지정에 필요한 사항은 보건복지부령으로 정한다.

출처: 국가법령정보센터 홈페이지(http://www.law.go.kr).

시 치료 기록, 의사소견서, 진료의뢰서, 의무기록사본, 최근 검사자료(처방받고 있는 약에 대한 의사 오더지, CT나 MRI 필름 복사본) 등이 필요하며, 필요 서류를 갖추었다면 자신이 원하는 호스피스 완화의료 전문기관을 방문하여 신청하면 된다. 호스피스 완화의료의 서비스로는 메스꺼움, 구토, 수면장애, 식욕부진, 숨 가쁨, 변비 등의 통증 조절과 증상 조절뿐만 아니라 음악요법, 미술요법, 마사지 등 다양한 프로그램이 제공된다.

호스피스 완화의료에 대한 보험의 급여(수가인정)는 일당정액 수가를 기본 모형으로 하되 서비스 개별 단위로 수가를 책정하는 행위별 수가와 달리 1일 진료비를 미리 정하고 그 안에서 환자에게 필요한 서비스를 제공하는 지불체계다. 이는 급성기 치료에서 실시되지 않는 전인적인 환자관리, 음악 · 미술 등 요법치료, 임종실 · 상담실과 같은 호스피스 특수시설 유지비 등의 완화의료서비스 특성 등을 감안하는 동시에 불필요한 치료를 제한하기 위해 고안되었다. 정액수가로 인한 과소진료를 방지하기 위하여 고가의 통증 관리, 기본 상담 등에 대해서는 정액수가 외 별도 산정하도록 되어 있으며, 호스피스 전문기관 평가를 강화하여 질 관리를 체계화하고 있다. 환자의 부담을 줄이기 위하여 상급종합병원, 종합병원, 병원은 2인실까지 급여, 의원은 1인실까지 모두 급여화했으며, 선택 진료비 및 기타 비급여도 모두 일당정액에 포함하고 인력 요건을 갖춘 기관에 대해서는 간병에 대해서도 급여화되어 있다.

호스피스 건강보험 수가는 2015년 7월부터 56개 전체 호스피스 전문기관에 적용되었다. 보건복지부는 호스피스 전문기관의 양 · 질 관리 강화를 위해 입원병상의 지역별 적정 병상규모를 마련해 부족하거나 과하게 제공되지 않도록 계획을 수립하고, 지정요건을 갖추지 못하거나 부실한 서비스를 제공하는 기관에 대해 퇴출을 하는 등의 정책을 진행하고 있다.

2. 가정폭력

1) 개 요

가정폭력(family violence)이란 가정 내에서 발생하는 모든 형태의 폭력을 일컫는다. 우리나라 「가정폭력범죄의 처벌 등에 관한 특별법」(2011. 7. 25. 개정)에 명시되어 있다. 이 법에 의하면 가정폭력이란 "가정 구성원 사이의 신체적, 정신적 또는 재산상 피해를 수반하는 행위"를 말한다(한인영 외, 2015).

폭력의 내용에는 신체적 폭력, 언어적 폭력, 정신적 폭력, 성적인 폭력 등이 포함된다(한국정신보건사회복지사협회, 2012). 폭력은 단순히 우연히 발생되는 것이 아니라 계획적인 특성이 있으며, 사회적 특성인 연령, 학력, 직업에 관계없이 다양한 계층에서 발생한다. 2010년 가족폭력 실태조사에 따르면 가정폭력에서 가장 빈번하게 발생하는 것은 아내학대, 아동학대, 노인학대 순으로 나타났고, 통제, 방임, 성적 학대 그리고 정서적 학대에 이르기까지 폭력의 유형이 확대되고 있다(강주희, 2014).

최근의 조사연구에서 장애인, 다문화가정 그리고 북한이탈주민가정의 폭력 등 가정폭력의 형태가 다양하게 나타나고 있으나, 가부장적 남성우월주의의 사회구조인 우리나라는 남편에 의한 아내 학대가 가정폭력 발생에서 가장 많은 비율을 차지한다(김명환, 2005; 문유경, 2009; 한인영 외, 2015). 아내 학대는 단순히 부부간의 문제를 넘어 자녀학대로 이어지게 되고, 청소년 비행의 주요한 원인이 되며, 문제행동을 보이는 청소년들이 증가하면서 학교폭력이라는 사회문제로 연결된다(이혜란, 2007). 또한 2012년 한 해 동안 전국 노인보호전문기관을 통해 신고 접수된 노인학대 판정 사례는 3,424건으로 2007년에 1,637건, 2011년에 2,475건이었던 것을 고려하면 학대 발생 속도는 심각한 수준이다. 또한 노인학대는 노인들에게 심리적 · 사회적 · 신체적 · 행동적 차원을 포함한 삶의 전 영역에 심각한 피해를 야기한다(추정인, 2014).

이와 같이 가정폭력은 개인의 역기능적인 행동의 원인이 되며, 정상적인 삶을 유지하기 어렵게 할 뿐만 아니라 가족 구성원 전체로 문제가 파급되어 소중한 가정을 해체시키고 더 나아가 사회공동체를 파괴시키는 심각한 위험을 초래한다. 따라서 가정폭력으로 인한 클라이언트와 가족을 위한 사회복지사의 심리사회적 개입이 필요하다.

2) 가정폭력 피해자와 행위자의 특성

(1) 가정폭력 피해자의 특성

가정폭력 발생에서 아내 학대와 노인 학대가 많은 비율을 차지하고 있기 때문에 가정폭력 피해 여성과 학대 피해 노인들의 특성을 살펴보면 다음과 같다.

① 가정폭력 피해 여성

첫째, 정신적 피해로 약물과 알코올 남용, 자살, 신체증상, 우울을 비롯한 유사정신병을 경험하며 피해가 장기화되는 경우 '매 맞는 여성 증후군' 또는 '외상후 스트레스 장애'로 고통을 받게 된다(김재엽, 이지현, 송향주, 한샘, 2010; 한국정신보건사회복지사협회, 2012).

둘째, 행동적 피해는 피해 여성들의 공격적 행동수준이 높아지는 것으로, 폭력 피해자인 아내가 가정에서 자녀를 구타하는 경우가 빈번한 것으로 나타났으며, 이처럼 아내에 대한 폭력은 자녀에 대한 폭력으로 이어져 총체적인 가정폭력이 일어난다(강미자, 2010).

셋째, 사회적 피해는 피해 여성들의 가족관계와의 단절뿐만 아니라 사회적으로 고립되는 특성과 사회생활에서 나타나는 직장에서의 업무 지장과 동료관계의 어려움, 잦은 결근 등이 발생한다(강주희, 2014). 또한 학대로 인한 무력감과 도움을 구할 수 있는 사회적 지지체계가 부족하고, 법률상담과 건강보험과 같은 사회적 서비스의 부족으로 폭력관계를 끝내지 못하고 수동적으로 대처하거나 예속되는 경우가 많다(Walker, 1979).

넷째, 아내에 대한 폭력은 자녀 혹은 아내의 친정식구에 대한 폭력으로 이어지는 경우도 많고, 피해 여성들은 폭력에 대한 공포와 학습된 무력감으로 인해 가정폭력으로부터 탈출하지 못한다(Walker, 1979).

② 학대 피해 노인

첫째, 노인학대의 전형적인 피해자는 대부분 고령의 여자 노인이며, 육체적 · 정신적으로 손상되었고, 학대 행위자와 함께 살고 있으며, 육체적 · 정신적 · 경제적으로 학대자에게 의존하고 있는 상태다(이해영, 2009).

둘째, 노인이 학대를 받게 되면, 부정적인 정서기능으로 자신에 대한 죄책감, 무력감, 외로움, 체념, 분노 등의 복잡한 정서들이 얽혀 매우 불안한 상태에 있어 사회로부터 위축되는 경향 등 심리사회적 피해가 크다(박재간, 손홍숙, 2006; 이성희, 2010; 추정인, 2014).

셋째, 노인학대의 피해는 정서적 · 사회적인 증상뿐만 아니라 기억력 감퇴와 집중력의 현저한 저하 등 인지적 능력에까지 영향을 미친다(서윤, 2000).

넷째, 노인의 학대 피해 증상에 대해 신속하고 적절한 대응을 하지 못하고 오랜 기간 참고 인내하고 억제할 경우, 마음의 병이 몸으로 나타나는 신체화(somatization) 장애가 유발될 가능성이 있고, 고혈압을 비롯한 심혈관계 질환, 통증민감성(박성희, 2001; 양경미, 2003; 이연호, 2002)과 같은 건강상의 위험에도 영향을 미치는 것으로 보고되고 있다.

다섯째, 특히 우리나라 노인들의 학대경험은 일시적 고통이 아니라 지속적으로 부적응적 삶과 관련되는데, 이는 한국 고유의 정서적 장애인 '한(恨)'이나 '화병(火病)'처럼 타인에게서 부당한 상처를 받고 난 뒤 그 상처를 효과적으로 해결하지 못해 많은 어려움을 겪고 있는 것이 예가 될 수 있다(민성길, 1991; 오영희, 2011; 추정인, 2014).

(2) 가정폭력 행위자의 특성

① 가정폭력 행위자인 남편

폭력적인 남편은 나이, 종교, 교육수준, 직업, 사회경제적인 배경 등에서 매우 다양하며, 다음의 몇 가지 공통적인 특성이 있다(한국정신보건사회복지사협회, 2012).

첫째, 가족 배경에는 많은 가해자가 어릴 때 부모에게 직접 폭력을 당했거나 부부폭력을 목격한 경험이 있다.

둘째, 성격적으로는 가해자들이 자아존중감이 낮아 자신감이 부족하고, 주위 사람들도 자신을 그런 맥락에서 바라본다고 인식한다. 그렇게 때문에 자신의 욕구를 채워 주는 부인과 가족원에게 과잉의존하려는 성향도 있다.

셋째, 사회관계에서는 타인에게 자신의 의사나 감정을 자유롭게 표현하는 데 어려움이 있으며, 주위 사람들에게서 고립되어 있고, 자신을 이해해 주는 사람들을 중심으로 한정적인 관계만을 유지한다. 아내에 대한 병적인 질투심이 있어 아내의 모든 행동을 의심하고 비난하며, 경우에 따라서는 음주 및 약물에 의존하기도 한다.

넷째, 좌절을 느끼는 상황에 처했을 때 폭발적으로 분노를 표출하거나 충동을 조절하지 못하는 특성이 있다. 또한 자신의 폭력행위를 인정하지 않는다는 점이 가해자들에게서 보이는 공통적인 특징이다.

다섯째, 부부폭력으로 인한 피해는 1차적으로 아내들에게 돌아가지만 자녀들도 예외가 될 수 없다. 또한 폭력가정에서는 사랑하는 것은 상대를 소유하는 것이며, 자신의 뜻에 반하는 어떠한 행동과 결정도 적대적이고 불손한 것으로 간주된다.

② 노인의 학대행위자

노인의 학대행위자는 주로 노인을 돌보는 가족이나 친척 등 주 보호자다. 2012년 노인보호전문기관에 접수된 학대행위자를 분석한 결과 아들이 전체 학대행위자 3,854명 중 1,586명으로 41.2%를 차지하였다. 학대행위자는 성장 시 가정폭력을 목격하거나 실제 가정폭력을 경험한 경우가 많다. 그리고 그들의 대부분은 심한 스트레스를 받고 있으며, 알코올이나 정신 병력을 갖고 있는 경우도 있다. 피해자와 학대행위자의 평소의 관계는 한국보건사회연구원의 조사(1999)에서 34.0%가 평소 관계가 나쁜 것으로 나타났다(추정인, 2014에서 재인용).

3) 사회복지사의 개입

의료사회복지사가 알아야 할 가정폭력 사건의 법적 처리절차, 가정폭력 피해자와 가해자에 대한 개입을 살펴보면 다음과 같다.

(1) 가정폭력 사건의 법적 처리절차

의료사회복지사가 가정폭력 클라이언트와 가족을 대상으로 개입 시 알아야 할 가정폭력 사건의 법적 처리절차는 다음과 같다(한국정신보건사회복지사협회, 2012).

① 응급조치

진행 중인 가정폭력 사건에 대한 신고를 받은 경찰은 즉시 현장에 임하며 폭력행위의 제지, 행위자 · 피해자의 분리 및 범죄수사, 피해자의 가정폭력 관련 상담소 또는 보호시설 인도(피해자의 동의가 있는 경우), 긴급치료가 필요한 피해자의 의료기관 인도, 폭력행위의 재발 시 임시조치를 신청할 수 있음에 대한 통보 등의 응급조치를 취하여야 한다.

② 임시조치

경찰은 가정폭력 범죄가 재발될 우려가 있을 시에는 가해자에 대하여 피해자 또는 가족 구성원의 주거로부터 격리, 피해자 또는 가족 구성원의 주거나 직장 등에서 100미터 이내의 접근 금지, 전기통신을 이용한 접근 금지 등의 임시조치를 신청하여 피해자에 대한 보호조치를 실시한다.

③ 보호처분

판사는 심리의 결과 필요하다고 인정한 때에는 결정적으로 보호처분을 할 수 있다. 보호처분에는 행위자가 피해자 또는 가족 구성원에게 접근하는 행위의 제한, 전기통신을 이용하여 접근하는 행위의 제한, 피해자에 대한 친권행사의 제한, 「보호관찰 등에 관한 법률」에 의한 사회봉사 · 수강명령, 보호관찰, 보호시설에의 감호위탁, 의료기관 치료위탁, 상담소 상담위탁 등이 있다.

(2) 가정폭력 피해자에 대한 개입

가정폭력 피해자에 대한 치료적 개입은 다음과 같다(유수현, 서규동, 유명이, 이봉재, 이종하, 2014; 추정인, 2014; 한국정신보건사회복지사협회, 2012).

① 안전과 보호조치

가정폭력 피해자를 위해서는 우선적으로 신변안전이 보장되어야 한다. 최초로 접근하는 상담 전문가 또는 경찰은 안전조치를 피해자와 의논하여 결정하고, 피해자가 법적 처리과정에서 지속적으로 보호받을 수 있다는 점을 안내하여 안전감을 갖도록 한다.

② 사례관리

초기 상담자는 폭력 시작시기, 빈도, 내용, 심각성, 원가족에서 폭력경험 여부, 배우자 · 아동 · 노인학대 여부, 정신 · 신체적 건강, 부부관계, 외적인 스트레스 요인들에 대한 내용을 사정한다. 정보수집과 함께 클라이언트의 문제 정의, 도움 요청 내용, 대응과정, 문제해결의 의지, 강점 등 그들의 욕구를 사정한다. 그리고 클라이언트와 사례관리자는 법적인 처리, 주거와 안전 문제, 경제적인 지원, 건강, 지지체계와의 관계 회복과 같은 문제해결을 위해 이용할 수 있는 정책과 다양한 정보들을 점검하고 목표와 실천계획을 수립한다. 이때 사례관리자는 스트레스 상황에서 혼란스러워하는 클라이언트를 격려하며 당사자가 문제해결과정에 주도적으로 참여할 수 있도록 촉진한다.

위기관리 및 대처기술의 획득을 위해 피해자들에게 자기주장훈련, 분노조절, 갈등조절훈련 등의 대처기술 등을 훈련한다.

③ 개별상담

피해자를 위한 지지상담은 그들의 고통과 욕구에 공감해 주고, 그들이 고립감에서 벗어나도록 돕는다. 학대관계에 머무르는 경우 소극적인 대처보다 적극적인 대처가 가능하다는 믿음을 주어 피해자가 자신의 상황을 관리할 수 있도록 돕는다. 사회복지사는 신뢰관계를 유지하며 피해자가 자기비난을 하지 않고 과거로 후퇴하지 않도록 용기를 주고 변화할 수 있도록 자극해야 한다.

④ 부부상담

가정폭력 피해자 중 학대받은 아내들이 학대 상황이 변하기를 원하면서도 부부관계는 계속 유지하려 한다는 점에서 부부상담은 꼭 필요하다. 부부상담에서 남편은 자신의 학대에 대한 책임을 인정하고, 분노를 통제하겠다는 의지를 보여 주고, 부인도 남편의 분노를 자극하는 역기능적인 의사소통이나 약점을 건드리는 행동을 하지 않겠다는 의지를 보여 줘야 한다. 부부상담에서는 주로 인지행동적인 접근을 통해 분노조절방법, 효과적인 의사소통과 감정표현방법, 갈등해결방법 등을 훈련한다.

⑤ 집단상담

동질집단은 문제를 일반화하고 사회적 관점에서 바라봄으로써 인식의 변화를 경험한다. 집단은 자조적이고 소규모일 경우에 억제되었던 감정을 충분히 발산할 수 있다. 집단의 결속력이 강화되면 지속적인 자조모임으로 발전시켜 서로의 지지체계로 기능할 수 있다.

가정폭력 피해여성을 위한 '건강한 마음 만들기 회복 프로그램' 사례(강주희, 2014)를 소개하면 〈표 9-4〉와 같다.

〈표 9-4〉 가정폭력 피해여성을 위한 '건강한 마음 만들기 회복 프로그램' 사례

- 대상: 가정폭력 여성 피해자 6명
- 구성: 주 2회 2시간씩 총 10회기
- 목적: 가정폭력 피해 여성들에게 정신건강(분노 · 우울 · 불안은 감소, 자존감 · 희망 · 주관적 안녕감은 증진)의 회복 및 건강한 대인관계 증진 방법 체득
- 방법: Enright 용서심리과정모델을 기초로 한 주제별 강의, 토론과 발표, 의사소통기법, 행동수정, 역할극 등
- 내용: 인간존재에 대한 가치 이해, 가해자에 대한 사고와 정서, 행동방식의 긍정적 전환, 삶의 주체자로서의 선택과 책임, 심리적 자원 회복, 용서하기와 자기지지 훈련, 자기조절능력 향상, 고통 · 삶 · 용서의 의미 재발견

출처: 강주희(2014).

(3) 가정폭력 행위자에 대한 개입

가정폭력 행위자에 대한 치료적 개입은 한국정신보건사회복지사협회(2012)에서 다룬 학대 행위자에 대한 개입 4단계를 참조한다.

① 1단계: 문제의 확인단계

- 행위자의 자발적인 보고나 피해자의 치료(개입) 요구 없이 강제의뢰가 대부분이므로 의뢰된 내용을 확인한다.

② 2단계: 초기 면접 및 사정 단계

- 학대 상황에 대한 조사, 전반적인 학대 상황 및 위험성을 조사한다.
- 행위자에 변화의 동기 및 학대행위에 대한 인정 여부를 파악한다.
- 치료(개입)계획을 수립한다.

③ 3단계: 치료단계

- 개별치료, 집단치료, 부부치료, 가족치료 등의 방법을 실시한다.
- 가장 효과적이면서 효율적인 접근방법은 집단개입이다.
- 개별치료와 부부치료는 제한적으로 사용되며, 특히 부부치료는 집단을 통해서 학대행위자의 폭력통제가 가능하다는 판단과 피해자의 동의가 있을 때 실시한다.

④ 4단계: 종결 및 평가 단계

- 치료(개입)의 성공적인 종결을 확인하고, 변화과정과 종결내용을 법원(의뢰처)에 보고한다.
- 만약 치료를 지속하기 어려운 사정이 있는 경우 다른 곳에서의 치료를 의뢰한다.
- 학대행위자 개입(프로그램)의 효과는 단기적으로 신체적 폭력이 더 이상 발생하지 않는 것을 확인하는 것인데, 이는 피해자의 보고와 법적 자료를 확인함으로써 가능하다.

노인학대 행위자를 위한 상담 프로그램 사례(김선희 외, 2005)를 소개하면 다음과 같다.

〈표 9-5〉 노인학대 행위자를 위한 상담 프로그램 사례

- 대상: 노부모를 부양하고 있는 성인자녀 노인학대 행위자 10~15명
- 구성: 주 1회, 2시간 30분~3시간 정도로 총 7회기
- 목적: 노인학대에 대한 이해를 높이고 부양부담을 감소시키기 위한 적절한 대처능력을 습득시켜 노인학대 재발방지
- 방법: 주제별 강의와 비디오 시청, 사례분석, 토론과 발표, 역할극 등
- 내용: 노인에 대한 이해, 노인학대의 의도 인식, 분노 조절하기, 통제력 훈련하기, 의사소통 기술 훈련하기, 건강한 부모자녀관계 만들기 등

출처: 김선희 외(2005).

3. 자 살

1) 개 요

우리나라의 자살률은 OECD 국가 중 가장 높은 수준으로 보건복지부 통계에 따르면 2010년의 우리나라 자살 사망자 수는 15,563명이고, 하루에 평균 42.6명이 자살을 하고 있는 실정이다. 세계보건기구에서는 자살(suicide)을 "죽음의 의도와 동기를 인식하면서 자신에게 손상을 입히는 행위"라고 정의 내리고 있다.

자살은 개인에게 일어나는 단순한 사건이 아닌 개인을 둘러싼 사회환경적 요인이 결합되면서 발생하는 다요인적 사회현상으로 자살이나 자살시도는 개인에 따라 각기 다른 배경을 가지고 있는 것으로 보인다.

자살 원인과 관련한 통계청(2006) 자료에서는 청·장년층의 경우 실업·구조조정 등으로 인해 자살충동을 가장 많이 느끼는 것으로 조사되었다. 노인의 경우 빈곤, 질병, 역

할상실, 가족상실 등에 대한 적응력이 다른 연령층에 비해 현저히 저하되는 특성이 있다. 특히 수입이 낮은 계층인 경우와 만성질환을 보유한 경우 자살생각률이 훨씬 높은 것으로 보아 우리나라가 OECD 국가에 비해 연금제도의 미비, 건강보험의 보장성 부족, 사회복지제도의 부족과 같은 사회적 안전망의 취약함과 관련이 있을 것으로 보인다(권진숙, 김정진, 전석균, 성진모, 2014에서 재인용). 자살자의 90% 이상이 정신과적 질환을 가지고 있으며, 모든 자살의 60%는 기분장애의 경과 중에 나타난다. 그 나머지는 정신분열병, 알코올 중독, 약물중독 그리고 인격장애 등의 다른 정신과적 질환과 관련이 있을 수 있다(한국정신보건사회복지사협회, 2012)는 것으로 보아 의료현장에서 자살 환자와 가족을 위한 위기개입, 자살재발 방지와 예방을 위한 사회복지사의 개입이 필요하다.

2) 자살위험성 사정

자살 가능성이 있거나 자살위기에 놓인 클라이언트의 자살위험성 평가를 위해 자살 진단의 실마리, 자살위기 정도 파악 양식(FACT), 면담을 통한 평가, 척도를 통한 간접적 평가를 살펴보고자 한다(권진숙 외, 2014; 한국정신보건사회복지사협회, 2012; 한인영, 최현미, 2000).

(1) 자살 진단의 실마리

조두영(1991)은 자살 진단의 실마리를 다음의 일곱 가지로 설명하고 있다.

- 자살위험도가 큰 사람들은 특별한 이유 없이도 의사를 찾아와 '몸이 좋지 않을 것 같으니 도와 달라'는 식의 호소를 한다. 이런 경우 주의를 가지고 질문을 하다 보면 환자의 실제 이유를 듣게 된다.
- 우울증으로 의심이 들 때는 자살의 가능성도 생각해야 한다. 특히 조울증에서 우울증으로 반복될 때가 위험도가 커지며, 남자가 은퇴를 한 후 신체질환을 앓고 기력이 떨어지면서 우울해진 경우도 자살의 가능성이 있다. 또한 불안, 초조, 불만, 당

장 해 달라는 식의 태도를 보이는 우울증 환자는 자살의 가능성이 있다고 보이는 사람이다.

- 자살 미수의 전력이 있는 이들은 자살확률이 높다. 특히 자해가 의심되는 중상·상처를 갖고 찾아온 환자의 경우 스트레스 요인의 유무를 체크해 보는 것이 필요하다.
- 신체질환치료의 실패를 경험한 이들이 자살률이 높다. 그중 척수 손상 환자, 악성 종양 환자, 만성질환자들의 자살 가능성이 있다. 특히 호흡장애를 가진 질환의 환자들이 자살률이 높다.
- 환자가 과도하거나 과민한 반응을 보이는 경우다. 임신, 비만증, 암에 대한 의사의 말에 과도하게 감정반응을 하여 '완전실명' '불치병'으로 알고 먼저 자살할 수도 있다.
- 최근 가족 중에서 사망한 사람이 있는 경우다. 자살자 중 15%는 사별의 감정이 자살의 원인이라고 한다.
- 환자의 자살 경고를 가족들이 직간접적으로 보고 들었던 경우다.

(2) 자살위기의 정도

자살위기의 정도를 파악하기 위한 양식으로 FACT가 있으며 면담을 통해서 관찰하고, 정보를 수집하여 위험성을 평가하여야 한다.

- Feeling: 감정의 상태
- Action: 선행사건이나 행동 특성
- Changes: 최근의 변화들
- Threats: 자살과 관련된 직접적인 표현과 위협들

(3) 면담을 통한 평가

자살의 위험성을 평가하기 위해 잠재적인 자살위험성이 있는 클라이언트와의 면담에서 자살생각, 자살계획, 자살시도력, 자살가족력, 정신질환치료력 등을 확인하는 것

이 바람직하다.

(4) 척도를 통한 간접적 평가

다양한 심리검사를 자살위험성 평가에 활용할 수 있으나 단순히 점수만을 파악하는 것이 아니라 점수가 의미하는 바에 대한 해석을 할 수 있는 전문성이 필요하다. 자살위험성 평가척도는 다음과 같다.

- 벡의 자살생각 척도(Beck Scale for Suicide Ideation: BSI)
- 자살생각 척도(Scale for Suicide Ideation: SSI)
- 벡의 절망감 척도(Beck Hopelessness Scale)
- 노인우울증 척도(Revised Korean Version of the Geriatric Depression Scale: GDS-K-R)

3) 사회복지사의 개입

자살과 관련된 개입이라 하면 자살을 생각하는 사람부터 자살유가족에 이르기까지 그 대상이 매우 포괄적이다. 이뿐만 아니라 전문적인 상담 혹은 심리치료나 정신과 진료부터 사이버상담이나 전화상담 같은 쉽게 접근할 수 있는 방법에 이르기까지 다양하다. 자살 관련 개입을 살펴보면 다음과 같다(권진숙 외, 2014; 유수현 외, 2014; 한국정신보건사회복지사협회, 2012).

(1) 치료적 형태에 따른 개입

① 문제해결식 접근

문제해결 과정과 방법, 즉 대인관계기술의 부족, 문제해결기술의 부족, 과도하게 일반화된 기억과 절망감을 회상하는 편향을 교정해야 한다. 문제해결 방법을 찾아 나가는 과정은 다음과 같다.

문제목록 작성, 문제의 우선순위 매기기, 브레인스토밍을 통해 가능한 해결책의 범위 결정, 구체적 해결책 선정, 선정한 해결책을 더 작고 용이한 과정으로 세분화, 각 단계의 어려움을 예상하고 명확화, 단계 사이의 진전을 체계적으로 검토하여 나아가기 등이다.

② 인지행동치료적 접근

자살위기자는 인지행동 특성상 문제해결기술이 부족하며 지나치게 일반화하는 기억의 변수를 가지고 있다. 따라서 인지행동치료를 통해 자기의사표현을 분명하게 하고 대안적 문제해결을 개념화하는 능력을 기르며, 스스로의 행동과 사고를 관찰하는 능력을 배양한다. 또한 긍정적인 사고를 늘리도록 건설적인 활동계획을 수립하며 부정적인 사고를 줄이고 체계적인 계획을 수립한다. 단계별 과제 수행을 통해 목표에 대한 성취감을 경험하고, 긍정적 피드백을 통해 역기능적 사고를 재구성하며, 문제의 원인을 과도하게 자신에게 돌리는 것을 교정해 나간다.

③ 사회적 지지 접근

자살위기자에게는 지역사회 내 집단의 심리적 욕구를 충족시켜 주고 다양한 자원과 치료적 환경을 조성하기 위해 사회적으로 지지적인 개입이 요구된다. 사회적 지지 개입의 대표적인 방법은 자살위험과 같은 긴급한 상황에서 개인이나 가족을 즉각적으로 도와주는 위기개입이다. 의료사회복지사는 클라이언트의 문제를 분명하게 해 주고, 안도감을 가지게 해 주며, 행동계획을 세울 수 있도록 도와주고, 다른 가족의 지원을 알선해 주거나 연결해 준다. 또한 비상전화를 경청하고 자살가능성을 평가하며 감정에 공감하고 정보를 제공하면서 희망을 갖고 안심하도록 한다.

(2) 자살위기 개입

① 자살위기 개입의 목표

한국자살예방협회(2009)에서는 자살위기 개입의 목표를 다음과 같이 제시하고 있다(권진숙 외, 2014에서 재인용).

- 클라이언트가 손상을 입지 않고 위기에 잘 대처할 수 있도록 안전한 개입환경을 조성한다.
- 클라이언트에게 희망이 존재한다는 것을 알게 한다.
- 클라이언트에게 자살 외에도 어려움을 해결할 여러 대안이 있음을 알게 한다.
- 위기에 처한 클라이언트를 도와줄 여러 가지 자원과 이 자원을 동원하는 방법을 알게 한다.
- 치료를 위하여 의뢰, 연계한 자원을 신뢰하고 이용할 수 있도록 격려한다.
- 클라이언트의 환경이 보다 지지적이 될 수 있도록 자원들을 동원하고 교육한다.

② 자살위기 개입 사회복지사의 역할

의료현장에서 자살위기에 처한 클라이언트에 대한 사회복지사의 역할 및 개입방법은 다양하다. 자살위험성을 평가할 때 동시에 클라이언트에게 도움의지를 적극 표현하여 안전감과 희망감의 실마리를 제공한다. 그리고 무엇보다 중요한 안전한 환경을 확보하는 데 유의해야 한다. 즉, 클라이언트가 가지고 있거나 근처에 두고 있는 위험한 결과를 초래할 수 있는 칼이나 약품과 같은 수단을 제거한다. 또한 클라이언트가 안전한 환경의 조성이 어려울 만큼 불안정하고 절망에 빠져 있을 때 정신과적 입원치료를 받거나 도움을 줄 수 있는 자원목록을 확보해야 한다.

사회복지사는 자살의 역동, 상담기법, 개입전략, 예방에 익숙해짐으로써 자살위기자에게 개입하는 지식과 능력을 강화할 수 있다. 자살위험성이 있는 사람은 미묘하지만 분명한 단서와 도움을 요청하기 때문에 의료사회복지사는 자살위험성의 다양한 신호에 대해 잘 이해하고 있어야 한다. 또한 자살위기에 개입할 때는 지시적이고 강력한 개입전략이 필요하다. 즉, 사회복지사는 자살위기자에 대한 개입에서 강의하거나 설교하거나 비난하지 말고, 대상자와 대상자의 선택과 행동에 대해서 비판하지 말며, 자살의 찬반에 대해서 논쟁하지 말아야 한다.

(3) 자살유가족 개입

누군가가 자살로 생을 마감했을 때 '진정한 희생자'는 자살한 사람이 아닌 가족과 사랑하는 사람들이며, 이들을 '자살유가족' 혹은 '자살생존자'라고 부르기도 한다. 자살유가족은 신체적 건강과 정신적 건강에 더 취약하며, 이중의 스트레스를 겪게 된다. 하나는 죽음 자체에서 오는 정서적 스트레스이며, 다른 하나는 자살에 대한 사회적 낙인, 죄의식, 비난과 가족의 수치감 등이다. 그러므로 사회복지사는 분노와 죄책감을 지닌 가족을 도울 필요가 있다. 따라서 기본적으로 자살이나 정신적 외상을 가져올 만한 상실이 있었는지를 탐색하여 향후 자살위험, 기념일에 일어날 수 있는 위험에 주목해야 한다.

정리해 봅시다

❶ 호스피스

WHO에서는 호스피스 완화의료를 '생명을 위협하는 질환으로 인한 통증과 여러 가지 신체적 · 심리사회적 · 영적인 문제에 직면한 환자와 가족의 문제를 조기에 알아내고 적절한 평가와 치료를 통해 그로 인한 고통을 예방하고 해소함으로써 환자와 가족의 삶의 질을 향상시키는 것'이라고 정의한다. 즉, 이 세상을 떠날 환자와 사랑하는 이를 보내고 남게 될 가족들을 전체적으로 돌보는 총체적 보살핌(holistic care)으로써 환자가 남은 시간 동안 인간으로서 누릴 수 있는 최상의 존중과 편안한 삶을 누리게 해 주고 환자와 가족의 심리적 · 사회적 · 문화적 · 영적인 보살핌을 지속하여 환자가 아름다운 임종을 맞고 사별 후 가족들의 상실감과 슬픔을 최소화하여 건전한 일상으로 돌아올 수 있도록 보살피는 것이다.

❷ 가정폭력

가정폭력이란 가정 내에서 발생하는 모든 형태의 폭력을 일컫는다. 가정폭력은 개인의 역기능적인 행동의 원인이 되며 정상적인 삶을 유지하기 어렵게 할 뿐만 아니라 가족 구성원 전체로 문제가 파급되어 소중한 가정을 해체시키고, 더 나아가 사회공동체를 파괴시키는 심각한 위험을 초래한다. 따라서 가정폭력으로 인한 클라이언트와 가족을 위한 사회복지사의 심리사회적 개입이 필요하다.

❸ 자 살

자살은 개인에게 일어나는 단순한 사건이 아닌 개인을 둘러싼 사회환경적 요인이 결합되면서 발생하는 다요인적 사회현상으로 자살자의 90% 이상이 정신과적 질환을 가지고 있다. 그러므로 의료현장에서 자살 환자와 가족을 위한 위기개입, 자살재발 방지와 예방을 위한 사회복지사의 개입이 필요하다.

참고문헌

강미자(2010). 미술치료가 가정폭력 피해여성의 우울, 불안 및 공격성 감소에 미치는 영향. 대전대학교 보건스포츠대학원 석사학위논문.

강주희(2014). 가정폭력 피해여성을 위한 용서 집단상담 프로그램 개발 및 효과성 평가. 건국대학교 대학원 박사학위논문.

권진숙, 김정진, 전석균, 성진모(2014). **정신보건사회복지론**(제3판). 경기: 공동체.

김명환(2005). 가정폭력의 현실적 문제점과 그 개선방안에 관한 연구–아내학대를 중심으로. 호서대학교 벤처전문대학원 석사학위논문.

김병석, 임경자(2012). **호스피스와 정신건강**. 서울: 하나의학사.

김선희, 김혜경, 박충선, 최용민, 최정혜, 한동희, 허영숙, 현은민, 홍달아기(2005). **노인학대 전문상담**. 서울: 시그마프레스.

김재엽, 이지현, 송향주, 한샘(2010). 아내폭력 피해여성의 위험음주 실태와 영향요인에 관한 연구. **한국사회복지학, 62**(4), 275–296.

김창곤, 이광재, 이영숙(2005). 한국의 호스피스 사회복지사를 위한 교육과정개발. **한국사회복지학회 학술발표대회지**, 407–413.

문유경(2009). 성인지적 예산분석 사례(2). **가정폭력의 사회적 비용 추정**. 한국여성정책연구원.

민성길(1991). 화병과 한. **대한의학협회지, 34**, 1189–1198.

박성희(2001). 분노조절 집단프로그램이 청소년들의 분노와 공격성에 미치는 효과. 명지대학교 사회교육대학원 석사학위논문.

박재간, 손홍숙(2006). **노인상담론**. 경기: 공동체.

보건복지부(2013. 1. 9.). 2013년도 의료급여 사업안내.

보건복지부(2015. 3. 9.). 2015년 말기암 환자 완화의료 전문기관 지정 및 지원사업 안내.

보건복지부(2015. 3. 13.). 2014년 평가결과 최우수 호스피스 전문 의료기관 14곳. 보도자료.

보건복지부, 국립암센터(2007). 호스피스 · 완화의료의 현황과 정책제안. 보건복지부 발표자료집.

보건복지부, 국립암센터(2013). 2013 완화의료 전문기관 사례발표회.

서영준(2012). **사랑과 돌봄의 학문 호스피스학**. 서울: 동문사.

서윤(2000). 노인학대에 대한 사회복지사의 인지와 목격 실태에 관한 연구. **노인복지연구, 7**(0), 29–71.

양경미(2003). 재가 노인의 학대와 대처방안 및 학대결과에 관한 연구. 이화여자대학교 대학원 박사학위논문.

양옥경, 김정진, 서미경, 김소희(2000). 사회복지실천론. 서울: 나남출판.

오영희(2011). 한국인 용서 척도 단축형의 개발과 타당화. 한국심리학회지: 건강, 16(4), 799-813.

유선희(2013). 호스피스 완화치료: 한국 호스피스 완화의료의 현황과 발전방향. 전북대학교 행정대학원 사회복지학과 석사학위논문.

유수현, 서규동, 유명이, 이봉재, 이종하(2014). 정신보건사회복지 총론. 서울: 신정.

이광재(2002). 의료사회사업원론. 서울: 인간과복지.

이광재(2003). 호스피스사회사업. 서울: 인간과 복지.

이성희(2010). 학대받은 노인의 역량강화를 위한 집단미술치료 프로그램의 효과. 미술치료연구, 17(2), 473-496.

이연호(2002). 노인학대 관련 요인과 피해에 관한 연구. 이화여자대학교 대학원 박사학위논문.

이해영(2009). 노인복지론. 서울: 창지사.

이혜란(2007). 청소년의 가정폭력 경험이 학교 부적응에 미치는 영향에 관한 연구. 원광대학교 대학원 석사학위논문.

장윤정(2014). 보편적 호스피스제도와 요양병원의 역할. 의료정책포럼, 12(4), 57-61.

조두영(1991). 임상행동과학. 서울: 일조각.

최희경(2012). 호스피스 완화 돌봄 분야에서 일하는 사회복지사의 다학제적 팀 활동 경험에 관한 연구: 전문적 정체성을 중심으로. 사회복지연구, 44(2), 201-230.

추정인(2014). 학대피해 노인을 위한 뇌교육 활용 용서프로그램 개발 및 효과 연구. 국제뇌교육종합대학원대학교 박사학위논문.

통계청(2013). 사망원인통계.

한국정신보건사회복지사협회(2012). 정신보건사회복지의 이론과 실제. 경기: 양서원.

한국호스피스협회(2013). 호스피스 총론. 한국호스피스협회 출판부.

한인영, 강향숙, 구승신, 김경희, 김선민, 김유정, 김주현, 김지혜, 박형원, 백형의, 우재희, 이영선, 이예승, 이인정, 이혜경, 임정원, 장수미, 정선영, 최정숙(2015). 가족복지론. 서울: 학지사.

한인영, 최현미(2000). 의료사회사업론. 서울: 학지사.

Brandsen, C. K. (2005). Social work and end-of-life care: reviewing the past and moving forward. *Journal of Social Work in End-of-life and Palliative Care, 1*(2), 45-70.

Csikai, E. L. (2004). Social workers' participation in the resolution of ethical diemmas in hospice care. *Health and Social Work, 29*, 67-76.

Oliver, D., & Peck, M. (2006). Inside the interdisciplinary team experiences of hospice social workers. *Journal of Social Work in End-of-Life and Palliative Care, 2*(3), 7-21.

Walker, L. E. (1979). *The Battered Woman*. New York: Harper & Row.

WHO Definition of Palliative Care. World Health Organization. http://www.who.int/cancer/palliative/definition/en/ Retrieved March 16, 20.

Zastrow, C. (1995). *The Practice of Social Work* (5th edition). California: Cole Publishing Company.

국가법령정보센터 http://www.law.go.kr

국립암센터 http://ncc.re.kr

국립암센터 호스피스 완화의료 http://hospice.cancer.go.kr

국민건강보험 일산병원 http://www.nhimc.or.kr

대항병원 http://www.daehang.com

보건복지부 http://www.mohw.go.kr

한국호스피스협회 http://www.hospicekorea.com

National Association of Social Workers(NASW) http://www.naswdc.org

National Hospice and Palliative Care Organization(NHPCO) http://www.nhpco.org

World Health Organization(WHO) http://www.who.int

제 10 장

공공보건의료와 사회복지

학습개요

이 장에서는 공공보건의료기관을 중심으로 이루어지고 있는 공공보건의료에 대해 알아보고 의료사회복지 영역에서 공공보건의료와 관련한 의료사회복지사의 역할에 대해 설명하고자 한다. 공공보건의료에서 정의하는 취약계층의 개념과 실천 현장에서 취약계층의 개념을 비교하여 설명하고, 보건 · 의료 · 복지 지역연계서비스에 대해 설명하고자 한다.

또한 의료사회복지사가 개입과정에서 활용하고 있는 국가 의료비 지원제도를 함께 소개하고자 한다.

학습목표

1. 공공보건의료의 개념을 이해한다.
2. 공공보건의료사업에서 의료사회복지사의 역할을 설명할 수 있다.
3. 보건 · 의료 · 복지 지역연계서비스에 대해 이해한다.
4. 국가 의료비 지원제도에 대해 설명할 수 있다.

1. 한국 공공보건의료의 시작

2000년 1월, 공공보건의료의 기본적인 사항을 정하여 국민에게 양질의 공공보건의료를 효과적으로 제공함으로써 국민보건의 향상에 이바지함을 목적으로 「공공보건의료에 관한 법률」이 제정되었다. 이는 공공보건의료기관이 본래의 기능을 발휘하여 국민들이 필요로 하는 보건의료서비스를 제공함은 물론, 국가 차원에서 보건의료 자원의 개발 및 관리 기능을 효과적으로 수행할 수 있는 방안을 제도화하여 국민 보건 향상 및 국가 경영의 효율성 제고에 기여할 필요가 있다는 논의에 따른 것이다.

이후 2012년 2월에는 공공보건의료기관뿐만 아니라 민간의료기관도 지방자치단체와 공공보건의료사업 수행을 위한 협약을 체결할 경우 공공보건의료사업을 수행할 수 있도록 하고, 법률 제정 후 10년간의 운영상의 미비점을 보완하고 개선할 수 있도록 법률을 전부 개정하였다. 또한 2015년 1월에는 적정 진료를 공공보건의료기관의 중요 임무로 규정하고 공공보건의료사업의 범위를 확대하도록 법률을 개정하였다. 이에 따라 공공보건의료기관의 장은 매년 공공보건의료계획을 수립하여 전년도 시행결과와 함께 보건복지부 장관에게 보고하도록 하고 있다.

2012년 2월에 개정된 법률에서는 공공보건의료기관의 의무로서 제공해야 하는 사업들을 명시하고 있는데, 그중에서도 의료급여환자 등 취약계층에 대한 보건의료, 아동과 모성 · 장애인 · 정신질환 · 감염병 · 응급진료 등 수익성이 낮은 보건의료, 질병 예방과 건강 증진에 관련된 보건의료를 제공하도록 하고 있다.

공공보건의료기관이 이러한 사업들을 수행하기 위해서는 지역사회 또는 대상자들에게 직간접적인 서비스를 제공하게 되는데, 이 과정에서 의료기관에 근무하는 의료사회복지사의 역할이 필요하게 되었다. 2009년 이후 국립대학교병원을 중심으로 공공보건의료전담조직이 설치되면서 의료사회사업 업무를 담당하는 부서가 공공보건의료 전담조직 내로 편제되면서 의료사회복지사의 역할에 대한 논의도 함께 진행되기 시작하였는데, 2012년 4월 대한의료사회복지사협회 춘계 심포지엄에서 '공공보건의료에서 의료사회복지의 현황과 전망' 이라는 주제발표를 통해 공공보건의료 영역에서 의료사회복지사의 역할과 제도적 보완점에 대한 본격적인 논의가 시작되었다.

2. 공공보건의료와 관련된 주요 정의

1) 공공보건의료(제2조)

2000년 1월 법률 제정 당시에는 '공공보건의료' 란 '공공보건의료기관이 국민의 건강을 보호 · 증진하기 위하여 행하는 모든 활동' 이라고 정의하였는데, 2012년 2월에 개정된 법률에서는 '공공보건의료' 란 '국가, 지방자치단체 및 보건의료기관이 지역 · 계층 · 분야에 관계없이 국민의 보편적인 의료 이용을 보장하고 건강을 보호 · 증진하는 모든 활동' 이라고 정의하였다. 이는 공공보건의료의 주체를 국가와 지방자치단체, 보건의료기관이라고 명시하면서 국가와 지방자치단체의 책임을 강화하였고 민간의료기관의 참여를 열어 놓고 있다.

2) 공공보건의료사업

2000년 1월 법률 제정 당시에는 '공공보건의료사업' 에 대한 별도의 정의가 없었으나 2012년 2월에 개정된 법률에서는 다음의 사업으로 정의하고 있다.

- 보건의료 공급이 원활하지 못한 지역 및 분야에 대한 의료 공급에 관한 사업
- 보건의료 보장이 취약한 계층에 대한 의료 공급에 관한 사업
- 발생규모, 전파 속도, 심각성 등을 고려할 때 국가와 지방자치단체의 대응이 필요한 질병의 예방과 건강 증진에 관한 사업
- 그 밖에 국가가 관리할 필요가 있는 보건의료로서 보건복지부령으로 정하는 사업

3) 공공보건의료기관

'공공보건의료기관'이란 국가나 지방자치단체 또는 대통령령으로 정하는 공공단체가 공공보건의료의 제공을 주요한 목적으로 하여 설립·운영하는 보건의료기관을 말한다.

우리나라에는 2014년 12월 말 기준으로 211개소가 있고, 소관부처별로 구분해 보면 〈표 10-1〉과 같다.

〈표 10-1〉 2014년 공공보건의료기관 현황

<table>
<tr><th colspan="2">설립 형태</th><th>소관부처</th><th>기관 수</th><th>기 관</th></tr>
<tr><td rowspan="11">공공보건
의료기관
(211)</td><td rowspan="5">국립
(32)</td><td>보건복지부</td><td>9</td><td>국립재활(1)/정신(5)/소록도(1)/결핵(2)</td></tr>
<tr><td>행정자치부</td><td>1</td><td>국립경찰(1)</td></tr>
<tr><td>법무부</td><td>1</td><td>국립법무(1)</td></tr>
<tr><td>국방부</td><td>20</td><td>국군병원(20)</td></tr>
<tr><td>국토교통부</td><td>1</td><td>국립교통재활(1)</td></tr>
<tr><td rowspan="5">특수법인
(81)</td><td>보건복지부</td><td>44</td><td>국립중앙의료원(1)/국립암센터(1)/지방의료원(35)/적십자병원(6)/건보공단 일산병원(1)</td></tr>
<tr><td>고용노동부</td><td>10</td><td>산재병원(10)</td></tr>
<tr><td>국가보훈처</td><td>5</td><td>보훈병원(5)</td></tr>
<tr><td>교육부</td><td>20</td><td>국립대병원 등(20)</td></tr>
<tr><td>미래창조과학부</td><td>2</td><td>원자력병원(2)</td></tr>
<tr><td>시도립(98)</td><td>행정자치부</td><td>98</td><td>노인병원 등(98)</td></tr>
</table>

출처: 보건복지부(2015).

이와 같은 공공보건의료기관은 기능별로 일반진료중심병원, 특수대상병원, 특수질환병원으로 구분할 수 있다.

4) 공공보건의료 수행기관

'공공보건의료 수행기관'이란 다음의 보건의료기관을 말한다.

① 공공보건의료기관
② 법률 제13조에 따른 의료취약지 거점의료기관
③ 법률 제14조에 따른 공공전문진료센터
④ 법률 제16조 2항에 따라 보건복지부 장관, 특별시장·광역시장·도지사·특별자치도지사(이하 '시·도지사'라 한다) 또는 시장·군수·구청장(자치구의 구청장을 말한다. 이하 같다)과 협약을 체결한 의료기관

5) 공공보건의료기관의 의무(제7조)

2000년 1월 법률 제정 당시에는 다음의 내용을 제5조에서 '보건의료의 우선제공'으로 규정하였으나 2012년 2월 개정된 법률에서는 제7조 '공공보건의료기관의 의무'로 규정하면서 의무를 강화하였다.

① 공공보건의료기관은 다음 각 호에 해당하는 보건의료를 우선적으로 제공하여야 한다.
가. 의료급여환자 등 취약계층에 대한 보건의료
나. 아동과 모성, 장애인, 정신질환, 감염병, 응급진료 등 수익성이 낮아 공급이 부족한 보건의료
다. 질병 예방과 건강 증진에 관련된 보건의료
라. 교육·훈련 및 인력 지원을 통한 지역적 균형을 확보하기 위한 보건의료
마. 그 밖에 「보건의료기본법」 제15조에 따른 보건의료발전계획에 따라 보건복지부 장관이 정하는 보건의료

② 보건복지부 장관은 공공보건의료기관에 대하여 해당 공공보건의료기관의 설립·운영에 관한 법령에서 정한 사업 외의 다른 공공보건의료사업에 대하여도 그 수행을 요청할 수 있다.

③ 공공보건의료기관은 제2항에 따른 요청을 받은 경우에는 특별한 사유가 없으면 그 요청에 따라야 한다.

3. 공공보건의료계획의 수립시기별 특징

공공보건의료 영역에서 의료사회복지사의 역할이 구체적으로 논의되기까지 과정을 살펴보기 위해 2001년 법률 제정 이후 3기 계획을 수립하는 동안의 시기별 특징을 살펴볼 필요가 있다.

1) 제1기(2001~2005년)

제1기 공공보건의료계획은 「공공보건의료에 관한 법률」이 시행된 지 얼마 되지 않아 공공보건의료에 대한 논의가 활발하지 않았던 시기로 주로 사업계획을 수립하는 데 있어 인력, 조직, 시설 및 장비, 예산 등을 공공보건의료기관이 자체적으로 수립하도록 하였다.

공공보건의료기관의 역할에 대한 사회적 합의가 이뤄지지 않은 상태에서 5개년 사업계획을 수립하기에는 의료기관마다 인력이나 조직, 예산이 준비되어 있지 않아 현실적 한계가 있었다. 역할에 대한 합의가 이뤄진다 하더라도 「공공보건의료에 관한 법률」이 시행되는 초기 몇 년 동안은 충분한 예산이나 행정적 지원의 부족과 내부적 합의 도출의 어려움 등으로 인하여 합의된 기능 중 일부를 계획하여 수행할 수밖에 없었다.

2) 제2기(2006~2010년)

제2기 공공보건의료계획은 공공보건의료기관의 기능에 따라 일반진료중심, 특수질환중심, 특수대상중심으로 구분하여 각 그룹별로 수행해야 할 공공보건의료사업 내용을 제시하고 각 병원에서 선정한 공공보건의료사업에 대해 계획을 작성하도록 하였다.

제1기 공공보건의료계획 수립과 비교할 때 사업추진체계에서 공공보건사업전담조직 설치를 적극적으로 권장하였고, 사업목표, 사업계획, 사업평가방안 등에 대해 구체적이고 계량화된 계획 및 평가방안을 수립하도록 하였다. 특히 2008년부터 보건복지가족부에서 지방 국립대학교병원을 대상으로 공공보건의료전담조직 사업비를 지원함에 따라 국립대병원의 공공보건의료사업 추진체계가 개선되었다. 2009년 7월에는 한국보건산업진흥원의 '의료기관 공공성 평가 기준 및 지표 개발 연구'를 통해 기관유형별 세부 지침을 개발하여 제시함으로써 국립대병원의 제3기 공공보건의료계획을 수립하는 데 있어 각 기관이 유형별 공공성을 발현할 수 있는 사업계획서를 작성하는 데 기초를 마련하였다.

그러나 이 시기에도 공공보건의료사업에 대한 기본 개념이 정립되지 않은 기관이 많다는 연구결과에 따라 사업 선정의 타당성과 사업 수행을 위한 기본 인프라 구축을 강조하였다.

3) 제3기(2011~2015년)

이 시기는 공공보건의료사업보다는 각 기관의 공공성 기능 전반에 대한 것과 각급 병원의 미션 및 의료전달체계와 부합하는 계획을 수립하도록 하였고, 다음의 세 가지를 포함하도록 하였다.

- 공공병원으로서 적정진료를 선도함으로써 의료의 질을 향상시키고 국민 만족도를 높일 수 있도록 적정진료 실천 및 개선 노력을 담은 계획

- 의료취약인구에 대해 의료 안전망 기능을 충실히 수행할 수 있도록 지원체계 구축, 관련 사업 수행 등의 내용을 담은 계획
- 지역의 미충족 보건의료에 대응하여 예방 · 건강증진 · 질병관리 · 재활 등을 포함하는 포괄적 보건의료서비스 제공 · 지원 계획(국민 보건 향상 측면에서 필요하나 민간에서 기피하는 저수익성 보건의료서비스로서 응급, 정신, 요양 등 특정 영역에 대한 서비스 제공 계획)

따라서 이 시기는 공공보건의료 전담조직의 내실화와 함께 의료취약계층에 대한 의료 안전망 기능 강화 계획을 포함하도록 함으로써 그동안 의료사회복지사가 의료기관에서 제공하고 있던 서비스의 많은 부분이 공공보건의료 영역의 사업계획에 포함되고 의료사회복지사의 역할이 구체적으로 논의되기 시작하였다.

4. 공공보건의료와 의료사회복지

1) 공공보건의료에서 의료사회복지의 필요성

2000년 「공공보건의료에 관한 법률」 제정 이후 공공보건의료기관의 공공성 강화를 위해 제시되고 있는 것이 의료취약계층에 대한 건강 안전망 강화였다. 그러나 법률 제정 이후 10여 년 동안 공공보건의료에서 의료취약계층에 대한 건강 안전망 강화가 필요하다는 논의가 있었음에도 불구하고 실제로 의료기관에서 취약계층에 대한 지원업무를 담당하고 있는 의료사회복지사의 역할에 대해서는 검토가 미미하였고, 의료사회복지사조차도 공공보건의료 영역에서 자신들에게 요구되는 역할이 무엇인지 정확히 정의하지 못했다.

그러나 공공보건의료에서 의료사회복지사의 필요성과 역할에 대한 논의의 시발점이 된 조사 연구를 바탕으로 공공보건의료 영역에서 의료사회복지사의 역할에 대한 필요

성이 증가하였다.

2011년 9월 서울대병원을 포함한 10개 국립대학교병원이 수행한 '국립대병원의 공공의료에서의 역할 구체화 방안'이라는 연구 중 '공공의료 네트워크 구축을 위한 국립대병원의 역할과 기능'에 대한 세부 연구에서 10개 국립대학교병원과 35개 지방의료원에서 근무하는 의료사회복지사를 대상으로 의료취약계층 진료 지원 및 전원 시 문제점에 대한 현황조사가 이루어졌다.

이 연구는 취약계층 진료 지원에 있어 문제점을 취약계층에 대한 의료비 지원문제, 간병문제, 퇴원 후 지역사회연계문제, 행정절차 지원문제의 네 가지로 요약하면서 취약계층에 대한 의료지원문제의 핵심은 의료서비스 문제보다는 복지서비스의 연계 및 지속성에 있다고 결론짓고 있다.

이에 대한 개선방안으로, 첫째, 병원의 복지사각지대 해소를 위한 의료비 지원의 효율화, 재원 확보를 통한 취약계층 간병 지원, 퇴원 후 읍·면·동 복지서비스 전달체계와의 연계, 현행 「의료법」 이해 제고를 통한 보호자 없는 환자에 대한 병원 내 행정지원체계 마련, '취약계층의료지원위원회' 구성 및 운영을 제안하였다. 둘째, 병원 간 연속적 지원체계 구축을 제안하였다. 셋째, 병원 내 전담조직 강화를 위해 의료사회복지사 인력기준 강화의 필요성을 제시하면서 현행 「의료법」 시행규칙을 개정하여 100병상당 1명의 의료사회복지사 인력기준 확보가 필요하다고 하였고, 의료사회복지사 상담수가 체계 개선이 필요하다고 제언하였다.

이 연구는 '공공보건의료'에 관한 논의를 시작한 이후 최초로 의료기관에 근무하는 의료사회복지사를 대상으로 조사를 진행하였다는 점, 실천 현장에서 의료사회복지사의 역할과 문제점들이 제시되었고 이에 대한 개선방안으로 의료기관에 근무하는 의료사회복지사 인력기준 확보가 필요하다는 대한의료사회복지사협회의 오랜 주장을 뒷받침해 준다는 점에서 큰 의의가 있었다.

그러나 이러한 내용은 공공보건의료기관에서 의료사회복지사의 역할이 중요한 부분을 차지한다는 것이지 공공보건의료 전체는 아니라는 것을 명확히 할 필요가 있다. 왜냐하면 공공보건의료기관은 의료사회복지사가 주로 관여하고 있는 취약계층에 대한

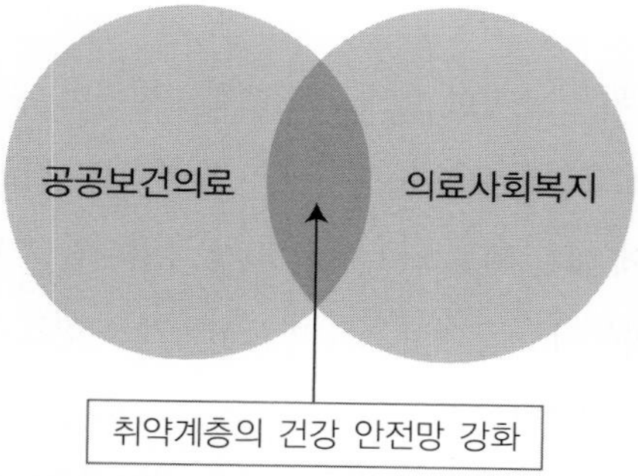

그림 10-1 공공보건의료와 의료사회복지의 관계

출처: 강흥구(2012).

건강 안전망 강화를 위한 사업뿐만 아니라 모든 국민을 대상으로 하는 적정진료와 미충족 보건의료서비스를 제공해야 할 의무가 있기 때문이다.

2) 취약계층에 대한 정의

현재 취약계층에 대한 명확한 정의가 있지는 않지만 법률 중 공공보건의료기관의 의무를 살펴보면 취약계층을 '의료급여환자 등'으로 표현하면서 주로 경제적인 측면에서 저소득층으로 의료비를 지불하는 데 어려움을 겪을 수 있는 대상을 의미하고 있고, 공공보건의료사업에 대한 정의에서는 '보건의료보장이 취약한 계층'으로 설명하고 있다.

여기에서 '보건의료보장이 취약한 계층'이라 함은 의료급여나 차상위 계층과 같은 경제적인 측면에서 어려움을 갖고 있는 사람뿐만 아니라, 사회적 상황에 따른 취약성으로 인해 보건의료서비스가 보장되지 못하는 사람을 포함하는 것으로 해석할 수 있는데, 실천 현장에서는 다문화가족, 독거노인, 중증장애인, 학대나 폭력 피해환자, 외국인근로자, 난민, 가출청소년, 미혼모 등을 예로 들 수 있다. 이 외에도 의료적인 상황으로 인해 취약성을 갖게 되는 경우도 있는데, 중증질환, 희귀난치성질환, 심뇌혈관질환 등을 갑작스럽게 진단받는 경우나 응급상황, 자살기도, 정신질환, 감염병, 미숙아 출산 등을 예로 들 수 있다.

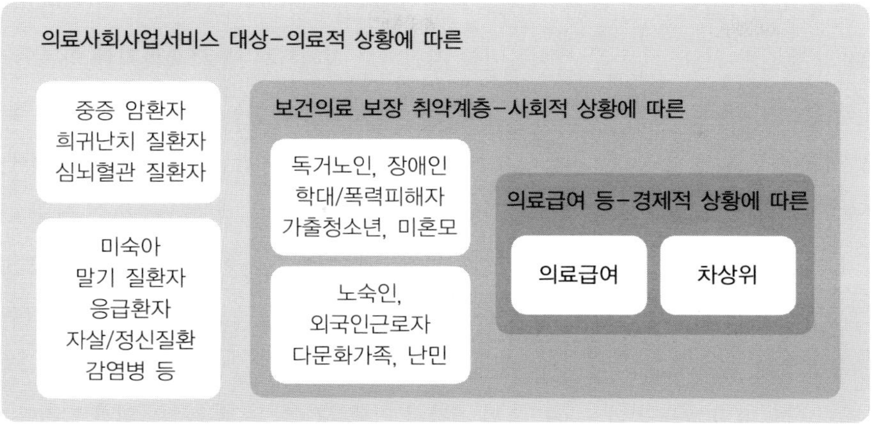

그림 10-2 의료사회복지 실천에서의 취약계층

출처: 권지현(2014).

2000년 법률 시행 후 공공보건의료 영역에서 취약계층에 대한 보건의료 보장을 위해 의료사회복지사의 역할을 요구하고 있으나, 이미 의료기관에서는 1973년에 시행된 「의료법」 시행규칙을 근거로 경제적 · 사회적 · 의료적으로 취약한 환자에 대한 상담과 지원활동이 사회복지사에 의해 이루어지고 있었다. 의료사회복지사들은 이러한 개입대상을 취약계층이라는 용어로 표현하지 않았을 뿐 공공보건의료 영역에서 취약계층이라 표현되며 지원을 필요로 하는 대상에게 사회복지서비스를 제공하고 있다.

3) 공공보건의료에서 의료사회복지실천모델

공공보건의료사업에 대해 논의되기 이전에 취약계층 환자에 대한 의료사회복지실천이 의료사회복지사의 역량에 따른 미시적인 접근이었다면, 공공보건의료사업에서는 거시적인 접근으로서 지역사회가 조직적이고 공식적인 시스템을 갖추는 데 초점이 맞추어져 있다고 할 수 있고, 이러한 실천모델의 대표적인 예가 '301네트워크' 사업이다.

'301네트워크' 사업은 2012년부터 서울특별시 북부병원에서 시행하고 있는 취약계층 환자 지원사업으로서 '보건 · 의료 · 복지 지역연계서비스' 모델이다. 이 사업은 대상자의 발견과 치료, 치료 후 사회복귀를 지원하는 지역사회 내 사회복지와 의료의 연계기능을 담당하는 공공의료기관의 역할을 수행하고자 시작되었다. 또한 서울특별시 북부병원이 시립병원으로서 지역사회 내 보건 · 의료 · 복지 관련 기관과의 연계체계를 단순연계(simple linkage) 수준에서 조정(coordination) 수준으로 상향 구축하여 사회 · 경제적 어려움으로 인해 의료이용이 제한되는 시민들에게 신속한 의료지원서비스를 제공하고자 하였고, 치료과정 및 퇴원 시 필요한 자원의 조정 또는 연계를 통해 시민(수혜자) 중심으로 통합 맞춤형 지원을 수행함으로써 이미 제공되고 있는 보건 · 의료 · 복지 자원의 이용 효율성을 높이고 시민들의 건강하고 행복한 삶을 보장하기 위한 목적을 가지고 있다.

(1) 추진 배경

이 사업은 행정망을 통한 공급체계를 가진 보건 · 복지서비스와 환자 선택에 의해 이용이 결정되는 사회보험인 건강보험과 장기요양서비스의 특성으로 인한 제도의 연계 사각지대가 존재하고, 독거노인 및 다양한 취약계층의 경우 의료비(특히 간병비와 선택진료비) 부담을 예견하고 질병을 가지고 있음에도 불구하고 병 · 의원을 방문하지 않는 시민이 존재한다고 보았다. 또한 다양한 통로를 통해 생활비 및 의료비 지원이 존재함에도 불구하고 자원을 알지 못하는 취약계층이 다수(정보의 빈익빈 부익부)인데, 특히 노인 계층에서 더욱 심각한 상황이라고 하였다.

이런 이유로 제도의 사각지대에서 의료적인 욕구를 가진 대상자가 발견되었을 때 의료적인 문제에 대한 전문적인 평가능력을 갖추고 의료비 지원 등 사회복지자원을 동원하여 적극적으로 개입함으로써 최소비용으로 적정수준의 의료서비스를 적정 시간 내에 제공할 수 있는 의료기관의 역할이 필요하지만 지역사회 내 공공의료기관 중 의료적 개입을 요하는 취약계층 대상자를 위한 보건 · 의료 · 복지 자원을 조정하고 연계하는 One-Stop 창구가 없어 대상자 발생 시 신속한 자원 연계가 어렵다고 하였다. 또한 보건의료 전달체계와 사회복지 전달체계의 연계가 이루어지지 않아 서비스의 중복, 비효율성, 비연속성 등의 문제가 나타나고 있으며, 보건의료 전달체계 내에서의 수행인력과 사회복지 전달체계 내에서의 수행인력 간의 연계가 이루어지지 않고 있는 실정이어서 보건의료복지서비스의 포괄적인 연계체계가 부재한 것을 문제로 인식하고 사업을 추진하게 되었다.

(2) 지원대상

- 사업 수행을 위해 공동협약을 실시한 공동네트워크 기관의 취약계층 실무자가 발굴하여 의뢰한 의료사각지대 대상자
- 북부병원 의료사회복지사의 상담 결과 경제적 어려움으로 의료적 지원을 위한 개입과 도움이 필요하다고 판단되는 취약계층 대상자
- 공동협약을 실시한 네트워크 기관은 아니나, 지역사회 내 보건 · 의료 · 복지 관련 기관 또는 단체로 취약계층 대상자의 관리와 지원을 위해 노력하는 기관의 취약계층 실무자가 발굴, 의뢰한 의료사각지대 대상자
- 다음 항목에 1개 이상 해당하는 자
  - –의료적 문제 발생으로 경제적 어려움이 야기된 의료사각지대 대상자
  - –경제적 취약계층 대상자(기초생활수급권자, 차상위계층, 소득수준 최저생계비 200% 이하인 저소득층 등)
  - –독거노인, 한부모가정, 장애인 등 사회적 취약계층 대상자
  - –외국인 노동자, 난민, 북한이탈주민, 다문화가정 등 사회적 소외계층
  - –기타 지역사회에서 도움을 요청한 대상자

(3) 핵심 조직 및 인력

'301네트워크'는 공공병원 공공의료팀 내 보건의료복지통합지원센터라는 별도의 조직으로 구성되어 있고, 핵심 인력은 의사 1명, 간호사 1명, 사회복지사 4명, 운전원 1명으로 구성되어 있다. 의사는 센터 업무를 총괄하며 대상자의 진료 업무를 중심으로 역할을 수행하고 있고, 간호사는 환자 진료 지원 및 모니터링, 보건소 연계(외부), 간호팀

업무 연계(내부)를 중심으로 역할을 수행하고 있다. 그리고 사회복지사는 지역사회 취약계층 의뢰대상자 접수, 대상자 사례관리 및 지역사회자원 연계 등을 중심으로 역할을 수행하고 있다.

(4) 연계기관

구청, 보건소, 사회복지관, 주민센터, 119구조대, 사회복지협의회, 국민건강보험관리공단 등 중랑구 지역 36개 기관과 공동 MOU를 체결하여 연계 협력 시스템을 구축하고 있다.

[그림 10-3]에서와 같이 이 사업은 지역사회에 있는 지역사회복지관, 구청/주민센터, 보건소, 요양시설 등 어느 곳에서라도 의료적인 문제가 있지만 적절한 치료를 받지 못하고 있는 취약계층을 발견한다면 곧바로 '301네트워크'로 의뢰하도록 홈페이지를 통한 시스템을 마련해 놓고 있다. 이렇게 의뢰된 환자에 대해서는 방문진료 또는 외래진료를 통해 치료계획을 결정하고 치료과정에 필요한 지원에 대해서는 '취약계층의료지

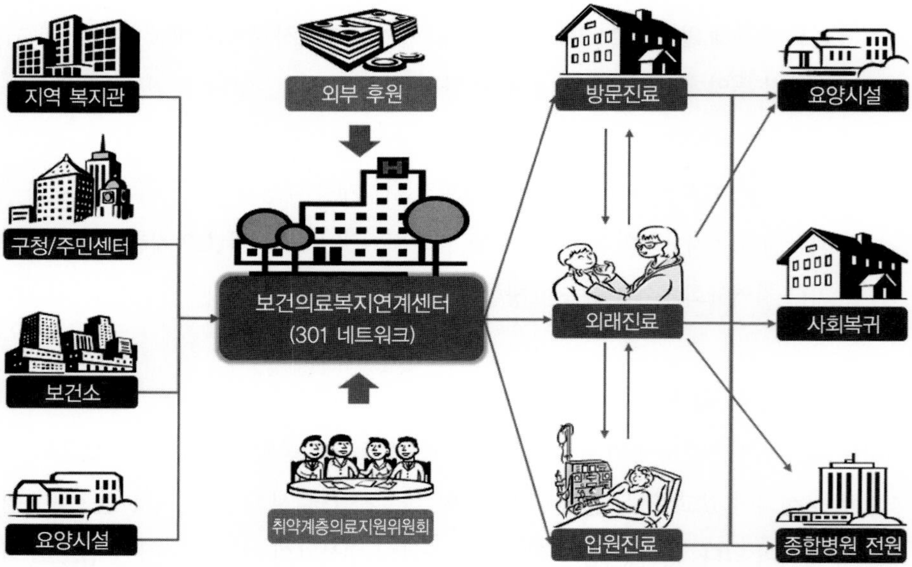

그림 10-3 '301네트워크' 사업모형-2013년 서울특별시 북부병원

출처: 권용진(2013).

원위원회'의 자문을 구하고 치료가 종결된 후에는 의뢰하였던 지역사회기관과 함께 사회복귀 방법을 협의하고 사례관리 역할을 나누게 된다.

이 모델에서 의료사회복지사의 역할은 네 가지로 설명할 수 있다. 첫째, 상담가로서의 역할이다. 상담가는 사회복지 모든 분야에서 클라이언트를 대하는 사회복지사에게 기본적으로 요구되는 역할로서 지원이 의뢰되는 취약계층이 가지고 있는 문제 상황을 파악하고 문제해결을 돕기 위해서 1차적으로 필요한 역할이다. 둘째, 자원조정자로서의 역할이다. 취약계층 환자를 돕기 위해 필요한 지역사회 자원들을 동원하되 서비스가 중복되지 않고 현재의 문제를 해결하는 데 필요한 자원을 연계하는 것이 중요하다. 셋째, 옹호자로서의 역할이다. 취약계층 환자는 지지체계가 미약하고 의사결정능력이 부족한 경우가 많기 때문에 치료와 사회복귀의 과정에서 환자의 권리가 침해되지 않도록 전문가로서 환자를 옹호하고 돕는 역할이 필요하다. 넷째, 사례관리자로서의 역할이다. 취약계층 환자가 퇴원한 후에는 지역사회 내 기관을 통해 사례관리가 이루어지지만, 중요한 의료적인 문제를 가지고 있는 경우 의료기관이 사례관리기관이 될 수도 있고, 이런 경우 의료사회복지사가 사례관리자로서 직접적인 역할을 수행해야 하는 경우도 있다.

이 사업은 몇 가지 시사점을 가지고 있다. 첫째, 보건 및 복지 서비스 수혜자 중 의료적인 문제가 있는 대상자들에게 의료서비스를 제공함으로써 보건 · 의료 · 복지의 통합적 지원체계를 구축하여 효율성을 높이고 맞춤형 지원을 가능하게 한다. 둘째, 보건 · 의료 · 복지기관의 연계 수준을 단순연계 수준에서 공공서비스 조정 수준까지 가능한 체계로 운영하고 있다. 셋째, 이러한 공공병원의 보건 · 의료 · 복지의 통합적 지원체계는 통합사례관리의 한계였던 의료서비스를 신속하게 연계하고 있다는 것과 공공병원의 공공성 강화의 새로운 모델을 제시할 수 있다는 것에 의미가 있다. 넷째, 제도적으로 발생하고 있는 의료사각지대에 놓인 시민들에게 필요한 의료서비스를 제공함으로써 의료사각지대 해소에 기여하고 있다.

이 사업은 2015년 현재 보건복지부가 지역거점공공병원을 중심으로 이 모델을 확산하려는 계획을 가지고 시범사업을 진행하고 있고, 6개 지역거점공공병원이 시범사업에 참여하고 있다.

〈표 10-2〉 공공보건의료지원 사례

○ 사례

다음의 사례는 의료급여나 차상위 계층으로 확인되지는 않으나 기초생활수급에서 탈락하면서 경제적으로 취약한 상황에서 노숙을 하고 있었고, HIV라는 감염병으로 인해 의료적으로도 취약한 상황에 있었음

- 취약상황: HIV 감염인(기초생활수급탈락 상태), 노숙 상태
- 의료적 상황: 40세 남자로 2006년 교도소 수감 당시 HIV를 진단받고 2007년 출소함. 일을 하기 위해 대전으로 내려오면서 4개월간 AIDS에 대한 약물치료를 하지 않고 노숙함. 면역력이 저하되어 응급실을 통해 입원함
- 문제상황: 18세 때 유흥업소에서 일을 시작한 후 20세 때부터 4차례 교도소 수감생활을 하면서 가족들과의 관계가 단절됨. 출소 후 기초생활수급자로 책정되어 정부지원금으로 생계를 유지하였으나 일용직으로 일을 하면서 소득이 생기자 수급이 탈락됨. 근로능력이 저하되어 퇴원 후 소득활동이 어려우나 기초생활수급 신청을 원치 않음(거주지 주민센터 사회복지사와 부정수급문제로 갈등). 거주지에서 주민등록이 말소된 상태가 아님에도 불구하고 환자의 수급탈락 이후 생활에 대해 주민센터, 보건소 등에서 사례관리가 이루어지지 않음. 퇴원 시 노숙인상담지원센터를 통해 임시로 주거지원을 받았으나 기초생계 유지, 약물치료 유지 등이 제대로 이루어지지 않아 재입원함
- 연계기관: 노숙인종합지원센터, 보건소, 주민센터, 구청

출처: 충남대학교병원 지원 사례.

5. 의료비 지원

1) 의료비 지원 시 고려해야 할 점

2011년 국립대학교병원의 연구 결과에서 보듯이 취약계층 환자를 지원하는 데 있어서 우선적인 문제는 의료비 마련의 문제다. 경제적으로 취약한 상황에서 기본적인 생계유지를 하는 것 외에 갑작스럽게 발생하는 의료비를 마련하는 것은 매우 어려운 문제다. 예를 들어, 지지체계가 전혀 없는 1인 가구 기초생활수급자에게 10만 원의 의료비가

발생하였다면 매우 소액이라고 생각할 수 있지만, 1인 가구에게 지급되는 최대 현금급여(2015년 기준)가 499,288원이라고 한다면 월 생활비의 1/5을 의료비로 지불해야 한다는 결론이다. 따라서 의료비의 많고 적음을 떠나서 환자의 상황에 따라 소액이더라도 의료비 지원이 필요하다.

취약계층 환자에게 의료비를 지원하는 데 있어서 고려해야 하는 것들은, 첫째, 진단명과 치료계획, 둘째, 소득과 재산 등 경제적인 상황, 셋째, 부양의무자 유무와 같은 사회적 상황, 넷째, 국가 또는 민간단체의 지원범위 등이다. 이러한 점들을 고려하여 〈표 10-3〉과 같은 절차에 따라 지원계획을 수립하는 것이 바람직하다.

〈표 10-3〉 의료비 지원 시 고려사항

1) 「국민기초생활 보장법」에 따른 기초생활수급자 여부를 확인한다.
  -관련 서류: 기초생활수급자증명서, 건강보험자격조회(공단 홈페이지)
2) 기초생활수급자가 아닌 경우 차상위계층 여부를 확인한다.
  -관련 서류: 차상위본인부담경감대상자 확인서, 건강보험자격조회(공단 홈페이지)
  -최저생계비 기준 120% 차상위계층, 150% 차상위계층
3) 차상위계층이 아닌 경우 건강보험료를 기준으로 소득수준을 확인한다.
  -관련 서류: 건강보험료 납부금액확인서, 소득금액증명원
4) 암 환자, 희귀난치성질환자, 심뇌혈관질환자, 미숙아, 선천성이상아 등 국가지원사업 대상여부를 확인한다.
  -해마다 고시되는 국가지원사업 지원기준(소득 및 재산) 확인
5) 국가 의료비 지원사업 대상자인 경우 지원절차를 진행한다.
  -129긴급복지지원제도, 공동모금회 긴급의료비지원사업, 중증질환 재난적의료비 지원사업, 보건소 암환자 지원사업, 보건소 희귀난치성질환자 지원사업, 보건소 미숙아 의료비 지원사업 등 국가지원사업에 신청이 가능한지 여부를 평가하고, 읍 · 면 · 동사무소 및 시 · 군 · 구와 협조하여 지원절차를 진행한다.
6) 국가 의료비 지원사업에 해당되지 않을 경우 민간단체 지원 또는 의료기관 내 자체 기금을 통한 지원 등을 연계한다.
7) 민간단체 지원의 경우 민간단체의 지원기준에 따라 환자 또는 보호자에게 구비서류를 안내하고 신청절차를 진행한다.

출처: 충남대학교병원 사회사업팀 업무 지침.

이 외에도 노숙인이나 쉼터 거주자 등 특정한 상황에 있는 취약계층 환자에 대한 지원 계획을 수립하는 데 고려해야 하는 요소들로 쉼터 거주 여부, 주민등록지와 실거주지 일치 여부, 의료급여나 차상위계층 여부, 건강보험가입자의 경우 부양의무자 유무 등이 있는데, 이러한 요소들이 조합된 다양한 유형의 상황에 따라 연계 가능한 자원이 달라질 수 있다. 〈표 10-4〉에 제시된 것과 같은 열두 가지 경우에 따라 개입방법이 달라질 수 있다.

〈표 10-4〉 사회적 상황에 따른 취약계층 환자 유형 구분

쉼터 거주 여부	쉼터가 주민등록지	별도 주민등록지	의료급여/차상위	건강보험 환자	부양의무자 있음	부양의무자 없음	유형
○	○		○				①
○	○			○	○		②
○	○			○		○	③
○		○	○				④
○		○		○	○		⑤
○		○		○		○	⑥
×		○ (실거주지 일치)	○				⑦
×		○ (실거주지 일치)		○	○		⑧
×		○ (실거주지 일치)		○		○	⑨
×		○ (실거주지 일치×)	○				⑩
×		○ (실거주지 일치×)		○	○		⑪
×		○ (실거주지 일치×)		○		○	⑫

- ①④⑦⑩: 의료급여 환자로 자원 연계가 용이함
- ②⑤⑧⑪: 부양의무자가 있는 건강보험환자. 주민등록지 확인, 부양의무자와의 관계 확인, 부양의사 확인, 거주지 동사무소 통해 1차적인 지원 가능 여부 확인
- ③⑥⑨⑫: 부양의무자가 없는 건강보험환자. 소득수준과 질병의 중증도에 따라 지원 고려
- 이 경우 외에 주민등록말소 또는 건강보험자격상실의 경우 우선적으로 주민등록을 회복하고 건강보험을 재취득한 후 지원 가능

2) 국가 의료비 지원제도 소개

국가의 본인부담의료비 지원제도는 2001년 4종(만성신부전, 혈우병, 고셔병, 근육병)의 희귀난치성질환에 대한 의료비 지원사업으로 시작하였다. 2002년에는 '소아암 환자 의료비 지원사업'을 통해 만 15세 이하 백혈병 · 소아암 환자를 지원하기 시작하였고, 2005년에는 성인 의료급여 암환자까지 지원대상을 확대하고 백혈병만 지원하던 것을 전체 암종(C00~C97, D00~D09, D37~D48 중 일부)으로 확대하면서 지원이 점차 늘어나기 시작하였다. 이 외에도 '미숙아 및 선천성 이상아 의료비 지원사업'과 '임신/출산 진료비 지원사업' 등이 시작되었고, 2005년에는 「긴급복지지원법」을 근거로 '129 긴급복지 지원사업'이 시작되었다. 2013년부터는 국민건강보험공단을 통해 '중증질환 재난적 의료비 지원사업(한시적)'이 시행되고 있고, '청소년임신출산진료비 지원사업'과 '고위험 임산부 의료비 지원사업(한시적)'도 시행되고 있다.

이러한 의료비 지원사업을 대략적으로 살펴보면 다음과 같다.

(1) 129 긴급복지지원

- 개요: 갑작스러운 주 소득자의 사망, 가출, 구금시설 수용, 휴 · 폐업 등으로 인한 소득 상실, 중한 질병, 학대, 가정폭력 등으로 생계유지 등이 곤란한 저소득층에게 생계지원이나 의료지원 등 필요한 복지서비스를 신속하게 지원하는 제도
- 지원질병: 중한 질병 또는 사고로 수술, 중환자실 치료 등을 필요로 하는 질환
- 지원대상: 중한 질병 또는 부상으로 인하여 발생한 의료비를 감당하기 곤란한 사람
- 지원기준
  - 소득기준: 가구규모별 기준 중위소득 75% 이하
  - 재산기준: 대도시 기준 1억 3천 5백만 원 이내, 금융재산-가구당 총액 500만 원 미만
- 지원범위: 의료비 본인부담금 300만 원 이내(병실차액, 선택진료료 제외)
- 지원신청: 시 · 군 · 구 또는 보건복지콜센터(국번 없이 129)

(2) 암 환자 의료비 지원(의료급여수급자)

- 개요: 소득이 낮을수록 암 발생 및 암 환자의 사망 가능성이 높아 암 예방에서 치료까지 저소득층에 대한 체계적인 암 관리 및 지원방안 마련이 필요하며, 이에 따라서 의료비 지원을 통해 저소득층의 경제적 부담 완화로 암 치료율을 높이고자 마련한 제도
- 지원질병: 악성신생물(C00~C97), 상피내의 신생물(D00~D09), 행동양식불명 및 미상의 신생물(D37~D48) 중 일부
- 지원대상: 의료급여수급권자 중 만 18세 이상의 전체 암 환자, 차상위 본인부담경감대상자
- 지원범위: 연간 최대 220만 원(급여 120만 원, 비급여 100만 원), 연속 최대 3년간 지원
- 지원신청: 주민등록지 관할 보건소 신청(신청주의)

(3) 암 환자 의료비 지원(건강보험가입자)

- 지원질병: 5대 암종-위암(C16), 유방암(C50), 자궁경부암(C53), 간암(C22), 대장암(C18~C20)
- 지원대상: 국가암검진사업을 통하여 확인된 신규 암 환자(1차 검진 필수) 중 건강보험료 기준에 적합한 자
  - 건강보험료 기준: 등록신청월 기준 당해 연도 최근 3개월 건강보험료 부과액 평균금액이 가입자 전체 중 하위 50% 이내
- 지원범위: 법정본인부담금 연간 200만 원, 연속 최대 3년간 지원
- 지원신청: 주민등록지 관할 보건소 신청(신청주의)

(4) 폐암 환자 의료비 지원

- 지원질병: 기관지 및 폐의 악성 신생물(C34)
- 지원대상: 의료급여수급권자(당연 선정), 건강보험가입자(등록신청월 기준 당해 연도 최근 3개월 건강보험료 부과액 평균금액이 가입자 전체 중 하위 50% 이내)

- 지원범위: 연간 100만 원 정액 지원, 최대 연속 3년간 지급, 의료급여암환자 지원과 중복지원 불가
- 지원신청: 주민등록지 관할 보건소 신청(신청주의)

(5) 소아암 환자 의료비 지원

- 개요: 소아의 암은 조기 진단이나 예방이 어렵지만 화학요법에 대한 반응이 양호하고 치료성적(5년 생존율)도 70%를 상회하며 치료 후 삶의 영위기간도 상당히 길기 때문에 국가 책임을 강화하는 차원에서 의료비를 지원하는 제도
- 지원질병: 악성신생물(C00~C97), 상피내의 신생물(D00~D09), 행동양식불명 및 미상의 신생물(D37~D48) 중 일부
- 지원대상: 만 18세 미만 전체 암 환자 중 의료급여수급권자, 차상위본인부담 경감대상자, 건강보험가입자 중 소득 및 재산 기준이 소아암 의료비 지원기준에 적합한 자
- 지원범위: 본인부담 의료비, 희귀의약품 구입비, 조혈모세포이식 관련 의료비, 암 치료에 직접 소요되는 필수 치료재료대(인공뼈, 인공안구, 인공삽입물, 제대혈 등), 가발구입비 일부
  - 백혈병: 연간 최대 3,000만 원
  - 기타 암종: 연간 최대 2,000만 원(조혈모세포 이식 시 3,000만 원까지)
- 지원신청: 주민등록지 관할 보건소 신청(신청주의)

(6) 희귀난치성질환자 의료비 지원

- 개요: 희귀난치성질환은 진단과 치료가 어려울 뿐 아니라 지속적인 치료를 받아야 하기 때문에 의료비의 경제적 부담이 과중하여 가계의 사회경제적 어려움이 우려되므로 의료비 지원을 통하여 환자와 그 가족의 사회경제적 · 심리적 안녕을 도모하고 국민건강 및 복지수준을 제고하고자 마련한 제도
- 지원질병: 국가가 정한 희귀난치성질환자 의료비 지원사업 대상 질환

- 지원대상: 건강보험가입자 중 환자가구와 부양의무자가구가 소득 및 재산 기준을 만족하는 자, 의료급여(차상위)수급권자 중 호흡보조기대여료 및 간병비 지원기준에 해당하는 근육병, 다발성경화증, 유전성운동실조증, 뮤코다당증, 부신백질영양장애 환자(5종)
- 지원범위: 희귀난치성질환(합병증 포함) 진료 및 약제비 중 요양급여비용의 본인부담금, 근육병, 다발성경화증, 유전성운동실조증, 뮤코다당증, 부신백질디스트로피, 글리코젠축적병(폼페병 등), 샤르코-마리-투스병, 길랭-바레증후군 환자는 보장구구입비, 호흡보조기 대여료(월 80만 원 이내), 기침유발기 대여료(월 18만 원 이내), 간병비(장애1급 또는 뇌병변장애 1급 등록자) 지원
- 지원신청: 주민등록지 관할 보건소 신청(신청주의)

(7) 미숙아 및 선천성 이상아 의료비 지원

- 개요: 미숙아 및 선천성 이상을 갖고 태어난 아이에 대한 과다한 의료비 지출 부담으로 치료를 포기함으로써 발생하는 장애 및 영아사망을 예방하고 고위험 신생아의 건강한 성장 · 발달을 도모하고자 의료비를 지원하는 제도
- 지원질병
  - 미숙아: 임신 37주 미만 출생아 또는 출생 시 체중 2.5kg 미만의 출생아로 출생 후 24시간 이내 긴급한 수술 및 치료가 필요하여 신생아중환자실에 입원한 미숙아에 한함
  - 선천성 이상아: 출생 후 28일 이내 의료기관에서 질병코드가 Q로 시작하는 선천성 이상아로 진단받은 환아로서 생후 6개월 이내(퇴원일 기준) 수술 및 치료를 위해 발생한 치료비 중 요양기관에서 발급한 진료비 영수증에 기재된 본인부담금(1회 입원비용 지원)
- 지원대상: 전국 가구 월평균가구소득 150% 이하 가구, 직장가입자인 경우 자동차 평가액 3,000만 원 이상 소유자 제외, 미숙아라고 할지라도 일반신생아실 입원 시는 제외, 셋째아 이상 출생아가 미숙아 및 선천성 이상아인 경우 소득수준 관계없

이 지원

- 지원범위: 의료비 지원(의료비 본인부담액 대비)
  - 본인부담금 100만 원 미만: 전액지원
  - 본인부담금 100만 원 초과: 100만 원+초과분의 80%
  - 본인부담금 500만 원 초과: 420만 원+초과분의 90%
  - 출생체중

출생 시 체중	2.0kg 이상 2.5kg 미만	1.5kg 이상 2.0kg 미만	1.5kg 미만
1인당 최고지원액	5백만 원	7백만 원	1천만 원

- 지원신청 : 주민등록지 관할 보건소 신청(퇴원일로부터 30일 이내)

(8) 임신/출산 진료비 지원

- 개요: 임신이 확진된 임신부의 본인부담금을 경감하여 출산 의욕을 고취하고 건강한 태아의 분만과 산모의 건강관리를 위하여 임신과 출산에 관련된 진료비를 고운맘 카드로 일부 지원하는 제도
- 지원대상: 임신 확인서로 임신이 확진된 건강보험 가입자
- 지원범위: 임신과 출산에 관련된 진료를 위해 임산부가 지정요양기관에서 받는 진료비용(출산비용, 출산 전후 산모의 건강관리와 관련된 진료 포함), 임신 1회당 50만 원 이용권(고운맘 카드) 지원
- 지원신청: 국민건강보험공단 지사 또는 KB국민은행, 신한은행, 우체국

(9) 중증질환 재난적 의료비 지원(한시적 지원사업)

- 개요: 과도한 의료비 지출로 경제적 부담을 안고 있는 저소득층 중증질환자 가구에 의료비를 지원하여 가계파탄을 방지하고 국민생활의 안정을 제고하기 위함
- 지원질병: 암, 뇌질환, 심장질환, 희귀난치성질환, 화상
- 지원대상: 지원질병으로 진단받은 환자 중 의료급여수급자 및 차상위계층 등 당연

선정, 가구의 소득 및 재산 수준, 의료비 발생 수준을 고려하여 지원대상으로 판단되는 가구

- 지원기준
  - 소득기준(보험료는 입원개시일 전월 산정보험료 기준): 가구원 수별 기준 중위소득 80% 이하 당연선정, 80% 초과 120% 이하 가구는 의료비 발생 수준 확인 후 심의 후 결정
  - 의료비 발생 수준

소득수준	의료비 발생 수준
의료급여/차상위계층	본인부담금 100만 원 초과 시 신청
기준 중위소득 80% 이하	본인부담금 200만 원 초과 시 신청
기준 중위소득 80% 초과 120% 이하	연간소득 대비 본인부담금 30% 이상 시 신청

  - 재산기준: 주택, 건물, 토지 등의 합산액이 2억 7천만 원(재산과표액 기준)을 초과한 경우 지원 제외
- 지원제외 대상: 외국 국적자 및 국외 이주자는 지원대상에서 제외, 주민등록말소자(재등록 후 신청 가능), 실손보험 가입자
- 지원내용: 연간 최대 2천만 원까지, 지원금액은 의료비 발생구간별 50~70% 차등 적용
- 지원절차: 퇴원 후 60일 이내까지 국민건강보험공단 지사로 신청

정리해 봅시다

❶ 한국 공공보건의료의 시작

2000년 「공공보건의료에 관한 법률」 제정으로 시작되었고, 2013년 공공보건의료기관의 역할을 강화하고 민간의료기관까지 확대할 수 있도록 법률이 전부 개정 시행됨으로써 확대되고 있다.

❷ 공공보건의료에서 주요 정의

* 공공보건의료: 공공보건의료란 국가, 지방자치단체 및 보건의료기관이 지역 · 계층 · 분야에 관계없이 국민의 보편적인 의료 이용을 보장하고 건강을 보호 · 증진하는 모든 활동
* 공공보건의료사업
  - 보건의료 공급이 원활하지 못한 지역 및 분야에 대한 의료 공급에 관한 사업
  - 보건의료 보장이 취약한 계층에 대한 의료 공급에 관한 사업
  - 발생규모, 전파 속도, 심각성 등을 고려할 때 국가와 지방자치단체의 대응이 필요한 질병의 예방과 건강 증진에 관한 사업
  - 그 밖에 국가가 관리할 필요가 있는 보건의료로서 보건복지부령으로 정하는 사업
* 공공보건의료기관: 국가나 지방자치단체 또는 대통령령으로 정하는 공공단체가 공공보건의료의 제공을 주요한 목적으로 하여 설립 · 운영하는 보건의료기관

❸ 공공보건의료와 의료사회복지

* 법률에 의해 시행되고 있는 공공보건의료사업은 의료사회복지 분야에서 이미 취약계층 환자를 대상으로 수행하고 있던 업무의 내용을 포함할 수 있다.
* 공공보건의료 실천모델에서 의료사회복지사는 상담가, 자원조정자, 옹호자, 사례관리자와 같은 역할을 한다.
* 공공보건의료 영역에서 의료사회복지사의 역할이 중요하지만 공공보건의료가 의료사회복지 전체를 의미하지는 않는다.

❹ 의료비 지원 시 고려할 점

* 진단명과 치료계획
* 소득과 재산 등 경제적인 상황
* 부양의무자 유무와 같은 사회적 상황
* 국가 또는 민간단체의 지원범위 등

참고문헌

강홍구(2012). 공공보건의료와 사회복지. 2012년 충남대학교병원 공공보건의료 아카데미 자료집. 45-68.

강홍구(2013). 공공의료현장의 의료사회복지 활동 활성화를 위한 제언. 제1회 서울대학교병원 공공의료와 사회복지 심포지움 자료집. 53-72.

권용진(2013). 공공보건의료기관 의료사회복지 모델 '301네트워크'. 2013년 충남대학교병원 공공보건의료 아카데미 자료집. 14-38.

권지현(2012). 공공의료기관에서의 의료사회복지 현황과 역할기대. 대한의료사회복지사협회 춘계 심포지움 자료집.

권지현(2014). 공공보건의료현장 속 사회복지 관련 이슈. 제2회 서울대학교병원 공공의료와 사회복지 심포지움 자료집. 79-89.

보건복지부(2001). 공공보건의료기관 공공보건사업지침.

보건복지부(2002). 2002년 공공보건의료 시행계획지침.

보건복지부(2003). 2004년-2005년 공공보건의료사업지침.

보건복지부(2005). 제2기 공공보건의료계획 작성지침.

보건복지부(2006). 공공보건의료계획 제1기 시행결과 및 제2기 계획 평가결과.

보건복지부(2010). 제3기 공공보건의료계획 작성지침.

보건복지부(2015). 2015년 공공보건의료계획 작성지침.

서울대학교(2014). 공공보건의료기관의 건강복지서비스 연계방안(보건복지부 연구용역사업 보고서). 보건복지부.

서울대학교병원 외(2011). 국립대병원의 공공의료에서의 역할 구체화 방안(보건복지부 연구용역사업보고서). 보건복지부.
한국보건산업진흥원(2009). 의료기관 공공성 평가 기준 및 지표 개발 연구 보고서. 한국보건산업진흥원.

보건복지부 http://www.mohw.go.kr

제 11 장

의료사회복지실천의 쟁점과 과제

학습개요

저출산 · 초고령화에 따른 새로운 의료환경의 변화에 대비하여 지역사회 중심의 의료서비스 확대를 위하여 병원 및 지역사회 의료기관에서 제공하는 의료사회복지서비스의 중요성을 인식하고, 지역사회와 병원을 연계하는 효과적인 의료서비스 전달이 이루어져야 할 것이다. 또한 의료기술의 선진화와 국제화를 대비하면서 의료사회복지실천 영역에서 무엇을, 어떻게 준비하여야 하는가에 대한 해답은 간단하지 않다. 하지만 대한의료사회복지사협회 및 학계, 정부 및 시민단체와 전문 의료인, 환자와 가족들로부터 의견을 수렴하여, 의료사회복지사를 위한 전문 교육이나 훈련 프로그램 등을 준비함으로써 의료사회복지서비스의 국제화를 위한 노력들이 추진되어야 할 것이다.

학습목표

1. 새로운 의료환경 변화를 이해한다.
2. 의료사회복지서비스의 전문성을 이해한다.
3. 의료사회복지실천의 새로운 도전을 이해한다.

1. 새로운 의료환경의 변화

1) 저출산 · 초고령화 사회

'평균 기대수명(life expectance at birth)'은 출생자가 향후 생존할 것으로 기대되는 평균 생존 연수로서 '0세의 기대여명'이며, 질병이나 사고로 인하여 아픈 기간을 제외한 '건강수준별 기대여명'과 개인의 주관적 건강 인지에 근거한 '주관적 건강 기대여명'을 모두 포함하는 의미다. 한국은 지난 1960년 이후, 경제협력개발기구(Organization for Economic Co-operation and Development: OECD) 회원국 중에서 가장 빠른 속도로 평균 기대수명이 증가하고 있으며, 2013년 기준으로 남자 78.5세, 여자 85.06세로 인구구조의 선진화를 이루게 되었다(통계청, 2015). 하지만 구체적으로 유병기간 제외 기대여명인 건강수준별 기대여명의 경우 남자 65.2세, 여자 66.7세였으며, 주관적 건강 기대여명도 남자 66.8세, 여자 66.0세로 노인 개인별 약 13~19년 정도는 일상생활을 유지하기 위해서는 지속적으로 의료서비스가 필요하다고 하여, 앞으로 노인 의료서비스에 대한 요구가 확대될 것으로 예상할 수 있다.

한국은 지난 10여 년간 압축 경제성장 기간을 거치면서 다른 선진국들과 마찬가지로 출산율과 평균 수명률의 변화를 경험하고 있다. 구체적으로 한국, 중국, 일본의 출산율과 인구 고령화 수준 및 속도를 비교하여 보면(이삼식 외, 2013), 한국의 출산율은 2001년에 1.3명 미만으로 감소한 후, 2005년에는 1.076명까지 감소하면서 현재 지속적인 감소율을 유지하고 있다. 반면에 노인 인구는 급속도로 증가하고 있어서 2016년에는 노인 인구가 전체 인구의 약 20%에 달하는 초고령화 사회로 진입하게 되었다. 특히 한국의 초고령화 비율이 2060년을 기준으로 일본과 유사하거나 다소 초월할 것으로 예상되면서, 한국은 동아시아 삼국 중에서 가장 짧은 시간에 고령화를 경험하는 나라가 되었다.

세계보건기구[World Health Organization(WHO), 2015a]에 의하면 전 세계 사망자 5,600만 명 중에서 약 68%인 3,800만 명이 비감염성 질병(noncommunicable diseases:

NCDs)으로 사망하고 있음을 알 수 있다. 한국도 전체 사망자 26만 6천 명 중에서 약 79%가 비감염성, 만성질환으로 사망하고 있으며, 구체적인 사망 원인은 심장혈관 질병(25%), 악성 신생물인 암(30%), 만성 호흡기병(5%), 당뇨병(4%) 그리고 기타 만성 질병(15%) 등이다. 이와 같이 급속도로 진행되는 한국의 고령사회 및 초고령사회로의 진입과 비감염성 만성질환 비율이 증가하면서, 장기요양보험에서 제공하는 장기요양서비스 수요가 급속하게 증가할 것으로 예상되고 있다.

2015년에 보건복지부에서 발표한 제3차 저출산 · 초고령화 사회를 위한 대책 사업을 정리하면 [그림 11-1]과 같다.

노후 소득보장을 강화하고 활기차고 안전한 노후를 실현하며 여성 · 중고령자 · 외국인력 활용을 확대하고, 고령친화경제로 전환하여 다가올 고령사회에 대한 고용 · 산업 측면에서의 구조적 대응을 강화함

- (연금) 무소득배우자 추후 납부 허용 등을 통한 1인 1국민연금 시대 본격화, 가입연령 완화, 주택가격 한도(9억 원) 폐지 등을 통한 주택연금 대폭 확대로 '국민연금+주택연금'을 통한 노후 소득보장 수준 제고
- (건강) 지역사회 만성질환관리 제도화, 간병부담 경감을 위한 포괄간호서비스를 전체 병원에 확대, 가정 호스피스 활성화 등 의료 · 돌봄 지원 강화
- (고용 · 산업) 고령자의 전직지원을 의무화하고, 총체적 외국인 유입관리체계 구축 및 '고령친화산업발전계획' 수립 등 고용 · 산업 대책 강구

해결 과제	핵심 추진 방향
높은 노인 빈곤율	1 노후소득 보장 강화
아프고 긴 노후	2 활기차고 안전한 노후 실현
생산인구 감소 본격화	3 여성 · 중고령자 · 외국인력 활용 확대
약해지는 성장동력	4 고령친화경제로의 도약

그림 11-1 보건복지부 제3차 저출산 · 고령사회 기본계획(2016~2020)

출처: 경제혁신포털 홈페이지(http://www.economy.go.kr/filedownload.do?seg=9054)

한국은 전체 사망 원인 중에서 가장 높은 질병군인 암 및 종양을 앓고 있는 환자와 가족들을 위하여 「암관리법」에 따라 부분적으로 의료서비스를 제공하고 있으며, 현 정부의 보건의료정책에서는 4대 암에 대한 의료비 지원을 대폭 확대하게 되었다. 또한 보건복지부는 2015년 7월 15일 기준으로 '말기 환자를 위한 의료지침서'를 개발하고, 말기 암 환자들에게 호스피스 · 완화의료서비스를 지원하고자 호스피스 의료 수가제를 실시하게 되었다(보건복지부, 2015). 〈표 11-1〉은 질병에 따른 임종 장소를 연도별로 분석한 표로(최영순, 2015)[1] 2013년 전체 사망자 중에서 63.5%가 병원에서 사망하고 있으며, 특

〈표 11-1〉 질병별 임종 장소의 변화 (단위: 명)

		중증 암질환 등록 사망자		중증 희귀난치성질환 등록 사망자		기타 질환 사망자		전체 사망자	
2011년	계	67,351	(100%)	18,849	(100%)	173,230	(100%)	259,430	(100%)
	• 병원	47,769	(70.9%)	12,350	(65.5%)	91,217	(52.7%)	151,336	(58.3%)
	−입원	44,307	(65.8%)	10,432	(55.3%)	71,167	(41.1%)	125,906	(48.5%)
	−외래, 응급실	3,462	(5.1%)	1,918	(10.2%)	20,050	(11.6%)	25,430	(9.8%)
	• 가정	19,582	(29.1%)	6,499	(34.5%)	82,013	(47.3%)	108,094	(41.7%)
2012년	계	69,752	(100%)	22,438	(100%)	176,806	(100%)	268,996	(100%)
	• 병원	51,987	(74.5%)	15,489	(69.0%)	99,281	(56.2%)	166,757	(62.0%)
	−입원	48,030	(68.9%)	13,255	(59.1%)	77,588	(43.9%)	138,873	(51.6%)
	−외래, 응급실	3,957	(5.7%)	2,234	(10.0%)	21,693	(12.3%)	27,884	(10.4%)
	• 가정	17,765	(25.5%)	6,949	(31.0%)	77,525	(43.8%)	102,239	(38.0%)
2013년	계	71,690	(100%)	24,490	(100%)	171,064	(100%)	267,244	(100%)
	• 병원	54,004	(75.3%)	17,252	(70.4%)	98,361	(57.5%)	169,617	(63.5%)
	−입원	49,977	(69.7%)	14,798	(60.4%)	77,456	(45.3%)	142,231	(53.2%)
	−외래, 응급실	4,027	(5.6%)	2,454	(10.0%)	20,905	(12.2%)	27,386	(10.2%)
	• 가정	17,686	(24.7%)	7,238	(29.6%)	72,703	(42.5%)	97,627	(36.5%)

출처: 최영순(2015).

1) 건강보험청구자료와 사망자 자료를 연계하여 분석

히 중증 암질환 및 중증 희귀난치성질환 등록 사망자의 경우 각각 75.3%, 70.4%가 병원에서 임종을 맞이하였다. 하지만 기타 질환 사망자의 경우 아직도 약 42.5%가 집에서 임종을 맞이하고 있으며, 약 30%의 중증 환자도 집에서 사망하고 있어서 병원 중심이 아닌 지역사회 중심의 간호, 간병, 요양 서비스의 개발 및 활성화를 위한 노력이 필요함을 제안하고자 한다.

2) 의료서비스의 선진화

한국은 지난 1989년부터 전 국민을 대상으로 개인의 수입이나 자산과 상관없이 국민건강보험을 실시하고 있으며, 2007년에는 「장기요양보험법」을 제정하여 일상생활에서 도움이 필요한 노인을 대상으로 장기요양서비스를 확대 실시하고 있다(국민건강보험공단, 2015). 또한 의료기술의 성공률이나 특허율도 미국 등 선진국 수준으로 향상되어 의료서비스의 선진화를 위한 토대를 마련하게 되었다(전자신문, 2014. 9. 26.).

한국의 의료서비스 특징을 살펴보기 위하여 경제개발협력기구 회원국들 간의 의료비 지출과 의료기관 현황 등 서비스 내용을 비교한 결과(OECD, 2015), 공공 의료비 지출의 경우 지난 10년 동안 가장 빠른 속도로 증가하였음을 알 수 있다. 하지만 아직도 총 의료비 지출이 국내총생산(gross domestic product: GDP)에 대비하여 약 7.8% 정도에 그치고 있어서 다른 회원국들의 평균 의료비 지출 비율보다는 낮은 편이며, 반면에 환자 개인 부담액은 33.5%로 다른 회원국들에 비해 비교적 높은 수준임을 알 수 있다. 그리고 의료기관 현황에서는 환자 1,000명당 병원 침대 수가 10.3개로 회원국 중에서 두 번째로 높았으며, 병원 입원 시일도 평균 8.90일로 퇴원율이 매우 낮은 병원 의존적 특성을 보이고 있었다. 하지만 이와 같이 병원 의존적인 의료서비스 특성을 갖고 있으면서도 의사와 간호사 등 전문 의료인은 물론 일반 의료 종사자 비율도 매우 저조하며, 특히 전문교육이나 훈련 프로그램 등도 충분하게 준비되지 못한 실정이다.

의료서비스의 선진화는 단지 의료기술의 발전이나 의료보험의 확대 등 의료서비스의 양적인 팽창만을 의미하지는 않는다. 미국의 정부 예산 사무소[Government

Accountability Office(GAO), 2014]에서 발표한 '환자 안전 평가 및 의료서비스 개선'에 관한 보고서에 의하면 의료서비스의 안전성 평가는 환자 케어와 치료 과정 및 안전한 환경 개선 등 의료서비스 내용 평가에 국한되기보다는 점차 의료서비스를 사용하는 환자의 주관적 서비스 만족도 및 삶의 질에 관한 평가도 매우 중요한 영역이 된다고 하였다. 예를 들어, 의료기관을 이용하는 환자의 불만은 단지 전문 의료인의 오진이나 의료사고 등 치료과정이나 병원환경에서 발생하는 불신이나 불만에만 국한되지 않으며, 점차 환자의 개인 정보 및 사생활 보호, 자기결정권리와 알 권리, 심리적 · 정서적 지원 등 환자의 삶의 질에 관한 영역으로 확대된다고 하였다.

그러므로 한국의 의료서비스 선진화 정착을 위하여 의료서비스에 대한 패러다임

〈표 11-2〉 의료 포괄 수가제 및 요양병원형 일당 정액수가제

의료 포괄 수가제(diagnostics related group: DRG)

포괄 수가제란 의료 행위별 수가를 정하여 책정된 진료비를 부과하는 제도로 2012년 7월부터 병원과 의원에 당연 적용되기 시작하여, 2013년 7월에는 종합병원과 상급종합병원까지 확대 · 시행되고 있다. 현재 적용되고 있는 7개 질병군은 수정체 수술, 편도선 수술, 항문 수술, 탈장 수술, 맹장 수술, 자궁 수술, 제왕절개 수술이며, 현재 시범사업을 통하여 76개의 질병군을 대상으로 확대 · 실시하고 있으며, 특히 장기요양 의료서비스 수요가 증대됨에 따라 요양병원형 일당 정액수가제를 도입하여 시행하고 있다(보건복지부, 2016).

요양병원형 일당 정액수가제

보건복지부는 행위별 수가제가 급성기 질환 위주에는 적합하나, 만성질환 위주의 특성에 맞는 적정 의료서비스 공급 유도에는 한계가 있어 과다진료 등 불필요한 의료비용 발생이 가능하다고 판단, 만성질환자를 전담하는 요양병원 특성에 적합한 지불보상체계로서 정액수가제를 실시한다.

입원환자의 임상적 상태와 서비스 요구도 및 자원이용량 수준에 근거해 환자군을 분류했다. 즉, 환자군 대분류는 환자의 임상적 상태와 서비스 요구도로 구분하고, 중분류는 자원소모량이 동일한 환자를 ADL(Activity Daily Living, 일상생활활동)에 따라 구분하여 환자분류군별로 일당정액수가를 설정하되, 서비스 질 유지를 위해 변이가 큰 항목에 대한 행위별 수가제는 병행 실시한다(프리즘 홈페이지).

(paradigm) 전환과 구체적 실천방안 등 지속적 노력이 병행되어야 할 것이다. 첫째, 현재 실용화 단계를 준비하는 의료 포괄 수가제를 확대하고, 좀 더 다양한 질병군으로 확대하여 환자 케어 및 치료비용 등을 표준화하려는 노력이 계속되어야 할 것이다. 의료서비스의 표준화는 의료서비스의 안정성을 높이며, 의료서비스 평가결과에 따라 모든 서비스 내용을 일반화할 수 있는 근거를 제공할 수 있다. 둘째, 이미 선진국에서 실시하고 있는 것처럼 환자의 만족도와 삶의 질 향상을 위한 의료사회복지서비스를 의료서비스 포괄 수가제 항목 안에 포함시킬 수 있는 노력이 필요할 것이다. 이와 같이 의료 및 비의료 영역을 모두 포함하는 포괄 수가제는 전문 의료인은 물론 비의료 종사자인 의료사회복지사의 직무 표준화를 현실화하여, 한국의 의료서비스를 국제 의료서비스 기준으로 맞추어 선진화를 정착시킬 수 있도록 할 것이다. 〈표 11-2〉는 현행 보건복지부에서 실행하고 있는 의료 포괄 수가제 및 요양병원형 일당 정액수가제를 설명하고 있다.

3) 지역사회 중심 의료서비스 확대

한국은 전 국민을 대상으로 건강보험을 실시하고 있으며, 의료기술의 발전 등 선진국 의료서비스 모델을 갖추고 있지만 점차 의료시설 의존적 특성에서 벗어날 수 있도록 정부의 보건복지정책 지원이 시급한 상황이다. 무엇보다 선진국에 비해 현저하게 낮은 환자의 퇴원 비율을 높일 수 있어야 하며, 환자 개인 의료비 부담액을 줄이기 위하여 지역사회 중심의 의료서비스 활용도를 높일 수 있어야 할 것이다. 특히 지역사회에 거주하는 환자를 위한 재가의료서비스와 인프라 구축, 인력 확충을 위한 준비를 서둘러야 할 것이다.

장기요양 입소시설은 의료서비스가 필요한 '노인의료복지시설'(「노인복지법」 제34조, 「장기요양보험법」)이므로 복지시설 수가제에 근거하여 시설을 운영하게 된다. 하지만 입소한 노인 환자들의 건강 및 기능 상태가 병원이나 노인병원의 환자와 비교하여 별로 큰 차이를 보이지 않거나 오히려 더 낮은 수준이어서(김홍수, 2015), 병원 수준의 의료서비스가 필요하므로 국민건강보험과 장기요양보험 간의 서비스 공유 영역을 확대해야 할 필요성이 있다. 그러므로 장기요양 입소시설의 노인 환자의 경우 때로는 적절한 의료서비스를 제공받지 못하거나 또는 중복된 과잉 의료서비스를 사용하기도 한다.

현행 '장기요양 시설 조건 및 인력'(보건복지부령 제228호 별표 4)과 '노인의료복지시설의 시설 및 직원배치 기준'(「노인복지법」 시행규칙 제22조 1항) 등에 의하면 시설의 사회복지사 업무는 단지 입소자의 건강 유지 및 여가 선용 등 노인복지 제공 계획을 수립하고 복지 증진에 관한 상담 및 지도 서비스에만 집중되어 있어서 일반 노인여가시설의 사회복지사 역할을 수행하게 된다. 또한 소규모 장기요양 입소시설의 경우 사회복지사는 입소시설 운영 및 행정 서비스 지원을 병행하게 되어 시설 관리장과 사회복지사 역할 사이에서 갈등이 발생할 수 있다.

최근 개정된 「공공보건의료에 관한 법률」(2015. 1. 28. 시행, 법률 제13098호, 2015. 1. 28. 일부 개정)에 근거하여 국가 및 지방자치단체 또는 대통령령으로 정하는 공공보건의료기관은 지역, 계층, 분야에 제한을 두지 않고, 국민에게 보편적인 의료서비스를 통하여 건강을 보호하고 증진하는 모든 활동을 하며, 의료서비스를 제공하는 기관이다(국가법령정보센터, 2016a). 구체적으로 공공보건의료기관의 사업 내용은 ① 보건의료 공급이 원활하지 못한 지역 및 분야에 대한 의료 공급에 관한 사업, ② 보건의료 보장이 취약한 계층에 대한 의료 공급에 대한 사업, ③ 발생 규모, 심각성 등의 사유로 국가와 지방자치단체의 대응이 필요한 질병의 예방과 건강 증진, 보건교육에 관한 사업, ④ 그 밖에 국가가 관리할 필요가 있는 보건의료로서 보건복지부령으로 정하는 사업이 있다. 공공보건의료기관의 의무는 ① 의료급여환자 등 취약계층에 대한 보건의료, ② 아동과 모성, 장애인, 정신질환, 감염병, 응급진료 등 수익성이 낮아 공급이 부족한 보건의료, ③ 질병 예방과 건강 증진에 관련한 보건의료, ④ 교육훈련 및 인력 지원을 통한 지역적 균형을 확보하기 위한 보건의료, ⑤ 그 밖에 「보건의료기본법」(2015. 12. 29. 시행, 법률 제13649호, 2015. 12. 29. 일부 개정) 제15조에 따른 보건의료발전계획에 따라 보건복지부장관이 정하는 보건의료를 제공하는 것이다.

공공보건의료기관은 병원 및 의료기관, 장기요양시설 등에서 퇴원한 환자의 재활과 적응을 돕고, 지역사회의 의료취약계층을 대상으로 의료 안전망 기능을 강화하는 역할을 담당하게 될 것이다. 하지만 동 법률에서 정하는 시행규칙 등에서 의료사회복지서비스에 대한 항목을 세부적으로 명시하지 않고 있으며, 보건 당국이나 일반인들도 공공보건의료기관에서의 의료사회복지서비스 필요성에 대한 인식이 낮은 편이다. 그러므로 앞으로 공공보건의료기관의 의료사회복지서비스의 중요성을 인식하여야 할 것이다.

앞으로 지역사회 중심의 의료서비스 확대는 의료 안전망 기능을 위하여 지역사회의 사회복지사들이 제공하는 의료사회복지서비스의 중요성을 인식하고, 지역사회와 병원을 연계하는 효과적인 의료서비스 전달이 이루어질 수 있도록 협회 차원에서 의료사회복지사에 준하는 전문 교육이나 훈련 프로그램 등을 준비하여야 할 것이다.

2. 의료사회복지서비스의 전문성

1) 의료사회복지서비스의 필요성 인식 확대

한수연(2015)은 의료사회복지서비스를 의료시설에서 근무하는 사회복지사가 전문의료인을 도와 환자의 치료효과를 높이기 위하여 제공하는 사회복지서비스로 정의하면서, 의료사회복지사는 환자의 질병이나 예후에 대한 의료적 이해를 바탕으로 심리적·정서적 치료계획을 세우고, 직접 치료과정에 개입하여 효과성이 입증된 다양한 프로그램 등을 제공할 수 있어야 한다고 하였다. 특히 환자의 건강과 안전에 직결되는 의료사회복지서비스의 필요성에 따라 의료사회복지서비스의 전문성 확립이 매우 중요하다고 하였다.

우선 일반 병원 및 의료기관 사회사업부의 의료사회복지서비스 내용은 「의료법」 시행규칙(보건복지가족부령 제123호) '의료인 등의 정원'(제38조 6항)에서 정하는 바와 같이 사회복지사는 환자의 갱생, 재활과 사회복귀를 위한 상담 및 지도를 서비스 내용으로 규정하고 있다. 하지만 동법 시행규칙에서는 구체적으로 사회복지사 1인당 환자 수나

의료사회복지서비스 실천에 필요한 사회복지사의 자격 요건 등을 따로 명시하지 않고 있으며, 일반 병원 및 의료기관의 사회복지사가 제공하는 의료사회복지서비스도 명시하지 못하고 있는 실정이다(「의료법」 시행규칙, 2016. 1. 1. 시행).

현재 대한의료사회복지사협회에서는 자체적으로 병원 및 의료기관의 사회사업부에서 근무하는 의료사회복지사를 대상으로 33개의 업무 내용을 바탕으로 7개 영역의 사회복지서비스를 제공하도록 규정하고 있다. 사회사업부에서 표준화한 서비스 내용은 우선 심리사회적 · 정신적 문제해결 지원서비스, 경제적 문제해결 지원서비스, 지역사회자원 연결서비스, 사회복귀 및 재활지원 서비스, 팀 접근 서비스, 사회사업 행정지원 서비스, 마지막으로 교육 및 연구조사 지원서비스 등이다(대한의료사회복지사협회 홈페이지).

강흥구(2014)는 의료사회복지사가 제공하는 서비스 내용을 구체적으로 환자와 가족에게 심리사회적 지원을 제공하는 치료서비스, 부족한 환경적 · 재정적 도움을 제공하는 지원서비스, 그리고 의료서비스 시스템 내에서 전문 의료인과 환자 사이에서 문제를 조정하는 조정서비스로 분류하였다. 하지만 실제로 의료현장의 사회복지사가 인식하는 사회복지사 업무 및 서비스를 조사한 결과, 이들의 경력이나 직책, 병상규모 등과 상관없이 가장 중요하게 인식하는 서비스 또는 실제로 업무시간 중에 가장 많은 시간을 투입하는 서비스 모두 환자와 가족의 경제적 문제해결과 지역사회의 자원을 연결하는 경제지원서비스라고 응답하고 있어 치료서비스나 조정서비스보다는 환자의 병원비 지원에 집중되고 있음을 알 수 있다(남석인, 2014).

대한의료사회복지사협회는 협회 차원에서 자체적으로 의료사회복지사의 자격규정을 수립하고 있으며, 수련과정과 보수교육 등을 개발하여 의료사회복지사를 양성하고 있다. 하지만 실제로 병원 및 의료기관에서 근무하는 의료사회복지사는 정신보건사회복지사와는 달리 환자나 가족의 심리적 · 정서적 지원을 위한 치료서비스나 조정서비스에 대한 의료보험 수가제 적용을 받지 못하고 있어서 직접 치료서비스를 제공할 수 있는 기회를 갖기 어렵다. 그러므로 병원에서 근무하는 의료사회복지사가 전문 의료인들과 팀 활동을 하는 과정에서 본인의 역할 전문성에 대한 정체감 부족이나, 전문 역할 수행기회의 제한성, 업무의 단순함 등으로 인한 소진감을 느끼게 된다고 하였다(최영민, 현진희, 전제성, 2005; 이은희, 김경호, 2008).

2) 의료사회복지서비스의 차별성 인식 확대

병원 및 의료기관을 이용하는 환자들은 앓고 있는 질병이나 증상에 따라 심리적 · 정서적 어려움을 경험할 수 있다. 세계보건기구에서 발표한 최근 보고서에 의하면 정신건강은 정신 질병을 갖지 않는 것 이상을 의미하며, 일반 사람들의 건강에도 밀접한 영향을 미칠 수 있다. 특히 병원에 입원하거나 응급한 상황에 있는 환자들에게 심리적 · 정서적 지원을 제공하는 것이 이들의 질병을 치료하는 과정에서 필수적이다(WHO, 2015b). 현재 한국의 건강보험에서는 정신과의 4개 항목, 재활의학과의 3개 항목에 한하여 의료사회복지사의 수가를 부분적으로 인정하고 있는 실정이다. 그러므로 일반 진료과의 협의 진료 개입 요청을 받아서 의료사회복지사가 환자군의 특성에 따라 전문적 상담기법과 개입을 하여 심리 · 정서적 서비스를 지원하더라도 보험수가로 인정받지 못하고 있는 실정이다.

미국사회복지사협회에서는 환자의 질병군이나 질병 상황에 따라 차별화된 의료사회복지서비스를 제공할 수 있도록 교육 및 훈련 프로그램을 개발하여 실시하고 있으며, 자격증 제도를 활용하여 차별화된 의료사회복지서비스를 제공하고 있다. 예를 들어, 암병동에서 일하는 의료사회복지사를 위하여 최근 발간된 『암 질병과 사회복지사(Oncology Social Work)』 및 『완화의료와 사회복지사(Palliative Social Work)』 등에서는 암을 앓고 있는 환자의 질병 종류나 질병 상황에 맞추어 차별화된 의료사회복지서비스 프로그램 등을 소개하면서, 서로 다른 인종과 지역, 문화 등에 따라 각 프로그램의 효과성을 연구한 논문들을 소개하였다.

의료사회복지서비스의 전문화를 위한 전제 조건은 무엇보다 의료사회복지사의 업무능력 및 자질의 향상이다. 병원 및 의료기관, 공공보건의료기관 등에서 근무하는 사회복지사는 다양한 분야의 의료 전문인들과 의료팀을 이루어 환자의 치료에 참여하여야 하며, 팀 내에서 원활한 의사소통을 하기 위하여 의료용어에 대한 이해와 의료지식을 갖추어야 한다(Liechty, 2011). 그러므로 전문 의료사회복지사를 양성하기 위하여 우선 사회복지학사 과정에서는 의료사회복지사 자격을 위한 선수과목으로 정신질병론, 정신보건복지론, 의료사회복지론, 의료사회서비스 실천론 등의 선수 과목을 수강하도록 하며, 의료사회복지사 수련기관인 병원 등과 연계하여 실습을 강화하도록 하여야 할 것이다.

현재 대한의료사회복지사협회에서는 의료사회복지사를 준비하는 대학생을 대상으로 '의료사회복지 아카데미'를 학기별로 운영하고 있다. 앞으로 협회차원에서 실습기관이나 수련기관 등을 확대하는 것은 물론 대학원 과정에서 실습을 원하는 의료사회복지 전공 학생들을 위한 실습기관 확대를 위하여 준비하여야 할 것이다. 무엇보다 의료사회서비스 차별화를 실현할 수 있도록 대한의료사회복지사협회 차원의 전문화된 교육 프로그램 개발 및 지원이 우선되어야 할 것이다.

3. 의료사회복지실천의 새로운 도전

1) 의료사회복지실천과 사회공헌 활동

의료사회복지사는 사회복지사 윤리 강령을 준수하며, 사회정의를 실천하기 위하여 의료현장에서 발생하는 문제점들을 해결하고, 사회 · 경제 구조 개선을 위한 의료사회복지실천과 공익활동 등에 관심을 가져야 할 것이다. 현재 대표적인 의료사회복지실천의 사회공헌 활동으로는 대한의료사회복지사협회에서 운영하는 '정관장' 프로그램으로 환자와 가족의 의료비 지원을 돕고 있는 프로그램이다(대한의료사회복지사협회 홈페이지). 현행 국민 건강보험제도로 많은 환자와 가족들이 의료비 부담으로부터 자유로워졌지만 건강보험의 혜택을 받지 못하는 사각지대의 환자와 가족들은 아직도 의료비 지출로 인하여 경제적 어려움을 경험하고 있다. 이들 중에서는 적절한 치료를 계속 받지 못하여 목숨을 잃거나 재활의 기회를 놓치는 경우도 있으며, 무엇보다 환자의 가족들은 과다한 치료비로 빈곤계층이 되거나 또는 가족 간병으로 인하여 직업을 잃는 어려움을 겪기도 한다. 지난 1989년에 건강보험이 전 국민으로 확대되었지만 아직도 환자와 가족은 약 33%의 의료비를 개인적으로 부담하고 있으며(OECD, 2015), 특히 현행 건강보험에서 지원하지 못하는 몇몇 질병을 앓고 있는 또는 취약 계층들의 환자와 가족들에게는 의료비 재정 지원이 절실한 상황이다.

의료사회복지실천의 새로운 도전은 현행 의료전달체계 및 사회구조적 결함에서 발생하는 다양한 문제점에 관심을 갖고, 프로그램을 확장할 수 있도록 개발하고 실천하는 것이다. 최근 10여 년간 우리나라 의료시설에서 발생한 일련의 사건은 말기암 환자인 아버지의 안락사를 도왔던 자녀에 대한 '존속살인죄'(2013 의정부 고합 392), 연명의료에 의존하는 어머니의 무의미한 연명치료 장치 제거를 요구한 가족들의 판례(2009 다 17417) 그리고 중환자실 환자의 퇴원에 따른 가족과 전문 의료인의 '살인 및 살인방조건'(2002 도 995) 등 일반 의료기관에서 경험하는 일상적인 의료사건들은 아니었다. 하지만 이 사건들은 사건에 연루된 가족이나 의료인의 삶에 치명적인 영향을 미쳤으며, 개별적인 사건이기보다는 현재 우리 사회가 직면하고 있는 의료전달체계 및 의료법 제도의 구조적 결함에서 비롯된 문제점이었음을 시사하고 있다.

앞으로 병원 및 노인병원에서 근무하는 의료사회복지사는 환자와 가족의 임종의료 결정에 참여하여 도움을 제공하고, 이들에게 안전한 임종의료서비스를 제공하는 업무를 제공할 수 있는 기회가 점차 증가할 것이다. 의료사회복지사는 환자의 자율성과 한국 가족의 강한 가족 집합적 성향에서 발생하는 문화적 충돌, 호스피스·완화의료에 관한 법 제도의 부재, 그리고 혼란스러운 임종과정을 경험하는 환자와 가족을 대상으로 각종 의료사업들 사이에서 발생하는 이해관계 속에서 환자와 가족 그리고 의료인들이 직면하는 어려움을 직시하고, 이들에게 심리적·정서적 지원을 제공할 수 있도록 준비하여야 할 것이다.

의료사회복지실천은 또한 현재 지역사회에서 활동하는 다양한 시민단체, 학술 단체 및 협회, 그리고 환자와 가족 단체 등과 활발한 교류를 통해 사회공헌 사업을 확장해 나

가야 할 것이다. 의료사회복지사는 의료시설 안에서 서비스를 이용하는 환자와 가족에게 1차적으로 의료사회서비스를 제공하게 되지만, 이들이 안전하게 지역사회로 퇴원하여 정착할 수 있도록 다양한 연계서비스에 대한 정보와 지식을 갖추어야 한다. 더 나아가 병원의 의료사회사업부에서 진행하는 지역사회 사회공헌 사업을 확장하여 지역사회의 시민단체들과 서비스 기관들의 프로그램 개발에 참여하여 건강한 시민단체와 지역자원으로 정착할 수 있도록 관심을 가져야 할 것이다. 예를 들어, 병원 사회사업부에서 제공하는 사례관리 프로그램은 퇴원한 환자와 가족에게 단기적으로 제공되고 있으며, 서비스 범위도 제한적일 수밖에 없다. 그러므로 의료사회복지사는 환자와 가족들이 퇴원 후에도 장기적이고 지속적인 서비스를 받고, 안전하게 지역사회에 머물 수 있도록 지역사회 시민단체의 프로그램 개발을 지원하여야 할 것이다.

또한 의료사회사업부의 사회공헌 사업은 현행 의료시설이 직면하는 구조적 문제점에서 환자와 가족의 안전을 지키고 권리를 보호하기 위하여 의료정책 입안자, 의료 행정 부서 담당자, 지역사회를 대상으로 하는 교육 및 옹호 활동 등으로 확대되어야 할 것이다. 현재 의료사회사업부의 사회공헌서비스 실천 사업의 예로는 국립암센터 및 각 병원 등에서 개발하여 실시하고 있는 '호스피스 자원봉사자 프로그램'을 들 수 있다. 사회사업부에서 개발한 이들 프로그램은 지역사회의 자원봉사자를 교육하여 '호스피스 · 완화의료 법률'의 부재 속에서 지역사회 인프라 형성에 많은 도움을 제공하게 되었다. 현재 대한의료사회복지사협회 산하의 9개 전문 연구회는 현장에서 일하고 있는 의료사회복지사의 전문성을 강화하기 위해 활동하고 있다.

2) 의료사회서비스 국제화를 위한 준비

UN에서 발표한 이동 인구 현황을 보면, 각 대륙별 · 지역별 인구 이동은 지속적으로 증가하는 추세다. 실제로 통계청에서 제공하는 국제인구이동통계에 따르면 우리나라에 입국하는 외국인도 증가하고 있음을 알 수 있다. [그림 11-2]는 세계인구이동통계로서 유럽과 아시아 지역의 인구 이동이 급속도로 증가하고 있음을 보여 주고 있으며, [그

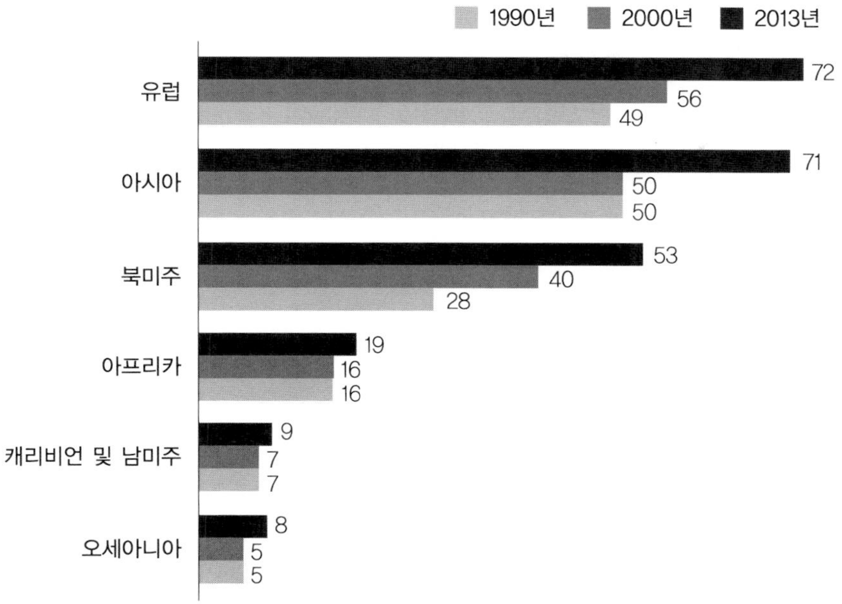

그림 11-2 세계 주요 지역별 국제인구이동률

출처: United Nation Economic & Social Affairs (2013).

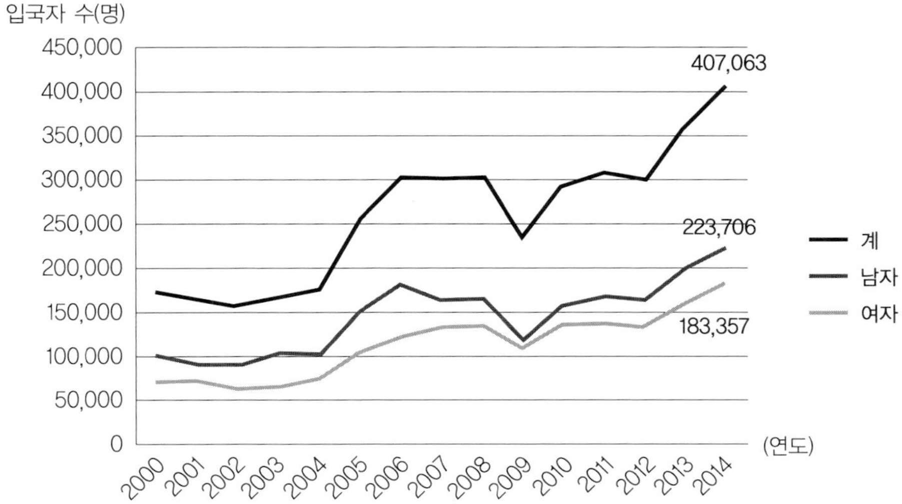

그림 11-3 통계청 국제인구이동통계: 외국인 입국자

출처: 통계청 국제인구이동통계(2015).

림 11-3]은 우리나라에 유입되는 외국인 입국자의 현황으로 지난 10여 년간 거의 2배 이상의 증가를 보이고 있음을 알 수 있다.

[그림 11-4]는 UN에서 발표한 국제이동인구 현황에서의 연령별 인구 분포다. 이를 통해 국제이동인구 중 노인 인구의 비율이 개발도상국에 비해 선진국이 매우 높음을 알 수 있다.

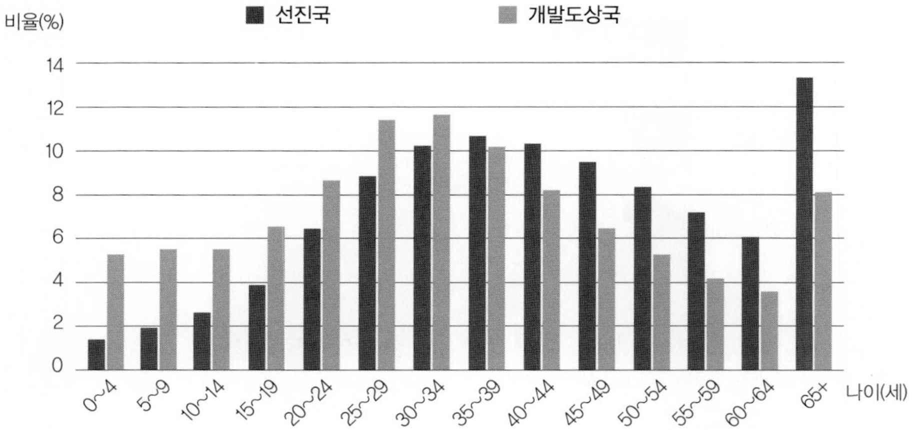

그림 11-4 국제이동인구 현황에서의 연령별 인구 분포

출처: United Nation Department of Economic Affairs (2013).

이미 인근의 아시아 국가들은 의료서비스의 국제화를 실감하고 있다. UK에서 발표한 치매 환자 통계에 의하면 65세 이상 노인 14명 중에 한 명이, 80세 이상 노인 6명 중에 한 명이 치매를 앓고 있고, 치매 환자의 약 2/3는 여자이며, 세계적으로 치매 환자의 비율이 꾸준하게 증가할 것으로 예상하였다(Alzheimer Society. Dementia 2014 Infographic, 2014). 그러므로 최근 경제협력개발기구에서는 장기요양시설에 거주하는 노인 환자의 지속적인 케어와 삶의 질적 향상을 위하여 장기요양시설의 국제 표준화를 주장하고 있다(OECD, 2013). 한국도 의료서비스의 국제화를 준비하면서 일반 병원 및 장기요양시설의 서비스를 국제 기준으로 표준화하여야 할 것이다. 〈표 11-3〉은 유럽 치매노인 환자

〈표 11-3〉 유럽 치매노인 환자 가족의 타이 치매 케어 시설 이용

타이(Thailand)의 치매 케어 비용은 싸면서도 정말 좋은가?

—Denis D. Gray (Associated Press)

영국에 있는 국제알츠하이머협회(Alzheimer's Disease International)에 의하면 전 세계적으로 약 4천 4백만 명이 알츠하이머와 관련 질병을 앓고 있으며, 2050년에는 약 1억 3천 5백만 명으로 증가할 것으로 추정하였다. 현재 유럽 연합국(Europe Union: EU) 중에서 영국, 독일 등 북부 유럽 지역의 알츠하이머 환자 가족들은 본국에서 운영하는 장기요양시설에 비해 비용이나 치매 케어의 질이 더 좋은 태국이나 필리핀 등 남부 아시아 지역의 장기요양시설을 이용하고 있다. 그렇다면 환자의 가족들은 왜 집으로부터 9,000km나 떨어져 있는 타이의 장기요양시설을 이용하게 되었을까 궁금할 것이다.

출처: The Denver Post(2013. 12. 30.).

와 가족의 타이 장기요양시설 사용 비율의 급증에 관한 현상을 인터뷰한 기사 내용을 인용한 것이다.

최근 우리나라에서 발생한 '메르스 사태'는 의료서비스의 국제화를 준비하는 우리에게 새로운 도전의 장을 제공하였다. 국제보건기구도 한국을 방문하여 메르스(Middle East Respiratory Syndrome Corona Virus: MERS-CoV; 중동호흡기증후군) 감염 환자에 대한 조기 대응절차를 분석하였으며, 국가 차원의 감염 예방과 방역에 관한 보고서를 작성하여 발표하기도 하였다(WHO, 2015c). 한국의 감염 진단병학에서 보유하는 세계적으로 인정받는 기술력을 바탕으로 앞으로 감염병 대응도 국제 표준화에 맞추어 정비할 수 있는 좋은 기회가 되었으면 하는 바람이다. 앞으로 세계의 기후 변화와 생태계 이상으로 바이러스 변이가 쉬워지는 반면에 이동 인구 증가와 항공 여행이 늘어나면서 신종 전염병 환자를 위한 의료서비스 대응은 단지 개별 국가의 대응능력 차원이 아닌 국제 대응 표준화와 감염병 예방 기술 향상 등으로 해결해야 할 것이다.

한국은 메르스 사태를 경험하면서 감염 예방과 방역 면에서 국제 표준에 맞춘 지침서를 개발할 수 있는 계기를 마련하게 되었다. 또한 국립중앙의료원은 메르스 사태가 발생하기 이전부터 보호수준이 높은 '레벨 D 보호복' 착용과 감염 예방을 위한 훈련을 통

하여 장기간 '의료진 감염률 0%'라는 세계적 기록을 보유하게 되었다. 이와 같이 의료서비스의 국제화는 다양한 도전 속에서 의료기술과 의료서비스의 차별화 속도를 낼 수 있으며, 결과적으로 의료서비스의 향상을 이루게 된다고 생각한다. 그렇다면 앞으로 의료기술의 선진화와 국제화를 대비하면서 의료사회복지실천 영역에서는 무엇을, 어떻게 준비하여야 하는가? 해답은 간단하지 않지만 지금부터라도 대한의료사회복지사협회 및 학계, 정부 및 시민단체와 전문 의료인, 환자와 가족들로부터 의견을 수렴하여 의료사회복지서비스의 국제화를 위한 노력들이 추진되어야 할 것이다.

정리해 봅시다

❶ 새로운 의료 환경 변화와 의료사회복지서비스 개선

저출산 · 초고령화에 따라 새로운 의료 환경에 대한 이해가 필요하고, 지역사회 중심의 의료서비스가 확대되어야 한다. 특히 지역사회와 병원을 연계하는 효과적인 의료서비스 전달이 이루어질 수 있어야 하며, 의료사회복지서비스의 중요성을 인지하는 것 또한 필요하다. 한국 의료사회복지서비스의 개선점에 대하여 여러 사례를 바탕으로 논의해 보아야 한다.

❷ 새로운 의료 환경 변화와 의료사회복지서비스의 전문성

의료 기술의 선진화와 국제화로 전문화된 의료사회복지서비스가 요구되고 있음을 이해하고, 이에 필요한 전문 의료사회복지실천 방안을 논의해야 한다. 무엇보다 전문 의료사회복지실천 기술에 필요한 전문 교육이나 훈련 프로그램 개발과 함께 환자를 위한 심리사회서비스 제공을 위한 교육 프로그램 등에 대하여 논의해야 한다.

❸ 의료사회복지실천과 사회공헌 활동

현행 의료전달체계 및 사회구조적 결함에서 발생하는 다양한 문제점에 관심을 갖고, 프로그램을 확장할 수 있도록 개발하고 실천하는 것은 의료사회복지실천의 새로운 도전이다. 또한 의료사회복지실천은 현재 지역사회에서 활동하는 다양한 시민단체, 학술 단체 및 협회, 그리고 환자와 가족 단체 등과의 활발한 교류를 통해 사회공헌 사업을 확장해 나가야 할 것이다.

❹ 의료사회복지실천과 국제화 서비스

최근 경제협력개발기구에서는 의료시설의 국제 표준화를 주장하고 있고, 한국 또한 의료서비스의 국제 표준화 필요성을 인식하고 있다. 실제로 의료사회복지서비스의 실천 방안 중에서 특히 외국인 환자를 위한 사회공헌 프로그램에 대하여 논의가 필요하다.

참고문헌

강흥구(2014). **의료사회복지실천론**(제3판). 경기: 정민사.

국가법령정보센터(2014). 의료법. http://www.law.go.kr/lsSc.do?menuId=0&p1=&subMenu=1&nwYn=1&section=&query=%EC%9D%98%EB%A3%8C%EB%B2%95&x=0&y=0#liBgcolor6

국가법령정보센터(2016a). 공공보건의료에 관한 법률. http://www.law.go.kr/LSW/lsInfoP.do?lsiSeq=98013#0000

국가법령정보센터(2016b). 의료법 시행규칙. http://www.law.go.kr/%EB%B2%95%EB%A0%B9/%EC%9D%98%EB%A3%8C%EB%B2%95%20%EC%8B%9C%ED%96%89%EA%B7%9C%EC%B9%99

국민건강보험공단(2015). 국민건강보험제도 개요. http://www.nhis.or.kr/menu/retriveMenuSet.xx?menuId=B2160

김홍수(2015). 노인의료 · 요양서비스 제도의 현황과 과제: 2013 요양병원과 요양시설 실태조사를 중심으로. 노년의 생명윤리와 생명정치 포럼 월례발표회(2015. 3. 6.)

남석인(2014). 의료사회복지사의 역할 및 특성 연구. 대한의료사회복지사협회 춘계 학술대회 발표자료.

보건복지부(2016). "포괄수가제". http://www.mohw.go.kr/front_new/sch/index.jsp?coll=ALL&query=%C6%F7%B0%FD%BC%F6%B0%A1%C1%A6

서이종 편저(2015). **고령사회의 노년기 만성질환과 호스피스의 생명정치**. 서울: 박영사.

이삼식, 김익기, 최효진, 杜鹏, 陆杰华, 奥山正司, 高橋泉(2013). 한중일 인구동향과 인구전략. 보건사회연구원. http://repository.kihasa.re.kr:8080/bitstream/201002/11242/1/%EC%97%B0% EA%B5%AC%EB%B3%B4%EA%B3%A0%EC%84%9C%202013-31-01.pdf

이은희, 김경호(2008). 사회복지사 소진에 영향을 미치는 요인에 관한 연구. **사회연구, 16**(2), 167-193.

전자신문(2014. 9. 26.). 한국, 의료기술 국제 특허 출원 수준 세계 5위. http://www.etnews.com/20140926000700

최영민, 현진희, 전제성(2005). 의료사회복지사를 소진으로부터 보호하는 요인은 무엇인가? **한국사회복지학회, 57**(4), 343-370.

최영순(2015). 고령사회와 호스피스의 제도화 심포지엄에서.

통계청(2015). 평균수명 (0세 기대여명) 및 건강수명.
http://www.index.go.kr/potal/main/EachDtlPageDetail.do?idx_cd=2758
http://kostat.go.kr/wnsearch/search.jsp

통계청 국제인구이동통계(2015).
http://kosis.kr/statHtml/statHtml.do?orgId=101&tblId=DT_1B28021&vw_cd=&list_id=&scrId=&seqNo=&lang_mode=ko&obj_var_id=&itm_id=&conn_path=K1&path=

한수연(2015). 장기요양 시설 사회복지사의 사전의료의향서 지식 및 노인환자 임종의료결정에서의 역할 이해도. **생명연구, 36**, 99-125.

홍영수(2009). **의료사회복지론**. 서울: 신정.

Alzheimer Society. Dementia 2014 infographic (2014). Available from https://s3.amazonaws.com/14078_Alzheimers_Interactive_Infographic/pdf/as_ downloadable_infographics.pdf

Government Accountability Office (GAO). (2014). Medicare Program; Hospital Inpatient Prospective Payment Systems. *Federal register, 78*(160). Available from http://www.gpo.gov/fdsys/pkg/FR-2013-08-19/pdf/2013-18956.pdf

Liechty, J. M. (2011). Health Literacy: Critical Opportunities for Social Work Leadership in Health Care and Research. *Health & Social Work, 36*(2), 99-107.

Organization for Economic Cooperation and Development (OECD). (2013). A Good Life in Old Age?: Monitoring and Improving Quality in LTC (Yuki Murakami, Francesca Colombo). Available from http://www.keepeek.com/Digital-Asset-Management/oecd/social-issues-migration-health/a-good-life-in-old-age/why-the-quality-of-long-term-care-matters_9789264194564-5-en#page1

Organization for Economic Cooperation and Development (OECD). (2015). Korea, Selected indicators for Korea. Available from https://data.oecd.org/korea.htm#profile-health

The Denver Post, Dementia care is cheaper in Thailand. Is it also better?
http://www.denverpost.com/nationworld/ci_24816122/dementia-care-is-cheaper-thailand-is-it-also

United Nation Department of Economic Affairs. (2013). World Population Ageing 2013. Available from http://www.un.org/en/development/desa/population/publications/pdf/popfacts/

popfacts_2013-4.pdf

United Nation Economic & Social Affairs. (2013). International Migration Report 2013. Available from http://esa.un.org/unmigration/documents/worldmigration/2013/Full_Document_final.pdf

World Health Organization (WHO). (2015a). Noncommunicable diseases country profiles 2014. Available from http://www.who.int/nmh/publications/ncd-profiles-2014/en/

World Health Organization (WHO). (2015b). Mental Health: strengthening our response. Available from http://www.who.int/mediacentre/factsheets/fs220/en/

World Health Organization (WHO). (2015c). Managing contacts in the MERS-CoV outbreak in the Republic of Korea. Available from http://www.who.int/mediacentre/news/mers/briefing-notes/update-1-july-2015/en/

경제혁신포털 http://www.economy.go.kr

대한의료사회복지사협회 http://kamsw.or.kr

프리즘(PRISM) http://www.prism.go.kr

부록

부록 1

의학용어

1. 진료과

소화기내과	Gastroenterology	호흡기내과	Pulmonary
심장내과	Cardiology	혈액종양내과	Hematology & Oncology
내분비내과	Endocrinology	알러지내과	Allergies
신장내과	Nephrology	신경과(NR)	Neurology
정신과(Psy)	Psychiatry	소아과(Ped)	Pediatrics
피부과(Der)	Dermatology	일반외과(GS)	General Surgery
흉부외과(CS)	Cardiothoracic Surgery	신경외과(NS)	Neurosurgery
정형외과(OS)	Orthopedics Surgery	성형외과(PS)	Plastic Surgery
산부인과(Ob&Gyn)	Obstetrics	안과(Opthal)	Ophthalmology
이비인후과(ENT)	Ear, Nose, & Throat	비뇨기과(Uro)	Urology
가정의학과	Family Medicine	재활의학과(RM)	Rehabilitation Medicine
통증치료실	Pain Clinic	마취과	Anesthesiology
외국인진료소	International Clinic	임상병리과	Clinical Pathology
방사선과	Department of Radiology	진단방사선과	Diagnostic Radiology
약국	Pharmacy	치료방사선과	Therapeutic Radiology
의무기록과	Department of Medical Record	치과	Dentistry (dental surgery)
응급실	Emergency Room	중환자실	Coronary-care Unit
회복실	Recovery Room	집중치료실	Intensive-care Unit
수술실	Operating Room	분만실	Delivery Room
신생아실	Newborn Unit		

2. 검사명

EEG(Electro-encephalo-gram)	뇌파
EKG(Electro-cardio-gram=ECG)	심전도
EMG(Electro-myo-gram)	근전도
UGI(Upper-Gastro-intestinal) series	위조영검사

3. 간단한 질환명

편마비	Hemiplegia	사지마비	Quadriplegia
뇌수종	Hydrocephalus	하지마비	Paraplegia
폐렴	Pneumonia	직장암	Rectal Cancer
폐결핵	Lung tuberculosis	혼수상태	Coma
위궤양	Stomach Ulcer	치질	Hemorrhoid
빈혈	Anemia	암종	Carcinoma (Cancer)
관절염	Arthritis	고혈압	Hypertension
절단	Amputation	골절	Fracture
중이염	Otitis Media	탈장	Hernia
맹장염	Appendicitis	출혈	Bleeding Hemorrhage
상기도염증	Upper Respiratory Infection	사망	Expire
뇌성마비	Cerebral Palsy	당뇨	Diabetes Mellitus(DM)
신경증	Neurosis	간경화	Liver Cirrhosis
백혈병	Leukemia	경기	Seizure
신장투석	Hemodialysis	간질	Epilepsy
뇌염	Encephalitis	언청이	Cleft Lip (harelip)
늑막염	Pleurisy	피부이식	Skin Graft
낭창	Lupus	혈우병	Hemophilia
분만	Delivery		

4. 증상을 나타내는 용어

fever	발열	melena and hematemesis	흑변 및 토혈
fatigue	피로	jaundice	황달
headache	두통	hematuria	혈뇨
vertigo	현기증	edema	부종
ear pain	이통	low back pain	요통
sore throat	목통증	pallor	창백
chest pain	흉통	hair loss	탈모
dyspnea	호흡곤란	weight loss	체중감소
cough	기침	bleeding	출혈
wheezing	천명(쌕쌕거리는 소리)	infection	감염
nausea and vomiting	구토	coma	혼수
abdominal pain	복통	semicoma	의식이 어느 정도 있는 상태
diarrhea	설사	anemia	빈혈
constipation	변비	convulsion	발작, 경련(간질환자들)

5. 약 어

ASA	aspirin	ADL	activities on daily living
BK(A)	below-knee amputation	AK	above-knee amputation
BP	blood pressure	BMR	basal metabolic rate
CAD	coronary artery disease	CP	cerebral palsy
CBC	complete blood count	CC	chief complaint
CVA	cerebral vascular accident	CX	chest x-ray
DOA	dead on arrival	DM	diabetes mellitus
Dx	diagnosis	EDC	estimated date of confinement
ETOH	ethyl alcohol	F/M	female
F/U	follow-up	Fx	fracture
FUO	fever unknown origin	GB	gallbladder
GC	gonorrhea(gonococcus)	GI	gastrointestinal
INF	infection	IV	intravenous
IM	intramuscular	M	male
NPO	nothing by mouth	OT	occupational therapy
NSVD	normal spontaneous vaginal delivery		
OPD	outpatient dispensary	Polio	poliomyelitis
P/T	physical therapy	Prn	whenever necessary
R/O	ruled out	Rx	take therapy
RN	registered nurse	AN	aid nurse
TAH	total abdominal hysterectomy	TB	tuberculosis
TPR	temperature, pulse, and respiration		
WNL	within normal limits	WC	wheel chair
Wt	weight	WBC	white blood cell
URI	upper respiratroy infection	BMT	bone marrow transplantation
VDRL	venereal disease research laboratory		
D&C	dilatation & curettage	TOF	tetralogy of fallot
Tid	three times a day	Qid	four times a day

6. 재활의학 용어 및 약어

RM	rehabilitation medicine	PT	physical therapy
OT	occupational therapy	ST	speech therapy
EMG	electromyogram	EST	electrical stimulation therapy
US	ultra sound	Ex	exercise
HP	hot pack	CP	cold pack
W/C	wheel chair	PB	parallel bar
ADL	activities of daily living	BM	bowel movement
SCI	spinal cord injury	ROM	range of motion
LOM	limitation of motion	C	cervical
CVA	cerebral vascular accident	T	thoracic
CP	cerebral palsy	L	lumbar
PMD	progressive mascular dystrophy	S	sacral
Hemi	hemiplegia	MR	mental retardation
RA	rheumatoid arthritis	DA	degenerative arthritis
Polio	poliomyelitis	Quadri	quadriplegia
Para	paraplegia	CNS	central nervous system
A — E	above elbow	B — E	below elbow
A — K	above knee	B — K	below knee
R) U/E	right upper extremity	L) U/E	left upper extremity
R) L/E	right lower extremity	L) L/E	left lower extremity
R/O	rule out	Imp	impression
Dx	diagnosis	PHx	past history or personal history
CC	chief complain	FHx	family history
DA	developmental age	DOB	date of birth
Rt	right	Lt	left
Ant	anterior	Post	posterior
Med	medial	Lat	lateral
Fl	flexion	Ext	extension
Abd	abduction	Add	adduction
Ext. rot	external rotation	Int. rot	internal rotation
Sup	supination	Pro	pronation
Fx	fracture	Abs	absence
Pres	presentation	N	normal
F	fair	G	good
P	poor	T	trace
O	zero		

7. 정신의학 용어

〈증상〉

- Disorders of Activity(행동의 장애)
- Disorders of Perception(지각의 장애)
- Disorders of Thought(사고의 장애)
- Disorders of Emotion(감정의 장애)
- Disorders of Consciousness(의식의 장애)
- Disorders of Orientation(지남력 장애)
- Disorders of Memory(기억력 장애)
- Disorders of Intelligent(지능의 장애)
- Personality Disorder(인격장애)

〈정신과 질환의 분류〉

- Organic Mental Syndromes and Disorder(기질성 정신장애)
  - Delirium(섬망)
  - Dementia(치매)
  - Intoxication(중독)
  - Withdrawal(금단)
- Schizophrenia(정신분열증)
- Delusional Disorder(망상형 장애)
- Schizoaffective Disorder(정신분열증+정동장애)
- Mood Disorder(정동장애)
  - Bipolar Disorder(조울증)
  - Depressive Disorder(우울증)
- Anxiety Disorder(불안장애)

- –Panic Disorder(공황장애)
- –Agoraphobia(광장공포증)
- –Social Phobia(대인공포증)
- –Obsessive Compulsive Disorder(강박장애)
- –Post-traumatic Stress Disorder(외상후 스트레스 장애)

- Somatoform Disorder(신체형장애)
  - –Hypochondriasis(건강염려증)
  - –Somatization Disorder(신체화장애)
  - –Somatoform Pain Disorder(신체형통증장애)
- Dissociative Disorder(해리형장애)
- Sexual Disorder(성장애)
  - –Paraphilia(노출증)
  - –Sexual Dysfunctions(성기능장애)
- Sleep Disorder(수면장애)
- Psychoactive Substance Use Abuse(약물사용)
- Adjustment Disorder(적응장애)
- Psychological Factors Affecting Physical Condition(정신신체장애)
  - –Obesity(비만), Tension(긴장형 두통), Migraine Headache(편두통), Rheumatoid Arthriris(류마티스 관절염), Asthma(천식), Pylorospasm(위경련), Frequency of Micturition(빈뇨)
- Personality Disorder(인격장애)
  - –Paranoid PD(편집형 인격장애)
  - –Antisocial PD(반사회적 인격장애)
  - –Borderline PD(경계선 인격장애)
  - –Dependent PD(의존형 인격장애)
  - –Obsessive-Compulsive Disorder(강박적 인격장애)

부록 2 문제사정 코드(KCD-10 Z55—Z65)

한국표준질병사인분류(Korean Standard Classification of Diseases)

건강상태 및 보건서비스 접촉에 영향을 주는 요인(Z00-Z99)

사회경제적 및 정신사회적 상황에 관련된 잠재적 건강위험이 있는 사람(Z55-Z65)

Z55 교육 및 식자와 관련된 문제(Problems related to education and literacy)

제외: 정신발달의 장애(Disorders of psychological development)(F80-F89)

Z55.0 문맹 및 낮은 수준의 식자(Illiteracy and low-level literacy)

Z55.1 받지 못한 학교교육(Schooling unavailable and unattainable)

Z55.2 시험에 실패(Failed examinations)

Z55.3 성취도 이하의 학교교육(Underachivement in school)

Z55.4 교육상 부적응 및 선생님과 급우들과의 부조화(Educational maladjustment and discord with teachers and classmates)

Z55.8 기타 교육 및 식자와 관련된 문제(Other problems related to education and literacy)

부적합한 교수(Inadequate teaching)

Z55.9 상세불명의 교육 및 식자와 관련된 문제(Problems related to education and literacy, unspecified)

Z56 취업 및 실업에 관련된 문제(Problems related to employment and unemployment)

제외: 위험요인에 직업적 노출(Occupational exposure to risk-factors)(Z57.-)

주택 및 경제 환경에 관련된 문제(Problems related to housing and economic circumstances)(Z59.-)

Z56.0 상세불명의 실업(Unemployment, unspecified)

Z56.1 직업의 전환(Change of job)

Z56.2 직업 상실의 위협(Threat of job loss)

Z56.3 스트레스가 많은 작업계획(Stressful work schedule)

Z56.4 직장 상사 및 동료와의 불화(Discord with boss and workmates)

Z56.5 맞지 않는 작업(Uncongenial work)

작업하기에 어려운 조건(Difficult conditions at work)

Z56.6 작업과 관련한 기타 육체적 및 정신적 과로(Other physical and mental strain related to work)

Z56.7 취업과 관련된 기타 및 상세불명의 문제(Other and unspecified problems related to employment)

Z57 위험요인에 직업적 노출(Occupational exposure to risk-factors)

Z57.0 소음에 직업적 노출(Occupational exposure to noise)

Z57.1 방사선에 직업적 노출(Occupational exposure to radiation)

Z57.2 먼지에 직업적 노출(Occupational exposure to dust)

Z57.3 기타 공기 오염물질에 직업적 노출(Occupational exposure to other air contaminants)

Z57.4 농업용 독성제제에 직업적 노출(Occupational exposure to toxic agents in agriculture)

고체, 액체, 기체 또는 물김(Solids, liquids, gases or vapours)

Z57.5 기타 산업용 독성제제에 직업적 노출(Occupational exposure to toxic agents in other industries)

고체, 액체, 기체 또는 물김(Solids, liquids, gases or vapours)

Z57.6 극도의 온도에 직업적 노출(Occupational exposure to extreme temperature)

Z57.7 진동에 직업적 노출(Occupational exposure to vibration)

Z57.8 기타 위험요인에 직업적 노출(Occupational exposure to other risk-factors)

Z57.9 상세불명의 위험요인에 직업적 노출(Occupational exposure to unspecified risk-factor)

Z58 물리적 환경에 관련된 문제(Problems related to physical environment)

제외: 직업적 노출(Occupational exposure)(Z57.-)

Z58.0 소음에 노출(Exposure to noise)

Z58.1 공기 오염에 노출(Exposure to air pollution)

제외: 담배 연기(Tobacco smoke)(Z58.7)

Z58.2 수질 오염에 노출(Exposure to water pollution)

Z58.3 토양 오염에 노출(Exposure to soil pollution)

Z58.4 방사선에 노출(Exposure to radiation)

Z58.5 기타 오염에 노출(Exposure to other pollution)

Z58.6 부적합한 식수공급(Inadequate drinking-water supply)

제외: 갈증의 작용(Effects of thirst)(T73.1)

Z58.7 담배연기에 노출(Exposure to tobacco smoke)

간접 흡연(Passive smoking)

제외: 담배 사용에 의한 정신 및 행동 장애(Mental and behavioural disorders due to the use of tobacco)(F17.-)

정신활성물질 남용의 개인력(Personal history of psychoactive substance abuse)(Z86.4)

담배의 사용(Tobacco use)(Z72.0)

Z58.8 기타 물리적 환경에 관련된 문제(Other problems related to physical environment)

Z58.9 상세불명의 물리적 환경에 관련된 문제(Problems related to physical environment, unspecified)

Z59 주택 및 경제적 상황에 관련된 문제(Problems related to housing and economic circumstances)

제외: 부적합한 식수 공급(Inadequate drinking-water supply)(Z58.6)

Z59.0 무주택(Homelessness)

Z59.1 부적합한 주택(Inadequate housing)

난방 결여(Lack of heating) 공간 협소(Restriction of space)

적당한 예방적 보호를 할 수 있는 주택의 기술적 결여(Technical defects in home preventing adequate care)

불만족스러운 주위 환경(Unsatisfactory surroundings)

제외: 물리적 환경에 관련된 문제(Problems related to physical environment)(Z58.-)

Z59.2 이웃, 세입자 및 집주인과 부조화(Discord with neighbours, lodgers and landlord)

Z59.3 거주시설에서의 생활과 관련된 문제(Problems related to living in residential institution)

학교 기숙사에 거주(Boarding-school resident)

제외: 시설에서 양육(Institutional upbringing)(Z62.2)

Z59.4 적절한 음식의 부족(Lack of adequate food)

제외: 기아의 작용(Effects of hunger)(T73.0)

부적합한 식이 또는 식사 습관(Inappropriate diet or eating habits)(Z72.4)

영양실조(Malnutrition)(E40-E46)

Z59.5 극도의 빈곤(Extreme poverty)

Z59.6 저소득(Low income)

Z59.7 불충분한 사회 보험 및 복지 혜택(Insufficient social insurance and welfare support)

Z59.8 기타 주택 및 경제적 상황에 관련된 문제(Other problems related to housing and economic circumstances)

대부에 의한 권리 상실(Foreclosure on loan)

고립된 주거(Isolated dwelling)

채권자와의 문제(Problems with creditors)

Z59.9 상세불명의 주택 및 경제적 상황에 관련된 문제(Problems related to housing and economic circumstances, unspecified)

Z60 사회적 환경에 관련된 문제(Problems related to social environment)

Z60.0 생명주기의 변이에 대한 적응 문제(Problems of adjustment to life-cycle transitions)

은퇴[연금]에 대한 적응[Adjustment to retirement(pension)]

빈 둥지 증후군(Empty nest syndrome)

Z60.1 비전형적 양육 상황(Atypical parenting situation)

편부모 또는 두 명의 생물학적 동거 부모의 경우 이외의 양육 상황에 관련된 문제

Z60.2 독신생활(Living alone)

Z60.3 문화변용의 어려움(Acculturation difficulty)

이민(Migration) 사회 이주(Social transplantation)

Z60.4 사회적 배척 및 거부(Social exclusion and rejection)

비정상적인 외모, 질병 또는 행동과 같은 개인적인 특성에 의한 배타 및 거부

제외: 인종이나 종교적 이유를 위해 유해한 차별 및 박해를 받는 목표물(Target of adverse discrimination such as for racial or religious reasons) (Z60.5)

Z60.5 유해한 차별 및 박해를 받는 목표물(Target of perceived adverse discrimination and persecution)

개인적인 특성보다는 일부 집단의 구성원으로서(피부색, 종교, 인종 등으로) 감지하거나 실질적으로 받는 차별 및 박해

제외: 사회적인 배척 및 거부(Social exclusion and rejection)(Z60.4)

Z60.8 기타 사회적 환경과 관련된 문제(Other problems related to social environment)

Z60.9 상세불명의 사회적 환경과 관련된 문제(Problem related to social environment, specified)

Z61 소아기에 부정적 일상사건에 관련된 문제(Problems related to negative life events in childhood)

제외: 학대 증후군(Maltreatment syndromes)(T74.-)

Z61.0 소아기에 애정 관계의 결핍(Loss of love relationship in childhood)

부모로서, 형재자매로서, 대단히 특별한 친구로서 또는 사랑스러운 애완동물로서 죽음, 또는 영원한 헤어짐 또는 거절로 정서적으로 밀접한 관련성 상실

Z61.1 소아기에 가정으로부터의 격리(Removal from home in childhood) 체류를 위하여 집으로부터 떨어져 정신적 사회적인 스트레스를 유발하는 양육원, 병원 또는 기타 시설에 입소하거나 하나의 활동으로 강제 징발

Z61.2 소아기에 변형된 가족관계의 양상(Altered pattern of family relationships in childhood)

아동의 관계에 유해한 변화를 가져오는 새로운 가족의 출현. 부모의 재혼 또는 형제자매의 출산이 포함

Z61.3 소아기에 자부심의 상실을 가져온 사건(Events resulting in loss of self-esteem in childhood)

아동에 의해서 부정적인 자기비하를 초래한 사건, 즉 개인적으로 많은 노력을 한 일의 실패; 수치스럽거나 비난을 받을 개인적 또는 가족적 사건의 발각 또는 발견; 기타 굴욕적인 경험

Z61.4 일차 부양 집단 내 사람에 의한 어린이의 추정된 성적 학대에 관련된 문제(Problems related to alleged sexual abuse of child by person within primary support group)

아동이 성적인 행위에 가담하기를 원하였는지는 불문하고 성적인 자극을 유도한 아동 가구의 성인 가구원과 아동 사이에 있었던 모든 형태의 신체적인 접촉 또는 노출에 관련된 문제(예를 들면, 모든 성기 접촉 또는 가슴이나 성기의 손으로 추행 또는 고의적인 노출)

Z61.5 일차 부양 집단 외 사람에 의한 어린이의 추정된 성적 학대에 관련된 문제(Problems related to alleged sexual abuse of child by person outside primary support group)

이 사람의 위치나 상태 또는 아동의 의사에 반해서 본질적으로 아동 가족 밖의 연장자에 의하여 저질러진 아동 또는 다른 사람의 가슴이나 성기의 접촉 또는

시도한 접촉, 밀접한 대면에서 성적 노출 또는 아동을 옷 벗기거나 유혹하려는 시도와 관련된 문제

Z61.6 추정된 어린이 육체 학대에 관련된 문제(Problems related to alleged physical abuse of child)

가정에서 과거에 어떤 성인에 의해서 의학적으로 중요한 정도의 손상을 입거나(즉, 골절, 타박상의 흔적) 또는 비정상적인 폭력이 관여된(즉, 단단하고 예리한 기구로 아동을 타격, 아동을 불로 지지거나 묶는) 부수적인 사건에 관련된 문제

Z61.7 소아기에 개인적 경악의 경험(Personal frightening experience in childhood)

아동의 미래를 위협하는 경험, 즉 유괴, 생명을 위협한 천재지변, 자신의 이미지나 안전을 위협하는 손상 또는 사랑하는 사람에게 심각한 정신적인 상처를 주는 증언

Z61.8 기타 소아기의 부정적 일상 사건(Other negative life events in childhood)

Z61.9 상세불명의 소아기의 부정적 일상 사건(Negative life event in childhood, unspecified)

Z62 양육에 관련된 기타 문제(Other problems related to upbringing)

제외: 학대 증후군(Maltreatment syndromes)(T74.-)

Z62.0 부적당한 부모의 감시 및 통제(Inadequate parental supervision and control)

아동이 무엇을 하고자 하는지 어디에 있는지에 대한 부모의 지식결여; 빈약한 통제; 아동이 위험한 상황에 있을 때 관심의 결여 또는 개입 시도의 결여

Z62.1 부모의 과보호(Parental overprotection)

유치증을 초래한 양육 태도와 독립된 행동의 방해

Z62.2 시설 양육(Institutional upbringing)

부모의 책임이 대부분 일부 시설 형태(양육원, 고아원 등과 같은)에 위임된 집단 양육보호 또는 적어도 한 부모와 같이 살고 있지 않은 아동의 병원, 회복기 요양소나 그와 같은 곳에서 장기간에 걸친 치료

Z62.3 어린이에 대한 적대감 및 속죄양 취급(Hostility towards and scapegoating of child)

하나의 개체로서 아동에게 특별히 집중하여 몇 가지 아동의 행동을 지속적으로 주입시키는 부정적인 부모의 행동(즉, 집에서 일어난 모든 문제를 가지고 아동을 습관적으로 비난하거나 아동에게 부정적인 성격을 심어 주는)

Z62.4 어린이의 정서 무관심(Emotional neglect of child)

부모가 아동에게 경멸적이거나 무감각한 방법으로 아동에 대한 관심, 아동의 어려움에 대한 동정심 및 칭송과 칭찬의 결여. 근심스러운 행동 및 충분한 신체적인 안정과 정서적인 온화함의 부재에 대한 초조한 반응

Z62.5 양육의 소홀에 관련된 기타 문제(Other problems related to neglect in upbringing)

배움 및 놀이 경험의 결여

Z62.6 부적합한 부모의 압력 및 기타 이상한 양육의 질(Inappropriate parental pressure and other abnormal quality of upbringing)

부모가 아동에게 그 고장의 규범과 상이한, 즉 아동에게 성적인 부적합(즉, 남자아이에게 여자아이의 옷을 입히는), 연령 부적합(즉, 부모가 아동에게 그 연령 이상의 책임을 강요) 또는 기타 부적합(즉, 아동에게 원하지 않거나 너무 어려운 활동을 하게 압력)의 어느 하나를 강요

Z62.8 기타 명시된 양육에 관련된 문제(Other specified problems related to upbringing)

Z62.9 상세불명의 양육에 관련된 문제(Problem related to upbringing, unspecified)

Z63 가족 상황을 포함하여 일차 부양 집단에 관련된 기타 문제(Other problems related to primary support group, including family circumstances)

제외: 학대 증후군(Maltreatment syndromes) (T74.-)

소아기의 부정적 일상사건에 관련된 문제(Problems related to negative life events in childhood)(Z61.-) 양육에 관련된 문제(Problems related to upbringing) (Z62.-)

Z63.0 배우자 또는 동반자와 관련된 문제(Problems in relationship with spouse or partner)

심각하거나 오랫동안의 통제상실, 적대감이나 비판적인 느낌의 일반화 또는 개인 간에 심각한 폭력(구타)의 지속적인 분위기의 결과로 동반자 간에 불화

Z63.1 부모 및 양부모와 관련된 문제(Problems in relationship with parents and in-laws)

Z63.2 부적절한 가족부양(Inadequate family support)

Z63.3 가족 구성원의 부재(Absence of family member)

Z63.4 가족 구성원의 실종 및 사망(Disapperance and death of family member)

가족 구성원의 추측된 사망(Assumed death of family member)

Z63.5 별거 및 이혼에 의한 가족의 와해(Disruption of family by separation and divorce)

사별(Estrangement)

Z63.6 가정에서 보호가 필요한 부양친척(Dependent relative needing care at home)

Z63.7 가족 및 가정에 영향을 주는 기타 스트레스성 일상사건(Other stressful life events affecting family and household)

가족의 병든 사람에 대한 (정상적인) 걱정[Anxiety (normal) about sick person in family]

병든 또는 혼란스러운 가족 구성원(Ill or disturbed family member)

고립된 가족(Isolated family)

가족 내 보건문제(Health problems within family)

Z63.8 기타 명시된 일차 부양 집단에 관련된 문제(Other specified problems related to primary support group)

가족 불화(Family discord) NOS

가족 내 고조된 감정 표현(High expressed emotional level within family)

가족 내 의사 소통의 부적당 또는 왜곡(Inadequate or distorted communication within family)

Z63.9 상세불명의 일차 부양 집단에 관련된 문제(Problems related to primary support group, unspecified)

Z64 특정 정신사회적 상황에 관련된 문제(Problems related to certain psychosocial circumstances)

Z64.0 원하지 않은 임신에 관련된 문제(Problems related to unwanted pregnancy)

제외: 사회적 문제로 인한 고위험도 임신의 관리(supervision of high-risk pregnancy due to social problems)(Z35.7)

Z64.1 다산에 관련된 문제(Problems related to multiparity)

제외: 5회 이상 경산을 동반한 임신의 관리(supervision of pregnancy withgrand multiparity)(Z35.4)

Z64.2 위험 및 유해한 것으로 알려진 물리적, 영양적 및 화학적 중재의 탐색 및 수용(Seeking and accepting physical, nutritional and chemical interventions known to be hazardous and harmful)

제외: 물질 의존(Substance dependence) – 색인표 참조

Z64.3 위험 및 유해한 것으로 알려진 행동적 및 정신과학적 중재의 탐색 및 수용(Seeking and accepting behavioural and psychological interventions known to be hazardous and harmful)

Z64.4 상담자와의 불화(Discord with counsellors)

보호 감찰관과 불화(Discord with probation officer)

사회사업가와 불화(Discord with social worker)

Z65 기타 정신사회적 상황과 관련된 문제(Problems related to other psychosocial circumstances)

제외: 현재 손상(Current injury) – 색인표 참조

Z65.0 투옥되지는 않았으나 민형사 소송에서 내린 유죄 판결(Conviction in civil and criminal proceedings without imprisonment)

Z65.1 투옥 및 기타 감금(Imprisonment and other incarceration)

Z65.2 감옥에서 석방과 관련된 문제(Problems related to release from prison)

Z65.3 기타 법적 상황에 관련된 문제(Problems related to other legal circumstances)

체포(Arrest)

어린이 보호 또는 양육 소송(Child custody or support proceedings)

소송(Litigation)

기소(Prosecution)

Z65.4 범죄 및 테러 행위의 희생(Victim of crime and terrorism)

고문의 희생(Victim of torture)

Z65.5 재앙, 전쟁 및 기타 적대행위에의 노출(Exposure to disaster, war and other hostilities)

제외: 감지된 차별대우 또는 박해의 목표(Target of perceived discrimination or persecution)(Z60.5)

Z65.8 기타 명시된 정신사회적 상황과 관련된 문제(Other specified problems related to psychosocial circumstances)

Z65.9 상세불명의 정신사회적 상황에 관련된 문제(Problems related to unspecified psychosocial circumstances)

부록 3 호스피스 전문기관(56개소)

종 별	지 역	기관명	지정일	병상 수
상급 종합 병원	경남	경남지역암센터(경상대학교병원)	2009. 2. 4.	11
	대구	계명대학교 동산병원	2008. 12. 16.	16
	대구	대구가톨릭대학교병원	2010. 8. 15.	11
	대전	대전지역암센터(충남대학교병원)	2009. 1. 12.	13
	부산	부산지역암센터(부산대학교병원)	2009. 12. 18.	27
	서울	고려대학교 구로병원	2008. 12. 12.	13
	서울	가톨릭대학교 서울성모병원	2009. 1. 9.	23
	인천	인천지역암센터(가천의대 길병원)	2009. 9. 7.	16
	전남	전남지역암센터(화순전남대학교병원)	2008. 12. 26.	12
	전북	전북지역암센터(전북대학교병원)	2008. 12.	11
	충북	충북지역암센터(충북대학교병원)	2009. 12. 29.	10
	경기	경기지역암센터(아주대학교병원)	2011. 12. 12.	8
	울산	울산대병원	2012. 12. 28.	12
	인천	가톨릭대학교 인천성모병원	2013. 12. 31.	20
합 계		총 14개 기관(25%)		203(21.6%)
종합 병원	대구	대구경북지역암센터(칠곡 경북대학교병원)	2009. 11. 30.	12
	강원	강원지역암센터(강원대학교병원)	2012. 7. 26.	12
	경기	안양샘병원	2009. 1. 29.	16
	경기	가톨릭대학교 성빈센트병원	2009. 1. 28.	12
	경기	가톨릭대학교 부천성모병원	2009. 1. 28.	12
	경기	국민건강보험공단 일산병원	2009. 1. 20.	12
	경남	창원파티마병원	2009. 2. 4.	12
	경북	선린병원	2009. 1. 29.	33
	광주	광주기독병원	2009. 1. 12.	23
	대구	대구파티마병원	2008. 11. 19.	14
	대구	대구보훈병원	2008. 12. 26.	19
	대구	대구의료원	2008. 10. 31.	14

	대전	가톨릭대학교 대전성모병원	2009. 1. 12.	17
	부산	부산성모병원	2008. 12. 11.	26
	서울	성바오로병원	2008. 12. 24.	11
	서울	서울특별시 동부병원	2011. 1. 7.	40
	전남	순천 성가롤로병원	2008. 12. 26.	14
	전남	목포중앙병원	2008. 12. 17.	8
	전북	남원의료원	2009. 1. 12.	11
	제주	제주지역암센터(제주대학교병원)	2009. 12. 31.	10
	충남	홍성의료원	2009. 10. 22.	10
	충북	청주의료원	2012. 7. 11.	9
	경기	경기도의료원 파주병원	2012. 11. 22.	12
	경북	포항의료원	2012. 12. 12.	20
	서울	서울의료원	2012. 12. 28.	19
	경기	경기도의료원 의정부병원	2012. 12. 26.	11
	인천	가톨릭관동대학교 국제성모병원	2014. 12. 30.	21
합 계		총 27개 기관(48.2%)		430(45.8%)
병 원	경기	샘물호스피스병원	2009. 1. 28.	60
	서울	서울특별시 서북병원	2008. 12. 29.	29
	서울	서울특별시 북부병원	2011. 1. 7.	30
	전북	엠마오사랑병원	2008. 11. 26.	10
	전남	순천의료원	2012. 8. 8.	23
	서울	서울특별시 서남병원	2014. 12. 30.	17
합 계		총 6개 기관(10.7%)		169(18.0%)
의 원	강원	갈바리의원	2008. 12. 24.	15
	경기	모현센터의원	2008. 12. 30.	15
	경기	수원기독의원	2009. 1. 29.	19
	경기	굿피플의원	2013. 12. 27.	6
	광주	천주의성요한병원	2009. 1. 12.	22
	서울	전진상의원	2008. 12. 10.	10
	제주	성이시돌복지의원	2008. 12. 15.	28
	강원	춘천기독의원	2012. 11. 9.	12
	경기	새오름가정의원	2014. 12. 18.	10
합 계		총 9개 기관(16.1%)		137(14.6%)
전체 합계		총 56개 기관		939병상

출처: 보건복지부. 2014년 평가결과 최우수 호스피스 전문 의료기관. 보도자료.

부록 4 사회사업 초기 면접 기록지

등록번호 환자명 과 명 병동명 병실명	충남대학교병원 **사회사업 초기면접 기록** (Social Work Intake)

의뢰일		의뢰인		정보제공자	
면접일		진단일		사회복지사	
입원일		퇴원일		담당의	
진단명				의뢰이유	
주 소				전화번호	

Ⅰ. 일반사항 : □ 소아환자의 경우 보호자 사항( )

종 교	직 업	사회보장	경제력	주거 형태	
□ 1. 불 교 □ 2. 기독교 □ 3. 천주교 □ 4. 무 교 □ 5. 기 타 **학 력** □ 1. 초졸 □ 2. 중졸 □ 3. 고졸 □ 4. 대졸 □ 5. 대졸 이상 □ 6. 무학 □ 7. 기타	□ 1. 사무직 □ 2. 기술직 □ 3. 생산직 □ 4. 전문직 □ 5. 자영업 □ 6. 농업 □ 7. 상업 □ 8. 교직/공무원 □ 9. 일용직 노동 □ 10. 학생 □ 11. 전업주부 □ 12. 무직 □ 13. 기타	〈의료보장〉 □ 1. 건강보험 □ 2. 차상위 1종 □ 3. 차상위 2종 □ 4. 의료급여 1종 □ 5. 의료급여 2종 □ 6. 산재보험 □ 7. 자동차보험 □ 8. 일반 〈사회보험〉 □ 1. 국민연금 ( ) □ 2. 기초연금 ( ) □ 3. 장기요양보험 ( ) □ 4. 실업급여 ( ) □ 5. 휴업급여 ( ) □ 6. 장애연금/수당 ( )	〈소득원〉 □ 1. 본인 ( ) □ 2. 가족 ( ) □ 3. 정부지원 □ 생계급여 ( ) □ 보육수당 ( ) □ 4. 기타 ( ) 〈사보험〉 □ 1. 개인연금 ( ) □ 2. 보장성보험 ( ) □ 3. 실손보험 ( ) □ 4. 기타 ( ) 〈재산〉 □ 1. 부동자산 ( ) □ 2. 유동자산 ( ) □ 3. 은행부채 ( )	□ 1. 자가 □ 2. 전세 □ 3. 월세 □ 4. 영구임대 □ 5. 공공임대 □ 6. 시설거주 □ 7. 기타 (노숙 등) 보증금 ( ) 월세 ( )	□ 1. 일반주택 □ 2. 연립주택 □ 3. 빌라 □ 4. 아파트 □ 5. 재래식주택 □ 1. ( ) 층 □ 2. 턱( )개 □ 3. 계단 ( )개 □ 4. 경사로 있음 □ 5. elevator 있음 □ 6. 좌변기 있음

Genogram

II. 문제사정 및 진단

의료력			
경제력			
심리사회적 측면			
진 단	□ 경제적문제 □ 심리사회적문제 □ 퇴원문제 □ 지역사회자원연결문제 □ 재활문제 □ 기타		
	□ severe □ moderate □ mild □ No problem		

III. 개 입

의료력	□ 진행	□ 정보제공	
목표 및 계획			
경 과			
결 과			

등록번호
환자명
과 명
병동명 병실명

충남대학교병원

사회사업 경과기록

(Social Work Progress)

년/월/일	내 용

등록번호
환자명
과 명
병동명 병실명

충남대학교병원

사회사업 종결기록

(Social Work Conclusion)

진단명				담당의		
주소				전화번호		
입원 시 의뢰문제						
종결 시 문제						

상담회수	환자상담	가족상담	의료진협의	관련인상담	병실방문	가정방문	합 계

상담요약	상담과정 및 결과
	종결이유
	종결 후 계획(의뢰 및 전원)
종결일시	
사회복지사	(인)

등록번호 성명 생년월일 성별 나이 세	

한림대학교 강동성심병원
사회사업 초기 면접 기록지
(Social Work Intake)

DATE OPENED	NEW ( ) REOPENED ( )	SOCIAL WORK NO.
	IN-PATIENT ( ) OUT-PATIENT ( )	

NAME		BIRTH DATE		AGE		SEX	M / F
ADDRESS	☎						
INFORMANT	1.	2.	3.				
ONSET		ADMISSION DATE					
OCCUPATION							

MARITAL STATUS	SOCIAL SECURITY	HOUSING	RELIGION	EDUCATION	REFERRAL SOURCE
1. SINGLE 2. MARRIED 3. SEPARATED 4. WIDOWED 5. DIVORCE 6. OTHERS	1. 국민건강보험 2. 산재보험 3. 의료급여(①,②) 4. 일반 5. 자동차보험 6. 기타	(본인 / 가족) 1. 자가 2. 전세 3. 월세 4. 시설 5. 기타	1. 가톨릭 2. 기독교 3. 불교 4. 없음 5. 기타	1. 무학 2. 초졸 3. 중졸 4. 고졸 5. 대졸 6. 기타	1. CONSULT ① MD ② RN ③ COMMUNITY ④ OTHERS 2. SELF 3. SCREENING

DIAGNOSIS			
	1.	DEPT	
	2.	PHYSICIAN	

REASON FOR REFERRAL	NEEDS / PROBLEMS
1. FINANCIAL ASSISTANCE 2. PSYCHOSOCIAL EVALUATION 3. DISCHARGE PLANNING 4. INFORMATION 5. OTHERS	1. PSYCHOSOCIAL PROBLEM 2. REHABILITATION & DISCHARGE PROBLEM 3. FINANCIAL PROBLEM 4. COMMUNITY RESOURCE CONTACT PROBLEM 5. OTHERS

사회환경 조사서
(Social Study)

1. 병력(Medical History)

2. 개인력(Personal History)

3. 가족력(Family Background)

4. 경제적 배경(Financial Background)

5. 문제사정(Assessment)

6. 개입목표(Goal)

7. 개입계획(Plan)

Date: Social Worker :

등록번호

성명

생년월일

성별 나이 세

상 담 과 정 기 록

(Social Work Recording)

일 자			내 용	기록자
년	월	일		

일 자			내 용	기록자
년	월	일		

등록번호
성명
생년월일
성별 나이 세

종결 및 요약기록

(Social Work Conclusion Note)

개입이유	개입기간	년 월 일 ~ 년 월 일		
	의뢰처	SW / MD / RN / COMMUNITY / SELF / OTHERS( )		
	의뢰사유	1. Financial Assistance 2. Psychosocial Evaluation 3. Discharge Planning 4. Information 5. Others ( )		
개입개요	문 제			
	계 획			
	개입내용			
개입결과	성 취	1. Plan Achieved ① Achieved ② Only Intake ③ Partially Achieved	미성취	2. Plan Not Achieved ① Insufficient Time ② No Need For SW Service ③ Insufficient Resource ④ Others

INTERVENTION METHOD		SESSION	FEE	
1. CASE WORK			개인력조사(1)	
2. FAMILY INTERVENTION			사회사업지도(상담)(2)	
3. GROUP WORK			사회조사(2)	
4. COMMUNITY ORGANIZATION			가정방문(2)	
5. OHTERS			비급여	
사후관리 (follow-up)	여부	Y / N		
	이유			

Date: Social Worker:

등록번호
성명
생년월일
성별 나이 세

상 담 과 정 기 록
(Social Work Recording)

부록 5 Minnesota Hospital의 심리사회적 문제 목록

등록번호:________________ 성명:________________

체 크	심리사회적 문제	문제 내용
	건강문제, 장애, 상실에 대한 적응	□ 환자와 가족이 질병에 적응하는 데 어려움이 있는가? □ 질병과 치료, 장애, 상실, 신체상의 문제, 죽음(사별) 등에 대해 잘못 이해하고 있지는 않은가?
	불안반응	□ 환자는 신경과민, 불안, 긴장, 염려, 입원치료에 대한 불안, 퇴원을 막는 것에 대한 불안이 있다.
	행동문제	□ 환자가 신경질적 기질, 공격, 학교에서의 소동, 행동화, 사회공포적 행동, 적대감, 동기의 결여가 있거나, '문제 환자'로 간주되지는 않는가?
	약물남용	□ 환자와 그 가족이 알코올 중독, 고의적인 처방약의 오용, 처방 없는 약의 사용과 관련된 문제들을 가지고 있는가? □ 이를 치료기관에 의뢰하여야 하는가?
	아동학대	□ 환자가 아동을 유기하거나 신체적, 심리적, 혹은 성적으로도 학대하지는 않는가? □ 이를 경찰이나 전문기관에 의뢰해야 하는가?
	간호의 지속성	□ 환자가 가정에서의 간호, 의학적/심리사회적 치료, 입원을 위해서 의료 서비스와 같은 사후 서비스 계획을 필요로 하는가? □ 이를 지지집단에 의뢰해야 할 것인가?
	의사결정문제	□ 환자가 종종 양가감정을 갖거나, 의사결정 과정에서 애매한 태도를 보이거나, 문제를 해결하는 기술이 부족한가?
	우울증	□ 환자가 슬픔, 무관심, 철회, 수면장애, 불면증, 식욕상실, 체중 감소/증가, 의욕상실, 무기력, 피로 등을 나타내는가?

	교육	□ 환자가 학교생활에 적응하지 못하거나 학업상의 문제를 나타내지 않는가? □ 학교를 중퇴하거나 무단결석을 하는가? 환자에게 교육적인 계획이 필요한가? □ 교정사업을 위한 교육기관에 의뢰하거나, 학교 측과 협의할 필요는 없는가?
	환경문제	□ 환자에게 건축상의 장애물 제거가 필요한가? □ 어떤 기구, 이동수단, 거주시설, 간병인의 간호가 필요한가?
	가족, 부부간의 문제	□ 환자는 가족이나 부부간의 역기능, 결혼에 있어서 중요한 타인의 간섭, 확대가족과의 갈등, 역할 관계상의 병화, 문제되는 임신, 편부모의 문제 등을 겪고 있는가?
	재정적 문제	□ 환자가 치료 전에 가족이나 환자를 위한 재정적인(문제해결) 계획을 필요로 하는가?
	건강 유지	□ 환자가 현재 특별한 문제가 없을 때에도, 계속적인 사후 조치를 필요로 하는가?
	대인관계와 사회적 활동들	□ 환자는 타인에 대한 의존, 사회적 고립, 친구를 사귀고 유지하는 어려움의 문제, 취미의 결여, 사회생활 및 권위적인 인물과 관계상의 문제를 갖고 있지는 않는가?
	법률상의 문제	□ 환자가 재판에 연루되어 있거나, 후견, 보호, 구속, 집행유예, 가출옥, 경찰의 보호의 문제를 가지고 있는가?
	신체적 불편과 특징들	□ 환자가 고통을 호소하는가? □ 외모에 대한 지나친 관심, 정신 착란, 기억상실, 부적절한 정서를 나타내는가?
	주거	□ 환자나 가족이 주거상의 문제(위탁, 요양원, 주거치료센터, 시설 등의 배치와 관련된)를 호소하지 않는가? □ 거주와 관련해 지역사회 자원의 이용을 언급할 필요가 있는가?
	정신병리학적 증상, 장애	□ 환자가 망상, 강박관념, 공포증, 강박행동, 의심, 환각, 비현실 기계 속으로의 퇴행, 사고장애, 기억상실, 착란을 갖고 있는가? □ 주된 정신적 장애와 관련된 문제들을 갖고 있을 뿐만 아니라, 인격과 성격의 결함에 관련된 문제들을 가지고 있는가?

	자아개념	□ 환자는 명확한 자아상이나 정체성, 감정의 동일시가 부족하지 않은가? □ 감정조절을 잘 못하며 변화하려는 동기가 결여되어 있는가?
	성과 관련된 문제	□ 환자에게 성교육, 성적 정체성이 부족하지 않은가? □ 성기능, 성적 적응, 성폭행과 관련된 문제들을 갖고 있지 않은가?
	사회서비스 평가	□ 사정(불확실한 사회서비스 문제가 있는가?)
	자살(자기파괴)	□ 환자가 자살하려는 생각, 위협, 시도, 혹은 자신에 대한 공격성을 나타내지 않는가?
	치료에 있어서 복잡한 문제들	□ 환자가 잠재적 혹은 실제적인 퇴원거부나, 의학적 충고(탈출이나 회피 포함)를 거부하고, 중재에 대한 저항, 서비스 제공자에 대한 접촉회피, 입원이나 치료에 대한 불만, 수술승낙, 미성년자의 치료와 관련된 법적 문제에 관한 문제들도 가지고 있는가?
	직장, 직업상의 교육적인 문제	□ 환자가 불완전 고용, 실직, 부적절한 고용, 빈약한 직장 관계, 예전 직장으로의 복귀불능, 무단결근, 위험한 직업, 훈련상의 문제, 충분한 교육 부족과 관련된 문제를 가지고 있는지의 여부

충남대학교병원 사회사업팀

부록 6 의료비 지원사업

강원랜드복지재단

■ 사업명: 질병치료비 지원사업

■ 신청대상(3가지 기준 모두 충족)

- 폐광지역 4개 시군에 주소를 두고, 실거주하는 저소득 취약계층으로
- 2016년도 건강보험료 납부액 기준표에서 제시하는 금액 이하인 자
- 잔존치아 개수 17개 이하
- 폐광지역 4개 시군: 정선, 태백, 영월, 삼척

■ 신청기간: 연중 접수 및 지원

■ 신청방법: 자치단체(해당 시군 읍, 면, 동사무소)를 통한 접수

■ 구비서류: 가족관계증명서(직계존비포함, 수급자 제외), 수급자, 차상위증명서(해당자), 건강보험납부확인서, 건강보험자격확인서, 진단서, 진료비계산서, 입퇴원확인서, 진폐요양 결정통지서(해당자, 당해연도)

* 부양의무자의 건강보험료 납부확인서 첨부

■ 지원내용: 질병 등으로 병원에 입원하여 치료, 수술을 받은 저소득층 가구의 입원치료 시 발생한 본인부담금 지원, 최대 400만 원 이내의 실치료 금액 지원

* 치료과정에서 발생되는 지원결정액 초과분은 대상자가 부담

■ 연락처: ☎ 033-590-5905 / 팩스 033-590-5910

홈페이지: http://www.klf.or.kr/00_main/main.php(강원랜드복지재단)

밀알복지재단

■ 사업명: 장애인복지사업-의료재활사업

■ 신청대상

• 장애아동 의료비 지원: 만 18세 미만 뇌병변, 뇌성마비, 희소난치성 질환 등으로 치료가 필요한 장애아동

-수술비 지원: 수술이 필요한 저소득가정의 18세 미만 아동

-결연의료비 지원: 지속적인 치료가 필요한 저소득가정의 18세 미만 장애아동

* 저소득가정: 가구총소득이 최저생계비 120% 미만인 가정

• '스마트드림' 안면장애인 수술지원: 구순구개열수술, 화상흉터제거수술, 눈겹침수술, 양악수술, 치아교정, 틀니제작 등

-저소득가정(가구총소득이 최저생계비 120% 미만인 가정)의 안면장애인 및 기타성형수술이 필요한 대상자

• 한국자산관리공사와 함께하는 신장장애인 수술비 지원: 저소득 취약계층 신장장애인(신장이식수술 예정자)

■ 신청기간

• 장애아동 의료비 지원

-신청: 상시접수

-발표: 신청일로부터 20일 내 신청기관 담당자를 통해 공지

• '스마트드림' 안면장애인 수술지원

-접수: 상시접수

-선정과정: 1차 서류심사 → 필요시 방문상담(전화상담) → 병원진료 → 최종선정

-발표: 신청일로부터 20일 내 신청기관 담당자를 통해 공지

• 한국자산관리공사와 함께하는 신장장애인 수술비 지원

-신청: 신장이식수술 예정 후 접수

※ 뇌사자 기증의 경우, 수술 후 1주일 내 신청

-발표: 신청일로부터 20일 내 공지

■ 신청방법

• 장애아동 의료비 지원

–저소득장애아동 지원사업 지원신청서 1부

–지원신청서 양식은 밀알복지재단 웹사이트(http://www.miral.org)에서 다운로드

• '스마트드림' 안면장애인 수술지원

–안면장애인 지원사업 지원신청서 1부

–지원신청서 양식은 밀알복지재단 웹사이트(http://www.miral.org)에서 다운로드

• 한국자산관리공사와 함께하는 신장장애인 수술비 지원

–신장이식수술지원사업 지원신청서 1부

–지원신청서 양식은 밀알복지재단 웹사이트(http://www.miral.org)에서 다운로드

■ 구비서류

• 장애아동 의료비 지원

–E-mail 접수: 신청서와 구비서류 밀알복지재단 법인메일로 접수

(E-mail: miral4664@hanmail.net)

–우편접수

(우 135-884) 서울시 강남구 밤고개로 1길 34(수서동 한울오피스텔) 201호 밀알복지재단

• '스마트드림' 안면장애인 수술지원

–E-mail 접수: 신청서와 구비서류 밀알복지재단 법인메일로 접수

(E-mail: miral4664@hanmail.net)

–우편접수:

(우 135-884) 서울시 강남구 밤고개로 1길 34(수서동 한울오피스텔) 201호 밀알복지재단

• 한국자산관리공사와 함께하는 신장장애인 수술비 지원

–E-mail 접수: 신청서와 구비서류 밀알복지재단 법인메일로 접수

(E-mail: miral4664@hanmail.net)

–우편접수:

(우 135-884) 서울시 강남구 밤고개로 1길 34(수서동 한울오피스텔) 201호 밀알복지재단

■ 지원내용

• 장애아동 의료비 지원

−수술비 지원: 장애아동청소년 관련 모든 수술(1,000만 원 한도)

−결연의료비 지원: 재활치료비 및 각종 의료비(매월 20만 원 한도)

• '스마트드림' 안면장애인 수술지원

① 구순구개열 2차 수술, ② 화상흉터 제거수술, ③ 안면비대칭 회복을 위한 양악수술, ④ 상안검, 하안검 수술(눈피부겹침), ⑤ 반점, 백반증 시술, ⑥ 귀모형 기형에 따른 연골수술, ⑦ 보톡스 시술, ⑧ 기타 안면장애 관련 수술 일체

지원대상자 선정 시 무료 협력병원(서울 인근) 연계 또는 치료비(수술비) 지원

• 한국자산관리공사와 함께하는 신장장애인 수술비 지원: 신장이식수술비 최대 1,000만 원 지원(기증자 수술비 제외)

■ 연락처: ☎ 070-7462-9053, 070-7462-9059 / 팩스 02-3412-4778

홈페이지: http://www.miral.org(밀알복지재단)

IBK 행복나눔재단

■ 사업명: 치료비 지원사업

■ 신청대상: 중소기업 근로자 본인, 배우자 및 미혼의 자녀
(단, 대기업 공공기관 근로자, 등기임원 및 대표자는 지원불가)
- 희귀난치: 보건복지부가 고시한 희귀난치성질환 대상자
- 중증질환: 암, 심장병, 장기이상, 척추장애 등의 질환자
- 난임수술: 정부로부터 체외수정이나 인공수정 지원결정 통지서 수령자

■ 신청기간: 수시 접수

■ 신청방법: 자치단체(해당 시군 읍, 면, 동사무소)를 통한 접수

■ 구비서류: 치료비 지원 신청서 원본 1부, 신청인의 주민등록 원본 1부, 거주주택 등기부등본 원본 1부(전월세 계약서 사본 1부), 건강보험료 납입확인서 원본 1부, 전년도 근로소득원천징수 영수증 원본 1부(종합소득과 인적공제 내역 포함), 입금계좌통장 사본 1부, 개인정보 수집 · 이용제공 동의서 원본 1부(근로자 본인 및 대상자 각각 제출)
- 희귀난치질환자 / 중증질환자 대상: 의료비 납입 확인서 원본 1부, 진단서(6개월치) 원본 1부
- 난임시술 대상: 난임치료 의료비 납입확인서 원본 1부, 체외수정시술 또는 인공수정시술 지원결정통지서 사본 1부, 기타 가계상황을 파악할 수 있는 서류(부채증명서 및 재산세 납입확인서 등), 대상자의 치료과정 및 사연과 사진(형식 및 장수 제한 없음)

■ 지원내용: 치료비(희귀난치질환자 / 중증질환자) 연간 최고 1,000만 원 한도 범위 내(난임시술: 체외수정시술비(100만 원) / 인공수정시술비(50만 원)

■ 연락처: ☎ 02-3789-3938/ 팩스 02-3789-3986
홈페이지: http://www.ibkfoundation.or.kr(IBK 행복나눔재단 치료비 지원사업팀)

생명보험사회공헌재단

■ 사업명: 희귀난치성질환자 지원사업–의료비 지원

■ 신청대상: 질병관리본부 희귀난치성질환 헬프라인에 고시된 질환에 해당되는 환자(기준 중위소득 이하 및 최고재산액 250% 이하)

■ 신청기간: 매주 화요일까지 우편 및 e-mail 접수

■ 신청방법: 협약병원 사회복지팀(사회복지사)을 통해 신청

■ 구비서류

• 공통서류: 의료비 지원대상자 추천서(재단서식), 주민등록등본, 건강보험증(의료급여증) 사본, 진단서(의사소견서), 개인정보제공 동의서

• 해당자 제출서류

–수급자 및 차상위계층: 관련증명서, 세목별 과세증명서(주민등록등본 내 성인별 각 1부)

–회사원: 근로소득 원천징수영수증, 자영업 및 일용직 : 소득증명서, 건강보험료납입확인서, 부채증명서

–희귀의약품 신청자: 처방전, 환자 명의 통장 사본, 주택관련서류[자가(등기부등본), 전월세(전월세계약서), 무상거주(무상거주확인서)], 중간진료비 계산서

■ 지원내용

• 1인당 최대 500만 원 내 의료비 실비 지원, 입원 · 수술비 및 희귀의약품(최대 500만 원), 외래 · 재활치료비 및 검사비(최대 100만 원)

※ 입원 · 수술비 1,000만 원 이상인 자는 특별심사에 의해 최대 500만 원 지원

• 희귀의약품: 식약청 허가 의약품, 한국희귀의약품센터 공급 의약품

※ 지원제외항목: 의료기기 및 보장구 구입비, 상급병실료, 제증명료

단, 불가피한 사유(다인실 부족, 의료적 상황)로 인한 상급병실료는 지원

–다인실 부족인 경우: 병원 상급병실료 확인서 제출(최대 7일 지원)

–의료적 상황인 경우: 재단 상급병실이용확인서 제출(지원일 제한 없음)

※ 지원기간: 지원결정일로부터 1년

■ 연락처: ☎ 02-2261-2293/ 팩스 02-2261-2294

홈페이지: http://www.lif.or.kr/renew/index.asp(생명보험사회공헌재단)

셀트리온복지재단

■ 사업명: 의료비 지원사업

■ 신청대상

- 연령에 제한은 없으나 가급적 노년층보다는 재활 후 사회에 기여할 수 있는 젊은 층을 우선 지원함. 국민기초생활수급자 및 의료급여수급자 우선 대상
- 의료적 상황: ① 의료적 상황이 긴급한 경우, ② 수술 및 치료를 통해 증상 완화 및 완치가 기대되는 경우, ③ 수술 및 치료 계획이 정확하게 수립되어 있는 경우, ④ 사회복귀 및 사회적 재활의 가능성이 높은 경우(단, 소아나 노인의 경우는 신체적 기능 회복 가능성에 중점을 둠)
- 개인 및 가족 상황: ① 인천 지역 거주자 지원(외국인 제외), ② 부양의무자로 부양 능력의 회복이 기대되는 경우, ③ 지원 가능한 가족체계가 없는 경우, ④ 치료에 대한 의지가 높고 최대한의 자구 노력을 다하고 있는 경우, ⑤ 반사회적인 성향 등으로 지원 후 문제가 제기될 소지가 없는 경우
- 경제적 상황: ① 국민기초생활 수급자 및 의료급여 수급자, ② 차상위계층은 재산 및 소득수준을 평가하여 지원여부 결정, ③ 일정치 않은 낮은 수준의 월수입, 실직, 부채 등의 경제적인 문제로 예상되는 수술비 및 치료비를 감당하지 못하는 경우
- 사회적 상황: ① 지원 가능한 주변체계가 없는 경우, ② 타 지원단체의 지원을 받지 않은 경우 우선지원
- 특정질환을 대상으로 하고 있지는 않으나 가급적 단기간에 완치율이 높은 재활 가능한 질환을 우선적으로 지원

■ 신청기간: 연중 접수 및 지원

■ 신청방법: 병원의 사회사업실 방문 후 의료사회복지사와 상담을 통하여 접수

■ 구비서류

- 공통서류: ① 지원신청서(재단 양식) 1부, ② 병원진단서 1부, ③ 인적사항, ④ 의료적 상황, ⑤ 경제적 상황에 대한 상담기록내용
- 해당자 제출서류: ① 수급자 증명서, ② 장애인증 사본, ③ 부채증명원 부동산 임대차 계약서, ④ 건강보험료 납입증명서 등 해당자 제출서류

■ 지원내용: 최대 300만 원까지 지원

*지원횟수는 환자 1인당 1회 지원을 원칙으로 하며, 부득이한 경우 재심의를 통해 추가지원 여부 결정

- 지원결정공문에 명기된 질병 및 지원 분야, 지원 기간에 한하여 지원금을 사용. 단, 의료적 상황 변경 시에는 재심의를 통하여 사용여부 결정
- 6인용 병실 사용이 원칙이나 병실 수급상황, 감염의 위험 등 불가피한 경우에는 병실 차액을 포함한 병실료가 지원
- 치료 종결 후 지원금액에서 잔여금 발생 시 환자 개인의 생계비나 다른 질환의 의료비로 지원 불가

■ 연락처: ☎ 032-850-4345, 4346/ 팩스 032-850-4347

홈페이지: http://www.celltrionsw.com(셀트리온복지재단)

심장학연구재단

■ 사업명: 수술비 지원사업

■ 신청대상:

• 지원 병명: 심장질환

• 최저생계비 200% 미만(소외계층, 저소득층), 다문화 가정, 재외국민 및 해외심장병 환자, 경제적 형편이 어려운 소아, 청소년 심장병 환자(성인도 가능), 수술/시술 전, 또는 수술/시술 후 7일 이내 환자는 누구나 접수 가능

■ 신청기간: 수시 접수(매주 목요일까지, 접수 후 2주 이내 통보)

■ 신청방법: 환자는 모든 서류와 추천서를 읍 · 면 · 동사무소 사회복지담당자 혹은 병원의료사회복지사를 통해 접수

■ 구비서류

• 국내환자: 의료비 지원사업 서류확인목록, 진료비 지원 추천서, 의료비 지원 심사 의사소견서, 진단서, 주민등록등본, 재산세과세증명서 또는 미과세 증명서, 전년도 근로소득원천징수영수증 혹은 최근 월급대장 6개월 분 사본, 건강보험증 또는 의료급여증 사본, 해당병원 의무기록 사본

−병원확인서류: 주택 관련 서류[등기부등본 1부(자가인 경우), 전월세 계약서 1부(전월세인 경우), 무상거주 확인서 1부(무상거주인 경우)]

−기타 서류: 토지대장(소유한 토지가 있을 경우), 사업자 등록증, 사업장계약서, 소득금액증명원(사업자일 경우), 부채증명서(금융기관 및 공적기관), 자동차등록증 사본, 보험증서(보험가입자), 장애증명서

• 국외환자: 의료비 지원사업 서류확인목록, 재외국민 및 해외환자 수술비 지원 신청서, 의료비 지원 심사 의사소견서(해당병원 주치의 작성), 진단서, 여권사본, 해당병원 의무기록 사본

■ 지원내용: 저소득층(차상위계층), 소외계층, 다문화 가정, 재외국민 및 해외심장병 환자수술비 지원 사업, 지정병원 입원, 수술, 퇴원 재입원의 진료비 및 수술비(시술비 포함), 수술/시술을 위한 검사비. 최대 700만 원 지원

■ 연락처: ☎ 02-3275-5080/ 팩스 02-3275-5259

홈페이지: http://www.crf.or.kr(심장학연구재단)

아산사회복지재단

■ 사업명: SOS 의료비 지원사업

■ 신청대상: 수술 등 긴급 치료가 필요한 저소득층 환자, 고혈압, 당뇨 등 만성질환자 제외

■ 신청기간: 수시 접수

■ 신청방법: 해당병원 의료사회복지사 온라인 신청 → 신청 서류 검토 → 지원 심사 → 결정 통보(병원 : 공문, 증서) → 의료비 영수증 등 제출(의료비 청구서, 의료비 영수증 원본, 결과보고서)–매월 10일까지 도착 → 의료비 지급(매월 20일까지 해당병원에 입금)

■ 구비서류

• 공통서류: 환자 추천서 · 개인정보제공동의서(재단양식), 진단서, 수급자/차상위 대상자, 주민등록등본, 수급자증명서, 차상위증명서, 거주지 서류(임대차계약서, 공동/개별주택 가격 확인서, 무료임대 확인서 또는 사용대차 확인서 등), 건강보험 대상자

–주민등록등본

–소득: 건강보험료납입 확인서(발급이 안 될 경우 산정내역서 대체), 건강보험자격확인서(피부양자 포함)

※단, 등본상 세대원이 건강보험 자격확인 및 보험료로 소득평가가 안 되는 경우 소득금액증명/사실증명/급여명세서 추가 제출

–자산: 과세증명서(등본상 구성원 중 모든 성인 해당), 부채증명원, 지적전산자료조회(1인 토지자산 2건 이상일 경우), 토지 공시가 확인서(1인 토지자산 1건일 경우)

–거주지: 임대차계약서, 공동/개별주택 가격확인서(자가 소유 시), 무료임대 확인서 또는 사용대차 확인서

–필요시 추가 서류를 요청할 수 있음

• 외국인 근로자: 외국인등록증, 여권, 외국인의료공제 관련 가입증, 건강보험납입확인서, 급여명세서 등 소득확인서, 거주지 서류(임대차계약서, 무료임대 확인서 또는 사용대차 확인서 등)

■ 지원내용

• 지원한도: 1인당 1천만 원 이내(연 1회 지원)

• 지원금액: 신청금액 별도 심의. 수술 등 고액의 긴급 치료비의 전액 또는 일부(의료비 및 재산 정도를 심사 후 차등 지원)

■ 연락처: ☎ 02-3010-2565

홈페이지: http://www.asanfoundation.or.kr/af/bsns.medicalWelfare.welfare5.sp(아산사회복지재단)

재단법인 노인의료나눔재단

■ 사업명: 2016년 저소득층 노인 무릎관절 수술비 지원사업

■ 신청대상

- 만 65세 이상
- 저소득층 노인
- 건강보험급여 '인공관절치환술(슬관절)' 인정기준에 준하는 질환자
- 2016년 사업비: 무릎인공관절 수술비 지원 26억 원
- 인원: 약 2,600명

■ 신청기간: 수시 접수

■ 신청방법: 전국 보건소, 읍면동 사무소, 대한노인회 각 급회(시군구 지회)에서 신청서 접수

■ 구비서류: 지원신청서(재단 홈페이지에서 다운받아 작성 가능), 정보이용제공 동의서, 진단서(소견서), 주민등록등본, 건강보험증, 건강보험료 납부영수증

- 모든 서류는 최근 1개월 이내로 발급된 서류로 준비
- 신청일 이전 3개월간 건강보험료 납부영수증(수급자의 경우 수급자 증명서 제출)

■ 지원내용

- 지원범위: 검사비, 진료비 및 수술비
  –법정본인부담금 최대 100만 원 한도 실비 지원
- 한쪽 무릎 기준임
- 무릎인공관절수술과 관련이 없는 질환 진료비, 간병비 및 상급병실 입원료, 선택 진료비 등 건강보험 비급여는 지원 제외
- 지원 대상자 선정 통보 전에 발생된 수술비는 지원 불가

■ 연락처: ☎ 02-711-6599 / 팩스 02-3210-3388

홈페이지 : http://www.ok6595.or.kr/client/business/business2.asp(노인의료나눔재단)

푸르메재단

■ 사업명: 2016 장애어린이 · 청소년 의료재활 · 가족지원사업(재활치료비)

■ 신청대상: 재활치료비 지원이 필요한 만 18세 미만의 장애어린이와 청소년

■ 신청기간: 수시 접수

■ 신청방법: 사례 관리가 가능한 기관 담당자가 신청(재단 담당자 전자우편으로 접수)

- 사례 관리가 가능한 기관은 사회복지기관(시설, 단체 포함), 의료기관 및 지방행정기관(읍 · 면 · 동 주민센터)

■ 구비서류

- 신청서와 의사소견서 1부, 제출서류 1부
  - 지원 내용과 일정을 확인하고, 신청기간 내에 신청서류 제출
  - 신청자 필수 서류는 반드시 제출하고, 해당자 선택 서류는 해당되는 경우에만 제출
  - 신청 서식은 재단 홈페이지(http://www.purme.org) 사업소개-배분사업-나눔알리미에서 다운로드
- 신청자(필수): 신청서, 개인 정보 수집 · 이용 및 제3자 제공 동의서, 의료적 상황을 확인할 수 있는 서류(주치의 소견서, 지원요청 항목에 대한 기재 필수), 장애인임을 확인할 수 있는 서류(복지카드 앞뒤 사본, 장애인증명서, 장애진단서 중 택1), 소득을 확인할 수 있는 서류, 가족 관계를 확인할 수 있는 서류(주민등록등본, 가족관계증명서 중 택1)

  주민등록등본 제출 시 주민등록번호 앞자리만 표기된 서류로 제출, 주거 형태를 확인할 수 있는 서류(매매계약서, 임대차계약서, 무상거주사실확인서, 시설입소확인서 중 택1)

■ 지원내용

- 장애어린이: 의료기관에서 진행하는 포괄적 재활치료비
- 비장애 형제 · 자매: 교육/심리치료비
- 가족: 여행 프로그램
- 지원 항목: 1인당 200만 원 한도의 재활치료비(의료기관에서 시행하는 급여, 비급여치료)

※ '도수치료' 의 경우 의사소견서에 근거한 구체적인 장애상태와 치료계획이 없을 시 지원 불가

- 지원 금액: 최대 200만 원
- 지원 기간: 최대 6개월

- 지원 인원: 15명(신규 지원 10명/ 연속 지원 5명)

■ 연락처: ☎ 02-720-7002 / 팩스 02-720-7025

홈페이지: https://www.purme.org(재단법인 푸르메)

한국유방건강재단

■ 사업명: 수술치료비 지원사업

■ 신청대상

• 저소득층(국민기초생활수급대상자, 의료급여수급자, 차상위계층 포함)

• 재단 사무국 심사 결과 실질적인 저소득층으로 인정된 경우(증명 서류 제출 요함)

• 저소득 여성 가장으로 경제적 자립 능력이 없는 자녀를 두었을 경우

■ 신청기간: 수시 접수

■ 신청방법: 진료병원 의료사회복지사 상담 후 신청서류 접수

■ 구비서류

• 공통서류: 신청서, 개인정보 수집, 이용 및 제3자 활용 동의서, 주민등록등본(외국인의 경우 외국인등록증 및 여권사본), 진단서

• 자격확인: 수급자증명서, 차상위본인부담경감대상증명서, 건강보험자격확인서(건강보험증 사본), 건강보험료 납부 확인서, 근로소득원천징수영수증/소득금액증명원/사실증명원 중 1부, 등기부등본, 부채증명서, 세목별(비) 과세증명서

■ 지원내용: 유방암은 조기에 발견하여 치료한다면 다른 암보다 예후가 좋은 암. 경제 상황이 어려워서 치료 받지 못하는 여성을 위해 수술치료비를 지원.

• 치료비: 환자의 증상 개선 및 치료를 위한 진료비와 처치료, 약제비를 포함

• 입원비: 일반실을 기준으로 지급 및 환자 식대를 포함

• 수술 · 치료비: 별도의 규정을 두지 않은 한 치료비와 입원비를 포함

* 유방재건성형 수술치료비, 관련 진료비 등 미용을 목적으로 하는 수술 · 치료비는 지원대상에서 제외

■ 연락처: ☎ 02-701-3900 / 팩스 02-709-5589

홈페이지: http://www.kbcf.or.kr/index.do(한국유방건강재단)

온드림 희망진료센터

■ 사업명: 의료비 지원사업

■ 신청대상

• 외국인 근로자 및 그 가족(등록체류, 미등록체류 포함)

• 다문화가족 및 직계혈족(형제, 자매 제외)

• 난민 및 그 가족(아래의 지원 기준과 상관없이 우선 지원)

• 기타 의료소외계층(내국인의 경우 서울적십자병원 내 의료사회사업팀 우선 상담)

■ 지원기준

• 마지막 입국일 기준 최근 체류기간 90일 이상인 자

• 당해년도 최저생계비 월소득, 재산 기준 차상위 200% 이하인 자(치료의 시급성에 따라 지원 가능)

진료비 지원 심사 평가표 작성 시 일정 점수 이상인 자

* 외국인의 경우 치료를 목적으로 입국하는 경우 지원 불가. 거짓 또는 그 밖의 부정한 방법에 의하여 지원을 받을 경우 지원이 중단되며, 지원받은 비용을 환수함

* 적격여부에 해당되더라도 질환에 따라 지원 대상에 선정되지 않을 수 있음

■ 신청기간: 수시 접수

■ 신청방법

• 전화문의(타 기관 문의 시 의뢰서 송부) → 상담예약 → 환자 병원 내원 및 상담 → 외래 또는 입원치료 시행 → 지원여부 결정

• 환자가 직접 병원으로 신청 가능하나 타 기관 의뢰 시 우선 지원대상자로 상담 진행

타 병원에 입원 중인 환자의 경우 본원 진료협력팀(02-2002-8740)을 통해 입원결정 후 상담 진행

–진료시간: 오전 9:00 ~ 12:00, 오후 13:00~17:00

–상담시간: 오전 9:00 ~ 11:00, 오후 13:00~16:00

■ 구비서류

• 여권: 최근 체류기간 90일 이상 여부 확인 위해 마지막 한국 입국일 도장 확인 필수

* 여권 미지참 또는 전자여권으로 입국도장이 없을 경우, 출입국사실증명서로 대체 가능

• 합법체류 외국인의 경우 외국인등록증 지참해야 하며, 난민 및 미등록(불법체류) 외국인은 생략 가능
• 추가서류: 환자의뢰서(타 기관에서 의뢰할 경우), 전원소견서 및 검사 기록지(타 의료기관에서 전원 가능 여부는 본원 진료협력센터와 논의), 상담 후 필요에 따라 추가 서류(소득 및 재산 증빙서류 등) 요청 가능

■ 지원내용: 온드림 희망진료센터에서는 경제적 어려움으로 적절한 의료서비스를 받지 못하는 다문화가족, 외국인 근로자, 난민 등 의료취약계층을 위해 의료비 지원
• 외래: 외래 본인부담금의 50~100% 지원(1일 100만 원 한도 내)
• 입원: 입원 본인부담금의 50~100% 지원(1회 500만 원 한도 내)
• 지원 불가: 외래 약, 진단서, 의무기록 사본, CD 복사, 치과 치료, 보호자 식대
* 온드림 희망진료센터 진료비지원 심사 평가표에 의해 지원여부 및 지원율 결정

■ 연락처: ☎ 02-2002-8663~4 / 팩스 02-2002-8679
홈페이지: http://hncenter.or.kr(온드림 희망진료센터)

찾아보기

인 명

강주희 167, 308
강홍구 67, 70
권진숙 157
김광수 164, 165
김선희 310

민성길 304

서윤 304

오영희 304
오오현 164
원요한 146
윤현숙 67
이경순 163
이윤로 147

장수미 142
장현갑 198
조두영 199, 311

추정인 157, 171, 236, 238, 239, 304

한인영 302, 311
한휘종 69
홍영수 147

Bard, M. 140
Beck, A. 149
Berg, I. K. 159
Brammer, L. M. 140

Cabot, R. C. 42
Cassem, N. 198
Coulton, C. J. 67

De Shazer, S. 159
Dew, M. A. 236, 238
Dubos, R. 15

Ellis, A. 149
Ellison, K. 140
Enright, R. D. 164, 165, 167, 168

France, K. 141

Gilliland, R. 142
Gorin, S. 44
Grossman, S. 24

Hackett, T. 198
Hopkins, J. 42

James, R. 142
Johnson, L. B. 43

Lindermann, E. 140
LipChick, E. 159

Meyers, B. A. 67
Miller, S. D. 159
Moniz, C. 44

O'Hanlon, B. 159

Peller, J. 159
Puryer, D. A. 142

Rapoport, R. N. 144

Roberts, A. R. 140, 144

Strain, J. J. 24
Suchman, E. 20

Terris, M. 14

Terry Schiavo 130
The Human Development Study Group 168

Walter, J. 159
Weiner-Davis, M. 159

내 용

119구조대 336
12단계 및 12전통 278
1차의료조직 40
1형 당뇨병 213
2형 당뇨병 213
301네트워크 333

ABCDE 이론 152
ABO혈액검사 221
Alcoholics Anonymous(AA) 277
DSM-5 267
Enright 용서모델 163, 164, 167, 176
FACT 311, 312
FOCUS-PDCA 71, 73
Frenkel 척도 250
KONOS 230, 237
UN 364

가정 호스피스 293
가정폭력 302
가정폭력 피해자 303
가정폭력 행위자 304
가족 적응 253
가족발달주기 189
가족병 280
가족치료와 가족교육 271
가족회의 254
가출청소년 332
간병문제 331
간이식 232
감염 진단병학 367
감염병 332
개별사회복지 35
개인화 151
거짓 용서 164, 165
건강 14
건강보험개혁법 123
건강수준별 기대여명 352
골수이식 233
공공보건의료 324, 325
공공보건의료 수행기관 327
공공보건의료 전담조직 330
공공보건의료기관 324, 326
공공보건의료사업 325
공공보건의료에 관한 법률 324, 358
공공부조 96
공공전문진료센터 327
공적의료보장제도 43
과잉일반화 151
과제부여 156
관리의료 44
관상동맥 195
관상동맥 우회로 수술 197
관상동맥 중재시술 197
관상동맥질환 198
구빈법 37
구빈원 37
구청 336
국가보건의료서비스 38
국립대학교병원 331
국립중앙의료원 367

국민건강보험공단 127
국민건강보험관리공단 336
국민건강보험제도 97
국민기초생활 보장법 104
국제 표준화 366
국제인구이동통계 364
극대화 151
극소화 151
급성기 251
급성신부전 219
긴급복지지원 341

난민 332
노숙인 340
노인보호전문기관 302
노인의 학대행위자 305
노인의료복지시설 357
노인의료복지시설의 시설 및 직원 배치 기준 358
노인장기요양보험제도 108
노인학대 302
뇌교육 활동 172
뇌사 236
뇌사자 231
뇌사자 부분 간이식 232
뇌졸중 254
뇌체조 172

다문화가족 332
다학문적 팀 65
다학제간 팀 65
단주친목 교본 278
당뇨병 212
당뇨병 개입 의료사회복지사 216
당뇨병의 진단 213
당뇨캠프 218
당화혈색소 검사 214
대한의료사회복지사협회 331, 360
도식 150
독거노인 332
독립형 호스피스 292
동계이식 232
동계조혈모세포이식 233
동료상담 프로그램 254
동소성 심장이식술 233
동종이식 232
동종조혈모세포이식 233

만성신부전 219
만성콩팥병 219
말기신부전 219
망각 165
메디케어 17, 126
메디케이드 17, 126
메르스 사태 367
메이크어위시재단 194
명상 172
무의식적 억압 25
묵인 164, 165
미국 신장협회 226
미국사회복지사협회 120
미숙아 332
미숙아 및 선천성 이상아 의료비 지원 344
미술심리치료 194
미술치료 265
미혼모 332

발달적 위기 142
방사선치료 185
변명 165
병원 내 병동 호스피스 292
병원 내의 산재형 호스피스 292
병원 윤리위원회 128
병원신임평가 74
보건 · 의료 · 복지 지역연계서비스 334
보건소 336
보건의료복지통합지원센터 335
보조 간이식 232
보조기구센터 254
보호처분 306
복막투석 221
부정 25, 222
부정맥 196
부정적 감정반응 22
분노 26, 223
분리의 위협 및 애정 상실의 위협 23
불안 22, 25

비인간화 21
비합리적인 신념 152

사례관리자 337
사전의료의향서 125
사체이식 231
사회공헌 사업 363
사회기술훈련 156, 270
사회보험 96
사회복지 전달체계 335
사회복지관 336
사회복지사전 34
사회복지체계 82
사회복지협의회 336
산정특례 203
삶의 질 356
상담가 337
상황적 위기 142
생전유언 124
생체 부분 간이식 232
생체이식 231
생활습관 계획 217
서비스 만족도 356
서울특별시 북부병원 333
선택적 추상화 151
세계보건기구 14, 361
소아암 185
소아암 환자 의료비 지원 343
수련과정 88
수용기 251
쉼터 거주자 340
스트레스 198
슬픔 26
시설 호스피스 293
신대체 방법 231
신장 219
신장이식 221, 231
신장장애인 등록 228
신체화 304
실존적 위기 142
심각도 272
심근경색증 196
심뇌혈관질환 332
심부전 196
심상법 155
심장 195, 199
심장이식 232
심장초음파 검사 196
심전도 검사 196
심혈관 관상동맥 조영술 197

아내 학대 302
알코올사용장애 271, 272
암 182
암 환자 의료비 지원 342
암관리법 128, 300
약물치료 270
역할연기 156
연계기관 336
옹호자 337
외국인 입국자 366
외국인근로자 332
요양병원형 일당 정액수가제 356
용서 163, 165
용서모델 168
우울 223
우울감 22
운동부하 검사 196
운전재활 프로그램 254
원예치료 265
위기 상황 140
위기개입 142
위기개입모델 140
위기상담 227
유머 156
유전적 요인 19
윤리 강령 120
음악치료 265
응급상황 332
의료 16
의료 포괄 수가제 356
의료 행정 부서 담당자 364
의료결정 121
의료급여제도 103
의료급여환자 327
의료기관인증제 82
의료비 지원문제 331
의료사회복지사 35, 330
의료사회복지사 수련 88
의료사회복지서비스 130, 359

의료사회복지서비스의 전문성 359
의료사회복지실천 33, 333
의료사회복지체계 82, 85, 87
의료서비스의 국제화 366
의료서비스의 선진화 355
의료의 질 66
의료정책 입안자 364
의료진 감염률 0% 368
의료팀 361
의식적 억압 25
이분법적 사고 151
이소성 심장이식술 233
이송 253
익명의 알코올중독자들 278
인두 39
인슐린 비의존형 당뇨병 213
인슐린 의존형 당뇨병 213
인지 재구조화 155
인지모델 149
인지적 과제부여 155
인지적 왜곡 150
인지행동모델 148
인지행동치료 270
인지행동치료적 접근 314
임신/출산 진료비 지원 345
임신성 당뇨병 213
임의적 추론 151
임종 장소 354
임종의료결정 130

자가조혈모세포이식 233
자기결정권 118, 130
자기주장훈련 156
자동적 사고 150
자문 64
자살 310
자살기도 332
자살위기 정도 파악 양식 311
자살위기의 정도 312
자살위험성 315
자살유가족 316
자선조직협회 36
자원조정자 337
장기 230
장기요양 시설 조건 및 인력 358
장기이식 230
장기이식관리센터 230
장애에 대한 가족의 이해 253
장애인 고용촉진공단 254
재정적인 자원 252
재활기 252
재활치료팀 252
저출산 · 초고령화 사회 353
적응 223
적응유연성 145
전 간이식 232
전략적 보건 당국 40
정관장 프로그램 362
정당화 165
정상화 147

정신보건사회복지사 수련 89
정신질환 332
정신치료 270
제도의 사각지대 334
조직적합항원 221
조현병 267
조혈모세포이식 233
존속살인죄 363
존스 홉킨스 42
주관적 건강 기대여명 352
주민센터 336
주택 253
죽상동맥경화증 195
중증장애인 332
중증질환 332
중증질환 재난적 의료비 지원 345
지속적 질 향상 70
지역거점공공병원 337
지역사회 364
지역사회 주거 253
지지망 253
진정한 용서 165
질 관리 69
질 보장 69
질 통제 69
질 향상 70, 71
질병 15
질병관리본부 장기이식관리센터 237

참는 것 165
척수 248
척수 손상 248
척수장애인협회 254
척추 248
척추관 248
체계적 둔감화 156
초고령화 사회 352
충격 222
취약계층 327, 332
치매 260

콩팥 219

태동기 47
터널시각 140
퇴원 후 지역사회연계문제 331
퇴원계획 254
퇴행 24
투석 221
팀 접근 62
팀워크 66

평균 기대수명 352
폐암 환자 의료비 지원 342
포괄적 의료 17
표준 포도당 부하검사 214

학대 피해 노인 304
학대나 폭력 피해환자 332
한국백혈병소아암협회 194
한국백혈병어린이재단 194
한국사회복지사협회 121
한국자살예방협회 315
합리정서행동모델 152
항암화학요법 184
해결중심모델 159
행동시연 156
행정절차 지원문제 331
혈당검사 214
혈액투석 221
혈중 크레아틴 농도 220
협력 · 협동 64
협력관계 62
협심증 195
협의 64
호스피스 288
호스피스 완화의료 288
호스피스 · 완화의료 및 임종과정에 있는 환자의 연명의료결정에 관한 법률 129
호흡 172
혼합형 293
홀터 검사 196
화해 165
환경적 위기 142
환자 권리 장전 123
환자 안전 평가 및 의료서비스 개선 356
환자 자기결정권리법 125
환자 중심 의료서비스 122
환자군 361
환자권리 존중 및 보호 82, 85
환자의 권리 118
회복 21
회상요법 264
후견, 법률 관련 문제들 253
희귀난치성질환 202, 332
희귀난치성질환연합회 205
희귀난치성질환자 의료비 지원 343

저자소개

이효순(Lee Hyosoon)
영국 King' s College in London University. Msc in Clinical and Public Health Aspects of Addiction
가톨릭대학교 대학원 사회복지학과 석사
성 안드레아 병원 사회사업 팀장
남서울대학교 사회복지학과 조교수
렉스 아카데미 정신보건 수석 상담연구원, 유럽한인회 이사
현 오산대학교 실용사회복지학과 조교수

권지현(Kwon Jihyun)
전북대학교 대학원 사회복지학과 석사
현 충남대학교병원 사회사업팀장
대한의료사회복지사협회 부회장
대전광역시 아동보호전문기관 사례전문위원

양정빈(Yang Jungbin)
성균관대학교 사회복지학과 박사
미국 University of Illinois at Urbana-Champaign, School of Social Work 석사(MSW)
대전광역시립 한가족노인전문병원 사회사업실장
현 남서울대학교 노인복지학과 부교수

천덕희(Chun Dukhee)
숭실대학교 대학원 사회복지학 박사
연세대학교 의과대학 세브란스정신건강병원 사회사업실장
동원대학교 사회복지학과 조교수
현 가톨릭관동대학교 국제성모병원 사회사업팀장
인천대학교 사회복지학과 겸임교수

추정인(Chu Jeongin)
국제뇌교육종합대학원대학교 뇌교육학과 박사
이화여자대학교 대학원 사회복지학과 석사
한림대학교 의료원 강동성심병원 사회사업과장
대한의료사회복지사협회 당뇨병 개입 사회복지사 연구회 회장
현 글로벌사이버대학교 사회복지학부 겸임교수
국제뇌교육종합대학원대학교 원격연수원 연구원

한수연(Han Sooyoun)
숙명여자대학교 대학원 가족학 박사
미국 Columbia University School of Social Work 석사
미국 New Jersey State Medical Center, Medical Social Worker, Licensed Clinical Social Worker
현 남서울대학교 사회복지학과 조교수
케어라이즈, UN, DPI NGO 설립 및 운영

의료사회복지론

Social Work in Health Care

2016년 11월 25일 1판 1쇄 발행
2021년 7월 20일 1판 6쇄 발행

지은이 • 이효순 · 권지현 · 양정빈 · 천덕희 · 추정인 · 한수연
펴낸이 • 김 진 환
펴낸곳 • (주) 학지사
04031 서울특별시 마포구 양화로 15길 20 마인드월드빌딩 5층
대표전화 • 02) 330-5114 팩스 • 02) 324-2345
등록번호 • 제313-2006-000265호
홈페이지 • http://www.hakjisa.co.kr
페이스북 • https://www.facebook.com/hakjisabook

ISBN 978-89-997-0942-5 93330

정가 19,000원

이 도서의 국립중앙도서관 출판시도서목록(CIP)은 서지정보유통지원시스템 홈페이지(http://seoji.nl.go.kr)와 국가자료공동목록시스템(http://www.nl.go.kr/kolisnet)에서 이용하실 수 있습니다.
(CIP제어번호: CIP2016021892)